AF872244

MATAR A LETELIER

ALAN McPHERSON

MATAR A LETELIER

El crimen que puso en el banquillo al régimen de Pinochet

Traducción de Jaime Collyer

UN DÍA EN LA VIDA

Catalonia

McPherson, Alan

Matar a Letelier
El crimen que puso en el banquillo al régimen de Pinochet

Traducción al español: Jaime Collyer

Santiago de Chile: Catalonia, 2023
476 pp. 15 x 23 cm

ISBN: 978-956-415-041-3

HISTORIA DE CHILE
CH 983

Dirección editorial: Arturo Infante Reñasco
Dirección colección "Un día en la vida" y edición: Andrea Insunza y Javier Ortega
Corrección de textos: Hugo Rojas Miño

Diseño de portada: Agencia Drilo
Fotografía de portada: AP Photo / Peter Bregg
Fotografías y documentos de interior: Fondo Orlando Letelier del Archivo Nacional de Chile / Miguel Sayago.
Composición: Salgó Ltda.
Impresión: Salesianos Impresores S.A.

Editorial Catalonia apoya la protección del derecho de autor y el copyright, ya que estimulan la creación y la diversidad en el ámbito de las ideas y el conocimiento, y son una manifestación de la libertad de expresión. Gracias por comprar una edición autorizada de este libro y por respetar el derecho de autor y copyright, al no reproducir, escanear ni distribuir ninguna parte de esta obra por ningún medio sin permiso. Al hacerlo ayuda a los autores y permite que se continúen publicando los libros de su interés. Todos los derechos reservados. Esta publicación no puede ser reproducida, en todo o en parte, ni registrada o transmitida por sistema alguno de recuperación de información. Si necesita hacerlo, tome contacto con Editorial Catalonia o con SADEL (Sociedad de Derechos de las Letras de Chile, http://www.sadel.cl).

Edición: septiembre, 2023
ISBN: 978-956-415-041-3
RPI: 2023-A-6986

Este libro contó con el financiamiento del Fondo del Libro y la Lectura, en su modalidad Apoyo a la Traducción del año 2022, otorgado en concurso público por el Ministerio de las Culturas de Chile.

Título original: *Ghosts of Sheridan Circle: How a Washington Assassination Brought Pinochet's Terror State to Justice* by Alan McPherson.
© 2019 by Alan McPherson.
Publicado en español por acuerdo con la University of North Carolina Press, Chapel Hill, North Carolina, 27514 USA. www.uncpress.org

© Editorial Catalonia Ltda., 2022. Santa Isabel 1235, Providencia, Santiago de Chile.
www.catalonia.cl

© de la traducción: Jaime Collyer, 2022

Coeditado con Un día en la vida.
www.undiaenlavida.cl

A Michael H. Hunt (1942-2018),
mentor y amigo

ÍNDICE

Tercera parte

EL PROCESAMIENTO

INTRODUCCIÓN

Una ciudad tan segura

—Isabel, te tengo una sorpresa. Quiero que almuerces conmigo.

—Hoy va a ser difícil. Tengo trabajo...

Orlando Letelier no se amilanó:

—Pero es que la sorpresa te va a gustar mucho. Anda a buscarme a las doce y media y deja ese trabajo para la tarde.[1]

Isabel Morel de Letelier terminó accediendo. No en vano, su esposo era un hombre encantador y la pareja —padres de cuatro hijos adolescentes— se había vuelto a juntar hacía poco, tras una separación de varios meses gatillada por una infidelidad de Orlando. Fue como "una segunda luna de miel", en los términos de la propia Isabel.[2]

Además, no había más tiempo para discutir la propuesta: eran ya las nueve de la mañana y él debía partir a sus labores en el Instituto de Estudios Políticos (Institute for Policy Studies, IPS), ubicado en el Dupont Circle, allí en Washington D.C. Un centro de pensamiento de orientación izquierdista en que llevaba trabajando cerca de dos años, utilizándolo como plataforma para socavar la figura del general Augusto Pinochet, el dictador con mano de hierro que había derrocado al gobierno de Salvador Allende, presidente legítimamente elegido de Chile. Letelier había sido embajador de Allende en Estados Unidos y luego ejercido tres ministerios distintos en su gabinete. Ahora, convertido en un ciudadano corriente, se hallaba abocado a evidenciar las atrocidades que Pinochet cometía en el área de los derechos humanos, propiciando boicots a su régimen y desalentando las inversiones en el país.

Dos colegas suyos en el instituto iban casualmente con él esa mañana: Michael Moffitt y su esposa, Ronni Moffitt, ambos de veinticinco años, recién casados. El automóvil de la pareja había sufrido un desperfecto el día previo y, dada la amistad que ambos habían forjado con su mentor y con su esposa, Isabel, disfrutaron de una cena tardía en casa del matrimonio Letelier y luego se fueron a su casa en el automóvil de Orlando, comprometiéndose a pasar por él a la mañana siguiente.

Los Moffitt esperaron en el vehículo mientras Letelier, que rara vez se atrasaba, terminaba de ducharse y vestirse, se saltaba el desayuno y salía a toda prisa de su casa, por lo que Isabel tuvo apenas tiempo de darle un beso de despedida. Michael se ofreció a seguir conduciendo él, pero Orlando prefirió instalarse al volante de su Chevrolet Chevelle Malibu Classic, un vehículo inhabitualmente brioso para un individuo sofisticado como él. En un gesto de galantería, Michael le abrió la puerta delantera a Ronni y él se instaló en el asiento trasero.

Era una mañana brumosa, aquel 21 de septiembre de 1976, y caía una tenue llovizna en la capital del país. Menos de una hora después de dejar la casa, Orlando Letelier y Ronni Moffitt estaban los dos muertos y Michael Moffitt, sumido en un trauma de por vida.

"Nunca supe cuál era la sorpresa", recordaría Isabel Morel cuarenta o más años después.[3]

Le tomó un cuarto de hora al Chevelle de color azul claro abandonar por la ruta habitual el suburbio de Bethesda en Maryland, donde vivían los Letelier, para enfilar rumbo al IPS. Lo hizo bajando por River Road hasta el Distrito de Columbia, continuando al sur por la Calle 46, doblando a la izquierda en la avenida Massachusetts, cruzando enseguida frente a la casa del vicepresidente del gobierno y atravesando el barrio diplomático, normalmente congestionado, conocido como Embassy Row.

Ronni Moffitt, flautista y melómana, tarareaba una melodía al interior del vehículo. Ella y Letelier, que siempre conducía pausadamente, debatían a la vez acerca de un texto científico que los dos habían leído cuando niños. A espaldas de ellos, Michael interrumpía de vez en cuando, miraba al exterior o se extasiaba con el perfil de la que ahora era su esposa. Enseguida abrió la ventana para que saliera el humo del cigarrillo de Letelier.

A las 9:35, Letelier y los Moffitt pasaron ante la residencia del nuevo embajador chileno en los Estados Unidos, situada a orillas de Sheridan Circle, a pocas manzanas del IPS y a catorce cuadras exactas de la Casa Blanca. Las embajadas circundaban la elegante rotonda, en cuyo centro se yergue la estatua ecuestre del general Philip Sheridan, partícipe en la Guerra Civil.

Sin que los ocupantes del Chevelle lo advirtieran, un Ford sedán gris con dos hombres en su interior los seguía a corta distancia y el que iba en el asiento del pasajero sostenía entre sus manos un *beeper* de dos botones, del tipo que entonces empleaban los médicos para ser localizados, enchufado en esta ocasión al encendedor del vehículo. Cuando Letelier ingresó con el vehículo a Sheridan Circle, el individuo presionó primero un botón y luego el otro.

En el asiento trasero del Chevelle, Michael Moffitt oyó un ruido parecido a "pssss", como "cuando se vierte agua sobre una plancha caliente", según lo describió él mismo al FBI. Después "hubo un destello en la parte superior derecha del vehículo, justo detrás de la nuca de Ronni",[4] y a un silencio momentáneo siguió una explosión tan estruendosa que se pudo oír en el Departamento de Estado, a casi ochocientos metros del lugar. *Esto debe ser lo que se siente al ser electrocutado*, alcanzó a pensar Michael Moffitt[5] antes de que del piso del Chevelle emergiera una bola de fuego anaranjada que le quemó a Letelier el hombro izquierdo y chamuscó el cabello a los tres. El vehículo se llenó de humo negro y el hollín recubrió a sus ocupantes.

La onda expansiva hizo que Michael Moffitt abriera y extendiera forzosamente los brazos, y voló la puerta del lado de Letelier, hundiendo el techo del vehículo. "Fue como si el auto entero hubiera sido arrancado del piso", señaló Moffitt más tarde. "Todo saltó hacia arriba y mi cabeza dio contra el techo del auto". El Chevelle saltó por los aires y se desplazó unos dos metros y medio en su vuelo antes de dar contra un Volkswagen de color naranja estacionado ilegalmente en el lugar. La explosión dejó vidrios desintegrados, metales retorcidos, trozos humanos desgarrados y sangre en un radio de dieciocho metros.

El interior del vehículo, según declaró Moffitt,

> estaba candente y lleno de humo, como si hubiéramos entrado de pronto en un horno. Lo más impactante fue, con todo, el aroma abrumador de la carne y el pelo chamuscados. Yo me descubrí a mí mismo en cuatro pies en el asiento trasero. Mis zapatos habían salido disparados y, cuando menos inicialmente, no tuve sensación alguna de la cintura hacia abajo. Mi reacción instintiva fue salir del auto antes de que el tanque de gasolina estallara y de alguna manera me alcé hasta una de las ventanas que habían volado de su sitio, para arrojarme fuera del vehículo. Me ardían los pulmones, estaba sofocado y me costaba respirar.

Michael tenía aún el ojo puesto en Ronni, que abandonó tambaleante el vehículo. "Como la vi en pie, asumí que se encontraba bien", agregó.

Entonces rodeó el automóvil y vio a Letelier atrapado entre su asiento, el eje del volante y el techo colapsado. "Orlando quedó invertido en su sitio, mirando hacia la parte posterior del auto. Tenía el tronco inclinado hacia atrás y movía la cabeza como asintiendo, adelante y atrás. Sus ojos se movían levemente, pero se veía que estaba inconsciente".[6]

Gritándole: "¡Orlando, soy Michael! ¿Puedes oírme?", Moffitt dio una leve bofetada al rostro de su amigo y el aturdido Letelier farfulló algo ininteligible. Sus ojos estaban en blanco y abría y cerraba la boca, intentando tragar algo de aire. Tenía las manos levantadas delante suyo y manoteaba en el vacío. "Intentó tomarse con su mano izquierda a mi cuello, pero no tenía fuerzas. Lágrimas rodaban de sus mejillas".[7] "Entonces traté de alzarlo y sacarlo de allí, pero era una maniobra difícil porque estaba encajado entre los metales retorcidos y era fácil que me cortara yo mismo al intentar levantarlo".

"Después de que lo moví ligeramente, vi que la parte inferior de su torso —básicamente, la mitad inferior completa de su cuerpo— había volado". La bomba, colocada directamente bajo los pies de Letelier, había volado a su vez el piso del vehículo y le había cercenado las piernas justo a la altura de las caderas. El estallido del propio auto arrastró consigo sus extremidades inferiores, arrojándolas al asfalto de la calle. Su pie izquierdo, aún con el calcetín puesto y dentro de su zapato, dejaba ver el hueso y la médula y yacía a unos quince metros del lugar de la explosión. En el auto "quedaban, por todos lados, trozos de carne y porciones ensangrentadas del relleno de los asientos", recordaba Moffitt. "Un robusto individuo de un metro ochenta de estatura lucía ahora como una marioneta descoyuntada".

—¡Asesinos, fascistas! —gritó entonces el propio Moffitt, dejándose llevar por la ira.[8]

Todavía no había advertido que su esposa había alcanzado tambaleante el prado frente a la embajada rumana, aferrándose ella misma la garganta con las manos. La metralla le había seccionado la carótida, la arteria que conduce la sangre al cuello y la cabeza, y el líquido brotaba a borbotones de su boca a la vez que fluía hacia adentro por la tráquea y hacia los pulmones.

Se estaba ahogando en su propia sangre.

Para entonces, una doctora que pasaba casualmente por Sheridan Circle rebuscaba en la garganta de Ronni intentando hacer pinza con los dedos en su arteria. "Su vientre protuberante evidenciaba sus ocho meses de embarazo y la sangre seguía manando a borbotones de su boca..., un gran flujo de sangre", recordaría Moffitt.

—¡Sálvela usted! ¡Salve a mi amor! —le suplicó a la doctora.[9]

La policía estaba ya en la escena en curso. Un oficial que no entendió lo que ocurría trató de apartar a la doctora de Ronni. "A esas alturas, yo estaba perdiendo, o había perdido ya, el control de mí mismo", declaró luego Michael Moffitt. "Estaba histérico y... hasta hubo un momento en que pensé que la policía iba a dispararme. Sentí que me tomaban por el criminal y el asesino causante de todo eso. Recuerdo haber pensado que yo también iba a morir".[10] Un oficial vio a Moffitt "corriendo de un lado para otro, muy conmocionado... Gritando que los fascistas habían puesto una bomba".[11]

"¡Que alguien me ayude a sacar a Orlando de ahí!", suplicaba él mismo justo cuando las ambulancias comenzaron a llegar al lugar, donde había ahora reunida una multitud de curiosos y paramédicos que habían respondido a la emergencia.[12] La policía y los paramédicos liberaron a Letelier del asiento e intentaron impedir que la poca sangre que quedaba en su cuerpo terminara de derramarse por los dos muñones que eran ahora sus piernas.

Orlando Letelier murió antes de que la ambulancia alcanzara a llegar al Hospital George Washington, situado a menos de un kilómetro del lugar. Terminó desangrándose en menos de diez minutos y su corazón no dispuso ya de sangre para seguir bombeándola. El juez de instrucción anotó como causa de su muerte: "Desangramiento".[13]

Otra ambulancia llegó en busca de Ronni Moffitt y, cuando Michael vio a los paramédicos subiéndola al vehículo, gritó:

—¡Esa es mi esposa! ¡Yo me voy con ella!

—No, usted no irá —le dijo un oficial de policía—. Eso servirá únicamente para entorpecerlo todo.

—¡Quiero estar con mi esposa! ¡Yo estaba en el auto!

—Sí, seguro —dijo el oficial.

—¡Estaba! —grito Moffitt—. ¡Déjeme ir con ella!

—¡No! —le replicó con firmeza el oficial—. ¡Usted no puede ya hacer nada! Uno de estos muchachos lo llevará al hospital.

Una vez que la ambulancia partió, Moffitt, con el rostro ennegrecido y la camisa hecha jirones, gritó hacia la residencia del embajador chileno, ubicada quizás a unos treinta metros del lugar de la explosión:

—¡Fascistas! ¡Los fascistas chilenos han hecho esto![14]

Enseguida abordó un auto de la policía maldiciendo y llorando sin cesar, y fue conducido a urgencias del Hospital George Washington.

Antes de que Moffitt pudiera verla, los médicos de guardia en urgencias intentaron revivir a Ronni. Le dieron golpes en el pecho. Le inyectaron tres intravenosas. Le inocularon otros estimulantes cardíacos. Le practicaron una traqueotomía para insertarle un tubo que pudiera llevar oxígeno a sus pulmones. Le dieron descargas eléctricas. Le abrieron el pecho para alcanzarle el corazón y los pulmones.

Entretanto, Michael era tratado por cortes menores y un fragmento de metal que se le había incrustado en el esternón. Al principio, no consiguió averiguar nada concreto sobre su esposa. "Recuerdo que pedí un sacerdote y a él le solicité que me ayudara. Le pedí que rogara a Dios para salvar la vida de Ronni..., como un pequeño favor, solo que salvara su vida. Estaba embargado de ira y horror y una sensación de absoluto desamparo".[15]

"Me dijeron que Ronni estaba gravemente herida, pero que la estaban auxiliando, y todo ello pareció durar una eternidad. (...) Me llevaron a una pequeña salita para que me sentara en una camilla y enseguida me pidieron que me tendiera". El personal le facilitó a Moffitt una blusa de hospital y le administró tranquilizantes para atenuar su conmoción. La policía lo interrogó. "Había varias personas de pie a mi alrededor cuando uno de los médicos vino y me dijo: 'Su esposa ha muerto'".

"Es un trauma que permanecerá conmigo el resto de mi vida", reflexionaba Moffitt catorce años después. "Nada ni nadie borrará nunca esas escenas de horror, los momentos de desesperación casi intolerable que viví: la tragedia de asistir a la muerte de Orlando con sus piernas desmembradas, evidenciando en su rostro una contracción de dolor que no puedo describir, entreverada igual de cierta serenidad".

Antes de saber de la muerte de Ronni o incluso de la del propio Letelier, Moffitt llamó al IPS para alertar a Isabel Morel. La recepcionista, Alyce Wiley, escuchó su voz y comenzó a hacer alguna broma. Él la paró en seco:

—Calla, Alyce.

"Supe al instante que algo malo había ocurrido", recordaría luego la propia Wiley.[16]

La secretaria de Letelier llamó entonces a Isabel. Había transcurrido apenas media hora desde que su esposo y los Moffitt habían abandonado la casa. "Parece que Orlando sufrió un accidente en el auto. Vaya al tiro al hospital George Washington".[17]

Isabel pensó: *Si hubo un accidente, espero que no haya sido culpa de Orlando, porque él jamás se perdonaría haberle causado algún daño a Michael o Ronni.*[18] A la par, tuvo un horrible presentimiento, "una sensación fatal, así que pensé en ponerme una chaqueta negra. Al final no pude hacerlo y, en lugar de ella, me puse algo colorido".[19]

Cuando llegó al hospital, "había una enorme cantidad de gente en la puerta del hospital. Yo no quería pensar que esa gente tuviese que ver conmigo".[20] Los desconocidos me apuntaban. "¡Es ella! ¡Esa es la viuda!". Ella pensó: *Ay, deben estar hablando de otra cosa.*[21]

"Entré al hospital, nadie me dijo nada, hasta que llegué a un piso; escuché algo de una bomba".[22]

El personal del hospital escoltó a la señora Letelier a una habitación en la que Michael Moffitt esperaba sentado, con la frente hundida entre sus brazos cruzados. "Estaba llorando como un niño", recordó ella. "Y me dijo alzando la cabeza: 'Se llevaron también a mi bebé, se llevaron a mi bebé'. Nos abrazamos. Me dolía el pecho y me sentía yo misma muy débil".

Una secretaria del IPS caminó hacia donde ella estaba y le dio "una mirada de gran hondura".

—¿Orlando? —le preguntó Isabel.

La secretaria asintió.

—¿Le pasó algo grave?

Otro asentimiento.

"Cuando... la gente me dijo que [Orlando] había muerto, sentí que mis piernas colapsaban. No tenía ya nada a lo que asirme y su falta me provocó un dolor en el pecho. El lugar que él ocupaba en mi interior se llenó de oscuridad".

—Señora, su marido no murió en un accidente de auto —le dijo un administrativo del hospital—. Una bomba estalló bajo las piernas de su marido.

Agregó que las normas establecían, en ese caso, que ella no podía ver el cuerpo. "Pero yo quería despedirme de lo que quedara de él, aunque solo fuese una mano".[23]

El administrativo insistía en que se calmara. Isabel Morel le replicó que estaba calmada. Finalmente, Ann Barnet, cirujana y esposa de Richard Barnet, funcionario del IPS, intervino para que la dejasen ver el cuerpo de Letelier.[24]

"Su cuerpo estaba mutilado y desfigurado", recordaría ella misma años después. "La parte inferior del torso era una masa sanguinolenta de piel chamuscada. Pude ver el dolor y la sorpresa en su rostro. Es una imagen de la que nunca me olvido... ni por un segundo. El dolor y la pena fueron devastadores, instantáneos; el hecho de comprobar que la vida de mi amado esposo había terminado de ese modo era más de lo que podía tolerar".[25] "Lo que más me impresionó", dijo luego Morel a un periodista amigo, "(...) fue que Orlando se había dado cuenta de lo que pasó, su cara era de asombro, era como diciendo: 'Lo hicieron, finalmente lo hicieron'".[26] Ella lo acarició y besó.[27]

Moffitt debía aún enfrentarse a nuevas angustias. "Tuve que llamar a los padres de Ronni. Cuando encontré un teléfono, hablé con su madre, Hilda, que partió haciendo chistes en la línea. Yo la interrumpí y le dije que Ronni estaba muerta. Fue horrible. Después llamé a mis padres".

Michael pasó el resto de ese día con el FBI.

> Querían hacer un interrogatorio exhaustivo, minucioso, fue algo agotador. Me llevaron con ellos a nuestra casa en Potomac para buscar claves potenciales del asunto. Perros adiestrados me olfatearon y gruñeron. (...) No tuve un segundo de descanso en toda la tarde ni me pude duchar. Mi cabello estaba chamuscado y enmarañado e impregnado de hollín y del olor horrible de la bomba. No me lavé en toda la tarde, como para sufrir de algún modo, aunque fuese en menor grado, lo que ellos habían sufrido.
>
> Esa noche dormí en casa de unos amigos en Georgetown. Al atardecer, hubo un flujo constante de visitas: congresistas, senadores, diplomáticos, gente de todo Washington fue hasta allí. Yo me sentía entumecido y vacío. No me daba cuenta ni siquiera entonces del grado en que mi propia vida había quedado a la vez destruida ese día. Después de que las visitas decrecieron, bebí alcohol hasta quedarme dormido.
>
> Esa bomba destruyó todo lo que yo era y amaba, todo lo que atesoraba en la vida.[28]

Juan Pablo Letelier, que tenía por entonces quince años, iba de una clase a la siguiente en su colegio cuando "me llamaron por parlantes para que fuera a la oficina del director. No podía imaginar para qué. Jamás me había ocurrido. El director me dijo que mi tía Cecilia nos iría a recoger al colegio porque Orlando había tenido un accidente... Esos han sido los minutos más largos de mi vida".

Un accidente, pensó. "Y lo imaginaba como en las películas con la pierna enyesada, con el pie en alto".[29]

Al ir en el auto rumbo al hospital, su hermano Francisco, a quien todos llamaban "Pancho", escuchó en la radio noticias difusas acerca de un coche-bomba, con dos heridos y un muerto como resultado. Su tía, que era una persona "muy contenida", no les dijo a los chicos lo que había sucedido. "Podía darme cuenta de que ella lo estaba pasando mal, había algo que no nos decía". Desde una de las calles que partían de Sheridan Circle, él mismo vio los vehículos de emergencia reunidos en el lugar, sin imaginarse que eran para su padre y Ronni Moffitt.[30]

"Recé en silencio para que mi papá estuviera solo entre los heridos", relató luego el propio Juan Pablo Letelier, y agrega. "Jamás me imaginé algo así, nunca asimilé lo de la bomba. Vivíamos en una ciudad tan segura..., tan segura".

Otro hermano estaba en la Universidad de Carolina del Sur y acababa de asistir en esos momentos, por coincidencia, a una conferencia de política global relacionada con la *détente* en la Guerra Fría. En ese momento, una mujer se le acercó y le dijo:

—¿Tú eres Cristián Letelier?

—Sí.

—Tu padre acaba de ser asesinado.

Él se desplomó contra la pared.

—¡Aléjese de mí! —le dijo a la mujer—. Yo a usted no la conozco.

—No, en serio, debieras llamar a tu casa.

Después de eso, partió al aeropuerto y abordó el primer vuelo que encontró a Washington.[31]

Cuando los hermanos Letelier llegaron al hospital, Isabel los abrazó y les dijo:

—Sí, es verdad. Pero escuchen: su padre ha sido asesinado por Pinochet, fue él quien envió gente a matarlo. En este momento, solo quiero que me prometan una cosa: no cultivarán dentro de ustedes el odio. No dejarán que el odio penetre en sus corazones. Si ustedes permiten eso, terminarán siendo igual que ellos, los criminales".[32]

"[E]so me marcó mucho.", dijo Juan Pablo. "Solo entonces entendí que había muerto".[33]

Hasta hoy, el asesinato de Orlando Letelier y Ronni Moffitt sigue siendo el único caso de un diplomático extranjero asesinado en suelo estadounidense. Es, a la vez, el único asesinato patrocinado alguna vez en Washington por otro Estado, y el más importante en toda la historia de Estados Unidos. "Hasta la irrupción de Osama bin Laden", estimaba un historiador, "los asesinatos de Letelier y Moffitt constituían el acto más descarado de terrorismo internacional alguna vez cometido en la capital de Estados Unidos".[34] En rigor, continúa siendo el único acto de esa índole patrocinado por otro Estado y el único con un coche-bomba.

En el otoño boreal de 1976, el asesinato en sí iba a suscitar claramente un torbellino mayor entre varias agrupaciones de personas.

Los agentes del FBI y otros asignados al caso se enfrentaban a un crimen casi irresoluble. El bombazo dejó un caos en Sheridan Circle y la sofisticación de las indagaciones en la escena de un crimen no era, en los años setenta, lo que llegaría a ser décadas después. Aparte de Moffitt, no había otros testigos del hecho y nadie se adjudicó la responsabilidad. A diferencia de la intromisión y robo de Watergate, ocurridos pocos años antes, nadie que hubiera sido atrapado con las manos en la masa podía ser exprimido en busca de información. ¿Quién podía estar detrás de esto? ¿Quién podía odiar a tal grado a un ciudadano particular como Letelier para generar un incidente internacional de esas proporciones? Y, en caso de ser extranjeros, ¿cómo podría llegar alguna vez hasta ellos la justicia norteamericana?

El asesinato de un antiguo funcionario extranjero y una ciudadana estadounidense, no solo dentro de las fronteras de Estados Unidos, sino que además en la capital del país, activó alarmas diplomáticas de envergadura. El gobierno de Pinochet era un aliado de los Estados Unidos en el contexto de la Guerra Fría. ¿Habría osado, por ello, cometer un asesinato en el corazón de la nación más poderosa de la Tierra? ¿Y estaría Pinochet enterado del asunto? ¿Lo había ordenado él mismo o había asesinos sueltos dentro de su régimen? ¿Cómo afectaría esto a las relaciones chileno-estadounidenses?

Las familias de Letelier y Moffitt quedarían con seguridad marcadas para siempre con esta tragedia. ¿Cómo harían ellas para seguir viviendo después de algo tan devastador? ¿O para determinar la responsabilidad de uno de los regímenes más despiadados y herméticos del mundo? ¿Cómo podrían presionar a los investigadores y al gobierno estadounidense para que no desistieran en su empeño?

Y, lo más importante para las familias, los investigadores, los diplomáticos y varios millones de personas que siguieron esta historia, ¿llegaría el caso a generar, alguna vez, una forma de justicia plena?

Llevó casi dos décadas responder a estas interrogantes. Hasta aquí, hemos carecido de una exploración a fondo del asesinato de Letelier, pese a sus vastas implicancias para Chile, los Estados Unidos, el terrorismo, los derechos humanos y el destino de la democracia en cualquier latitud.

Primera parte

EL ASESINATO

1

EL CENTRO DEL UNIVERSO PARA CADA UNO

El niño pelirrojo de solo tres años causaba cierta impresión en los mapuches del sur de Chile. "¡Corilonco, Corilonco!", le gritaban en su idioma: "Cabeza en llamas". El chico, originario de las cercanías de Temuco, se haría acreedor a otros sobrenombres: "Nano", "El Colorado", "El Fanta", esto último en alusión a la bebida gaseosa de color naranja.[1] A él le gustaba esa atención que recibía. Su tío lo recordaba como "un niño pelirrojo y con pecas, extraordinariamente despierto, cariñoso, encantador y parlanchín. La timidez habitual en el chico de pueblo no era un rasgo de su personalidad infantil".[2]

Era este niño Marco Orlando Letelier del Solar, el que se desangraría hasta la muerte en Sheridan Circle, cuarenta y cuatro años después.

Y fue a medio camino en su vida que Isabel Margarita Morel Gumucio se enamoró de él, calificándolo como "el centro del universo para mí".[3]

Isabel nació el 3 de enero de 1932 en las afueras de Santiago, la capital de Chile, situada a 640 kilómetros al norte de Temuco, la ciudad natal de Orlando, y pasó su niñez en un hogar de clase media acomodada muy parecido al de él, un hogar estable, aunque sus progenitores eran muy disímiles.

Isabel describía a su madre, Victoria "Totó" Gumucio, como "un ser humano extraordinario, (...) muy vanguardista: muy adelantada a su época".[4] Siendo la menor de once hermanos, esta "niña llegada por sorpresa" logró sortear en gran medida las expectativas de sus padres y la sociedad.[5] "Su familia era de clase media acomodada, pero ella misma pasó buena parte de su tiempo con la clase trabajadora", en su mayoría campesinos y pescadores, según recordaba la misma Isabel. Era "muy distinta a la mayoría de quienes integraban su familia" y a la mayor parte del Chile con conciencia de clase en los años treinta.

"Mi madre tenía gran sensibilidad social, era muy consciente de las injusticias sociales. (...) Le bastaba con conocer a la gente y, si esta le gustaba, nunca la cuestionaba. (...) Solía traer a esas personas a casa, así que yo misma conocí a una enorme variedad de seres humanos. Y mi padre era un hombre severo y muy serio, no quería tener nada que ver con ese tipo de gente extraña".[6]

A los quince años, "Totó" se comprometió con un hombre que la doblaba en edad, Alfredo Morel, el mayor de seis hermanos. Isabel, la hija de ambos, tenía la impresión de que su padre había trabajado desde siempre en una empresa productora de papel, hasta que llegó a ser su director general. Era a la vez un ávido coleccionista de arte.[7] "Era el hombre más ordenado que he conocido en mi vida", reflexionaba Isabel. "Jamás lo vi despeinado o sin la camisa apropiada, perfectamente planchada".[8]

Su padre hizo la vista gorda cuando Totó asumió el oficio inusual de enseñar calistenia en su hogar. También cosía y pintaba y usaba pantalones cortos cuando nadie más lo hacía. Su nieto Cristián llamaba a Victoria "el Jack LaLanne* de Chile. ¡Podía caminar en posición invertida y aplaudir al mismo tiempo!".[9] Aun cuando era "severo" y "a la antigua", Alfredo dejaba "mucho espacio" a Totó, recordaba Francisco, otro de sus nietos. "Mi abuela era naturalista y se dejó arrastrar por todas las modas relativas a la buena salud que llegaban con los muchos alemanes arribados a Santiago. Muy pronto, se volvió una gran devota de la práctica de nadar desnuda en el océano y los spas. (...) Siempre caminábamos a un ritmo enérgico. (...) Solíamos caminar en vez de tomar el bus. (...) Mi madre no resultó tan radical o revolucionaria como mi abuela".[10]

"A mi padre", recordaba Isabel por su parte, "le hubiera encantado tener una esposa que jugara al *bridge* y a la canasta con sus amigos y participara en obras de caridad. Ese hubiera sido su ideal de mujer, pero en vez le tocó esta mujer que pasaba mucho tiempo fuera de su casa y jugaba al tenis" y les enseñaba vóleibol a los pescadores. Él mismo se devoraba los diarios circulantes y se oponía a la mayoría de los mandatarios de Chile por considerarlos unos ladronzuelos, en especial a los socialdemócratas. Aun así, creía en las libertades básicas y la tolerancia.[11]

---

* Conocido quiropráctico y nutricionista estadounidense (N. del T.).

Cuando Isabel tenía cinco años, en medio de una elección presidencial, una niñera muy querida de ella, de nombre Carmen Rosa, le habló de su entusiasmo por Pedro Aguirre Cerda, el único candidato —al decir de ella— al que le preocupaban los pobres. "Tenemos que ayudar a los pobres", dijo a Isabel, enseñándole sus cantos de campaña. La revelación impactó a su familia, pero Aguirre Cerda ganó al final la elección.[12] En su colegio para jovencitas católicas, Isabel absorbió del padre Luis Hurtado un sentido de misión a favor de los pobres. Desde edad muy temprana, le gustaba cantar y tocar la guitarra y exhibía "un elevado sentido de participación cívica, pero a través de la Iglesia".[13]

Los sábados, los estudiantes trabajaban para las familias pobres en los barrios marginales. "Allí vi casas hechas con latas prensadas (...) adosadas a unos cuantos tablones de 2 por 4. Sin piso, solo tenían el suelo pelado. (...) Contaban con solo una cama sin sábanas y toda la familia dormía en ella. (...) Recuerdo que, cada sábado, yo llevaba un kilo de porotos o algo parecido. (...) Eso fue algo muy importante en mi vida, el valor de la gente pobre a los ojos de Dios".

Isabel se convirtió en madrina de un recién nacido en el seno de una familia de esos barrios marginales. "Esta es una historia que nunca le he contado a nadie", recordaría más adelante. En cierta ocasión, una tormenta que duró varios días desbordó el lecho ribereño cerca de la choza de esa familia, donde el recién nacido estaba "en un pequeño cajón de madera..., un cajón de manzanas, y el agua arrastró al bebé en el torbellino". "Fue algo terrible. Sentí la injusticia de ello, una injusticia feroz".

Dotada de cerebro y a la vez compasión, Isabel Morel estaba destinada a la enseñanza superior. "Comencé a usar anteojos a temprana edad porque leía mucho. Me leí todo lo que había en la casa a los doce o trece años, incluyendo todos los libros que mi padre me prohibía leer". Se resistió a los deseos de su padre de que asistiera a "la escuela para señoritas, (...) donde te enseñaban a administrar el hogar, a hacer conservas en la época apropiada, (...) a servir el té".

En lugar de eso, eligió la carrera de bibliotecología en la universidad, donde persuadió a las autoridades de que la dejaran matricularse, aunque solo tenía dieciséis años y estaba por debajo de la edad mínima requerida. En las tardes, hizo estudios de licenciatura en literatura en español y tomó a la vez cursos de filosofía, psicología, ética "y lo que fuera, durante cinco años". Con su título de bibliotecaria hizo escasamente poco, pero a cambio de ello agregó a su formación cursos en bellas artes, las que se convirtieron en su verdadera pasión.[14]

Nacido el 13 de abril de 1932, tres meses después que Isabel Morel, Orlando Letelier provenía a su vez de un escenario acomodado y, en buena medida, apolítico. Su madre, Inés del Solar Rosenberg, hija de madre alemana y —como sospechaba uno de sus nietos— judía, era voluntaria del trabajo social. El hermano de ella la recordaba como "una poeta inquieta y ávida lectora, que enviaba ocasionales artículos a las revistas y publicaciones literarias de Temuco y Santiago". Ella y su esposo conformaban una "familia unida y consciente de las tradiciones", de carácter más bien laico.[15] Orlando Letelier Ruiz, el patriarca, administraba una imprenta y, durante algunas épocas, dirigió un periódico. Era miembro del Partido Radical de Chile y masón, destacándose de los Letelier conservadores y de mayor alcurnia que habían emigrado desde Francia un siglo antes.

Cuando Orlando tenía tres años, sus padres se trasladaron a Santiago. Letelier padre instruyó a su hijo en las causas de la pobreza en Chile y le hizo ver el sufrimiento de los mapuches, que habían sido "pacificados" solo cincuenta años antes de que Orlando naciera.[16] El pequeño pasó sus primeros años en un colegio Montessori donde, como Isabel, floreció como un librepensador. Al igual que el de Isabel, el padre de Orlando "era por lo general inflexible en lo que tocaba al intercambio de ideas, opiniones y actitudes. En cierta forma, seguía adherido a su perspectiva más bien pueblerina".[17]

A sus catorce años, Orlando Letelier sorprendió a sus progenitores al solicitarles autorización para matricularse en la Escuela Militar, no para seguir la carrera de las armas, explicaría más adelante, sino para imbuirse de autoconfianza y disciplina.[18] Durante un lapso, sobresalió de hecho en lo académico, la marcha y el boxeo, y adquirió el grado de oficial cadete.

Su percepción instintiva de que la vida militar no era lo suyo resultó acertada. En alguna ocasión, uno de sus profesores dijo a los estudiantes que, si un superior decía que el negro era blanco, ellos debían estar de acuerdo. Letelier pidió permiso para hablar: "Entiendo que la estrictez disciplinaria sea absolutamente necesaria en la vida militar, pero en lo personal dudo de que alguien pueda convencerme alguna vez de que lo que es blanco sea en verdad negro". El profesor lo castigó por insubordinación.[19]

Cuando cursaba su cuarto año en la Escuela Militar, el gesto de beber de un arroyo de montaña redundó en amebas en el sistema digestivo de Letelier, lo que derivó a un cuadro de disentería. La curación irritante abrió luego verdaderos agujeros en su estómago y las úlceras sangrantes lo obligaron a retirarse de la escuela.[20]

Las úlceras resultarían a su vez decisivas para la futura pareja. Letelier se matriculó en la Escuela de Derecho y, como muchos otros latinoamericanos jóvenes de la época, adhirió a un partido político. Escogió para ello a los liberales, pero muy pronto comprobó que estos eran "muy reaccionarios".[21] Su tío los describía como gente con escasa "sensibilidad para con los pobres y desamparados y un desprecio hiriente y arrogante hacia quienes ellos mismos calificaban de 'medio pelo' o clase media, carente de sus afamados ancestros o apellidos bien conocidos".[22]

Letelier y Morel se conocieron en una cena de amigos cuando ella estaba en su segundo año de universidad y él en el primero de leyes. Ella no quedó, al principio, tan impresionada como su hermana por este chico al que todos trataban de "Nano". "Después de cenar, fuimos todos a una discoteca, ocho de nosotros metidos en un Volkswagen. ¿Se imaginan a ocho personas en un pequeño Volkswagen? Se suponía que debíamos ir en las faldas de los chicos, y mi hermana dijo: 'Yo no me siento en las faldas de nadie', a lo que yo respondí: 'A mí me da igual', y me senté en las faldas de Orlando". "Orlando quedó prendado y al otro día me llamó a mí en particular. (...) Y de allí en más me llamaría cada día después de almuerzo", hasta que muy pronto se juntaron a almorzar entre cada clase.[23] Él quedó impactado por su belleza, y todavía más por su canto. Y rompió de inmediato con su novia de entonces.[24]

Isabel se encariñó muy pronto con "Nano". "Era un hombre lleno de vida. Un pelirrojo alto, muy educado, pero lleno de vida". Su pasión compartida por el arte, la música y la política dio pie a un extenso galanteo. "Durante un par de años fuimos amigos. Él visitaba mi casa. (...) Juntos reunimos algún dinero para costear la universidad y algunos proyectos de él. Queríamos llevar grupos teatrales de otras escuelas al centro cultural de la Escuela de Leyes, donde también requerían conferenciantes y esas cosas".[25] "Él tenía una voz hermosa, de barítono alto", lo evocaría ella en 2017 con una sonrisa cargada de nostalgia.[26]

"Una vez que nos enamoramos", recordaba, "hicimos una combinación extraña y maravillosa. Sentíamos una gran pasión recíproca y éramos a la vez amigos". Orlando "era alto y buenmozo y muy carismático. Su estilo dinámico lo hacía capaz de lograr cosas inmensas. Exhibía esa mezcla inhabitual de ser un hombre apacible, cariñoso y gentil, y estar imbuido a la vez de una energía implacable. La gente reaccionaba ante él, quería estar a su alrededor y apreciaba su compañía. Era un hombre agraciado, elegante, que además irradiaba poder".[27]

El apellido Letelier abría puertas a Orlando en lo social y en la esfera política, y pronto acrecentó su círculo de amistades cercanas, que un día serían tan influyentes como José Tohá, su futuro colega dentro del gabinete ministerial.[28]

De tales amigos de la Escuela de Derecho, algunos provenientes de la Venezuela plagada de dictadores, "recibí mi formación política", recordaba Isabel Morel. "Fue la primera vez que oí hablar en serio de una dictadura y de la tortura, de grandes corporaciones que se quedaban con más de lo que compartían, de nacionalización de los recursos naturales. El mismo Orlando hablaba del cobre como propiedad de los chilenos. Yo no me había dado cuenta de la importancia de que los chilenos fueran dueños de su cobre, fue un despertar para mí". Ella le dijo a Orlando que se consideraba a sí misma de "izquierda cristiana", pero que no encontraba ningún partido al cual unirse.

"Al final de mi segundo año, firmábamos peticiones a favor de Pablo Neruda, que había huido del país por ser comunista y estaba amenazado con la cárcel". Neruda, el celebrado poeta, sería galardonado con el Premio Nobel de Literatura.[29]

Letelier recordaba su segundo año de universidad como su propio despertar. "La verdad es que siendo joven a mí me importaba bien poco la política, y menos la idea de la socialización". Al aumentar sus lecturas y sostener prolongadas discusiones con el médico y senador Salvador Allende, entre otras personalidades, su conciencia social fue en aumento y terminó uniéndose al Partido Socialista.[30] En una época temprana de su relación, le dijo a Isabel que haber descubierto lo que hacían las corporaciones foráneas con la extracción de cobre, la mayor fuente de exportación de Chile, fue "un golpe al corazón para mí".[31]

"La invasión de Guatemala (en 1954) y el accionar de los marines en América Central fue una causa célebre en la universidad", agregaba ella. "Marchábamos y protestábamos a menudo. En la Universidad de Chile era imposible no ser consciente de la situación política y el imperialismo norteamericano". La universidad logró radicalizarlos a los dos, con su mezcla habitual de artistas varios, existencialistas y marxistas, pero la pareja siguió en gran medida desvinculada de la política. Más bien, disfrutaba de los que Isabel designaba como sus amigos "no convencionales", "diversos". Siendo ambos talentosos cantores y guitarristas —Isabel le enseñó a Orlando buena parte de lo que sabía al respecto— se enamoraron todavía más el uno del otro.

Al acercarse a su titulación, Letelier trabajó de aprendiz con un abogado, mientras que Morel enseñaba castellano en los colegios de Santiago. "Finalmente contaba con un salario", diría ella luego. "Y me sentía tan feliz de ser independiente. Trabajé allí hasta que abandoné Chile. Y cuando aún trabajaba allí inicié un teatro de marionetas"y lo mantuvo funcionando durante tres años.[32] Orlando ponía su voz de barítono al apuesto príncipe de las marionetas en las grandes y coloridas producciones de Isabel. A la vez actuó, él, en la obra *Nuestro pueblo*, de Thornton Wilder.[33]

En 1953, Isabel concluyó su tesis de magíster.[34] Al año siguiente, Orlando terminó la suya, relativa al cobre. "El cobre era su obsesión", recordaría ella. "Y su pelo era de color cobre, y cuando hablaba acerca del cobre y los recursos naturales de Chile, siempre se encendía muchísimo. Yo siempre decía: 'Ay, tu cabeza está en llamas, Orlando, tu cabeza está ardiendo'". Corilonco seguía vivo.

A fines de 1955, Orlando Letelier e Isabel Morel se casaron en el hogar de infancia de ella. Tenían los dos 23 años y ella quería tener seis hijos "con poca diferencia de edad entre uno y otro". Un primer embarazo derivó en pérdida y, en 1957, otro dio lugar a un hijo al que llamaron Cristián. José lo siguió en 1958.

El primer trabajo de Letelier después de dejar la universidad fue, como era lógico suponer, en el nuevo departamento del cobre del Banco Central de Chile. Un día le anunció a Isabel que Allende, el marxista que postulaba a la presidencia del país, venía a cenar. Con la carga de un recién nacido y otro hijo en camino, Isabel quedó enervada: "¿Por qué tienes que vivir invitando a medio mundo, Orlando?", sin acordarse de que su madre solía hacer lo mismo.

Allende perdió la elección presidencial de 1958 —su segunda postulación— y la posición de Letelier dentro del equipo económico del candidato marxista dio pie a un desastre personal. No solo fue despedido del departamento del cobre, sino que además advertido de que "no pierdas tu tiempo buscando trabajo en este gobierno (del derechista Jorge Alessandri). No encontrarás ningún puesto en todo el país, de norte a sur. Se te está castigando por ser un traidor a tu clase. Es una lección que debieras aprender ahora que todavía eres joven".

Isabel tenía 27 años y quedó preocupada. "Mi tercer hijo", Francisco, "tenía apenas cinco días de vida. Así que teníamos tres bebés a nuestro cargo y Orlando no conseguía encontrar trabajo. (...) La gente dentro del departamento del cobre, que había sido nuestra amiga, cruzaba ahora la calle antes de verse forzada a saludarnos. (...) Algunos miembros de mi familia —teníamos una gran familia— no demostraban simpatía alguna por nosotros".[35]

Los Letelier eran, aun así, gente con iniciativa. Tres meses después de que Orlando perdiera su trabajo, a fines de 1959, él y su familia se fueron a Venezuela, donde sus amigos exiliados estaban ahora de regreso en el poder y le ofrecieron un cargo en el conglomerado del Grupo Vollmer para realizar estudios de mercado. Poco tiempo después, los gobiernos de las Américas crearon el Banco Interamericano de Desarrollo (BID) en Washington, y resultó que su primer presidente, Felipe Herrera, había sido profesor de Letelier en la Escuela de Derecho. Él le ofreció trabajo.

Justo en ese momento, Allende hizo su aparición en casa de los Letelier en Caracas y les dijo que hicieran las maletas para viajar a Cuba a celebrar el primer aniversario de la revolución liderada por Fidel Castro en 1959. Cuando el mismo Castro hizo un discurso de varias horas de duración ante un millón de personas en la Plaza de la Revolución, Ernesto "Che" Guevara, entonces a la cabeza del Banco Central en Cuba, charló por primera vez con Letelier, y al otro día le ofreció un puesto. "Orlando quedó muy entusiasmado. Le encantó la idea". Por un lado, Cuba tenía un clima estupendo y criar niños allí era "fácil. Tenían grandes médicos". Como contrapartida, en Cuba todo el mundo estaba comprometido con la revolución, mientras que en Washington Orlando podía actuar como contrapeso frente a sus colegas burgueses del BID.[36] A fines de 1960, los Letelier hicieron de nuevo las maletas.

En Washington, la familia pasó una década exigente pero muy morigerada en lo político. "Al ser en aquella época funcionario internacional", según Isabel, "tenías que prometer que no te involucrarías en ningún sentido en política". Además, la labor de Letelier al servicio de un banco que prometía el desarrollo y la integración de América Latina era en sí misma una toma de postura. "Esos primeros años fueron muy estimulantes. Había una mística respecto al banco. (...) Había el orgullo de que el español fuera la lengua hablada en el banco y que todos los americanos participantes tuvieran que hablarlo. (...) Era una época en que la mayoría de los países eran democracias, fue una especie de era dorada en América Latina. (...) Soñábamos con un mercado común latinoamericano, un parlamento latinoamericano, un gabinete latinoamericano. Teníamos sueños grandiosos".[37]

El joven economista chileno impresionó a muchos con su encanto y energía inagotables. En su década en el BID, ocupó una sucesión de cargos que brindaban la posibilidad de viajar por todo el mundo, especialmente por Asia. Uno de sus superiores en el BID lo calificaba de "osado, pero de manera razonable e inteligente. Necesitaba sentirse desafiado sin él resultar desafiante. No le temía al peligro. Rara vez llegaba a tiempo, pero siempre tenía una razón buena y aceptable para haberse retrasado. Su don de hacer amigos y su cordialidad eran sus mejores aliados".[38]

De 1960 en adelante, la CIA mantenía fichas relativas a Letelier, citando en ellas su "reputación de individuo capaz, laborioso, que se granjeó todos los ascensos que tuvo frente a él". Describía al economista como afable, socialmente agradable", y a su esposa, como "muy activa y encantadora".[39]

Lo que su tío describía como "una capacidad sobrehumana para el trabajo" generaba para él admiradores, detractores y riesgos. En cierta ocasión trabajó tanto en su despacho que terminó desvaneciéndose y tuvo que ser trasladado a un hospital. El diagnóstico fue *surmenage* o exceso de trabajo.[40] También fue hospitalizado por úlceras.[41] Cuando Letelier murió, *The Washington Post* escribió un editorial indicando que era "un hombre muy valiente, a la vez que arrogante", citando como prueba su "estilo dictatorial de gestión" en el BID.[42]

El cuarto y último hijo de los Letelier, Juan Pablo, nació en Washington en 1961. "Cuando él nació, Orlando me dijo: 'Ahí tienes a tu familia: ámala... cuídala... hónrala. Eso es todo'. Los seis hijos que teníamos presupuestados eran una buena idea en Chile, pero no para una pareja que vivía en los Estados Unidos".[43]

"Orlando fue siempre en extremo dedicado a nuestros hijos y pasaba incontables horas impartiéndoles su enfoque particular de la vida, la política y la humanidad".[44] Inculcó a los niños la disciplina que él mismo había adquirido en la Escuela Militar. Se rehusaba a firmar sus certificados de notas hasta que las calificaciones eran suficientemente buenas. Rebotaba sobre sus sábanas para probar su tirantez. Les enseñó a boxear.[45] Al entrar a la cocina, decía: "Buenos días,* ¿cómo está la tropa?". "¡Bien, mi capitán!", respondían los chicos. Los sábados, después del desayuno, el capitán ordenaba a sus tropas estudiar la historia chilena y copiar lecturas en español. "Yo sufría mucho con esas clases", recordaba luego Juan Pablo, el menor.[46]

Aun así, Letelier era un padre y marido afectuoso. Cuando vio a su primer bebé, recordaba Isabel, "estaba tan conmovido que se desvaneció. Era un milagro para él". Él mismo los entrenaba en su propio equipo de balompié. Con ella y sus hijos, "Orlando resultaba tan fuerte, tan apoyador, tan como una roca, era todopoderoso. Brindaba consejos y fortaleza, y hasta en los peores momentos decía: 'Nos sobrepondremos'".[47] Un psiquiatra que evaluó a Isabel en los noventa hizo la observación de que su relación con Orlando "era idílica. (...) Orlando era el centro de su vida, igual que ella lo era en la de él: él estaba siempre orgulloso de la actividad escultórica y plástica en que ella se sumergía, y la alentaba diciéndole que su obra era 'como mágica'".[48]

Isabel trabajaba a la vez fuera de casa. De 1961 a 1964, enseñó español a los diplomáticos en el Instituto del Servicio Exterior dentro del Departamento de Estado. Ella misma describía luego esos años como "tediosos", llenos apenas de esa enseñanza de frases muy básicas en español.[49] En torno a 1965, se cambió a la Universidad de Georgetown.[50]

Cada año, durante tres meses, se llevaba a sus cuatro hijos de vuelta a Chile, asegurándose de que aprendieran la historia y cultura chilenas y supieran de la literatura de habla hispana. Cristián, José, Francisco y Juan Pablo crecieron teniendo un amplio dominio

---

* En español en el original (N. del T.).

del inglés y el español, identificándose todos con los Estados Unidos y a la vez con Chile.[51]

En 1969, los Letelier y Edmundo del Solar, el tío de Orlando, adquirieron una propiedad ribereña en el Valle de Shenandoah, en Virginia, a la que bautizaron como "Chile Chico". Orlando y Edmundo dividieron el terreno y los Letelier se construyeron un acogedor refugio en su porción, transformando los viejos gallineros en establos, donde Orlando, un habilidoso jinete, impartía lecciones. Jugaban además a las cartas e Isabel embelleció la propiedad con flores y una huerta. A contar de entonces, la familia comenzó a pasar allí la mayoría de sus fines de semana.[52]

"A dónde íbamos, lo primero que hacía Orlando era plantar álamos", recordaría Juan Pablo Letelier. Chile Chico no fue la excepción al respecto. "Es como si mis raíces estuvieran en esos árboles". El hijo guardaría eternamente en su memoria el recuerdo de estar sentado sobre la espalda de su padre en el río, mientras Orlando enseñaba a sus hijos a nadar.[53]

Un día a fines de 1970, a las tres de la madrugada, todo el clan familiar fue despertado en Chile Chico con los gritos de Isabel: "¡Ganó Allende!".

Su viejo amigo chileno, el senador y médico a la cabeza de una coalición de izquierdas denominada Unidad Popular, había logrado la hazaña de obtener la presidencia de Chile declarándose abiertamente marxista.

Habiendo seguido los resultados en Washington, Orlando Letelier condujo de inmediato su automóvil al Valle de Shenandoah, tocando la bocina al aproximarse a la propiedad, donde Isabel Morel y él se fundieron en un abrazo.

—He decidido renunciar a mi puesto en el BID...

Isabel no lo dejó continuar:

—¡¿Vamos a volver a Chile?![54]

No sería exactamente así. Letelier voló en efecto de vuelta e Isabel comenzó a hacer las maletas, pero al retornar él a Washington les anunció un cambio de planes.

—Qué bueno que tengas todo listo, solo que el viaje va a ser un poco más corto. En vez de cambiarnos de país vamos a cambiarnos de Estado. ¡De Maryland a Washington![55]

Allende había nombrado a Letelier, que estaba entre sus más leales partidarios, nuevo embajador de Chile en los Estados Unidos. En febrero de 1971, la familia se trasladó del suburbio de Bethesda a la residencia del embajador en el distrito de Columbia, en la avenida Massachusetts, iniciando tres tumultuosos años que reflejaron bien los que discurrían en Chile. "Mi vida fue la de un joven normal de clase media en la costa este (de Estados Unidos)", recordaría Juan Pablo. "Era un fanático más de los Redskins y los Senators,* formaba parte del equipo de baloncesto de mi colegio y pasaba las vacaciones de verano con mi familia en Rehoboth o Bethany Beach".[56]

Isabel Morel, por su parte, se adaptó a la vida de una esposa de embajador, aunque los desayunos con aperitivos de jerez junto a las esposas de otros diplomáticos no eran sus preferidos. "Decidí que haría además otras cosas". Así, ofendió a otras damas chilenas al invitar a las criadas chilenas a sus eventos. Creó la Chile Foundation, que reciclaba el equipo médico estadounidense ya utilizado y lo enviaba para uso de los chilenos, ya fueran de izquierda o derecha. Incluso se anotó como voluntaria de la Cruz Roja, distribuyendo libros a los geriátricos y orinales a los drogadictos en los hospitales de Washington. Esa labor humillante no le molestaba en absoluto. "Nunca me hice a la idea de que era una esposa de embajador".[57] Los chicos alcanzaron, entretanto, la adolescencia y aún necesitaban de la orientación de sus progenitores, pero le dejaban tiempo a Isabel para sus propias iniciativas.[58]

La familia solía aún pasar los fines de semana en Chile Chico, donde Alfie, el pastor inglés, podía correr en libertad e Isabel y Orlando asistían a los bailes en la plaza local y allí se topaban con "estadounidenses nada afectados y más reales, ajenos a la vida rutilante de Washington".[59] Los cuatro hijos se estaban volviendo más estadounidenses, asistiendo a colegios secundarios de Washington, codeándose con hijos de altos funcionarios locales, incluso sumándose a la búsqueda de huevos de pascua durante el festejo de la Pascua de Resurrección en la Casa Blanca.[60]

La agenda marxista de Allende iba, sin embargo, en curso de colisión con la de Washington. Su solo triunfo mostró una vía democrática al socialismo que desafiaba los intereses de Estados Unidos

* Respectivamente, nombres del equipo de fútbol americano de Washington D.C. y del equipo de hockey sobre hielo de Ottawa (N. del T.).

y, una vez en el cargo, comenzó a exhibir gestos de amistad hacia Cuba y otros regímenes comunistas. Allende planeaba nacionalizar además las minas de cobre propiedad de Estados Unidos.

En represalia, el gobierno de Richard Nixon, a través de la CIA y su asesor de seguridad nacional, Henry Kissinger, intentó primero impedir la confirmación de Allende como presidente, alentando el secuestro del comandante en jefe del Ejército chileno, que era la garantía del proceso. Nixon instruyó a su vez a la CIA para que "hiciera chillar la economía del país".

Cuando la jugada falló y Allende accedió efectivamente a la presidencia y al Palacio de La Moneda, el equipo de Nixon implantó lo que Allende rotuló como "el bloqueo invisible" con la ayuda de las grandes corporaciones estadounidenses. La despiadada campaña de propaganda, presión diplomática y sabotaje económico, alimentada por varios millones de dólares en fondos de la CIA, buscaba que Chile se volviera contra su presidente y eso propiciara un golpe militar.

Como embajador, Letelier aconsejó a su presidente que evitara la confrontación con Estados Unidos, país que abastecía la mitad de sus insumos industriales y casi la totalidad de sus suministros militares.[61] Era, en tal sentido, el hombre indicado para la tarea, siendo, como lo había evaluado la CIA en 1971, "un demócrata razonable y maduro, con una fe profunda en que Allende revolucionaría la estructura de Chile sin interferir en las libertades y tradiciones fundamentales del país". Letelier reafirmó a los funcionarios estadounidenses "que nunca podría haber un control comunista de Chile porque las tradiciones y emociones básicas del país eran demasiado anticomunistas".[62]

Washington pareció responder de manera acorde. Cuando Letelier presentó sus credenciales, Nixon se declaró respetuoso de la autodeterminación chilena. Kissinger, por su parte, calificó de "absurdos" los informes de prensa que aludían a la búsqueda de una confrontación con Chile por la Casa Blanca, y sugirió la posibilidad de visitar el país para mejorar las relaciones.[63] Un diplomático estadounidense recordaría luego que la mayoría de los expertos en América Latina "tenían muy buenas opiniones de Letelier. Pensábamos que era un contendor sin dobleces y que no nos estaba desorientando a nosotros o desorientando a su propio gobierno respecto a nuestra actitud".[64]

Incluso Kissinger dijo de Letelier: "Lo conocía. Personalmente, me agradaba".[65]

Con todo, la administración Nixon sentía una tremenda presión de las grandes corporaciones estadounidenses. Estaba además en la senda de la guerra contra el comunismo. En primer lugar, tardó varios meses en aceptar el nombramiento de Letelier como embajador.[66] En julio de 1971, Chile nacionalizó tres de las grandes empresas mineras en el país. En octubre, anunció que no les ofrecería ninguna compensación por las "utilidades excesivas" que habían tenido en el curso de los años.

La represalia fue vertiginosa. A mediados de agosto, el presidente del U.S. Export-Import Bank, Henry Kearns, citó a Letelier a sus oficinas. Kearns se mostró cálido y sonriente para comunicar noticias escalofriantes: el banco no financiaría los 21 millones de dólares para aviones a reacción Boeing mientras Chile no compensara a las empresas cupreras.[67] En 1972, otro de los acuerdos hechos por Letelier se desplomó, esta vez para repactar la deuda de 300 millones de dólares de su país con los bancos estadounidenses.[68] Para empeorar aún más las cosas, se filtraron secretos acerca de los empeños desarrollados por Estados Unidos para impedir el acceso de Allende a la presidencia, y hubo *cinco* intromisiones en la residencia del embajador y la embajada, sin que la policía resolviera ninguno de esos casos.[69] Dos de los ladrones, que andaban en busca al parecer de documentación significativa, estuvieron implicados a su vez en las intromisiones del caso Watergate.[70] Letelier decidió guardar esos documentos en un clóset de su dormitorio, dado que la CIA instaló a su vez micrófonos en la embajada.[71]

Letelier había iniciado su labor de embajador en un ánimo optimista y generoso. Tempranamente, cuando las restricciones presupuestarias amenazaban con hacer fracasar los festejos del día nacional de Chile en la embajada, echó mano a su propio bolsillo para pagar la cuenta de 2.000 dólares, una suma significativa en aquella época. Más aún, invitó a varios opositores a Allende a la fiesta.

El tío Edmundo del Solar cuestionó que su sobrino pagara la cuenta de invitados que "están abocados a destruir a tu presidente y su gobierno". "Son chilenos igual", replicó Letelier sin dar muestras de enojo. "Las diferencias ideológicas y partidistas deben quedar de lado en estas ocasiones".[72]

A mediados de 1973, Chile distaba con mucho de estar unido, tambaleándose a la vez sobre la calamidad económica y los rumores de un golpe de Estado. El 22 de mayo, Letelier fue llamado a Santiago para asumir como ministro de Asuntos Exteriores. De vuelta en la capital chilena, reflexionó en torno a su experiencia en Washington, esta vez con amargura por la distancia que percibía entre los chilenos y norteamericanos: "Uno se da cuenta de que son dos cuadros culturales diferentes; para nosotros es legítimo que nuestra riqueza, nuestro cobre, sea nuestro; para ellos, los valores de propiedad son sustantivos, ellos no conocen los conceptos de solidaridad humana".[73]

El 28 de junio, Isabel y los chicos volvieron a Chile después de trece años en Washington D.C. Al día siguiente, un conato de golpe contra Allende falló, pero demostró que las fuerzas armadas podían movilizarse rápidamente contra el presidente.

Los chilenos calificaban a menudo a su país como "la Inglaterra de América Latina" por su prolongada tradición de autogobierno representativo. Salvo por una dictadura tenue entre 1927 y 1932, el gobierno pacífico y constitucional —aunque no una democracia perfecta— había prevalecido desde que el país se independizara de España.[74]

Ahora Letelier, bajo la mirada atenta y preocupada de Isabel Morel, pasaría el resto de la presidencia de Allende entre un ministerio y otro: dos meses y medio en Relaciones Exteriores, dos semanas en Interior y dos semanas y media en Defensa. En los dos últimos puestos estuvo a cargo de la seguridad del país: el factor que estaba claramente colapsando.

Antes del regreso de los Letelier a Chile, el tío Edmundo del Solar puso de nuevo en cuestión la sabiduría de su sobrino: "¿Te parece sabio aceptar un nombramiento como parte de un gobierno cuyos días están contados, en mi opinión?".

Letelier lo miró con incredulidad: "¿Te parece que me negaría yo a volver a Chile y ayudar a mi gobierno? Debes estar loco o no me conoces lo suficiente. Solo las ratas abandonan el barco cuando está en riesgo de hundirse, y no habrá tal hundimiento. De algún modo, sortearemos la crisis".[75]

2

EL HIMMLER DE LOS ANDES

Chile es una angosta faja de tierra que se extiende por 4.244 kilómetros de norte a sur y tiene apenas 160 kilómetros de ancho en promedio. El extremo septentrional es caluroso y seco, y aloja el lugar más seco de la Tierra: el desierto de Atacama. La zona central es un cuerno de la abundancia en que las uvas y otros frutos crecen en plenitud, tanto como crecen en torno al Mediterráneo. La capital, Santiago, y el mayor puerto del país, San Antonio, son los núcleos de esta región central.

A algunas horas de Santiago, antes de llegar uno a la tundra menos habitable en la región meridional, hay un área templada y frondosa que cubre unos 560 kilómetros de norte a sur. Bendecida con lluvias abundantes, ríos portentosos y bellas panorámicas de volcanes y lagos, la región austral está entre los grandes orgullos del país.

El sur de Chile está a la vez inhabitualmente aislado: por los Andes, el mar y su propia vastedad. No por nada, ha continuado siendo hasta hoy el hogar del pueblo indígena mapuche, que se valió de la insularidad de la región para resguardarse del invasor español.

Tampoco fue una coincidencia la atracción que los inmigrantes alemanes experimentaban por la región. Fueron quizá sus lagos y montañas, parecidos a los de Bavaria, los que en el siglo XIX atrajeron a unos 30.000 colonos provenientes de varios principados alemanes.

De la Guerra del Pacífico contra Perú y Bolivia, librada entre 1879 y 1883, Chile emergió victorioso, pero a la vez resuelto a profesionalizar su Ejército. Una misión militar enviada desde Prusia moldeó a sus tropas, redundando en el uniforme grisáceo y el paso de la oca del imponente Ejército chileno.[1]

En el curso del siglo XX, los alemanes de piel clara y acomodados del sur de Chile, no necesariamente nazis, pero a menudo simpatizantes o descendientes de ellos, llenaron las filas de los partidos políticos de extrema derecha.[2] Su situación remota en el sur los hacía sentir intocables. Propietarios frecuentes de grandes consorcios agroindustriales, solían provocar la deriva de los partidos hacia el radicalismo y la violencia, a la espera de las condiciones propicias para consumar su alianza con quienes tenían el poder.[3]

Los alemanes de extrema derecha en Chile consideraban no solo que su raza era superior a las demás, sino que a la vez que ellos estaban destinados a aplastar otros sistemas sociales. En 1932, la depresión a nivel global llevó a un abogado llamado Jorge González Von Marées a fundar el Movimiento Nacional Socialista de Chile. González predicaba "el fascismo [como] el triunfo de la gran política, o sea, de la política dirigida por los pocos hombres superiores de cada generación sobre la mediocricidad [sic], que constituye la característica del liberalismo; significa también el predominio de la sangre y de la raza sobre el materialismo económico y el internacionalismo".[4]

Antes de la Segunda Guerra Mundial, cerca del 5 por ciento de la población de Chile era de origen alemán. Los nacionalsocialistas se jactaban de contar con 60.000 militantes, y eligieron a tres de ellos en las parlamentarias de 1937.[5] El movimiento se autodenominaba El Nacismo.[6]

A fines de los años treinta soplaban en Europa vientos de guerra, y las provincias sureñas de Chile rebosaban entusiasmo. Los germano-chilenos organizaban *Ortsgruppen* (grupos locales) o logias nazis. Hablaban favorablemente de los pueblos con una cifra mayor a un millar de alemanes como "zonas de ocupación". Los hijos y nietos de los colonos eran considerados alemanes solo si podían demostrar que su sangre no se había mezclado con la de la raza nativa. Proclamaban su lealtad a los jefes de la logia local y, a través de ellos, a Adolfo Hitler. El primero de mayo, mientras la Alemania nazi celebraba la *Anschluss* de Austria, los nazis chilenos desfilaron por las calles de las principales ciudades sureñas, como Puerto Montt y Osorno, ataviados con camisas pardas y brazaletes de las tropas de asalto de Hitler. Adosados al cinturón, llevaban revólveres y dagas.

Tales despliegues de carácter fascista agitaban temores de una "des-chilenización" progresiva y penetración nazi, las que, según un periodista hacía notar, "podían traer lamentables consecuencias para la soberanía del país".[7] El 5 de septiembre de 1938, los nazis chilenos hicieron incluso un intento de golpe de Estado. Un grupo ocupó el edificio principal de la Universidad de Chile, mientras un segundo grupo se desplegaba en la calle frente al palacio presidencial. El gobierno derribó la puerta principal de la universidad y del asalto resultaron unos 60 nazis muertos. Poco después de eso, la fortuna del partido en cuestión decayó.[8]

Después de la Segunda Guerra Mundial, las comunidades sureñas se convirtieron en destino preferido de antiguos funcionarios nazis que huían de la persecución o en busca de oportunidades. Walter Rauff, un exterminador nazi, fue uno de ellos. Él y su familia se establecieron en Chile en 1958, donde Rauff administraba ahora una empresa conservera del cangrejo en Punta Arenas, una de las ciudades más australes del mundo. Y continuó operando desde Chile, país al que Alemania solicitó, pero del que nunca obtuvo, su extradición. Se presume que asesoraba a la temida policía secreta de Chile y, cuando falleció en 1984, varios nazis ya envejecidos lo honraron con saludos de "¡Heil Hitler!".[9]

A comienzos de la década de los sesenta, el profesor de idiomas Franz Pfeiffer Richter revivió el Partido Nacional Socialista. "Somos anticomunistas y antisemitas", proclamaba el mismo Pfeiffer. "Nuestro movimiento se ciñe a las mismas reglas fijadas por Hitler".[10] El "comandante" Pfeiffer imitaba a su vez los uniformes, estandartes y saludos de Hitler. Intentó, además, fundar la rama chilena del Ku Klux Klan y organizó un concurso para coronar a la "Miss nazi"local. ¿El nombre de su revista?: *Swastika*.[11]

El más perverso de todos fue Paul Schäfer (o Schaefer), un antiguo cabo nazi que dirigía un enclave secreto en el sur de Chile, con rasgos de un culto germánico. Tras la Segunda Guerra Mundial, Schäfer se convirtió en predicador y huyó de Alemania, perseguido por una estela de acusaciones de abuso infantil en su contra, que habría practicado en el orfanato que administraba. En 1961 fundó la Colonia Dignidad, un complejo de 13.700 hectáreas al final de un camino de tierra en las estribaciones de los Andes, a unos trescientos cincuenta kilómetros al sur de Santiago. Entre sus límites de alambrado de púas, el patriarca de ojos vidriosos exigía lealtad absoluta a los trescientos cincuenta hombres, mujeres y niños que vivían bajo su dominio, como queda de manifiesto en el filme *Colonia*, de 2015. Los fugados de la colonia contaron la forma en que se convirtieron en "auténticos esclavos de Schäfer, como robots dedicados solo a obedecer sus órdenes y no desagradarlo". Las parejas casadas debían vivir aparte. Los hijos eran separados de sus padres y sufrían abusos sexuales. Nadie podía abandonar el lugar. Schäfer castigaba con descargas eléctricas, tranquilizantes y aislamiento prolongado a los que se desviaban de la norma.[12] La Colonia Dignidad sirvió, finalmente, como prisión y cámara de torturas de la dictadura militar durante los años setenta.[13]

En el curso de su historia, el fascismo chileno no solo adhirió a todos los dogmas de la Alemania nazi —antisemitismo, anticomunismo, control estatal de la economía, liderazgo jerarquizado y nacionalismo intenso—, sino que también les añadió algunos de su cosecha. Una idolatría de todo lo español, la celebración de las tradiciones asociadas al catolicismo, el rechazo del imperio y la defensa de la unidad latinoamericana hicieron de él una de las formas más poderosas entre los totalitarismos surgidos en América Latina.[14]

Entre los múltiples niños que, en la década de 1930, asistían a ver los desfiles de celebración nazis en el sur estaba Juan Manuel Guillermo Contreras Sepúlveda, entonces de nueve años.[15]

El hombre que habría de dirigir el asesinato de Orlando Letelier nació en Santiago el 4 de mayo de 1929. Su familia se trasladó a Osorno, ciudad situada a unos 960 kilómetros de la capital, justo antes de que comenzaran los desfiles nazis.

Ello ocurrió, a la vez, poco después de su experiencia infantil más traumática, cuando a la edad de seis años vio a su madre retorcerse de dolor en su cama a raíz de una dolencia desconocida. Las cosas empeoraron cuando una enfermera pasó por el hogar de la familia Contreras y, por descuido o apuro, le inyectó a su madre una burbuja de aire, provocándole una embolia.

"¡Mis hijos! ¡Mis hijos!", gritaba la madre en medio de sus convulsiones. Aterrado, el pequeño Manuel se ocultó detrás de un vestidor y escuchó impotente sus gritos mientras expiraba. Los miembros de la familia gemían y sollozaban. Contreras estaba en silencio.

El niño había heredado la fortaleza de su madre, su temperamento dominante. Ella le otorgó a la vez su apodo tan persistente, "el Mamo", inspirándose en la dificultad del niño para decir *mamá*.

Su padre encontró prontamente una nueva esposa —la media hermana de su antigua mujer—, que se transformó en enemiga jurada de Contreras y nunca le demostró ningún afecto, según decía él mismo, en contraste con el cariño desbordante que manifestaba hacia su hermano pequeño, de piel más clara que la suya. Mientras que todo el mundo lo llamaba "Mamo", ella se dirigía a él con un cortante "Juan Manuel". Una vez que creció, Contreras se negó a invitar a su madrastra a su boda o asistir a su funeral. Su rencor hacia ella era absoluto.[16]

Manuel Contreras era hijo, nieto y biznieto de militares. Su abuelo fue, de hecho, condecorado en la Guerra del Pacífico.[17] El Ejército era, así pues, su destino ineludible. Su madre habría querido que él evitara el derrotero de las armas, por considerarlo de baja posición social, con apenas un sueldo de clase media y demasiado errante, pero su vástago no llegaría a convertirse en el médico que ella anhelaba.

A los quince años, el muchacho se trasladó entusiasmado de vuelta a Santiago y, al igual que Orlando Letelier, hizo la secundaria en la Escuela Militar. En esa etapa, rara vez veía a su familia, incluso en los recesos, ya que las órdenes de su propio padre implicaron su traslado a la lejana Arica, en la frontera con Perú.[18]

En su juventud, el Mamo estaba de algún modo obsesionado con todo lo relacionado con el mundo militar. Así pasó por varias academias militares chilenas y luego por programas de formación estadounidenses en Fort Belvoir, estado de Virginia, y Fort Benning, en Georgia, donde se especializó en técnicas represivas y contrasubversivas. Durante buena parte de la fase temprana de su carrera enseñó historia militar, estrategia e inteligencia en la Academia de Guerra de Santiago y después dirigió la Escuela de Ingenieros de Tejas Verdes, donde habría de permanecer hasta 1973.[19]

A los veintitrés años, contrajo matrimonio con María Teresa Valdebenito, conocida como "Maruja" e hija de un almirante. Con ella tuvieron un hijo, aparte de tres hijas que se casaron todas con militares.[20] La visión del matrimonio que tenía Contreras era bastante tradicional: el hombre debía ser el proveedor, la mujer, quedarse al cuidado de los niños. Eventualmente, se cansó de Maruja, a la que no consideraba su igual en su responsabilidad de llevar la casa y cocinar para él.[21] El matrimonio fue infeliz, caracterizado por sus tensiones, y los hijos fueron descuidados. Durante quince años, Contreras vivió abiertamente una aventura extramarital con su secretaria antes de dejar a su esposa. Al final de la cincuentena, admitió que "me debía a mi Ejército y a mi patria, y mi familia —por desgracia— quedó en segundo término".[22]

La década de los sesenta —los años en que Contreras avanzó en su carrera militar— fue una era tumultuosa en la historia militar de

América Latina. Prácticamente en cada país surgieron grupos guerrilleros izquierdistas inspirados en Fidel Castro y el Che Guevara. Sus blancos —las fuerzas armadas de derecha— respondieron con una venganza brutal, organizando portentosos aparatos represivos. El gobierno estadounidense inculcó en los líderes militares del continente, en su Escuela de las Américas con sede en Panamá y otros lugares, la "doctrina de la seguridad nacional": esa noción de que todos los opositores políticos a un régimen, incluso los más pacíficos, eran instrumentos de la Unión Soviética y, por ende, insurgentes que debían ser perseguidos. En Chile, la doctrina de la seguridad nacional encajaba con la paranoia y el totalitarismo del fascismo resurgente, y Contreras encarnó ese vínculo.[23]

En 1968, el Mamo clarificó su enfoque implacable de la contrarrevolución: "La guerra de guerrillas se gana matando guerrilleros y conquistando a sangre y fuego sus guaridas, sometiendo a estricta vigilancia a la población, que es la base de la cual la guerrilla vive y crece".[24] El tiempo pasado por Contreras en los Estados Unidos contribuyó a adoctrinarlo aún más en su visión de los comunistas como demonios encarnados, y sus contactos en la CIA le brindaron los manuales de espionaje de Corea del Sur, Irán y Brasil.[25]

Como jefe militar, Contreras era un enigma. Por una parte, fue el mejor alumno militar de su promoción. Brillante y sereno como instructor, podía resultar a la vez extrovertido y desbordante de anécdotas. Le encantaban el ajedrez, los alimentos del mar —incluyendo la comida alemana— y el buen vino tinto.[26] Un oficial de inteligencia estadounidense lo describía con generosidad como "de modales suaves y educado. Cuando hablas con él te parece gentil y te desarma. No chifla o ladra las órdenes a sus subordinados. No es el típico oficial chileno, que normalmente se reviste de un estilo militar prusiano. Resulta un individuo razonable, al que le gusta la charla inteligente".[27]

La leyenda cuenta que, en Fort Benning a mediados de los sesenta, Contreras hizo un examen de simulación en mucho menos que las dos horas asignadas para su ejecución y que sus respuestas batieron a las del computador de la entidad. "En Chile no trabajamos con computadoras", dijo él mismo, arrugando la nariz tras graduarse como el primero de su curso.[28] Tales hazañas le granjearon seguidores entre los estudiantes y oficiales jóvenes. Muchos consideraban cada palabra suya como surgida de las escrituras y proclamaban su eterna lealtad a él.[29]

Por otra parte, Contreras resultaba poco impresionante en términos físicos: medía alrededor de 1,70 m y pesaba unos 83 kilos. Más relevante aún resulta que era maquiavélico, egocéntrico, tumultuoso y cruel. No se refrenaba en sus apetitos ni su propensión violenta. Un compañero suyo en la Escuela Militar lo describía como "un psicópata, con ingredientes de sadismo, delirios de grandeza y un complejo de superioridad".[30]

Quizás encauzándolo sin saberlo hacia su fatal destino, sus profesores recompensaron su primer y exitoso año en la Escuela Militar de Santiago confiándole la tarea de disciplinar a la siguiente promoción de cadetes. Uno de estos recordaría más tarde uno de los castigos a que recurría Contreras, el "champú". "Nos obligaba a introducir la cabeza en las tazas de los baños y después tiraba la cadena". También embutía el extremo de la manguera de la ducha en la boca de los estudiantes y abría a toda presión el agua helada, ocasionándoles a veces un daño al oído. ¿Y cuál era la opinión que los cadetes tenían de Contreras? "Prepotente, perverso, explosivo y desalmado, por decir lo menos".[31]

Contreras fue tan temido y odiado, que él mismo se ufanaría de haber sido blanco de un total de veintiún atentados contra su vida. En varios de ellos, diría sin entregar pruebas, pues además de temido era mentiroso, respondió haciendo uso de su propia arma de servicio.[32]

Él mismo atesoraba su papel como maestro del espionaje, aunque su labor no lo requiriera. Como teniente coronel que dirigía una escuela militar, en cierta ocasión se hallaba jugando a los dados con otros oficiales cuando, en cierto momento, salió a recibir varias llamadas telefónicas. Al volver anunció:

—El capitán está en su casa con unos amigotes; el teniente, botado a lacho, y Janito, como siempre con su mujercita. Hay que saber lo que hace la propia gente.

—Pero, ¿cómo lo hace, mi comandante? —preguntó un oficial.

—Aaaahh —sonrió misteriosamente Contreras. Ya entonces, había adquirido el hábito de llevar fichas de todos, incluso de sus aliados.[33]

En su edad tardía, dos psicólogos, un trabajador social y un criminólogo hicieron una evaluación equilibrada, si bien de carácter clínico, de la personalidad de Contreras. "El sujeto es autoafirmativo, con aptitudes de liderazgo", escribieron. "Exhibe gran perseverancia, al punto de la rigidez en el empeño de cumplir sus objetivos. Necesita del reconocimiento y reforzamiento social como una forma de renovar siempre la alta opinión que guarda de sí mismo". Percibieron a Contreras como marcial, frío y con tendencia a reprimir sus sentimientos de culpa y endosárselos a los demás. "No hay indicios de que tenga alguna conciencia de sus crímenes".[34]

Su propio hijo, también llamado Manuel, testificó acerca de ese vacío de su padre: "Él puede estar sentado al lado tuyo, derramar por descuido una taza de café encima de ti, y no va a pedir perdón. Él es así, nació y va a morir así".[35]

3

SE MATA LA PERRA Y SE ACABA LA LEVA

"Pinochet solía llevarle el maletín a Orlando".[1]

Así recordaba Isabel Morel al hombre que más adelante pondría a Manuel Contreras a la cabeza de su policía secreta. Augusto Pinochet era considerado uno de los oficiales más leales a Salvador Allende en el alto mando del Ejército. Cuando hubo un intento de golpe de Estado en junio de 1973, Pinochet fue uno de los generales que, junto al comandante en jefe del Ejército, Carlos Prats, sofocaron la sublevación. Y cuando un mes después Prats renunció a su cargo, luego de que las esposas de los generales opositores a Allende se manifestaran en su contra frente a su casa, el presidente nombró a Pinochet como su sucesor. Entonces, en su primera reunión con el alto mando, este último reprendió a sus subalternos y les advirtió: "Esto se lava con sangre de generales", juró.[2]

Poco después de eso, Allende nombró a Orlando Letelier ministro de Defensa y, por ende, superior de Pinochet. Ambos se veían todos los días, según Isabel Morel. "[Pinochet] estaba todo el tiempo intentando demostrar su lealtad de forma exagerada, lo que hizo a Orlando consciente de que algo andaba mal, y al mismo tiempo era extremadamente servil".[3]

"Me da escalofríos", le dijo el propio Letelier a su esposa.[4] Asimilaba a Pinochet a "ese hombre en la barbería que corre detrás de ti con una escoba después de haberte cortado el pelo y no deja de barrer a tus espaldas hasta que no le has dado una propina".[5]

La obsequiosidad de Pinochet conseguía también enervar a Morel. Durante el juramento de su esposo en el Ministerio de Defensa, el general fue hacia ella. "¡Ay, señora!* Qué placer conocerla. Es usted tan buenamoza como las demás esposas del gabinete. Otra belleza... para nosotros", le dijo en tono melifluo. "Me cuesta esperar a que usted y mi esposa se conozcan. (...) Estoy seguro de que usted

* En español en el original (N. del T.).

y ella serán buenas amigas. (...) Me pareció demasiado", recordaba ella. "Un idiota adulador".[6]

Pinochet adoptó además el hábito de llevar obsequios a los hijos de los Letelier.[7] Francisco, su hijo de catorce años, se mostró suspicaz cuando el general fue a cenar a su casa. "Puedo verlo de nuevo en el estudio de mi padre", recordaba trece años después, "con los Andes visibles en el ventanal a sus espaldas. Recuerdo que parecía extrañamente desconcertado entre los anaqueles y libros con lomo de cuero. Quizás estaba ya haciendo planes para su futuro".

Trece días después de eso, el 11 de septiembre de 1973, Pinochet se tomó el poder. "En los días que siguieron", recordaría Francisco Letelier, "vimos aviones a reacción sobrevolando nuestras cabezas, oímos bombazos y sentimos el olor del humo. Los tanques circulaban por las calles".[8] De hecho, una bala perdida estuvo a punto de matar a Francisco.[9] Los aviones a reacción y tanques eran la punta de lanza de un régimen bastante más letal, que asesinaría a miles de personas y torturaría a decenas de miles, la mayoría de ellas en los pocos meses restantes de 1973.

La filosofía de Pinochet era de aniquilación: "Se mata la perra y se acaba la leva".[10]

Augusto José Ramón Pinochet Ugarte nació media generación antes que los Letelier y Manuel Contreras, un 25 de noviembre de 1915, en Valparaíso. Al igual que los Letelier y los Morel, los Pinochet eran inmigrantes franceses de larga data que habían prosperado en Chile. Su padre, también de nombre Augusto y funcionario de Aduanas en el puerto, se consideraba a sí mismo de clase media, pero los Pinochet y sus seis hijos vivían en una casa de tres pisos y con sirvientes.

El camino de Pinochet hacia el Ejército no estaba tan prefijado como el de Contreras. Cuando el niño entonces rubio jugaba en la calle, a los cuatro años, un carretón tirado por caballos le pasó por encima de la pierna. El pequeño Augusto pareció recobrarse del percance, pero dos años después su rodilla comenzó a hincharse. Los médicos concluyeron que tenía tuberculosis y sugirieron amputar la extremidad. La madre de Pinochet se negó a ello y rezó. Un afamado cirujano alemán diagnosticó la causa de la hinchazón de manera muy distinta, como una hidroartrosis benigna o acumulación anormal de líquido. Y se le indicó al niño que se expusiera al sol, lo cual terminó curando su pierna.

Pinochet asistió a colegios católicos privados, donde practicó esgrima y boxeo, pero continuó siendo un chico frágil. También se probó un estudiante mediocre. Un colegio lo expulsó por desordenado, en tanto otro lo calificó con un 3.0 (de un total de siete puntos) en siete de los ocho exámenes que rindió.[11] (Como contrapartida, Isabel Morel obtuvo diez sietes en seis de los exámenes, y 6,0 en el otro).[12] Fue ciertamente criado como católico, aunque demostró escaso interés por la religión e incluso por la política. En su adolescencia, se apareció por un club político conservador. Cuando se le dijo que arrojara piedras y botellas en las marchas, se negó a ello. De allí en más, siempre desconfió de los políticos.[13]

A los quince años, igual que Contreras, Pinochet escogió la carrera militar. Se sentía orgulloso de su abuelo soldado que había combatido en la Primera Guerra Mundial, y admiraba las proezas de Luis XIV y Napoleón (también estimaba a Rommel por su estrategia, pero presuntamente no por su línea política). A diferencia de la de Contreras, la madre de Pinochet, Avelina Ugarte, respaldó en plenitud su elección..., si es que no la forjó por él. "Era muy enérgica, muy autoritaria", declaró una dama que conoció a la familia Pinochet. "Ella era su faro, su brújula, el dedo que le señalaba el camino. Estaba ella misma obsesionada con la vida militar y, como fruto de ello, Augusto resultó un soldado. Él jamás la hubiera contradicho".

Eventualmente, el hijo se casó con una mujer similar. "Si yo fuera la jefa de gobierno, sería mucho más dura que mi marido", declaró María Lucía Hiriart en una ocasión. "Tendría a todo Chile en estado de sitio".[14] Lucía fue siempre el factor político en la relación de ambos, en tanto Augusto se veía a sí mismo más como un soldado.

Pinochet postuló a su vez a la Escuela Militar, pero, a diferencia de Contreras, a él se lo consideró demasiado flaco. El "muchacho debilucho", como se autodenominaba, repostuló y fue rechazado de nuevo, pero la tercera vez, a sus diecisiete años, fue la vencida. Siguió siendo un estudiante regular, pero se convirtió en un gran tirador y cinturón negro de karate. Se graduó de alférez en 1936 y fue destinado a la infantería.[15] Estudió Derecho por un tiempo en la Universidad de Chile y en Ecuador, sin llegar aprobar más que unos cuantos ramos. Además, ocupó varios cargos como instructor en escuelas militares, donde le enseñó a Contreras entre otros y escribió textos de geopolítica.[16] Más tarde, describiría su vida como algo que consistía "solo de disciplina y obediencia".

Como subordinado ofrecía precisamente una subordinación incuestionable, y como general, la exigía.

"¿Dónde tendrán detenido a Pinochet?", se preguntó Allende en las primeras horas del 11 de septiembre de 1973, convencido hasta ese punto de que su comandante en jefe del Ejército no podía estar involucrado en el golpe en su contra. El papel preciso de Pinochet en el derrocamiento de Allende está aún poco claro, pero al cabo de seis meses de ocurrido, él mismo hizo a un lado a los otros tres miembros de la junta militar gobernante y asumió el control dictatorial del régimen. El Congreso, los partidos políticos, las organizaciones sindicales y los medios de expresión independientes dejaron de existir. A fines de 1974, Pinochet se proclamó Presidente de la República, declarando que "me voy a morir yo, y mi sucesor también, y no va a haber elecciones".[17] Hizo que su propia gorra del uniforme fuera confeccionada con mayor altura que la de otros oficiales y se fue distanciando de los otros miembros de la junta, a los que relegó a labores legislativas.

Contreras, entretanto, se demostró un partidario entusiasta del golpe. El 10 de septiembre, viendo a su hijo inquieto por un examen de inglés que debía rendir al día siguiente, Contreras lo miró fijo y le sonrió: "No te preocupes. Mañana no irás al colegio".[18]

Desde su puesto en la base militar de Tejas Verdes, en el puerto de San Antonio, Contreras había reunido inteligencia sobre los enemigos y aliados de Allende. A las cinco de la madrugada del día 11, controlaba desde ya buena parte del litoral meridional, desde Algarrobo hasta Topocalma, y rápidamente elaboró un listado de quince extranjeros que podían ser colaboradores de los "extremistas" que defendían a Allende.[19]

Justo después del golpe, Contreras se encargó de la desaparición de cientos de personas. Unos ciento cincuenta cuerpos, muchos de ellos adosados a trozos de riel ferroviario para aumentar su peso, fueron arrojados desde helicópteros a los lagos o el océano.[20] Rápidamente, el Mamo estaba forjando su reputación como uno de los monstruos conocidos de América Latina.

Pinochet consideraba que su régimen estaba librando al país del flagelo del comunismo. Como gobernante, abolió todas las nacionalizaciones llevadas a cabo por Allende, devolvió muchas empresas y tierras al sector privado y adoptó el purismo libremercadista de Milton Friedman y la Universidad de Chicago. Al igual que Contreras, cultivaba la ficción de que en el régimen democrático de Allende había habido violaciones en masa a los derechos humanos.[21] Poco después del golpe, las fuerzas armadas hicieron circular "revelaciones" falsificadas sobre un presunto Plan Z, una hipotética conspiración de los partidarios de Allende para masacrar a los opositores militares y civiles e instaurar una dictadura. El cuento mencionaba escondrijos secretos de armamento, campos de entrenamiento guerrillero, clínicas y hospitales de campaña y túneles bajo tierra.[22]

La ironía más tenebrosa de todas fue que el Plan Z era, en esencia, el "plan A" del régimen de Pinochet. En cuya mente, la única respuesta apropiada a la oposición al régimen era la detención, tortura y asesinato, postulando él mismo que las guerrillas comunistas que amenazaban a su régimen "deben ser torturadas. Sin tortura no cantan".[23] Una filosofía personal que hizo extensiva a todo aquel que se le opusiera.

"No hay forma de exagerar la atmósfera de terror que las Fuerzas Armadas impusieron en Chile después del 11 de septiembre de 1973", recordaba el periodista John Dinges, quien vivía en Santiago. "Durante días, fue habitual observar cuerpos tirados a la vera de los caminos o flotando en el río Mapocho, que atraviesa Santiago. Los trabajadores de las morgues urbanas llenaron todas las unidades de refrigeración disponibles y comenzaron a acumular los cadáveres en los pasillos. (...) Durante meses, se oyeron disparos de fusil cada noche durante el toque de queda, que iba de la noche al amanecer".[24]

Años antes del golpe, cuando Contreras llegó a la Escuela Militar, uno de sus tenientes fue Augusto Pinochet. Él le enseñó estrategia, y ambos se descubrieron espíritus afines.[25] Pinochet alcanzó a percibir que Contreras era superior a él en intelecto y al menos igual en astucia y crueldad. Estaban estrictamente de acuerdo en lo del riesgo apocalíptico del comunismo y la necesidad de contar con un aparato de seguridad nacional para aplastarlo.

Después del golpe, Pinochet rescató a Contreras de su feudo en Tejas Verdes y lo puso a la cabeza de la Dirección de Inteligencia Nacional, creada en noviembre de 1973 y conocida como Dina por su acrónimo. "Mi padre recibió una única orden de Pinochet", recordaba Manuel hijo, "la de pacificar Chile sin importar cuál fuera el precio".[26]

Todos los días a las 6:30 de la mañana, Contreras recogía a Pinochet en su residencia y le rendía un breve informe al desayuno, en casa de Pinochet o en el edificio Diego Portales; un informe en el cual se apoyó Pinochet para gobernar en sus primeros diez años y durante cuya rendición los dos hombres circulaban en el Mercedes blindado de Pinochet, escoltado por un reducido pelotón de motociclistas. Para gozar de un "tiempo cara a cara" adicional con su jefe, Contreras manejaba un circuito cerrado de televisión en su propia oficina, que se conectaba directamente con la de Pinochet.[27] A la vez comenzó a cultivar el nexo con los hijos de su superior y especialmente con su esposa, Lucía, quien consideraba a Contreras "un amigo de la familia", según consignó un biógrafo de Pinochet, porque era Contreras el que resguardaba su hogar.[28]

El propio Contreras diseñó la Dina, y un decreto de junio de 1974 le dio existencia formal. Siendo coronel, Contreras era ahora director de inteligencia nacional y no respondía ante ningún general, ministro o juez: solo ante Pinochet. La Dina dominaba sobre todos los restantes organismos de inteligencia. Sus 9.300 empleados podían allanar moradas y encarcelar sospechosos sin haber formulado cargos, y sus entre veinte y treinta mil informantes diseminaron el miedo en todo Chile a través de otros organismos gubernamentales.[29]

Bellas y jóvenes secretarias formaban parte del personal en sus dependencias. Sus cuadros operativos no usaban uniforme, podían dejarse crecer el pelo y disfrutaban de recompensas en mujeres, automóviles, dinero y viajes al extranjero.[30]

Con su logo representando un puño de hierro, la Dina hizo desaparecer personas, las torturó y asesinó con absoluta impunidad. En sus tres años de existencia, fue responsable de alrededor de 1.200 a 3.200 ejecuciones y 38.000 encarcelamientos y torturas habidas durante los diecisiete años de la dictadura pinochetista.[31] "Combatimos en las sombras para que los chilenos pudieran vivir a plena luz", fue la forma en que Contreras justificó el horror. "Cualquier acción que se tome en favor de la patria es limpia".[32]

Algunos se quejaron, en su momento, del poder desmesurado que manejaba este simple coronel. En 1974, un director de una escuela de inteligencia rotuló a Contreras como un nazi arrogante frente a la totalidad de sus alumnos, y estos se fueron a las manos con los leales a Contreras. Pinochet tomó el lado de Contreras y desoyó a aquellos que cuestionaban al jefe de la Dina.

Los vínculos entre la Dina y el fascismo fueron profusos. Se decía que sus empleados participaban en rituales que se remontaban a mitos guerreros pretéritos: con el uso de runas, un antiguo alfabeto germánico, y la celebración de solsticios y equinoccios para revivir el nazismo. Los miembros de la propia Dina se trataban unos a otros de "faraones", "sacerdotes" y "esclavos", denotando con ello su estatus dentro de la jerarquía.[33] Contreras hasta se alió con el antiguo nazi Paul Schäfer, de la infame Colonia Dignidad, empleando su enclave como centro de detención y tortura.[34] Su hijo Manuel llegaría a dirigirse al líder fascista del complejo como "tío Paul".[35] El Departamento de Defensa de los Estados Unidos comparó a la Dina con la Gestapo de Hitler.[36]

A comienzos de 1976, según escribió Manuel Salazar Salvo, biógrafo de Contreras, el director de la Dina había alcanzado la cima de su poder. Sus espías estaban en todo Chile y en varios países del mundo, y muy pocos osaban siquiera susurrar su nombre. "El coronel Contreras sentía, en suma, que detentaba un poder sobre la vida y muerte de las personas, que era casi un Dios en medio de una guerra".[37]

En octubre de 1973, transcurrido un mes del régimen de Pinochet, una unidad de oficiales del Ejército recorrió varias ciudades del país, desde Rancagua hasta Puerto Montt en el sur, y desde La Serena hasta Arica en el norte. Se detuvieron en cárceles y regimientos. En cada uno de estos lugares, ejecutó a prisioneros políticos que no habían sido juzgados: al menos 73 personas en total encontraron su fatal destino a manos de esta denominada "Caravana de la Muerte". Muchos fueron torturados salvajemente antes de ser asesinados.[38] La noche del 16 de octubre, por ejemplo, quince prisioneros en La Serena fueron sacados de sus celdas solo porque sus nombres estaban en una lista. La caravana asesinó a dos en la propia guarnición. Los demás fueron conducidos en un camión hacia las afueras del pueblo y, a medida que se les iba ordenando que lo hicieran, varios de ellos tuvieron que descender y fueron fusilados de manera sumaria a la luz de la Luna. Entonces, los oficiales de la caravana, según se dice borrachos con pisco, se treparon a la parte trasera del camión y, desenfundando sus cuchillos en forma de medialuna, denominados "corvos", procedieron a tajear y apuñalar a los que se habían negado a desembarcar.[39]

En la caravana participó Armando Fernández Larios, un subteniente de solo 24 años, con cara de niño, de ojos pequeños y oscuros. Nacido en Washington D.C., cuando su padre era agregado en la embajada, se había graduado de la Escuela Militar de Chile en 1970. De él se recordaría luego que se solazaba en atormentar a los prisioneros. Un cabo del Ejército chileno lo tildó de "psicópata y el mayor asesino de Chile. En mi regimiento, tomó a un soldado y le desfiguró el rostro, y estuvo torturándolo una semana entera".[40] Fernández negó después haber tomado parte en el incidente del camión o cualquier otra tortura, aun cuando admitió haber oído de ejecuciones. También confesó que había sido parte en el asalto al palacio presidencial el 11 de septiembre y haber trabajado en el famoso Estadio Nacional, que la junta militar transformó en una enorme prisión, centro de torturas y morgue.[41] A mediados de 1974, se unió a la Dina.

En 1976, Fernández se encargaría de la vigilancia de Orlando Letelier.

Aparentemente, quien "daba las órdenes" en el estadio era el mayor Pedro Espinoza Bravo, que también participaría en la Caravana de la Muerte y en los posteriores escuadrones de la muerte.[42]

Espinoza tenía un derrotero más ilustre que Fernández, uno que había comenzado en la misma Escuela Militar a la que había asistido Letelier; los dos se habían conocido, visto que Letelier iba dos años más arriba. Inspirado por su padre militar y los relatos heroicos de la Segunda Guerra Mundial, Espinoza se convirtió en oficial en 1953, asistió a la Escuela de las Américas del ejército estadounidense, fue ascendiendo peldaños en la contrainteligencia y, tras mostrar su brío como verdugo, se convirtió en jefe de operaciones de Contreras dentro de la Dina.[43]

En 1976, el mismo Espinoza sería el encargado de transmitir la orden de asesinar a Letelier.

A las 6:22 A.M. del 11 de septiembre de 1973, el teléfono de los Letelier hizo despertar sobresaltada a Isabel, quien lo respondió y se volvió hacia Orlando: "Es Salvador". Su esposo, ahora ministro de Defensa, se había dormido apenas tres horas antes, preocupado por los informes de inteligencia en torno a un inminente golpe de Estado.

Las advertencias eran correctas. "La Marina se ha rebelado", le anunció el presidente Allende al teléfono. "Tres camiones de tropas de la Armada están en camino a Santiago desde Valparaíso. Los carabineros son las únicas unidades que responden, los demás comandantes en jefe no contestan el teléfono. Pinochet no contesta. Averigua lo que puedas".

Un almirante del Ministerio de Defensa le aseguró a Letelier que "es una especie de incursión aislada, nada más".[44] Orlando le pasó el auricular a Isabel: "Escucha la voz de un traidor", le susurró.[45]

Allende se mostró también escéptico: "Anda, Orlando, y toma el control del Ministerio de Defensa si logras llegar hasta allí".

Isabel caminó con su esposo hasta su auto. Su guardaespaldas había avisado que estaba enfermo, pero su chofer lo esperaba como siempre. Isabel lo cogió de las solapas y le indicó a Orlando con el mentón: "Usted cuide que nada le pase".[46]

A las 7:30, Letelier llegó, desarmado, al ministerio, situado en la vereda contraria a la del palacio presidencial de La Moneda. Las tropas rodeaban el edificio y los oficiales y soldados lucían cuellos naranjas, lo que los identificaba como golpistas. Un guardia apostado en la puerta le impidió el paso, pero una voz desde el interior gritó: "Deje entrar al ministro". Nada más ingresar, Letelier sintió el golpe afilado de una culata de fusil en la espalda, a la altura de las costillas. Su guardaespaldas presuntamente enfermo sostenía el extremo opuesto del fusil.[47] "Me vi rodeado por diez o doce uniformados que eran presa de una gran excitación y me apuntaron con sus ametralladoras, y que a empellones violentos me llevaron al subterráneo del ministerio. Allí me registraron, me quitaron la corbata y el cinturón y arrojaron contra la pared en una habitación reducida. Exigí ver a un oficial de alta graduación, pero el que me escoltaba dijo: 'Mire, señor, si insiste en esto, procederemos a ejecutarlo inmediatamente'".

Una guardia trasladó a Letelier a un regimiento de infantería en la zona sur del casco histórico de Santiago y lo mantuvo aislado en otro cuarto pequeño. A través de una rendija en las persianas, pasó la noche viendo que traían a otras personas como habían hecho con él. El destino de ellas fue peor que el suyo: escuchó disparos y vio cuerpos sacados del lugar. "Deben de haber ejecutado a una veintena de personas allí esa noche", recordaría luego.

"Justo antes de las 5:00 A.M., escuché voces que decían: 'Ahora es el turno del ministro'. Media hora después, la puerta del recinto en que me hallaba se abrió y un sargento me indicó que lo siguiera. Había seis soldados rodeándome y caminamos todos por un pasillo, y después bajamos un tramo de escaleras. Uno de los soldados llevaba una toalla y me di cuenta de que sería usada como venda. Inmediatamente sentí que me llevaban afuera para ejecutarme".

Después de que un superior diera una orden, "uno de los soldados me dijo: 'Tienes suerte. A ti no te va a tocar, cabrón'".[48]

Aun así, Letelier fue interrogado, desnudado por completo y tratado con rudeza. La mayor parte del tiempo un capuchón negro le cubrió la cabeza, y se lo obligó a permanecer de pie durante horas. "Nunca hasta allí me había imaginado lo que era estar a ciegas, pero esa experiencia me enseñó el terror que supone perder un sentido fundamental".[49]

Tres días después del golpe, Letelier fue llevado en bus, junto a tres docenas de altos funcionarios de Allende maniatados y encapuchados, a una base aérea y de ahí a un DC-6 para emprender un vuelo de ocho horas y aterrizar al cabo de ese lapso en Punta Arenas, la capital de la región más austral de Chile.

Los hombres fueron entonces trasladados a través del Estrecho de Magallanes a su destino final: la Isla Dawson. Letelier no se había afeitado o cambiado de ropa en cuatro días, ni había fumado, una dificultad mayor para un hombre que aspiraba cuatro cajetillas al día. Él y otros prisioneros fueron forzados a caminar entre seis y ocho kilómetros bajo el viento gélido del lugar hasta la colonia penal que la Armada y el Ejército gestionaban allí.

En Santiago, entretanto, Isabel Morel estaba fuera de sí de preocupación. Pasó buena parte del 11 de septiembre intentando localizar telefónicamente a varios generales y almirantes para averiguar qué había ocurrido con su esposo. "Mi madre estaba tan nerviosa como puede estarlo una persona y las llamadas telefónicas no ayudaban sino a ponerla más saltona e inquietarla incluso más", recordaba Juan Pablo, que tenía entonces doce años.[50]

Desde la casa de Pinochet, un sirviente le indicó que al general no se lo podía molestar mientras cenaba. Ella colgó y llamó al general Gustavo Leigh, a la cabeza de la Fuerza Aérea al momento del golpe.

—Está bien —le dijo Leigh respecto a Letelier—. No se preocupe, hemos tomado medidas para garantizar su seguridad.

—Pero ¿cómo puedo saberlo? —preguntó Isabel.

—Le doy mi palabra —respondió irritado el general.

—Pero, general Leigh, la seguridad de mi esposo...

El general colgó.[51]

Los chicos, entretanto, vivieron por su cuenta esas horas agobiantes. Cuando se recibió esa llamada el 11 de septiembre "salté de mi cama y me puse los pantalones, y me quedé sentado y en silencio en mi cama", escribió Juan Pablo para una tarea de inglés en el noveno grado. "Había en el aire algo perverso que te hacía sentir indeseable y atemorizado. (...) En todos lados se oían disparos de ametralladora. (...) El cielo y la ciudad entera estaban llenos de helicópteros, aviones y camiones. Mi madre y mi familia eran muy fuertes, pero igual sentía a ratos ganas de llorar desconsoladamente".

Desde el pequeño departamento de la familia, los hermanos vieron y aviones Hawker Hunter sobrevolando en círculos el centro de Santiago. Juan Pablo Letelier describió luego el bombardeo de La Moneda como "un ruido que nunca en mi vida había sentido (...) como si el mundo entero hubiera estado explotando. (...) Mi madre nos advirtió que, por si acaso, no nos acercáramos demasiado a las ventanas".[52] "Pensábamos que mi padre estaba en esos momentos en el palacio", agregaba Francisco.[53]

Alrededor de las seis de la tarde, Letelier llamó finalmente a casa. "Acabo de saber que el presidente ha muerto, que una junta militar tiene el control del país y que muchos de mis *compañeros* están muertos. Voy a ser transferido a la Escuela Militar...". La línea se cortó y quedó muda.[54]

Piadosamente, el sol al fin se puso ese 11 de septiembre. "Cuando al fin me fui a la cama", recordaba Juan Pablo Letelier, "me quedé allí tendido pensando en dónde podría estar mi padre y las lágrimas rodaron lentamente por mis mejillas. Y seguí en mi cama mirando al techo, buscando el ángulo que la bala tendría que formar con el cielorraso para rebotar y matarme".

El 12 de septiembre, Isabel Morel recibió un llamado anónimo: "Orlando está bien", dijo la voz al otro extremo de la línea, "y manda a decirle que no se mueva de su casa". Antes de que ella pudiera decir nada, la persona colgó, llamó de nuevo más tarde con el mismo mensaje y volvió a colgar.[55] Letelier le escribió a su vez ese día para solicitarle algunos efectos personales y reafirmarle su amor. "Espero que todos estemos reunidos nuevamente dentro de poco".[56]

Cuatro días después, Isabel y Moy de Tohá, esposa de José Tohá, amigo y colega de Letelier y compañero suyo en el gabinete, aparecieron por el Ministerio de Defensa. Al día siguiente, ellas dos y otra esposa preocupada hacían antesala en el despacho de Pinochet, luego de buscarlo indagando en cada piso.[57] Tras veinte minutos de espera, Pinochet hizo su entrada y comenzó a vociferar: "¡Para su información, sus maridos están siendo bien alimentados, bien cuidados, están en un lugar seguro y con atención médica!". No dejó que nadie más hablara o se levantara mientras seguía ladrando a las tres mujeres cuyos esposos habían desaparecido.

"Nosotras lo observamos asombradas", diría Morel luego. Él "despotricó contra el Plan Z. (...) Dijo: 'Para nosotros habría sido bien distinto si la situación hubiese sido a la inversa, porque en ese caso...', e hizo un gesto horrible con su mano, pasándose el índice por la garganta y sacando la lengua".

Pinochet "siguió gritando, pero al ver nuestra determinación nos autorizó a pasar a su oficina"y les permitió escribirles a sus maridos.[58]

Isabel Morel quedó bajo arresto domiciliario durante el siguiente mes y medio. "Es una situación muy desagradable", explicaba ella luego.[59] "Tienes que permanecer en tu casa y no puedes salir y hay un guardia en la puerta que chequea a quienquiera que viene a visitarte y, de ese modo, todo el que viene a visitarte queda a su vez incluido en una lista de gente peligrosa o sospechosa".[60] "Esto me recomía por dentro", recordaba por su parte Juan Pablo Letelier. "Mi madre, que nunca se había metido en política, estaba siendo castigada por algo que nunca había hecho".[61] La cuenta bancaria de la familia fue congelada. Morel no tenía ingresos, así que hubo de vender algunas pertenencias personales para alimentar a sus hijos.[62] Eventualmente, se dedicó a hacer "traducciones tediosas y técnicas que nadie más quería [hacer]". Sin dinero para la calefacción, "hacía muchísimo frío y yo me sentaba a traducir la noche entera, puesto que siempre eran cosas urgentes, con muchos ponchos encima para mantenerme tibia". Con una floritura orwelliana, los militares le informaron, finalmente, que ya no estaba ella misma bajo la "protección" de Pinochet y que podía salir de nuevo de su casa.[63] "Yo me quedé en Santiago con las demás esposas. Íbamos a ver todos los días a los oficiales del Ejército para enviarles alimentos y ropas a nuestros maridos".[64]

Mientras su madre estuvo bajo arresto, Juan Pablo Letelier fue retirado del colegio. "Nunca entendí por qué, como tampoco entendí por qué nos dejaron volver".[65] "Los días pasaban con lentitud y cada nuevo día crecía en mí un odio mayor", recordaba. "Una noche tuvimos que quemar más de un centenar de libros y alrededor de sesenta afiches. (...) Yo pensaba: [¿]por qué tenemos que hacer todo esto y destruir las ideas por las que ellos han peleado durante tanto tiempo[?]".[66]

Las Fuerzas Armadas de Chile ocuparon diversos establecimientos educacionales. Francisco Letelier dejó de asistir al suyo y lo ocultó ante su madre. "Fue un poco más fácil para nosotros que para nuestra madre, porque nosotros estábamos aún descubriendo el mundo por nosotros mismos. En cambio, el mundo de nuestra madre había sido arrasado por completo".[67]

Solo semanas después del golpe le dijeron a Isabel Morel dónde había terminado Orlando Letelier: "La Isla Dawson, un lugar pavoroso. Muy frío, ventoso, (...) a causa de la corriente fría en el mar circundante, la Corriente de Humboldt. (...) Allí no vive nadie".[68]

Orlando Letelier vivió allí durante ocho meses.

La Isla Dawson fue ocupada alguna vez por el Estado chileno no porque fuera fácil para asentarse o por sus recursos naturales, sino que para reclamar ese territorio contra sus competidores. No hay otra razón que justifique la propiedad de ese trozo baldío y desolado de tundra en el paralelo 54.[69] Si alguien intentaba huir a nado, digamos en octubre, el agua gélida le provocaría una pérdida de la habilidad motriz en cinco minutos, fatiga o inconsciencia al cabo de media a una hora. Y el viento, "un viento terrible", decía Letelier, "con ráfagas de 130 kilómetros por hora. Es el viento antártico, que en ocasiones arroja piedras y trozos de hielo como cuchilladas contra el rostro".[70] Una travesía semejante, en la latitud correspondiente del hemisferio norte, lo situaría a uno en Alaska o Siberia.

El campo de concentración en que Letelier y sus colegas fueron retenidos como prisioneros políticos tenía reminiscencias de Auschwitz, cercado por una doble hilera de alambres de púas y rodeado de guardias pertrechados con armamento antiaéreo, en torres de vigilancia. Letelier vivió en un reducido espacio de 2,5 por 4,5 metros con otros siete hombres, durmiendo en literas de tres niveles sobre sábanas ásperas, en caso de que las hubiera. Para subirse el ánimo, ellos mismos lo bautizaron como "El Sheraton".

La Comisión de Derechos Humanos de la ONU calificó el trato de los prisioneros en Dawson como una muestra de "bárbaro sadismo".[71] "Los guardias nos despertaban a las 6:00 de la mañana y nos llevaban en tríos al canal para llenar nuestros baldes del agua para beber y lavarnos. Pero, visto que estábamos por debajo del otro campamento, los baldes solían volver llenos del excremento de otros prisioneros". Los prisioneros debían trabajar doce horas al día construyendo letrinas, reforzando el alambre de púas o cortando leña. Para sostener postes telefónicos en el suelo rocoso, "a veces debíamos cavar con nuestras propias manos los hoyos para enterrar los postes".

"Desde un comienzo, todos sufrimos de severos resfriados; no teníamos ropa de invierno".[72] Letelier contaba solo con un pequeño poncho. Eran alimentados con café, pan, lentejas y papas, pero nada de carne o frutas, en parte porque el aprovisionamiento de Dawson era en extremo difícil. "Todos sufrimos de desnutrición. (...) Incluso las lentejas que comíamos venían mezcladas con guijarros". Letelier perdió catorce kilos en sus primeros tres meses en Dawson. Los oficiales a cargo de la prisión añadieron eventualmente trozos de carne a la dieta de todos, pero aun así perdió veintidós kilos en total, haciendo que su cuerpo de 1,80 de estatura y hombros anchos se redujera a unos 56 kilos.[73]

Los militares permitieron que Orlando tuviera acceso a algunas de las ropas que su mujer le enviaba, pero se robaron las botas y la parka. Ella también le envió cebollas y naranjas. Una vez supo que estaba en Dawson, le hizo llegar crema para el rostro porque, cuando estaban en Washington, a Letelier le había sido extirpado un lunar canceroso de la mejilla y le preocupaba la exposición de su marido al viento y el sol.[74] Él iniciaba prácticamente todas sus cartas a casa haciendo notar la "lluvia torrencial" casi diaria.[75]

Letelier siguió siendo un espíritu estoico, incluso divertido, elevando la moral de sus compañeros retenidos en el campo por la vía de enseñarles inglés, cantar y tocar la guitarra.[76] "Las canciones de Letelier..., los boleros, tangos y canciones mexicanas... son algo que recordaremos para siempre", escribió Sergio Bitar, su compañero de prisión.[77] Letelier nunca fue torturado físicamente, aunque regresó de la experiencia con un dedo fracturado.

Sufrió, como los demás, simulacros de ejecuciones nocturnas, ahora consideradas ampliamente como una forma de tortura psicológica.[78] Los guardias alineaban en tales ocasiones a los hombres y simulaban que iban a fusilarlos. Morel apuntaba que Letelier se rehusaba a utilizar una venda. "Quiero verlos", les decía a los guardias.[79] "Nos arrancaban de la cama en mitad de la noche", agregaría, "y obligaban a permanecer parados bajo la lluvia. Nos arrojaban al piso en el barro. Entonces se nos hacía correr bajo la lluvia. A algunos de nosotros nos ponían a veces en confinamiento solitario".[80]

En febrero de 1974, a medio camino en su estadía en Dawson, la Cruz Roja Internacional descubrió que Letelier estaba "en muy malas condiciones", recordaba Morel. "Así que llevaron a Orlando al continente y a un hospital de Punta Arenas y yo solicité a la autoridad militar permiso para verlo, y así pude verlo quince minutos".[81]

"Te amo", se dijeron mutuamente,[82] tomándose las manos y abrazándose junto a un guardia que permaneció todo el tiempo de pie a cuatro o cinco metros de ellos.[83] Isabel llevaba una prenda amarilla de lana y la mirada que le dio al despedirse quedó grabada en la memoria de Orlando. "Ahora", le escribió, "cada vez que cierro los ojos allí estás tú, esplendorosa, fuerte, con esa fuerza interior tan tuya, mirándome con tus ojos profundos que tanto amo".[84]

"Fue una locura", decía Isabel Morel de su propia existencia en el tiempo que Orlando Letelier estuvo prisionero. "Un caleidoscopio. La vida se nos vino encima".[85] Sufría agónicamente por el deterioro de su salud y le escribía con intervalos de unos pocos días. Letelier, buscando mantenerse optimista, le envió cartas todas las semanas y hasta un regalo para los chicos en Pascua de Resurrección. Durante varias décadas, Juan Pablo utilizó en torno al cuello una piedra de la Isla Dawson grabada con las iniciales "J.P." y "S-26", el número de prisionero de su padre. Isabel tenía un collar similar.[86]

"He tenido en ti, mi marido, un hombre excepcional a quien le tengo el respeto y admiración más profundos", le escribió a su Nano, "y esto lo digo sin pasión, porque también te tengo el amor más ciego, de esos que no ven sino al ser amado en la cumbre más alta y resplandeciente del universo. Tú eres todo para mí".[87]

Recibir esas cartas desde su hogar era doloroso para Letelier. "Lo fundamental en ese momento era sobrevivir, resistir el día a día, y para mí esa clase de contacto con el mundo exterior, el hecho de ver fotos de mi familia me hacía mucho daño. Pensé, de hecho, que me debilitaría psicológicamente; tenía que concentrarme en mi vida de prisionero".[88]

Al cabo de unos pocos meses, Isabel Morel había ayudado a organizar a las esposas de los prisioneros, "Las señoras de Dawson", para liberar a Orlando Letelier y sus compañeros en el campo. Recurrieron a la sociedad civil internacional —Amnistía Internacional, la Cruz Roja, la Comisión Internacional de Juristas—, a la que ella tuvo al corriente de las condiciones de Letelier. Una de las hermanas de Orlando, Fabiola, escribió a abogados, al régimen militar y a senadores estadounidenses.[89] Isabel contrató a su vez un abogado, pero este no tuvo más suerte que ella en su empeño de liberar a Letelier.

Las amenazas la asediaban. "Seguían advirtiéndome [las autoridades chilenas] que sería castigada por declarar ante organismos internacionales que mi esposo estaba en un campo de concentración, que había perdido peso y todo lo demás, así que me habían amenazado con llevarme también a mí a una instalación militar como prisionera".[90] El régimen consideraba además la posibilidad de acusar a Letelier de traición, a lo que Morel reaccionó movilizando sus redes para que elogiaran su patriotismo. Como ella misma escribió a su esposo, "si algo te puede criticar el gobierno [de Pinochet], es por ser demasiado 'gringo', demasiado apegado a tu trabajo y exigente en él, y no lo suficientemente sectario".[91]

Los amigos de los Letelier le escribieron a su vez al senador James Abourezk, de Dakota del Sur, a quien el Departamento de Estado le indicó que "la señora Letelier, uno de cuyos hijos es ciudadano estadounidense", estaba "en contacto regular" con la embajada de Estados Unidos. Y que, "al contrario de su propia impresión, no tenemos información que indique que el señor Letelier ha sufrido algún tipo de abuso físico".[92]

Un funcionario político de la embajada, cuyos hijos fueron al colegio con algunos de los chicos Letelier, les mostró a Isabel y sus hijos un reportaje televisivo, prohibido en Chile, que incluía una entrevista con Orlando. "Fue la primera vez que lo vieron de nuevo y vieron que estaba en condiciones aceptables, después de meses de haber sido detenido. Esta clase de cosas hicimos y me siento orgulloso de ello. (...) Al mismo tiempo, creo yo, el gobierno chileno entendió que la política oficial de Estados Unidos era, en lo esencial, de apoyo a los militares".[93]

En mayo de 1974, a un paso de que el invierno descendiera sobre Dawson en el hemisferio sur, Letelier fue trasladado a la Academia de Guerra de la Fuerza Aérea en Santiago y, un mes y medio después, al campo de concentración de Ritoque, ubicado en la costa a unos 160 kilómetros de Santiago. En ambas prisiones, las condiciones fueron en algún sentido mejores. La embajada de Estados Unidos informó que los detenidos tenían acceso a libros, revistas y televisión. Podían recibir paquetes y enviar tres cartas a la semana, todo ello sometido a censura.[94]

Pero aún le estaban reservadas a Orlando grandes incomodidades y torturas psicológicas. "¿Eres homosexual?", le preguntaban repetidamente sus interrogadores. "¿Sabías que tu esposa es una puta?".[95] Los guardias hacían sonar música estruendosa durante toda la noche. Otros prisioneros, de ambos sexos, fueron víctimas de descargas eléctricas, violaciones —en el caso de las mujeres— e introducción de ratas en la vagina, y Letelier escuchó de tales episodios o los presenció. "Pienso que el peor momento de toda mi detención fue el de la Academia de la Fuerza Aérea", recordaría luego él mismo.[96]

Después de que el Ejército trasladara a Letelier a Ritoque a finales de julio, su familia podía visitarlo dos veces al mes. "Me impresionó mucho cuando lo volví a ver", recordaba Juan Pablo. "Estaba delgado, el pelo muy corto, como se les corta a los prisioneros. Él, que era un superhombre, estaba muy delgado y muy pálido".[97] "Mi padre", añadía Francisco Letelier, "compartió muchas historias con sus hijos, pero siempre se guardó ciertas cosas, como para protegernos de las torturas y muertes que había presenciado".[98]

Los traslados de un campo de detención a otro indicaban que la campaña de presión al régimen emprendida por Isabel Morel estaba funcionando. Henry Kissinger alardearía después de que él consiguió la liberación de Letelier y declararía públicamente que Orlando, al no haberle agradecido el gesto, "no conocía el significado de la verdad ni la gratitud".[99]

Los registros históricos demuestran, sin embargo, que hubo escasa o ninguna intervención del secretario de Estado en el tema.

Los que sí intercedieron fueron académicos estadounidenses, europeos y latinoamericanos, antiguos colegas del Banco Interamericano de Desarrollo y senadores de Estados Unidos.[100] El intermediario decisivo, que respondió a los ruegos de Isabel Morel, fue Diego Arria, el gobernador de Caracas, mano derecha del entonces presidente venezolano Carlos Andrés Pérez y amigo de larga data de Orlando Letelier, que era a su vez el padrino de la única hija de Arria.

La estatura de Arria había crecido al punto de que, en 1974, la revista *Time* lo había escogido entre un selecto grupo de líderes mundiales.[101] Aun así, según recordaba él mismo, no había precedentes de que un gobernador asumiera una misión de naturaleza diplomática.[102] El 10 de septiembre de 1974 voló igual a Santiago y logró que le fuera concedida una entrevista con Pinochet.

El venezolano habló primero de la posibilidad de una venta a precio rebajado del petróleo de su país a Chile. "Lo cual, por cierto, dependería de que usted liberara a Orlando Letelier".

"Pero una cosa no tiene nada que ver con la otra", fue la insincera respuesta de Pinochet. "Y me molesta enormemente que traiga eso a colación. Pero, independientemente del trato petrolero, yo estaba a punto de liberar de todas formas a Orlando Letelier".[103]

El dictador insistió, a su vez, en que se prohibiera a Letelier ejercer cualquier acción política en Venezuela. "Yo no puedo comprometerme a eso, general", contrapuso Arria. "Conozco demasiado bien las condiciones humanas y políticas de Orlando. Además, usted no puede obligar a nadie a que renuncie a su capacidad de expresión ni a su libertad y menos a sus convicciones. Si Orlando tiene que escoger entre el tipo tan *sui generis* de libertad al que usted alude, o permanecer detenido, no le quepa duda de que optará por esto último". Pinochet quedó "visiblemente molesto", pero no le dio más vueltas:[104] "¡Que se vaya de Chile y no vuelva más!".[105]

Recién a las cinco de la tarde, Letelier se enteró de que tal vez fuera liberado.[106] Ese atardecer, fue subido a un auto y conducido con una fuerte escolta a la calle Bustos, de Santiago, donde sabía que estaba la embajada de Venezuela. Llegó allí a las once de la noche y supo que el gobierno pinochetista acababa de emitir dos decretos. El primero, lo liberaba sobre la base de que nunca se lo había acusado de ningún delito; el segundo, lo expulsaba de Chile sin pasaporte, simplemente con un salvoconducto.[107] Antes de su liberación, a Orlando Letelier se le advirtió sin ambages que "el general Pinochet no tolerará ni tolera actividades contra su gobierno".[108] Tras 364 días en cautividad, era de nuevo un hombre libre, aunque uno sin patria.

Isabel Morel lo vio solo unas pocas horas. Al salir el sol el 11 de septiembre de 1974, Letelier y Arria subieron la escalinata de un avión de Aerolíneas Viasa. En la escotilla, el piloto detuvo a los soldados acompañantes que el régimen había puesto: "Nadie aborda este avión con armas. De aquí en adelante, yo estoy a cargo". Por la megafonía se anunció que a bordo iba un antiguo ministro de Allende y prisionero político, y los pasajeros aplaudieron.[109] Isabel observaba ansiosa mientras el avión rodaba hacia la pista de despegue y solo cuando ya estuvo en el aire lanzó un suspiro de alivio.[110]

Para diciembre, el resto de la familia se había reunido con Letelier en Caracas, donde Arria le había conseguido un puesto en la tesorería. La partida de los Letelier agregó media docena de almas chilenas a las cien mil que ya estaban en el exilio.

4

UN PASADO MÁS BIEN INGRATO

El 6 de octubre de 1975, Bernardo Leighton y su esposa, Ana Fresno, volvían a pie a su hogar tras hacer las compras, yendo tomados del brazo hacia el modesto apartamento que ocupaban en una calle adoquinada a pocas cuadras de Ciudad del Vaticano en Roma. De pronto, Fresno vio a un individuo joven y de porte macizo acercarse hacia ellos luego de cruzar la calle. Cuando la pareja llegó a la puerta de hierro de su edificio, oyó el ruido de sus botas dirigiéndose a ellos.

Entonces ella escuchó un primer disparo, se volvió y descubrió al hombre justo a espaldas de ellos, armado con una pistola Beretta 9 mm; una pistola apuntada hacia ella. Enseguida sonó otro disparo y esa bala le atravesó el hombro derecho. El dolor le recorrió todo el cuerpo y, cuando cayó al piso, vio a Leighton cerca de ella, con su rostro cubierto de sangre. El ruido de botas huyó lejos. Un vecino corrió escaleras abajo, donde encontró a la pareja tendida en la acera, incapaz de moverse.

—¿Está respirando? —le preguntó Fresno.

—Sí —dijo el vecino y corrió a llamar a la policía.

De 66 años, Leighton, antiguo ministro de Estado democratacristiano y un político más protagónico que Letelier en la escena política, se opuso al régimen de Pinochet y había terminado exiliado en la Ciudad Eterna. Ahora, en 1975, propiciaba una alianza con los socialistas en la línea de Letelier —una jugada que no lo hacía precisamente entrañable para la derecha chilena—.

Los Leighton sobrevivieron al intento de asesinato: la primera bala entró por la parte posterior del cráneo de Leighton y salió por sobre su oreja, a raíz de lo cual perdió algo de audición y sufrió un daño cerebral severo. Fresno, a quien la bala destinada a ella le rozó la columna vertebral, nunca recuperó del todo el uso de sus piernas.[1]

Pinochet, que con toda probabilidad ordenó el golpe contra Leighton, lamentó el resultado: "Qué pena, el anciano se niega a morir".

Solo años después quedó clara la identidad del hombre de las botas. El complot fue, en cualquier caso, obra de Stefano Delle Chiaie y sus matones fascistas de Italia, admiradores de Benito Mussolini. Y la misión fue coordinada por Michael Townley, un chileno-estadounidense que, menos de un año después, iba a fabricar y adosar la bomba puesta bajo el Chevelle de Letelier.[2]

El atentado contra Leighton fue un precedente informal de la Operación Cóndor. A fines de 1975, Manuel Contreras y su Dina lideraron a sus contrapartes en el Cono Sur para la creación de Cóndor, un plan de colaboración entre los regímenes militares represivos de la región, bautizado en honor al ave nacional de Chile y dedicado a la caza de izquierdistas en todo el continente.[3] "La subversión", explicó Contreras, "no reconoce fronteras ni países".[4] Si los subversivos eran localizados en el extranjero, "el Cóndor" los detendría, torturaría y asesinaría en el extranjero. Este fue un primer salto cualitativo que dieron los dueños de la represión en Chile. Durante toda su existencia, en términos gruesos desde 1975 a 1983, el Cóndor mató a varios centenares de personas.[5]

Pinochet contaba a la vez con aliados fuera de Sudamérica. Contreras y él eran católicos devotos y admiradores del dictador español Francisco Franco. Cuando el líder hispano murió, en 1975, Pinochet voló a Madrid para sus funerales y Contreras abordó a su vez un avión cargado de oficiales.[6] Al llegar, los partidarios de Franco se alinearon en la avenida que va del aeropuerto a la ciudad y ofrecieron a la caravana del chileno el saludo fascista del brazo en alto.[7]

Un uruguayo presente en la gestación de la Operación Cóndor describió a Contreras como deseoso "de eliminar enemigos en todo el mundo [...] de eliminar gente que estaba causando daño a nuestros países, gente como Letelier".[8] Este fue un segundo salto cualitativo. Contreras y Pinochet iban a asesinar a opositores al régimen no solo en las repúblicas represivas aliadas de América del Sur, sino que también en las mayores democracias del globo. Los más prominentes entre esos objetivos eran los líderes dispersos de la comunidad en el exilio, Leighton entre ellos.

Para alguna gente en Washington, este plan no suponía problema alguno. La administración de Richard Nixon había cortado casi toda la ayuda a Chile durante la presidencia de Allende y saboteado de manera encubierta su economía. Mientras Letelier fue embajador, no solo hubo intromisiones forzosas en su embajada en varias ocasiones, sino que también el FBI plantó en ella micrófonos, ante la insistencia de la CIA para que lo hiciera, hasta que en 1972 el director del FBI, J. Edgar Hoover, obligó a la CIA a poner término a la vigilancia.[9] Como contrapartida, el apoyo de Estados Unidos a Chile se disparó tras el golpe de Pinochet.

Washington supo de la existencia de la Operación Cóndor uno o dos meses después de su creación y, en lugar de desalentarla, los funcionarios norteamericanos contribuyeron a sus bancos de datos de inteligencia. El ejército estadounidense permitió a los agentes de Cóndor emplear un transmisor ubicado en la zona del Canal de Panamá.[10] La CIA ayudó, a su vez, a organizar la Dina y envió veintidós agentes a Chile para entrenar a los oficiales locales en neutralizar las células guerrilleras, técnicas de privación de sueño y agua, golpizas y fusilamiento de otros prisioneros mientras un detenido observaba horrorizado.[11] A partir de 1974, la agencia de espionaje estadounidense, pese a saber que el cabecilla de la Dina estaba involucrado en crímenes internacionales, lo reclutó a la vez como informante y le hizo al menos un pago de 6.000 dólares, esto después de haber concluido que "Contreras es el principal obstáculo a una política razonable del gobierno de Pinochet en el tema de derechos humanos".[12]

Ray Warren, jefe de la división encargada del Hemisferio Occidental dentro de la CIA, se enteró de esos pagos. "Me dije: 'Dios mío, este tipo nos va a repercutir luego', y los corté".[13] Aun así, en 1975, Contreras voló otras dos veces a Washington para reunirse con Vernon Walters, el segundo al mando en la CIA.[14]

El conocimiento estadounidense de los crímenes internacionales de la Dina estaba difundiéndose a la vez entre espías y diplomáticos. "Supimos de manera relativamente temprana que los gobiernos de los países del Cono Sur estaban planificando, o cuando menos hablaban de, realizar asesinatos en el extranjero en el verano de 1976", recordaba Hewson Ryan, subsecretario adjunto del Departamento de Estado. "Si hubo una relación directa con ellos, no lo sé. Si, en caso de que nos hubiéramos sumado podríamos haberlo evitado [el asesinato de Letelier], no lo sé. Pero no lo hicimos".[15]

Henry Kissinger, por cierto, no lo hizo. Un mes antes de que mataran a Letelier, su Departamento de Estado preparó un memorándum, firmado por el propio Kissinger, que instruía a los embajadores en el Cono Sur a manifestar la "honda preocupación" de Washington por la Operación Cóndor y sus "planes de asesinar a subversivos, políticos y figuras prominentes dentro de las fronteras nacionales de ciertos países del Cono Sur y en el extranjero".[16] Con todo, durante un mes, ninguno de los embajadores ejecutó la orden, algo muy extraño dentro de la diplomacia. El embajador en Uruguay temía por su propia vida si osaba apuntar con el dedo a los generales. Al enviado a Chile le preocupaba que Pinochet "pueda tomar como una ofensa cualquier inferencia de su conexión con esas conspiraciones para asesinar gente". Y solicitaron instrucciones adicionales. Cinco días antes del asesinato de Letelier, Kissinger ordenó "que no se realice ninguna acción adicional en este asunto".[17]

Michael Townley, un agente de la Operación Cóndor que coordinó el atentado contra los Leighton, nació en Waterloo, Iowa, el 9 de diciembre de 1942. Su padre, Vernon Jay Townley, por entonces funcionario administrativo del Departamento de Guerra de los Estados Unidos, estaba destinado en una fábrica de artillería en Mississippi, pero resolvió enviar a su esposa, Margaret, de vuelta a Waterloo para que diera a luz a Michael.

Los traslados frecuentes de Vernon Townley marcaron la infancia de su hijo Michael. Dejó el Departamento de Guerra por American Airlines, luego por la Ford Motor Company en Detroit y después por la planta de ensamblaje de Ford en Santiago.[18] El niño cursó la escuela primaria en Nueva York y Nueva Jersey, la secundaria en Michigan y una parte de ella en Chile y Florida.[19] "Tuve una vida muy agradable hasta que cumplí trece o catorce años", recordaría él mismo en cierta ocasión. Cuando se trasladó a Santiago, "todo cambió".[20]

El consejero en Santiago de un grupo juvenil al que Michael Townley perteneció lo describió como "un joven desmañado, atractivo y un poco alienado, deseoso de cariño y de encontrar un lugar con sentido en el mundo. Mediante una modalidad más tierna de crianza, podría haberse convertido en un sanador, un constructor de algo, un ciudadano responsable".[21] Un amigo de un grupo metodista en Chile añadía: "Ante mí daba muestras de esas características que uno asocia a los triunfadores. Era un joven muy agradable. Hubiera esperado de él que se convirtiera en abogado o quizás en ingeniero eléctrico". "Agradable", "sincero" y "un genio" es como lo describían sus conocidos.[22]

Sus padres retrataban la infancia de su hijo como "sin acontecimientos notables. [Michael] tenía, aparentemente, buen desempeño en la escuela, se llevaba bien con los demás niños, era parte de una familia que hacía cosas junta. Ambos progenitores veían a su hijo como afectuoso, inteligente y una persona muy dotada". Margaret describía el hogar como un escenario no muy politizado, pero el padre decía que Michael "fue, probablemente, muy anticomunista desde siempre en su sentir". Vernon Townley era bastante conservador, y Michael declaró que su anticomunismo "surgió primeramente por los valores que promueve el sistema de enseñanza pública en los Estados Unidos".[23]

Otros veían en Michael Townley al "típico sociópata político de la Guerra Fría".[24] Se lo caracterizaba como "frío y duro".[25] Las varias fuentes coinciden en que Vernon Townley era un padre ausente, pero igual una presencia despótica en la vida hogareña tensa e infeliz de Michael. Un perfil psicológico informaba de "vínculos parentales perturbadores, especialmente una figura paterna muy autoritaria" y "un medio católico represivo (...) en sus primeros años de escuela", otorgando a Townley "los mismos rasgos de un delincuente infantil", y agrega:

> Es frío y astuto. Su frialdad, que puede haber estado inicialmente motivada por una ineptitud para relacionarse o establecer nexos cercanos, es a la vez fruto de su agresividad, siendo esta una manifestación de su necesidad de liberar tensiones. Como todos los niños con problemas de comportamiento o aprendizaje, es incapaz de controlar sus impulsos. En respuesta a ello (y en combinación con la agresividad estimulada por otros factores), estas personas se vuelven a menudo insensibles o coartadas en lo emocional, con el fin de controlarse a sí mismas o encubrir su ineptitud para hacerlo. Su acercamiento a la gente pasa por la intelectualización, por la racionalización. Han extirpado la emoción en su visión de la vida.

"El otro factor digno de mención son sus antecedentes escolares", prosigue el informe. "Townley nunca terminó la secundaria y obtuvo su licencia de enseñanza media a través de un curso por correspondencia. Exhibe un historial de mal desempeño en el colegio, lo que muy probablemente constituya la fuente de sus problemas de personalidad. Puede haber sido un chico con problemas de aprendizaje, y hay una posibilidad de que ellos se debieran, en realidad, a algún trastorno neurológico".[26]

"Soy una persona muy poco sociable, que nunca sale", admitía el propio Townley. "Leo una buena cantidad de información técnica y me dedico básicamente a mi trabajo. (...) Es muy difícil para mí involucrarme o abrirme con otra gente".[27]

Inés Callejas, conocida como Mariana, no era ciega a los defectos de Michael Townley, pero lo vio con ojos caritativos, quizás incluso un poco ingenuos. Lo describía como "tal vez un poquito petulante, un poquito irresponsable, no un buen estudiante, pero sí amistoso, deseoso de agradar, muy sociable y muy hermoso, sin que este último atributo lo hiciera vano o arrogante, como suele suceder con otros muchachos. (...) No era capaz de ningún tipo de violencia. Si uno de nuestros hijos necesitaba una palmada, era yo quien debía propinarla".[28]

Pese a la fuerte oposición de Vernon Townley, Michael Townley y Mariana Callejas se casaron en julio de 1961, cuando él era apenas un desertor de la secundaria con 18 años cumplidos y ella, casi diez años mayor que él, era —según su propia descripción— una madre de tres niños dos veces "la bohemia divorciada".[29] Con el tiempo, habría de convertirse en socia íntima, aunque conflictuada, de Michael en el asesinato de Letelier.

"La historia de Mariana Callejas es una novela o, cuando menos, una larga historia", declaró el bien conocido escritor chileno Enrique Lafourcade.[30]

Callejas creció en un pueblito de la provincia de Coquimbo, en el norte de Chile, donde su padre era un magistrado de bajo nivel. A diferencia de Townley, ella sí concluyó la secundaria, pero abandonó la universidad. Se describía a sí misma como "rebelde y voluntariosa" y contraria al estilo autoritario de su anciano progenitor en su vena anticomunista, antinazi, antisionista y anticatólica.

Desafiando esa vocación anti-todo del señor Callejas, Mariana cultivó, según decía ella misma, una "obsesión por las causas, las grandes causas, algo que comenzó cuando aún era muy niña, o tal vez es un defecto congénito".[31] Fue una niña precoz, que leyó *Crimen y castigo* a los ocho años.[32] A los catorce, distribuía volantes del Partido Comunista en las calles. Al año siguiente, persuadida de que el socialismo curaría todos los males de la humanidad, se unió a las Juventudes Comunistas.[33]

En 1950, a los diecisiete años, se casó con un ciudadano chileno, en gran medida para huir del hogar paterno. La unión mal concebida fue anulada tres meses después, cuando su esposo se negó a irse con ella a Israel.[34] Entonces se embarcó sola en un vapor con destino a la joven nación y allí se unió a un kibutz. Su madre entendió el gesto; su padre la expulsó del seno familiar. En Israel, se casó con Allan Earnest, un estudiante idealista de agronomía en la Universidad de Cornell.

Su año en un kibutz, del que esperaba la "perfección"y el "verdadero socialismo", resultó un paso adicional en el derrotero vital de Callejas rumbo al desencanto. Cuando todos los miembros del kibutz fueron obligados a declararse israelíes o ciudadanos del mundo y cortar todos sus lazos con otras naciones, ella consideró "infantil" el ultimátum y volvió con Earnest a Chile. Tenía diecinueve años.[35]

En Chile, su padre se negó incluso a hablar con la joven pareja, que optó por trasladarse al apartamento de la madre de Earnest en Washington Heights, Manhattan, pero la suegra se quejó entonces por el enlace de Earnest con una *shiksa* ¡que ni siquiera hablaba inglés! Callejas aprendió en efecto el idioma y comenzó a escribir e ir al teatro en Nueva York. En 1957, la pareja se mudó a Long Island, pero Callejas detestaba jugar a la dueña de casa y odiaba trabajar como mesera. El matrimonio acabó disolviéndose y en 1960 ella regresó a Chile con tres niños de ocho, cuatro y tres años.[36]

La personalidad de Callejas conseguía desconcertar a muchos, en contraste con el perfil más bien simple de Townley. "Soy una Aries y la gente de Aries es siempre complicada", admitía ella misma. Era atractiva, de rostro diáfano y ancho y rasgos muy expresivos. Impresionaba a primera vista como idealista e inteligente, pero a la vez mendaz, narcisista y posiblemente sociopática. "Callejas es difícil de aprehender", escribió un periodista que la entrevistó en varias ocasiones. "Una sonrisa triste aflora constantemente en su rostro, incluso cuando analiza las calamidades o penurias de la vida". Y proseguía: "Es una mujer etérea, que parece ir por la vida como si fuera un sueño o una pesadilla. Cuesta decir si es la víctima perfecta de las circunstancias o tan astuta como su conversación lo sugiere".[37]

En una fiesta en Santiago bailó con Townley. Él se enamoró de ella y la cortejó de manera agresiva, enviándole rosas rojas a diario. "Lo conocí cuando él tenía diecisiete, aunque se veía mayor, hablaba como un hombre mayor, se hacía cargo de las situaciones a que se enfrentaba", escribiría ella después.[38] Townley era brillante, muy práctico y bueno en electrónica y mecánica. Estaba a su vez desesperado por tener una familia, visto que se había negado a ser de nuevo desarraigado cuando su padre fue transferido a Caracas. Se casaron al cabo de un noviazgo de escasos diez meses. Muchos amigos los aconsejaron en contra de ese enlace y ninguno de los progenitores asistió a la boda.

Townley desempeñó varios trabajos mal pagados —vendiendo enciclopedias, reparando vehículos y artefactos— en la época en que concibieron dos hijos, Christopher y Brian. En 1964, su padre le consiguió un puesto gerencial en una filial de la Ford en Lima, Perú, pero Townley renunció al cargo al cabo de cuatro meses. Al año siguiente, se convirtió en vendedor de un consorcio de fondos mutuos y fue al fin capaz de mudarse, con su joven núcleo familiar, de la casa de los padres de Callejas.[39]

Cuando circulaban rumores del quiebre de su empresa, Townley volvió a mudarse con su familia, esta vez a Miami, donde trabajó de 1966 a 1970 como vendedor de camiones y mecánico de automóviles en la Pequeña Habana. También incrementó sus conocimientos de electrónica.[40]

Entretanto, Callejas pasaba su temporada en Miami trabajando para Eugene McCarthy, el candidato progresista a la presidencia. Pese a recibir gritos en su contra, escupitajos y tomatazos de parte de los exiliados cubanos, también marchó contra la Guerra de Vietnam con amigos de la Universidad de Miami, donde asistía como oyente a algunos cursos. Entonces se confirmó un viejo patrón en su trayectoria: "Pronto, también me desilusioné de McCarthy y de César Chávez (dirigente chicano). Descubrí que los políticos en su mayoría son falsos".[41] Su oposición a la Guerra de Vietnam no obedecía a alguna simpatía por el comunismo —muy lejos de eso—, sino que más bien a un rechazo del imperialismo estadounidense. También fueron en aumento su desagrado y desconfianza hacia Miami: los amigos de sus hijos, los colegios, las drogas y los cubanos. Echaba de menos a su madre y sus amistades de Santiago.[42]

Cuando Allende alcanzó la presidencia en 1970, Callejas lloró de alegría por primera vez desde que podía recordarlo. Y la pareja analizó si debían volver a Chile.

—Yo no quiero vivir allí bajo Allende —dijo Townley—. Imagino que no podemos volver.

—Debemos volver —replicó Callejas—. Ahora más que nunca yo debo regresar.[43]

Antes de que Michael la siguiera meses después, ella volvió a Santiago con los niños "porque Allende había sido elegido presidente y Allende era comunista y yo quería ver cómo iban a ser las cosas ahora en Chile", declaró más tarde ante un gran jurado. También reveló que eso fue un punto de inflexión en las convicciones políticas de Michael.

> Pregunta (P): —¿Compartía su esposo en aquella época, octubre de 1970, su visión política o sus creencias al respecto?
> Respuesta (R): —En absoluto. Fuera de ser anticomunista, no tenía inclinaciones políticas de ninguna índole.
> P: —¿Inclinaciones de ninguna índole?
> R: —No.
> P: —¿Cambió eso en su esposo: esa falta de conciencia política? ¿Cambió eso en Michael Townley?
> R: —Sí, cambió.
> P: —¿Cuándo o por qué, si lo recuerda usted, cambió eso en su esposo?
> R: —Durante el gobierno de Allende, Chile estaba en un estado de caos y una noche vimos a un anciano golpeado por policías, y Michael y yo intentamos rescatarlo del policía y no lo conseguimos. El hombre tenía más de setenta años y lo estaban golpeando de mala manera. Y en ese momento mi esposo decidió cooperar y hacer lo que estuviera en su mano para derribar al gobierno de Allende.[44]

"Pareciera, por su ambivalencia en esta situación en particular", proseguía el perfil psicológico de Townley, "que no es capaz de tolerar la agresión, pero aun así es capaz de infligirla a otros; una paradoja. (...) La figura del policía y la identificación de Townley con el anciano es un gesto antiautoritario en que se actualiza el conflicto con su progenitor".

Y continúa el perfil:

> [Townley] es antiestadounidense y manifiesta así su rechazo de la cultura o identidad social que le aportó su padre, en lugar de lo cual ha adoptado una causa chilena. Pero, visto que esta no es una causa

> suya (sino que la han aportado su cónyuge y su situación geográfica), no siente con ella la misma identificación espiritual y cultural que se da cuando hay un involucramiento emocional y compromiso. (...) La esencia de su matrimonio refleja que no ha resuelto aún sus problemas edípicos. (...) Mariana Callejas (...) cuida de su marido igual que haría una madre con su hijo. Teniendo esto presente, es fácil entender que adoptara la identidad chilena por sobre la estadounidense y que, al hacer esto, desechara a su padre para quedarse con la madre. Todo encaja en un patrón consistente.[45]

Años después, Townley condenaba a su vez a Salvador Allende por "las largas colas para el pan, la escasez de productos, la tasa de crecimiento negativo del 60 por ciento, el índice de inflación superior al 1.000 por ciento y, finalmente, el quiebre de la convivencia cívica dentro de una nación, las divisiones y odios provocados incluso dentro de una misma familia".[46] Townley y Callejas, igual que hacían muchos derechistas, atacaban a Allende al verlo como un vividor desvergonzado que, en mitad de la pobreza y la crisis, se reservaba para él las mejores carnes, ropas y whiskies que Chile podía ofrecer.[47] Posteriormente, Townley postulaba que "amigos míos habían sido arrestados y torturados durante el régimen de Allende".[48]

Mientras que Townley se volvió resueltamente contrario a Allende y ansiaba su derrocamiento, Callejas decía haber sentido una mayor ambivalencia al respecto. Aun cuando se había opuesto a la Guerra de Vietnam y al propio Allende, se consideraba a sí misma contraria a los "acontecimientos"y no a las ideologías. Y de nuevo se negaba a creer que un golpe contra el marxismo en Chile habría de conducir a una dictadura.

Aun así, un amigo izquierdista le advirtió en cierta ocasión:

—Si los militares llegan al poder, no se irán jamás.

—Claro que se irán —retrucó ella—. En cuanto se restablezca el orden, se podrá llamar a elecciones.

—¿Es que la Historia no enseña nada? Fíjate en los países de América del Sur, a dónde han llegado los militares...

—Sí, pero eso es en otros países, no nos comparemos. En Chile, los militares son dignos, honestos. Jamás habrá aquí una dictadura. Un año o dos serán suficientes.[49]

Los Townley, idealistas e ingenuos, buscaban una familia política.

Townley mismo se acercó a diplomáticos y espías estadounidenses para ofrecer sus servicios. En Miami, contactó a la estación de la CIA en tres ocasiones, en 1970 y 1973, pero, según recordaba, sus funcionarios "no tenían verdadero interés en hablar conmigo". En febrero de 1971, la CIA sí obtuvo luz verde para debatir la posibilidad de que Townley se convirtiera en un "activo", pero la entidad fue incapaz de localizarlo en la dirección que había dado en Santiago.[50] ¿Cuál es la versión de la propia CIA al respecto? "Él nos contactó a nosotros. Nos ofreció hacer cosas voluntariamente. Nosotros no lo buscamos. Nunca lo contratamos. Era un convidado de piedra, uno de esos tipos que siguen viniendo y viniendo y quieren jugar con los chicos más grandes. Nosotros lo escuchamos, pero no lo tomamos".[51]

Townley se convirtió a la vez en lo que un funcionario político en Santiago denominaba una "lapa de la embajada", un expatriado de esos que suelen merodear la embajada estadounidense para echar un vistazo a lo que está aconteciendo con la esperanza de sonsacar algunos secretillos y compartir los suyos.[52] "Townley establecía contacto de manera persistente con los funcionarios políticos recién llegados a la embajada", recordaba el embajador, "e invariablemente buscaba alguna conexión de inteligencia con la propia embajada". Pero un funcionario de ella sugirió "mantenerlo a cierta distancia" por su "pasado más bien ingrato con grupos cripto-fascistas chilenos".[53]

Buscando explicar esto, Michael brindó el dato de que, durante una huelga de un mes, en octubre de 1972, "estuve involucrado con varios grupos locales, ante todo con Patria y Libertad".[54]

Quienes fundaron Patria y Libertad en abril de 1971, justo cuando Townley desembarcaba en Santiago, lo describían inicialmente como un "movimiento cívico" nacionalista que soñaba con una sociedad ordenada por el gremialismo. Este último es una doctrina que busca desarrollar un esquema corporativista, inspirado en el tradicionalismo católico y el hispanismo, en el que todos los grupos sociales —principalmente profesionales, pero también trabajadores, estudiantes, mujeres, empresarios, iglesias— habrían de conformar "organizaciones intermediarias" entre el individuo y el Estado. Esta herencia de la Guerra Civil Española de los años treinta, diseminada en las Américas por intelectuales del régimen de Francisco Franco, no rechazaba la libre empresa, sino que más bien lamentaba la destrucción de las relaciones sociales feudales por el capitalismo. Abominaba del marxismo. Mucha gente de derecha percibía la batalla contra Allende como un revivir de la búsqueda hispánica de "orden"a partir del caos del socialismo.[55]

Pablo Rodríguez Grez, cofundador de Patria y Libertad, emergió como su inspirador filosófico, el ideólogo.* Cuando Allende ganó la elección, Rodríguez llamó a todos los chilenos "no contaminados ni comprometidos con el sistema partidista liberal" a sustituir "el anacrónico sistema político liberal y evitar el establecimiento de un Estado marxista".[56] Siendo él mismo un abogado que hablaba con un lenguaje florido y hacía grandes gesticulaciones, Rodríguez postulaba que, bajo el gremialismo, ningún grupo social sería dominante, ni siquiera las grandes corporaciones. Los planes de Patria y Libertad incluían la redistribución de algún capital a los trabajadores. Los gremios garantizarían la equidad y armonía por el bien de la nación y su líder.

En el papel, la ideología en cuestión podía parecer inofensiva, pero ella rezumaba fascismo o cuando menos autoritarismo, afinidades con la España de Franco o el Portugal de Antonio Salazar.[57] El segundo al mando de Patria y Libertad, el excéntrico Roberto Thieme, creció en un hogar donde se respiraba la atmósfera de Bavaria, habiendo sido atrapado su padre, simpatizante nazi, cuando transmitía inteligencia a los submarinos alemanes que merodeaban las costas chilenas durante la guerra. Thieme hizo después un curso de comando en la Colonia Dignidad de Paul Schäfer, y habría de simular su muerte en un accidente de avioneta con la ayuda del propio Schäfer.[58]

En la práctica, Patria y Libertad actuaba de manera incluso más parecida a los fascistas. Los reclutas pasaban por chequeos de inteligencia y adoctrinamientos. Recibían entrenamiento en codificación y desciframiento de códigos, manejo de armas, explosivos y artes marciales (¡con *nunchakus*!). Rodríguez solía hacer formar regularmente a sus "tropas"—ataviadas con uniforme negro y brazaletes blancos adornados con una especie de esvástica, una insignia hecha de tres eslabones, semejante a una araña— y enseguida les pasaba "revista" con el brazo derecho cruzado contra el pecho.[59] Las camisas pardas de Hitler lo hubieran aprobado con entusiasmo. Los principales par-

* En español en el original (N. del T.).

tidos conservadores reconocían a Patria y Libertad como unas tropas de asalto *de facto* contra Allende, y les enviaban a sus cuadros y fondos para sostenerlas.[60]

Los partidarios de Allende calificaban a Patria y Libertad como "una pandilla de fascistas, pagados por la CIA", y estaban en lo correcto.[61] Rodríguez negaba estar recibiendo financiamiento de la CIA, pero lo cierto es que, en el otoño de 1970, Henry Kissinger solicitó y recibió 38.000 dólares para el apoyo encubierto de Patria y Libertad.[62] Otros miembros de la cofradía admitieron haber recibido esos fondos y añadieron que una suma extra de 5.000 dólares al mes era filtrada al grupo a través de uno de sus agentes operativos.[63]

El movimiento, cuya membresía alcanzaba a unos cuantos miles, evolucionó rápidamente hacia un partido político y enseguida a una insurrección armada. Su mezcla de estudiantes de clase acomodada, gamberros y unos pocos nacionalistas de mayor edad, de línea dura, asedió a los izquierdistas en sus casas, arrojó piedras contra manifestantes, volcó un autobús y voló o se tomó estaciones de televisión.[64] Uno de sus líderes confesó haber participado en quinientos atentados terroristas. En abril de 1972, Rodríguez decretó que "la única salida es un gobierno militar nacionalista. Las FF.AA. son salvaguardia de la Constitución".[65] En el fallido intento golpista de junio de 1973, Patria y Libertad colaboró con un regimiento de blindados.[66] Rodríguez huyó del país tras el denominado Tanquetazo, pero Patria y Libertad mantuvo la presión contra Allende mediante una campaña de bombazos que provocaba una explosión casi a diario. El 14 de agosto de 1973, una bomba derribó una torre de alta tensión y dejó a todo Santiago a oscuras. "Estamos al borde de la guerra civil", advirtió Allende ese día.[67]

Aun cuando Callejas minimizó más tarde los alcances de Patria y Libertad, ella y Townley abrazaron su retórica y acciones.[68] "Las masas no están preparadas para gobernarse a sí mismas", proclamó Townley en cierta ocasión. "La democracia no conduce más que al gobierno de las masas, al dominio del rebaño. El poder debiera quedar reservado para unos pocos individuos calificados para ejercerlo, los intelectuales, los reyes filósofos".[69]

Pero fue Callejas quien se contactó con Patria y Libertad, que parecía un grupo suficientemente laico y militante para su gusto, y ella hervía de ganas de pelear. En 1972, visitó su cuartel general vestida con sus bluyines y una gruesa chamarra y se presentó como escritora.

—¿Y en qué podría colaborarnos para la revista? —se preguntó en voz alta Manuel Fuentes, su editor.

—Escribo cuentos y narraciones urbanas.

—Pero eso no es de mucha utilidad en un semanario de "trinchera".

—Es que yo creo que habría que cambiarle un poco la fisonomía al semanario —dijo ella con suavidad.

—Usted me dijo que su pareja era mecánico, pero no me dijo de qué nacionalidad es —dijo Fuentes buscando información.

—Es norteamericano —dijo Callejas voluntariosamente, percibiendo allí una vía de acceso—. Se llama Michael Townley. Su padre fue gerente general de la Ford en Chile. Y además de ser mecánico sabe algo de electrónica y de química. También podría ayudar al movimiento en "algunas cosas". Esto último lo dijo con críptica altivez.[70]

Fuentes quedó intrigado.

Con Townley fuera del país, Callejas realizó talleres en el salón de su casa para jóvenes entusiastas de Patria y Libertad, incluyendo a su hijo mayor. Les ayudaba a planear manifestaciones y escribía para sus publicaciones. Al volver Townley, no siendo chileno ni teniendo interés alguno en política, se resistió a sus ruegos para que se uniera a Patria y Libertad.

Aun así, un día accedió a diseñar para ellos un cóctel molotov "técnicamente correcto".[71] A la vez, los chilenos se encariñaron con este *gringo* de barba y pelo castaños, que vestía jeans y camisas a cuadros y hablaba bien el español, pero con un grueso acento norteamericano. Con su esposa, algo menos. Alguien decía que "en su rostro, algo felino, se reflejaba la desconfianza y, aunque más bien menuda de cuerpo, en sus actitudes trataba de mostrarse firme, imperativa, signos que advertían de su inseguridad".[72]

A mediados de 1972, Townley estaba absolutamente comprometido como experto casero en explosivos y electrónica de Patria y Libertad. Experimentaba con TNT y se la pasaba batiendo cócteles molotov —"como quien hace pan", recordaba un miembro del movimiento—. Los líderes del grupo comenzaron a aparecer por su casa, asombrados de sus aptitudes. A su vez, Townley comenzó a participar en misiones con operativos de Patria y Libertad: como el incendio de una empresa impresora o la voladura de líneas ferroviarias. Callejas solía ir a la par.[73]

Townley juntó las piezas para armar un tosco transmisor radial y lo montaba en el maletero de su auto para difundir los mensajes de la oposición, en tanto Callejas editaba los discursos de Rodríguez.[74] Hasta jugó a la versión chilena de la "Rosa de Tokio" lanzando la primera emisión con la siguiente proclama: "Esta es Radio Liberación, esta es Radio Liberación. Esta es la voz de la democracia. Saludamos al pueblo su lucha por la libertad y contra la opresión marxista". También entonó canciones patrióticas, pero consiguió enfurecer a los líderes de Patria y Libertad cuando resolvió por su cuenta emitir un comunicado de prensa alardeando de las emisiones clandestinas de todos ellos.[75]

Según sus compañeros chilenos en el complot, ambos actuaban "de manera insolente". Una vez que Townley los había invitado a su casa, con sus ojos azules fijos en uno de los líderes de Patria y Libertad y escarbándose nerviosamente la uña del pulgar izquierdo con el índice de la mano diestra, le dijo al invitado:

—Yo creo que podríamos matar a Allende fácilmente.

—¿Qué estás diciendo, por Dios? ¿Estás loco?

Con una maternal placidez, Callejas completó los detalles de la idea. Ella y su marido —les dijo— habían pasado veinte días cubriendo los movimientos de Allende, estableciendo con exactitud los patrones de desplazamiento de su comitiva y la forma en que se la podía asaltar.

—En la esquina de Colón con Magallanes, justo en el centro hay una tapa de alcantarillado. Ahí ponemos una carga de cincuenta o sesenta kilos de dinamita y ¡BUUUM! —agregó, alzando sus brazos y dibujando un gran círculo en el aire.

Por curiosidad, el chileno preguntó dónde obtendría la pareja esa cantidad de dinamita.

—Estás sentado en ella —se rio Michael. Solía emplear como sillas en su comedor taburetes con cojines a cuadros en estado bastante andrajoso, rellenos de dinamita. Él mismo explicó que la mezcla de dinamita no estaba "madura" aún, así que no podía estallar.

El chileno les prohibió terminantemente llevar a cabo la "soberana estupidez" que habían concebido. *¿Hasta dónde llega la locura de los Townley?*, se preguntó al abandonar su casa, mientras Callejas lo maldecía a sus espaldas.

Con tales episodios multiplicándose, Rodríguez comenzó a referirse a Townley y Callejas como "ese par de locos e imbéciles".[76]

En marzo de 1973, cuando el gobierno de Allende intentó bloquear las emisiones de Patria y Libertad, Townley diseñó su misión más peligrosa hasta esa fecha. Reunió a un equipo de Patria y Libertad para irse a Concepción, una ciudad al sur del país, y desarticular un dispositivo de interferencia de una estación televisiva local. Para su sorpresa, el grupo se topó con un pintor sin casa que había ingresado a dormir en la estación, profundamente dormido en esos momentos. Para neutralizarlo, lo inmovilizaron de pies y manos contra el piso y amordazaron al pobre hombre con cuerdas, cloroformo y cinta adhesiva, completando enseguida su misión. El hombre debe haberse despertado entonces e intentado liberarse, pero terminó ahogándose.[77]

Difundida en todas las primeras páginas de los diarios, la tragedia del vagabundo convirtió a Townley en un hombre buscado por la policía. Por órdenes de Rodríguez, el norteamericano cruzó los Andes a pie o bien voló sobre ellos rumbo a Argentina. Desde allí, sin un centavo, pidió dinero prestado a sus parientes en los Estados Unidos y abordó un avión a Miami. Callejas, tras mentir a la policía en el sentido de que ella no sabía nada del paradero de su esposo, se le unió dos meses después y por el tiempo que le quedaba al régimen de Allende. Bastante más politizado ahora que durante su última estadía en Florida, Townley se acercó de nuevo a la CIA y entabló amistad con los cubanos exiliados. Cuando Allende cayó en septiembre, abrieron todos botellas de champaña para celebrar.[78]

"No voy a negar que el golpe militar nos hizo inmensamente felices", dijo Callejas.[79] Y volvió en el primer vuelo comercial autorizado a aterrizar después del golpe en Chile. Townley tomó prestado el pasaporte de un amigo llamado Kenneth Enyart, nombre que habría de transformarse en uno de sus múltiples alias.[80]

Entretanto, Patria y Libertad se dispersó como movimiento y muchos de sus líderes se unieron a la Dina. Pablo Rodríguez, superando en apariencia su desagrado ante el capital foráneo, se convirtió en columnista de un diario y apologista del radicalismo libremercadista de Pinochet.[81]

En medio de las turbulencias políticas, el matrimonio Townley se estaba deshilachando por los bordes.

"Mike y yo nunca hablábamos demasiado", recordaba Callejas. "A él le gusta la televisión y yo la detesto. Y este asunto ha socavado nuestras relaciones. Sin importar por dónde partamos, terminamos hablando siempre del 'asunto'".[82] A mediados de los setenta, "habíamos estado bastante distanciados, Michael y yo, durante casi dos años y una separación parecía lo más apropiado".[83]

Hubo, de hecho, varios de esos asuntos. El invierno previo al golpe, Townley se involucró con mujeres derechistas que organizaban protestas con caceroleos contra la desfalleciente economía de Allende. Callejas odiaba a tales mujeres.[84] Esto se ceñía a un patrón establecido por ambas partes. Cuando Townley había vuelto a Chile, tras una breve estadía en Miami, se topó con que Callejas estaba embarcada en una relación. Eso fue después de varias aventuras previas, incluyendo una más seria de Townley en Miami, quien a principios de 1971 incluso se había trasladado a San Francisco a vivir con otra mujer. Callejas voló entonces a la costa oeste con los niños.[85]

Cuando supo que su esposo planeaba casarse con su amante, le gritó: "¡Hijo de puta! ¿Por qué no me lo dijiste? ¡No hubiera venido!".

Tres meses después. Decidieron intentarlo de nuevo.

En abril de 1973, al fragor del terrorismo realizado contra Allende, Townley le pidió a su abogado que hiciera seguir a su esposa.[86]

Quizás un factor de mayor disenso en el seno del matrimonio Townley fue su asociación con la Dina.

Aunque sin duda ambos participaron en Patria y Libertad, no trabajaron para él ni recibían salarios del movimiento. La Dina fue otra cosa. La policía secreta de Manuel Contreras atrajo a la pareja hacia su red de intrigas de manera tan profunda que escapar de ella se le volvió virtualmente imposible.

Durante un tiempo, la Dina salvó al matrimonio de la indigencia y la insignificancia. A mediados de 1974, el coronel Pedro Espinoza, jefe de operaciones de la Dina, oyó hablar del individuo que había burlado a Allende con su radio clandestina y contactó a Townley. Bajo el presidente marxista, "yo mismo estaba a cargo de la unidad de inteligencia militar que debía, supuestamente, rastrearlo", le confesó entonces Espinoza con una sonrisa. "Pero no le pusimos mucho empeño".[87] Los dos hombres cenaron y bebieron juntos, y después Espinoza invitó a Townley a componer algunos equipamientos electrónicos. Finalmente, ofreció a la pareja una relación de tiempo completo con la Dina por entre 600 y 800 dólares al mes.[88] Callejas entendía la razón de la Dina para escoger a su marido: "La Dina encontró en extremo útiles sus conocimientos de electrónica, inglés y para adquisiciones. Añadido al hecho de que, siendo estadounidense, tenía libre acceso a los Estados Unidos en cualquier momento, sin necesidad de obtener las difíciles visas. Adicionalmente, mi marido poseía cualidades que lo volvían especialmente efectivo en la comunidad de inteligencia: una mente brillante, una memoria increíble y una determinación y lealtad a toda prueba".[89]

Se permitió a los Townley vivir en una gran casa del elegante barrio de Lo Curro, en Santiago, de tres plantas, una terraza y piscina, rodeada de árboles frutales, con una vista espectacular a los Andes y sus cumbres nevadas.[90] Un periodista la describió como "una de las vistas más bellas de América Latina".[91] Tiempo antes, cuando el valor de las casas se desplomó por la inflación, Contreras había adquirido la propiedad por una piltrafa.[92] En ella, Townley montó un poderoso radiotransmisor y dotó el laboratorio en el nivel inferior con equipamiento electrónico.

Entretanto, Callejas comenzó a imaginarse que era la Madame de Stäel del régimen pinochetista, transformándose en anfitriona de uno de los salones literarios más ilustres de Santiago. Ella misma escribía cuentos y en 1975 ganó con uno de ellos un premio literario importante en Chile. Cada jueves por la noche, transformaba su mansión en el cerro en un lugar de encuentro de gente selecta que se reunía a beber, bailar y debatir de libros y poesía hasta altas horas de la madrugada. Décadas más adelante, Mariana recordaría esos días como "maravillosos, intensos", que rezumaban "una gran pasión por la literatura".[93]

Escaleras abajo, entretanto, por completo ajenos a los literatos ignorantes de sus malabares, oficiales de inteligencia chilenos torturaban a los opositores al régimen y fabricaban gases tóxicos en el laboratorio secreto de Townley. Una de las escritoras que visitó una vez a Callejas abrió por equivocación una puerta en la planta de abajo y se topó con un cuarto donde había catres, equipo de laboratorio y ropas de camuflaje. "Volví al salón y no dije una palabra", recordaba luego. "Nos fuimos al cabo de media hora y nunca más volvimos. Tampoco dijimos a nadie lo que habíamos visto".[94] Lo que podrían haber visto era a Carmelo Soria, diplomático chileno-español ante la ONU, cuando era torturado y fue asesinado. "Pobre Chile", fue todo lo que dijo Soria. "Pobre Chile".[95]

En 1978, un reportero preguntó a Callejas cómo podía haber comenzado a trabajar con la Dina. "Yo no sabía lo que era la Dina", se defendió ella. "Para mí solo era un oficio, un trabajo y necesitábamos tener uno". Su ignorancia parece ciertamente fingida, puesto que nunca les habló de la labor de su esposo a sus amigos, quienes se quejaban de la "brutalidad" de la Dina con "resentimiento". Los agentes de la Dina a los que conoció "han sido siempre unos caballeros y, en cierta forma, me cuesta creer que esos caballeros hagan cosas brutales".

¿Y qué había de los informes acerca de torturas y asesinatos?

—Puedo creer parte de ello, pero no todo; pienso que tal vez ha sido enormemente exagerado. (...) Nunca conocí a nadie que hubiera sido maltratado por la Dina.

—Bueno, muchos de ellos no estarían alrededor para hablar de ello, ¿o sí?

—Desde luego, eso es cierto —respondía tímidamente Callejas.

Y dijo al reportero que ella misma no habia hecho "nada en absoluto" para la Dina, pero justo después de admitirlo hizo viajes al extranjero con Townley, empleó un alias, viajó con identificación de la Dina y recibió el pago de una secretaria dentro de la partida.

—Pero, ¿no está usted avergonzada?

—Sé que nadie sufrió nunca algún daño por mi culpa. (...) Así que no me siento avergonzada.[96]

Si bien la conciencia de Callejas lucía a salvo, su matrimonio con Townley distaba de ello. "La Dina lo cambió todo entre nosotros", escribió.[97] Una vez que la entidad contrató a su marido, este "trabajaba largas horas, a veces hasta las dos o tres de la madrugada, y después estaba en pie a las ocho cada mañana, obteniendo muy poco dinero por todo ello".[98]

"Dos veces estuve a punto de irme de la casa, abandonarlo todo, hasta a los niños que no querían ir conmigo". La primera cuasi-separación ocurrió cuando Callejas escuchó a Townley en su despacho oyendo una grabación de ella hablando por teléfono con un amigo escritor. Había comenzado, pues, a pinchar incluso sus conversaciones. Ella irrumpió en el despacho y él paró abruptamente la cinta:

—Demasiado tarde —dijo ella—. Ya lo escuché todo. No puedo seguir viviendo contigo, aquí, en esa forma.

—¿A dónde puedes ir? —le preguntó él con un matiz de crueldad.

Ella no tenía dinero ni trabajo.

—Tengo familia. Mi mamá, mis hermanos.

Igual sentía que nadie la apoyaría porque no podía revelar sus razones para el abandono.

La segunda vez que Callejas casi se marchó de casa ocurrió después de una cena horrible en que recibieron al fascista italiano Stefano Delle Chiaie: el hombre responsable del atentado contra Leighton. Cuando el invitado se lanzó en "un gran discurso antisemita rabioso", Callejas, que llevaba una gran cruz de David al cuello, alzó la voz:

—Te ruego que no prediques antisemitismo en mi mesa.[99]

El tiempo que había pasado en Israel y su enlace con Allan Earnest la habían sensibilizado ante el tema de los judíos. Además, pensaba que tenía ella misma sangre judía.[100]

Delle Chiaie la miró y sonrió.

—Es que esta no es tu mesa, Mariana. Es la mesa de Andrés —dijo empleando uno de los alias de Townley.

Callejas fulminó a su esposo con la mirada, pero este, en lugar de defenderla, "me lanzó una mirada de reprobación y siguió comiendo".[101]

Después de medio año en la Dina, Townley conoció a Manuel Contreras y fue enviado en misiones de asesinato en el extranjero. Una de ellas fue a Buenos Aires, donde fabricó la bomba que mató al general chileno en retiro Carlos Prats y a su esposa, Sofía Cuthbert.[102] Otra a México, donde llegó demasiado tarde para alcanzar a eliminar en un congreso a otros dos opositores a Pinochet. Incluso otra misión, esta vez a París para asesinar a dos periodistas, fue cancelada.[103] Townley se puso a la vez en contacto con grupos de España, Alemania, Holanda, Bélgica, Austria, Luxemburgo y, por supuesto, de los Estados Unidos.[104]

Michael Townley se estaba convirtiendo, como lo calificó un investigador del FBI, en "el hombre más peligroso que he conocido nunca".[105]

"En esa época, 1976", recordaría luego Callejas, "todo parecía razonable, hasta el asesinato".[106]

5
CONMIGO LEVÁNTATE

El asesinato de Orlando Letelier sobrevino en un momento singular de la historia estadounidense. Según el historiador Kenneth Cmiel, los años que van de 1973 a 1978 fueron "singularmente cruciales" para los derechos humanos en la era contemporánea: "Al terminar la Guerra de Vietnam, los derechos humanos emergieron como una nueva forma de enfocar la política mundial". El apogeo del activismo en favor de los derechos civiles en el sur de Estados Unidos y contra la guerra en el sudeste asiático había pasado. Los derechos humanos, junto al feminismo, el ambientalismo y el movimiento de liberación gay, se tomaron la agenda reformista.[1]

El foco en los derechos naturales de cada ser humano no era algo nuevo, pero los años setenta asistieron a una revitalización política de ese empeño. Un movimiento acababa de nacer. Las atrocidades cometidas en My Lai y en una serie de países autocráticos como Brasil, Grecia y la Unión Soviética despertaron el anhelo de la nación y el Congreso por proclamar las virtudes de esos derechos, en los términos de la historiadora Barbara Keys.[2] En torno a 1977, en conformidad con Lars Schoultz, el movimiento por los derechos humanos se convirtió en "el grupo de presión más grande, activo y visible en Washington respecto a la política exterior".[3] Ciertas organizaciones no gubernamentales, como Amnistía Internacional y Human Rights Watch, surgieron por derecho propio y atrajeron fondos, personal y una atención sin precedentes. A finales de la década, más de doscientos grupos trabajaban en los Estados Unidos a favor de los derechos humanos. Más de cincuenta ejercían presión sobre el Congreso y unos quince de ellos se concentraban en América Latina. Estos perros guardianes elaboraban informes únicos sobre violaciones a los derechos humanos, y sus índices, anuarios, listados, boletines, hojas informativas y otros informes se convirtieron en lectura obligada para los periodistas y diplomáticos. También manejaban las estrategias de recolección de fondos por correo y perfeccionaron las solicitudes de becas a gigantes filantrópicos como la Fundación Ford.

Las celebridades emplearon sus plataformas para promocionar los derechos humanos. Por ejemplo, la cantante popular Joan Baez pasó buena parte de los años setenta cantando y hablando a favor de Amnistía Internacional, incluso en una grabación de *Tonight Show* en 1973.[4] Junto a ella trabajaron Pete Seeger, Jane Fonda, Edward Asner y muchos otros.

Algunos de esos activistas terminaron recorriendo los pasillos del poder. Un ícono femenino de los derechos civiles como Patricia Derian, fundadora de la Unión de Libertades Civiles de Mississippi, se convirtió en primera vicesecretaria de derechos humanos y asuntos humanitarios bajo la administración de Jimmy Carter. Mark Schneider, su adjunto, había trabajado para el senador Edward "Ted" Kennedy, de Massachusetts, en varios temas entre Estados Unidos y América Latina. Siendo estudiante en la Universidad de California, Berkeley, había colaborado con la Unión de Libertades Civiles Americanas y como voluntario de los Cuerpos de Paz en El Salvador.[5]

Algunos miembros del Congreso colaboraban, entretanto, con este ejército de cabilderos... o aprobaban leyes presionados por su ofensiva. Igual que los activistas, los aliados en el Congreso veían su labor como un gesto patriótico y una reafirmación de los mayores ideales de un Estados Unidos que parecía haber extraviado, con Vietnam y Watergate, la brújula moral. Don Fraser, el representante demócrata de Minnesota, presidió las primeras audiencias parlamentarias sobre derechos humanos en 1973.[6] Un parlamentario novato como Tom Harkin, de Iowa, tuvo éxito al ligar los dineros de la ayuda extranjera al desempeño en el área de los derechos humanos de los demás gobiernos. En 1974, en la peor fase de la represión pinochetista, Harkin viajó a Chile sin protección y golpeó las puertas detrás de las cuales la Dina torturaba a los opositores, gritándoles a los individuos en su interior que algún día serían juzgados.[7] Como demócrata, Harkin trabajó a menudo junto al senador Kennedy, barajando en el apogeo de su carrera la idea de postularse a la presidencia contra Carter, Gerald Ford y Ronald Reagan, a todos los cuales superaba en las encuestas en 1978.[8] Ayudándolo en sus propósitos estaban, entre otros, Michael Harrington, Toby Moffett y George Miller en la Cámara, y James Abourezk y George McGovern en el Senado. En 1976, el Congreso exigió no solo que los diplomáticos informaran sobre situaciones en el tema de los derechos humanos, sino que además esos informes fuesen publicados. La mayoría de las enmiendas que la red de protección de los derechos humanos aprobó siguen estando hoy en los códigos.

En solo unos pocos años, declaraba un activista de los derechos humanos, también el acceso de sus colegas al Departamento de Estado se había vuelto real: "Esto jamás hubiera ocurrido cinco años atrás. La misma gente con la que tratamos ahora no nos hubiera ayudado entonces. Ellos saben (...) que somos capaces de caerles encima siempre que queramos, que podemos incomodarlos si no cooperan. (...) Ahora tenemos muy buenas relaciones profesionales con esta gente". En 1976, incluso Henry Kissinger, hasta entonces renuente a cualquier presión a favor de los derechos humanos, admitió en la Organización de Estados Americanos que "los derechos fundamentales de la humanidad" eran "uno de los temas más apremiantes de nuestra época".[9]

Entre los eventos que Cmiel identifica como activadores del movimiento de los derechos humanos estuvo el golpe de Estado de 1973 en Chile.[10] El historiador Joe Renouard argumentaba que el golpe "ayudó a transformar las causas tan variadas de principios de los años setenta en un movimiento internacional".[11] El vertiginoso asesinato, encarcelamiento y tortura de miles de personas confirió un sentido urgente a la cruzada de los derechos humanos. El gesto de Pinochet y sus secuaces de rotular a todos sus opositores como indignos de derechos revolvió los espíritus de mucha gente en los Estados Unidos. "Los valores humanitarios vinieron a desafiar abiertamente la prevalencia de la doctrina de la seguridad nacional", recordaba Schoultz.

Sin duda, Chile preocupaba solo a una minoría en los Estados Unidos. Cuando una encuesta desarrollada en octubre de 1973 preguntó a ciudadanos estadounidenses si el derrocamiento de Salvador Allende era "bueno porque era un marxista o malo porque había sido democráticamente elegido", el 19 por ciento dijo "bueno", y el 31 por ciento, "malo", pero un porcentaje cercano a la mitad de los encuestados no tenía opinión alguna. La comunidad de derechos humanos con base en Estados Unidos y foco en América Latina estaba conformada en términos desproporcionados por latinoamericanos, muchos de los cuales eran a menudo antiguos objetivos de los regímenes militares.[12]

Aun así, respecto a Chile, los grupos de solidaridad eran numerosos y diversos. Eventualmente, había dos agrupaciones a nivel nacional, quizá unas tres docenas a nivel local desde Boston hasta Seattle, y varias más dedicadas a asuntos chilenos específicos como las mujeres o los prisioneros políticos. Los sindicatos y estudiantes también contribuían al empeño.[13]

En 1974, varias organizaciones no gubernamentales dieron a luz dos informes que brindaban evidencias iniciales de torturas sistemáticas bajo Pinochet.[14] Amnistía Internacional reveló que el régimen mantenía entre seis mil y diez mil prisioneros políticos. "Las formas más habituales de tortura física eran los golpes prolongados con porras, de puños y con bolsas llenas de materiales húmedos; la electricidad aplicada a todas las partes del cuerpo; las quemaduras con cigarrillos o ácido", detallaba. "Esas torturas físicas se han acompañado de privación de alimentos, bebidas y sueño". La evidencia mostró que los interrogadores se valían de "sueros de la verdad" con sus víctimas.[15]

Gracias a Schneider y Kennedy, entre otros, el Senado promovió audiencias, resoluciones y leyes contra los abusos de Pinochet.[16] Los demócratas en el Capitolio estaban tan enfocados en el pequeño país que sus asesores advirtieron a Kissinger que mejor "no entrara al trapo (como los toros) en el tema de los derechos humanos".[17]

El mayor logro del Congreso respecto a Chile fue la Enmienda Harkin de 1975 a la Ley de Asistencia Externa de 1961. Fueron activistas de derechos humanos quienes la redactaron y terminaron llevándola al Capitolio, donde Harkin estuvo de acuerdo en patrocinarla. Su primera cláusula mandataba el recorte de la ayuda a cualquier gobierno que violara de manera flagrante los derechos humanos, a menos que el presidente de la nación determinara que esa ayuda iría directamente a beneficio de los más necesitados. Al año siguiente, Kennedy lideró la adopción de una enmienda paralela directamente apuntada a Chile, marcando la primera vez que el Congreso puso término a la ayuda militar a otro gobierno a causa del tema de los derechos humanos.[18] En 1978, una revista chilena calificó a Kennedy como "el adversario más peligroso desde el exterior" del régimen de Pinochet.[19]

En respuesta a ello, Santiago contrató a cinco empresas de relaciones públicas y estudios jurídicos para que se ganaran el corazón y espíritu de la gente. Un fruto de ello fue el surgimiento de lo que podríamos denominar una "campaña chilena de alto vuelo" —en oposición a una más modesta— de organizaciones mediáticas como el Consejo Americano-Chileno, entidad abocada a "contrarrestar la campaña de propaganda izquierdista contra Chile", según declaró su presidente.[20] El consejo, fundado por el columnista conservador William F. Buckley y el lobista Marvin Liebman, recibió dinero ilegalmente del Estado chileno —tal vez de la propia Dina— y legalmente de particulares estadounidenses. En 1979, el Departamento de Justicia cerró la entidad por ser un "agente extranjero" no registrado de Pinochet.[21]

Orlando Letelier era consciente de estas fuerzas. Aunque se sentía alarmado por los tentáculos de Pinochet en Washington, el chileno estimaba en marzo de 1976 que "aún hay suficientes personas en los Estados Unidos que nos desean el bien". "Es un error pensar que este es un país monolítico" —explicaba—. "Hay 93 comités de solidaridad exclusivamente con Chile. Grupos importantes del Partido Demócrata también solidarizan con nosotros. La propuesta de no aprovisionar más a Chile con armas, que acaba de ser aprobada por el Senado, obtuvo 49 por ciento de votos favorables y 31 en contra. Eso es una mayoría considerable".[22]

Entre quienes trabajaban con Orlando Letelier inspirados en su preocupación por la dignidad humana estaban Ronni Karpen Moffitt y Michael Moffitt. Ambos iban en el Chevelle con él la mañana fatídica del 21 de septiembre de 1976.

Ronni Karpen nació el 10 de enero de 1951 en Passaic, Nueva Jersey. Sus padres, Murray e Hilda Karpen, trabajaban incansablemente en la tienda de *delicatessen* de su propiedad. Eran judíos ortodoxos descendientes de europeos del Este que comían *kosher* y celebraban el *Rosh Hashanah* y *Yom Kippur*. Karpen había tenido su *Bar Mitzvah*, pero en otros sentidos su niñez fue como la de los demás chicos. Fue además una infancia feliz. La familia era unida y tres de sus primos vivían en la casa vecina. Saltaba la cuerda, tocaba la flauta, ayudaba en el negocio alimentario de la familia y tenía infinidad de amigos. En la secundaria fue buena estudiante y una gran "organizadora": era parte del consejo estudiantil, el comité de elaboración del anuario y del personal a cargo de la revista de los estudiantes. "Siempre que había alguna historia esclavizante que de todas formas había que escribir", recordaría un amigo de infancia, "todo el mundo le sacaba el bulto, hasta que finalmente Ronni se sentaba y la escribía".[23]

La familia y sus amigos la recordaban como una joven alegre y generosa. "Incluso de niña", decía su madre, "tenía tanta gracia, un don para ser feliz que brindaba alegría a todo el que estaba a su alrededor".[24] Sus dos padres la recordaban como "una persona burbujeante y cálida que consideraba a todo el mundo su mejor amigo".[25] Su hermano menor, llamado Michael, la recordaba como su protectora y mentora. Cuando el hermano del medio se abalanzaba sobre él, "todo lo que debía hacer era gritar el nombre de Ronni. Sin importar lo que estuviera haciendo, ella lo dejaría de lado y en cuestión de segundos vendría a mi rescate gritando '¡La superniña!'y apartando a mi hermano de mí". Consoló a Michael cuando no logró entrar a la liga menor, hizo de niñera para él, lo llevó en automóvil a su primera cita amorosa, cocinaba para él y lo ayudó en una elección del colegio.[26]

"Ronni se estaba haciendo mujer: una activista política, una líder, una revolucionaria", escribió su amiga Beverly Fisher.[27] La metamorfosis comenzó en la Universidad de Maryland, donde Ronni estudió desde 1968 a 1972 para obtener su licenciatura en educación.[28] Esos años fueron testigos de dramáticas transformaciones en la sociedad estadounidense. Ronni pasó de los asaltos de los chicos de segundo año a las dependencias femeninas para sustraer sus pantis, a los asaltos de la policía contra los manifestantes que se oponían a la guerra en Vietnam. "A medida que su mente se expandía y se hizo consciente de ciertas desigualdades e injusticias de nuestra sociedad, derivó a tratar de cambiar la propia sociedad", agregaba su hermano Michael. "Mi hermana no era una teórica, sino que alguien de armas tomar, deseosa de ponerse el guardapolvo y forjar un cambio sólido, ladrillo a ladrillo".[29] En esa vena, viajó a la capital del país para el Día del Trabajo y las manifestaciones en la Universidad de Kent State. Y organizó "centros de aprendizaje" con una profesora amiga para ampliar la educación a los niños necesitados.[30]

Después de graduarse, Karpen buscó un trabajo que tuviera sentido para ella. Enseñar como profesora básica durante un año en Rockville, Maryland, resultó frustrante; actuar como dactilógrafa para una empresa de seguros en Georgetown, mortífero. En 1974, mientras Orlando Letelier languidecía en prisión, Karpen encontró al menos algún goce *part-time* dentro del programa *Music Carry Out* (*Música en ejecución*), que proveía de instrumentos y espacios a niños músicos discapacitados en el área de Washington. Se convirtió, de hecho, en "una de las tres personas responsables de mantenerlo activo".[31]

Karpen llamaba a casa todos los domingos y volvía a Nueva Jersey a pasar sus vacaciones.[32] "Yo vivía vicariamente a través de Ronnie", recordaba Hilda, su madre. "Era verdaderamente una persona especial. Una persona notable. Con todas las cosas maravillosas que había hecho y estaba haciendo. Para mí, eran todas como sueños hechos realidad".[33]

Music Carry Out fue originalmente fundado por el Instituto de Estudios Políticos. Karpen escuchó que andaban en busca de personal, de modo que renunció a su labor en los seguros y se dedicó por entero al IPS, a la vez que seguía pendiente de *Music Carry Out*.

El IPS era la creación de Marcus Raskin y Richard Barnet, quienes habían trabajado en el tema de la seguridad nacional durante la administración de John Kennedy. Una labor que abandonaron decepcionados para luego fundar el IPS en 1963 y transformar sus ideas en acción social concreta. Barnet explicaba que la Guerra de Vietnam "fue una de las experiencias más formativas tanto en mi vida como en la del instituto". La guerra, junto a temas como los derechos humanos, sirvió para llenar la brecha entre los radicales de ideas socialistas y los demócratas liberales. En el IPS, docenas de colaboradores, jóvenes y de mayor edad, asociados de planta y administrativos "comprometidos en la búsqueda de alternativas al imperialismo", repletaban pequeños despachos en el vecindario de Dupont Circle en Washington y luego en el Instituto Transnacional de Ámsterdam a partir de 1974.[34] Al igual que muchos activistas de derechos humanos, los colaboradores agrupados en el IPS alimentaron los nexos con los miembros más liberales del Congreso. El senador Abourezk formaría parte de su junta directiva.[35]

En el propio IPS, Ronni Karpen fue primero la asistente de Raskin y hacía de todo un poco —era mecanógrafa, archivera, taquígrafa, la que preparaba los envíos postales y hasta quien reunía fondos—, a menudo las labores detrás de los colaboradores principalmente masculinos del instituto. "Era una mujer que, como la mayoría de nosotras, hacía la labor y que las cosas ocurrieran, pero que rara vez obtiene crédito o aclamación por ello", señalaba su amiga. "Pese a ello, no se dejaba avasallar fácilmente y luchó por cambiar las formas en que el trabajo estaba distribuido en la entidad. Cuando se enfadaba, resultaba una adversaria formidable. Peleaba apasionadamente por la justicia y la equidad".[36] La agudeza y energía de Karpen eran tan evidentes que los líderes del IPS la nombraron coordinadora en la búsqueda de financiamiento.[37]

Michael Moffitt estaba ya en el IPS cuando Karpen abordó el barco. Él había nacido el 29 de julio de 1951 en Binghamton, Nueva York, en el seno de una familia de clase trabajadora, católica y de origen irlandés. Su padre, de nombre Paul, era vendedor movilizado de una empresa lechera. "Mi adolescencia no fue particularmente feliz", recordaba Moffitt, sin ahondar en el punto.[38] Aun así, tuvo un buen desempeño en un *community college*,* donde uno de sus profesores lo describió como "un estudiante mejor que el promedio, un buen ser humano y... una persona grandota y gentil como un oso". Se graduó al mismo tiempo que Karpen, obteniendo un grado de bachiller en ciencias políticas.[39] Esa primavera en que se graduó llegó por primera vez a Washington y trabajó en el IPS. Después volvió al centro de pensamiento mientras cursaba estudios de licenciatura en la American University.[40]

Moffitt recordaba el 11 de septiembre de 1973, el día del golpe militar en Chile, como "una de esas bellas escenas otoñales de Washington que de pronto se volvió sombría". Recordaba "haber pensado que el golpe en Chile tendría de algún modo una extraordinaria importancia en mi vida". Él mismo consideraba el socialismo de Salvador Allende quizá como "el sistema político más tolerante del mundo".[41]

Dentro del IPS, Moffitt se enfocó en cómo reformar la economía global para nivelar la cancha entre las naciones ricas y pobres. La meta de su "Proyecto de un Orden Económico Internacional", escribió en un manifiesto de intenciones, era "el de contribuir al desarrollo de un sistema económico internacional más justo y equitativo que beneficie, no solo a unos pocos privilegiados, sino que a la gran mayoría de la raza humana ahora entrampada en condiciones económicas y sociales subhumanas".[42] Su devoción por los temas financieros provenía de su naturaleza apasionada. Una mujer que salió con él entre 1974 y 1975 lo describió como "muy comprometido con la política y

* Centro de enseñanza superior que otorga una licenciatura al cabo de dos años de estudios (N. del T.).

un individuo muy emotivo".[43] Otra señaló que "posee una tremenda habilidad para escribir, muy buena memoria y es muy inteligente". Era "un marxista devoto, pero en su caso se trata de un compromiso más que nada intelectual y no aboga él mismo por la violencia".[44]

A principios de 1975, Moffitt conoció a Karpen. "Me había parecido la clase de mujer que siempre estuvo fuera del alcance para un tipo como yo. Era bella y encantadora. A diferencia de mí mismo, provenía de una familia unida y querendona, y exhibía un aura o gracia especial que resultaba conmovedora. Nos conocimos y enamoramos, lo que fue para mí una especie de milagro. Apenas podía creer en mi buena fortuna. Poco después de eso, comenzamos a salir, nos comprometimos y estábamos constantemente juntos. Yo estaba profunda y absolutamente enamorado de ella, de una forma que siempre había anhelado".[45]

El Día de Homenaje a los Caídos celebrado en 1976, Karpen y Moffitt se casaron en casa de los padres de ella. El novio tomó prestados para sus votos unos versos del poeta chileno Pablo Neruda:

Pero conmigo levántate
(...)
y salgamos reunidos
a luchar cuerpo a cuerpo
contra las telarañas del malvado,
contra el sistema que reparte el hambre,
contra la organización de la miseria.
Vamos.[46]

Los recién casados se mudaron a una casa de campo de tablas crujientes y blancas y cinco habitaciones. "Ronni trajo una inmensa felicidad a mi vida", recordaría Moffitt. "Ella era popular y briosa. Éramos una pareja joven y muy devota el uno del otro. Ella comenzó a transformar nuestra casa en un hogar. Juntos acabamos el amoblado y pintamos las habitaciones. Ella puso cortinas y plantó semillas, dando pie a un pequeño jardín florido. El solo hecho de estar en presencia de ella me ponía contento". Planificaban tener hijos y después adquirir una casa. "Yo amaba profundamente a mi esposa; asimismo, admiraba y respetaba a mi empleador y sentía un gran desafío y entusiasmo en mi trabajo. Me sentía en la cima del mundo".[47]

El empleador directo de los Moffitt era un exiliado chileno recién arribado. "Mi esposa y yo amábamos a Orlando Letelier", afirmaría Michael más adelante, "porque, como él, creíamos que las condiciones abominables en que está obligada a vivir la mayoría de la raza humana (especialmente en el Tercer Mundo, pero no de manera exclusiva) son algo escandaloso en términos éticos y políticamente insano. Es el legado que ellos y el fallecido presidente Allende dejaron al mundo y millones de personas que lo habitan no lo olvidarán".[48]

Un mes después de que Letelier volara de Santiago a Caracas en septiembre de 1974, Richard Barnet, del IPS, le escribió al "compañero Letelier". Haciendo el seguimiento a una llamada telefónica de Saul Landau, colaborador del IPS, Barnet ofreció a Letelier una beca como asociado de la entidad de 10.000 dólares anuales, equivalentes a unos 50.000 dólares de 2019, "para trabajar con el grupo de trabajo de América Latina y desarrollar ideas sobre la seguridad hemisférica". Letelier aceptó cinco días después.[49] Trabajando desde Washington, pensó, tendría una audiencia mayor que la que le otorgaba su cargo de ese momento en Caracas. Para enero de 1975, los Letelier se habían reunido en Venezuela y mudado a Washington, aunque Orlando seguiría volviendo de manera intermitente a Caracas hasta mediados de 1976. A poco andar, adquirieron una casa en el 5818 de Ogden Court en Bethesda, Maryland, un suburbio de Washington. Su hijo Juan Pablo recordaba que la familia andaba en búsqueda de una normalidad; éramos una familia bien desgarrada, muy tensionada". Ante sí tenían obras de reconstrucción que hacer y la casa los hizo sentir "seguros".[50]

Cuando Letelier aceptó el cargo en el IPS, le informó a Barnet que se concentraría en los temas chilenos. Y de inmediato recobró su ilimitada capacidad de trabajo... y establecimiento de redes. Eso pese a la advertencia de los esbirros de Pinochet de que se estuviera quieto y su recordatorio de que el dictador podía distribuir sus castigos "sin importar dónde viva el violador".[51]

Michael Moffitt se convirtió en investigador adjunto de Letelier y asistente ejecutivo, a la par que el chileno ascendía al directorio del Instituto Transnacional en Ámsterdam, con un aumento salarial de 25.000 dólares.[52] Moffitt fue a Holanda con el propio Letelier y también organizó un viaje a Chile con los parlamentarios Miller, Moffett y Harkin, a la vez que contribuyó a la prohibición Harkin-Kennedy de venta de armamentos a Chile.[53] Con su origen de clase trabajadora en el trasfondo, a Michael le excitaba trabajar con un individuo tan sofisticado como Letelier. *Algún día, Orlando será presidente de Chile,* pensaba.

En sus escritos y reuniones, Moffitt y Letelier argüían que la auténtica perversión de Pinochet radicaba en fusionar la represión con la economía de libre mercado. Enfatizaban que el purismo de mercado que Milton Friedman propugnaba y que Pinochet adoptó no conducía necesariamente a la democracia. En el caso de Chile, reforzaba en rigor las desigualdades que hacían necesaria la tiranía. "La concentración de la riqueza no es accidental, sino la regla", explicaba Orlando en la revista *Nation.* "La represión de las mayorías y la 'libertad económica' para reducidos grupos privilegiados son en Chile las dos caras de la misma moneda".[54] Isabel Morel expresaba quizá de mejor manera el argumento: "Una economía que engorda al rico y deja que el hambriento se muera de hambre ha de crear un aparato represivo como único medio de gobernar".[55]

Orlando Letelier e Isabel Morel se sintieron en algún sentido redimidos cuando las reformas libremercadistas de Pinochet se desplomaron a mediados de los años setenta. La inflación se disparó al 341 por ciento, el producto nacional bruto cayó en 12 por ciento, la industria declinó en un cuarto de su magnitud y la deuda externa se cuadruplicó.[56]

Evocando sin duda sus tiempos como embajador, Letelier se transformó de nuevo en figura dentro de la élite de Washington. No era un individuo rico, aunque su sueldo en el IPS subió a alrededor de 30.000 dólares en 1976 y además recibió un adelanto de 20.000 dólares por un libro en ciernes.[57]

Aun así, era una figura prominente, que se reunía con los más altos funcionarios del Departamento de Estado,[58] enseñaba en la American University, almorzaba con Ted Kennedy, Hubert Humphrey y George McGovern, senador este último que admitía el hecho de que Letelier "me sensibilizó respecto a las violaciones de los derechos humanos en Chile" y lo convenció de cortar la ayuda al régimen.[59] Angela Davis visitó alguna vez su casa.[60] Joan Baez era amiga de ellos. Richard Avedon lo fotografió.

Más importante que todo ello fue que Letelier se convirtió en un elemento unificador del exilio chileno, que ahora rondaba los cientos de miles de personas en todo el mundo. Persuadió a los centristas del Partido Demócrata Cristiano y los radicales violentos del Movimiento de Izquierda Revolucionaria a dejar de lado sus disputas. A la vez, incorporó al debate a la Iglesia, los socialistas y comunistas.[61] "La magia de Orlando", recordaría luego el director de la Oficina de América Latina en Washington, "consistía en que podía asociarse con toda la gente opositora a la dictadura de Pinochet".[62] Junto a Bernardo Leighton y Carlos Prats, que también se convertirían en blancos de la Dina, era visto como uno de los tres personeros que podían organizar un gobierno en el exilio, pese a que esa nunca fue su intención y que las fuerzas antipinochetistas seguían estando atomizadas. De todas formas, Letelier podía reunir a la gente, estaba en Washington y hablaba bien inglés.[63] Organizaba la ayuda financiera para los exiliados. "Nos convertimos en sus tropas y él, en nuestro líder", recordaba Juan Gabriel Valdés, por entonces un activista estudiantil que cursaba sus estudios de licenciatura en la Universidad de Princeton.[64] Aunque no contaba con su pasaporte, obtuvo una visa H4 de los Estados Unidos que le permitía abandonar el país y volver.

Sus mayores victorias como lobista contra Pinochet ocurrieron en Holanda. Tras cuatro viajes al país europeo, convenció a la federación local de estibadores para que boicotearan el manejo de mercancías chilenas y logró la cancelación de un plan de inversión minera que llegaba a 62,5 millones de dólares por parte del Grupo Stevin, un hecho que hubiera transformado a Holanda en el mayor de los inversionistas extranjeros en Chile a nivel individual. Puede que Letelier contribuyera a su vez a bloquear los créditos a Chile en el Banco Mundial y el Banco Interamericano de Desarrollo, su antiguo empleador.[65]

Isabel, entretanto, estaba dedicada principalmente a esculpir y pintar. "Yo estaba allí gracias a la visa [de Orlando] y mi estatus no me permitía trabajar en el país. Creé una organización sin fines de lucro (Comité Chile de Derechos Humanos) y trabajé sin honorarios en él. También inicié un proyecto colectivo con un grupo de artistas: The Touchstone Gallery. Retomé mi propio arte y realicé algunas exposiciones exitosas de mis esculturas".[66] Estaba ahora en los cuarenta y su pelo azabache exhibía algunos visos grises, y su rostro, algunas líneas derivadas del trauma de los últimos años. Aun así, con sus luminosos ojos verdes, seguía siendo atractiva, una mujer con los pies en la tierra, sensible, decidida y que provocaba brindis en su honor en más de una cena en Washington.

Tras la fachada de su activismo y múltiples actividades, una grieta escindía a Orlando e Isabel. Tan pronto como se hubieron reunido en Caracas a fines de 1974, y hasta principios de 1975, "sentí algo, percibí algo", decía Morel.

"Él me confesó que había tenido una aventura, pero que no era importante. Me dijo que esperaba que lo entendiera. Yo le dije que lo entendía. Después lo miré fijamente y dije: 'Esperaría que tú también pudieras entenderlo [si yo te engaño a ti]'. Él me miró horrorizado y gritó: '¡Jamás!'".[67]

La amante de Letelier era una venezolana, Sagrario Pérez-Soto. Una mujer inteligente, alta, bella y con estilo, bendecida con un largo cabello negro. Era pariente de la esposa de Diego Arria, el hombre que había asegurado la liberación de Letelier. Era a la vez millonaria y contaba con sus propios guardaespaldas. Él la llamaba "Reina".[68]

¿Por qué se iba a embarcar Letelier en una aventura extramarital justo después de una dolorosa separación de su esposa durante el año que pasó en campos de concentración? Primero que nada, decía él mismo, estuvo en Venezuela sin nadie durante los tres primeros meses y se sentía abrumadoramente solo.

En segundo lugar, el fin del año en prisión y ese constante miedo a morir asociado a la experiencia "generaron en mí una postura de autoafirmación. (...) Estaba convencido de haber actuado bien, de haber sido generoso y fuerte; de que, tras haber vivido todo eso, nada podía ya tocarme, nada podía herirme". Consideraba, pues, que su aventura constituía más bien una serie de "concesiones" a Pérez-Soto.[69]

En tercer lugar, y como contrapartida, sentía a la vez que necesitaba ese aliciente al ego. "¿Puede usted imaginar lo que es, para un hombre que ha experimentado una privación extrema, disponer súbitamente de todo lo que se le ofrece?", explicaba él mismo. "Mientras yo me pasaba las noches preguntándome quién era en verdad, esta mujer apareció a decirme que yo era maravilloso".[70]

La aventura se volvió tan "seria que surgió la posibilidad del divorcio", señaló más tarde Isabel Morel al FBI.[71] A comienzos de 1975, su esposo le aseguró que "no es nada importante, ya está terminado". Pese a ello, a mediados de ese año, Isabel descubrió que la relación con la venezolana continuaba.[72] Letelier se citaría con Pérez-Soto en Washington, Nueva York, Londres, París, Ámsterdam, México y otros lugares.[73] Michael Moffitt, que a veces lo acompañaba en estos viajes oficiales, dedujo lo que estaba sucediendo y describió la relación como "muy íntima".[74]

Letelier había tenido ya antes otra aventura, pero esta de ahora era más seria, y su esposa no lo iba a dejar marchar fácilmente.

–¿Ah, sí? ¿Ahora nos vamos a separar? —le espetó enojada—. Entonces quiero que te sientes con tus hijos y les digas qué diablos está pasando.

Letelier, que no era muy dado en forma natural a la crianza de los hijos, convocó a sus cuatro vástagos adolescentes a su oficina y los hizo tomar asiento.

—A ver, muchachos, ustedes deben saber que, en ocasiones, cuando la gente lleva demasiado tiempo junta, pueden surgir entre ella problemas, y su madre y yo estamos experimentando una época en la que sentimos que quizá sea mejor para todos nosotros... disfrutar de nuestro espacio individual.

Evitó, por cierto, mencionar a ninguna amante o una aventura.

A los pocos días, Francisco llegó tarde a casa, evidenciando indicios de haber bebido y fumado marihuana.

—¡Hey, tú! ¡Ven aquí a mi cuarto! —lo atrincó su madre—. Quiero revisarte. ¿Por qué tienes los ojos tan rojos?

—¡Dios santo, eres tan dominante, mamá! —replicó el adolescente—. ¿Quieres relajarte un poco? ¡No me extraña que papá ya no quiera vivir contigo!

"Eso la enfureció", recordaba él más adelante.

—¡Tu papá tiene una amiga! Lo he deducido de su registro de llamadas —le explicó ella, momento a partir del cual la rabia se volvió contra su padre.[75]

En enero de 1976, Letelier le pidió que se divorciaran para casarse con Pérez-Soto.[76] "Me he vuelto loco", le confidenció a un amigo. "No puedo remediarlo, estoy enamorado. Me siento despedazado por dentro, porque a la vez amo a Isabel, y solo Dios sabe lo mucho que hemos pasado juntos y que ella es la persona más maravillosa del mundo".[77] En febrero, se mudó a un estudio cercano a Dupont Circle.

La separación no fue completa. Dos o tres veces por semana, Letelier y Morel almorzaban todavía juntos o iban al cine. Para Isabel, la vida de madre soltera fue una dura prueba: tuvo que lidiar a solas con los problemas de cuatro hijos adolescentes. Por su parte, él no sabía cocinar, limpiar o hacer las compras por sí mismo. "Sobrevivió a un campo de concentración, pero nunca aprendió a hacer huevos revueltos", decía Morel con evidente satisfacción. En la primavera, se reconciliaron en plenitud y en julio ella le permitió mudarse de vuelta a la casa de Ogden Court.[78]

Después de su asesinato, los investigadores hallaron en el maletín de Letelier tres cintas grabadas con un monólogo de Letelier explicándole a Pérez-Soto sus razones para poner término al asunto. "Tú estás, de verdad, psicológicamente enferma. Pero, ¿en qué consiste esta enfermedad?", le preguntaba justo después de indicarle su amor profundo por ella. La retrataba como irracional e inescrutable, tildándola de egocéntrica, malcriada y "caprichosa". "Decidí que lo importante era arreglar mi vida", concluía, "y no seguir permitiendo que todo esto interfiera con mi trabajo, etc."[79]

Luego de la aventura, las cosas parecen haber retornado a la normalidad. El trabajo absorbió a casi todos los protagonistas. En los desayunos y cenas dominicales, Letelier volvería a regañar a sus hijos adolescentes por el largo de sus cabellos, y las reuniones familiares continuaron ocurriendo en Chile Chico. Cuando Orlando nadaba adentrándose en el océano, su cuerpo alto y ágil se extasiaba en "lo maravilloso de la propia libertad".[80]

El verano de 1976 "fue la primera época en que sentí que estaba comenzando a tener una relación distinta, más adulta con mi padre; una relación de amigos", recordaría Juan Pablo luego. "Estaba recién empezando a conocer a mi padre".[81]

6

UN PATRIOTISMO MAL ENTENDIDO

En alguna fecha dentro del otoño de 1964, los hermanos Guillermo e Ignacio Novo entraron en una tienda de desechos del ejército ubicada en la Octava Avenida de Nueva York, en Times Square, y adquirieron por 35 dólares una bazuca alemana utilizada en la Segunda Guerra Mundial, cuyo diámetro era de 3,46 pulgadas. De ahí llevaron ese disparador de obuses casi obsoleto a la casa de Ignacio en la calle 50 Oeste o quizás a la de Guillermo, al otro lado del río, en North Bergen, Nueva Jersey. Allí le recortaron más de sesenta centímetros del metro y medio que medía en total el cañón, transformándolo, como escribieron luego los periódicos, en "una suerte de mortero con un mecanismo de relojería adosado". Por separado, compraron un cohete a un mafioso italiano de Brooklyn propietario de una armería.

El 11 de diciembre, los Novo, junto a su socio Julio César Pérez y Pérez, llevaron su arma modificada a los muelles de la Avenida 48 en Long Island y la emplazaron al lado de la planta de Suministros Adam Metal. Mientras Ignacio Novo y Julio Pérez y Pérez vigilaban, Guillermo Novo apuntó el cañón en un ángulo de veinte grados, dejó caer el proyectil en su interior y con un sonido parecido a un ¡juuush! lo disparó a través del East River directo hacia las Naciones Unidas.

Si Guillermo Novo hubiese desplegado la bazuca en un ángulo más bajo, el proyectil habría volado a una distancia de unos 1.100 metros y explotado contra el Secretariado General de la ONU, haciendo saltar vidrios y concreto y matando posiblemente a muchas de las cinco mil personas que estaban en el edificio. En lugar de ello, el cohete hizo un arco hacia arriba y se hundió en las aguas a 180 metros de la ribera, suscitando algo parecido a un géiser de unos seis metros de alto.

El objetivo de los atacantes, los tres de nacionalidad cubano-americana, era el Che Guevara. El médico argentino transformado en revolucionario, mano derecha de Fidel Castro y ministro cubano de Industrias, estaba en ese momento dirigiéndose a la Asamblea General. En la sala de reuniones de la Asamblea, la audiencia oyó la detonación y los ventanales temblaron. El Che no: luego indicó que el incidente "le dio un sabor adicional a su discurso".[1] Como para añadir más condimento al asunto, justo antes de que el Che hablara ante la asamblea, por entre la línea de contención dispuesta frente al edificio una mujer irrumpió con un cuchillo de dieciocho centímetros en su mano y trató de abrirse paso hacia el interior, diciendo que su intención era matar a Guevara. Tras la explosión en el exterior, un grupo de terroristas asociados a los Novo irrumpió a su vez en la sala, pero la guardia de la ONU logró desarmarlos.[2]

Si los Novo fallaron a propósito en alcanzar el edificio fue, como señaló en la época el fiscal de distrito Frank O'Connor, "motivo de conjeturas". Los atacantes dijeron a Stanley Ross, editor de un semanario en español de Nueva York, que "podrían haberle dado al cuartel general de la ONU, pero que no lo hicieron deliberadamente".[3] "Fue solo un acto simbólico", dijo Ignacio Novo más tarde a un reportero, "para robarle la primera plana noticiosa al Che".[4] O tal vez los hermanos mintieron para encubrir su propio problema por haber fallado el tiro.

Fuera como fuese, los Novo y Pérez y Pérez abandonaron la escena y, a los pocos días, estaban en la oficina de Ross. El editor aconsejó a los cubanos que se entregaran. No estaban siendo de ayuda a la causa anticastrista, les explicó. La policía dio muy pronto con los tres y los interrogó, pero los liberó por falta de pruebas. "La vigilancia e investigación sobre ellos continuó", según el jefe de Detectives Philip Walsh. Ross y su padre se reunieron cinco veces en ocho días con los cubanos, transmitiéndole finalmente a la policía que estaban "deseosos de entregarse".[5] Otra posibilidad es que Pérez y Pérez los amenazara con entregarlos él si ellos no lo hacían. El FBI identificó más tarde al propio Pérez y Pérez como colaborador de la CIA.[6]

Los implicados fueron condenados por dos delitos graves (poner en peligro maliciosamente las vidas ajenas e intentar dañar un edificio) y otro de menor cuantía: conspiración. Cada uno podría haber recibido 53 años de prisión, pero, visto que los oficiales que los habían detenido no les habían leído sus derechos o los interrogaron sin que estuviera presente un abogado, todos los cargos fueron desestimados y quedaron libres.[7]

"En un período en que los hispanos eran vistos por muchos norteamericanos como intrínsecamente graciosos, como un chiste a propósito de su acento", observó la escritora Joan Didion, "un incidente como este era tratado en general de manera tolerante, como una nota cómica al pie de las noticias".[8]

Pero los atentados terroristas de los hermanos Novo no eran ninguna broma. Antes de ese intento contra la ONU, habían irrumpido en el consulado cubano en Nueva York, y el FBI sospechaba que Guillermo Novo había sido el responsable del atentado explosivo al María Teresa, un barco atracado en Montreal con destino a Cuba, para llevar hasta allí alimentos y leche en polvo.[9] Más tarde, en 1967, tras negar que estuvieran involucrados en algún sentido en otro atentado explosivo en Montreal, los Novo fueron arrestados cuando la policía encontró en la tienda de zapatos de Ignacio tres bloques de explosivos, otros tantos detonadores y dos conexiones alámbricas para detonadores, cada una de medio metro de largo. Cada hermano fue sentenciado a cumplir de uno a tres años en prisión, pero la sentencia fue conmutada y, en su lugar, se los condenó a dos años en libertad condicional y a pagar una multa de 250 dólares cada uno.[10] En 1968, Ignacio Novo defendió los atentados explosivos contra las agencias de turismo que hacían negocios en Cuba, y habló a la vez de ejecutar a "representantes del gobierno cubano fuera de Cuba". Al año siguiente, el FBI supo que Guillermo Novo estaba complotando para atentar con bombas contra el edificio del consulado y la misión comercial de Cuba en Montreal, y fue acusado de violar la Ley de Neutralidad. En 1973, Guillermo Novo pasó seis meses en prisión por planificar la voladura de un barco cubano anclado en dicha ciudad canadiense. Para 1976, ellos y docenas de otros cubanoamericanos habían estado involucrados en centenares de atentados adicionales o complots para poner explosivos y cometer asesinatos, incluidos algunos con ayuda de la mafia.[11]

También ese año, los Novo y otros tres cubanoamericanos pasearían a Michael Townley por los alrededores de la Costa Este, cuando este estudiaba los movimientos de Orlando Letelier. Dos de ellos fueron quienes detonaron el fatal coche-bomba.

El fiscal de distrito Frank O'Connor etiquetó el motivo de los atacantes con su bazuca como "un patriotismo mal entendido".[12]

Los Novo amaban Cuba —u odiaban a Castro— de manera tan apasionada que eso los hizo derivar al terrorismo. Ignacio nació en 1938 y Guillermo un año y un día después. Ignacio Novo padre, a quien llamaban "Pipo", había emigrado con su esposa a Mallorca, España, y vendía cosméticos de Max Factor & Co. en La Habana. Cuando los chicos cumplieron trece y catorce años, Pipo murió a causa de una explosión por sobrecalentamiento de los hervidores de mucílago para calzado en una fábrica vecina a su hogar. Los hijos presenciaron el incendio de su casa hasta los cimientos, con su padre en el interior. En 1954, su madre emigró con los cinco hijos, tras los pasos de un hermano que se había trasladado a Nueva York. Guillermo Novo adquirió la ciudadanía estadounidense y estudió química, trabajando como supervisor en el laboratorio de una fábrica de químicos en Nueva Jersey hasta 1968, cuando la Asociación de Químicos Estadounidenses lo expulsó de sus filas a raíz de una condena por posesión de explosivos.[13] Entonces, Ignacio Novo y él vendieron, de manera ocasional, autos usados[14] y, en su concesionaria Chevrolet en Union City, Nueva Jersey, todo el mundo conocía a Guillermo como "Bill".[15]

Desde el área circundante a Nueva York, los Novo monitoreaban lo que ellos percibían como la corrupción de la revolución de Castro en 1959. "Yo había creído que sería buena para Cuba", decía Guillermo Novo respecto a los boyantes primeros meses de la revolución. Pero él mismo derivó a la amargura cuando los castristas se hicieron con el rotativo conservador *Diario de la Marina*. "Estaban expropiando los negocios del pueblo. (...) El pueblo lucha y entonces vienes tú y te quedas con su negocio. Olvídate del eslogan ese de 'la revolución para el pueblo'".[16]

Con el tiempo, Guillermo Novo se convirtió en el más conocido de los hermanos. Y el más duro. En cierta ocasión, para probar su propio brío, chocó a alta velocidad su auto contra una pared de ladrillos.[17]

Otros exiliados anticastristas que colaboraron en el asesinato de Letelier y Ronni Moffitt llegaron al terrorismo a través del entrenamiento que les proporcionó la CIA. A diferencia de los hermanos Novo, Alvin Ross, quien ayudó a armar la bomba para Letelier, tomó parte en la fallida invasión a Cuba por Playa Girón, apoyada por la CIA, y fue hecho prisionero en Cuba y luego rescatado de vuelta a los Estados Unidos.[18] Ross era siete años mayor que Guillermo Novo y perdió su trabajo de crupier en el juego de "21 real"cuando la revolución de Castro clausuró los casinos. Entonces huyó del país. En Estados Unidos vendió también autos usados. Un periodista lo describió como "un hombre amable y bien arreglado, de cabello brillante y negro y patillas grises". Un tic nervioso de su cara redondeada hacía temblar su mejilla derecha, y movía continuamente los ojos y la cabeza, lo que le confería un leve aire demencial.[19] Se jactó alguna vez de haber disparado con una bazuca contra la comitiva de Castro.[20]

José Dionisio Suárez, por su parte, conducía el sedán gris que siguió a Letelier esa mañana fatídica. Suárez nació en 1939. Criado por unos padres con gran sentido del patriotismo, se unió en su adolescencia a los rebeldes de Castro en la Sierra Maestra, fue herido en dos ocasiones y alcanzó el grado de teniente.[21] Como Guillermo Novo, Suárez experimentó una clara admiración por el régimen durante su primer año, trabajando como ejecutor para Húber Matos, su comandante castrista, y llegó a coronel.[22] Pero, cuando los comunistas comenzaron a quedarse con los mejores puestos y encarcelaron a Matos por denunciarlos también arrestaron a Suárez —por una "declaración anti-Castro"—, y este pasó un año en prisión. En 1961, realizó una hazaña casi imposible y escapó de la prisión del Castillo del Morro en Santiago por la vía de escalar sus murallas. De allí saltó a un bote con rumbo a Miami, donde, ateniéndose al patrón habitual, vendió autos usados. Recibió entrenamiento de la CIA y participó en los planes de liberar a Cuba como líder de escuadrón en la brigada enviada a Puerto Girón, pero, según informó el FBI, "perdió una conexión y llegó tarde a Miami, perdiéndose enteramente la invasión".[23] A pesar de su estilo suave y su liderazgo dentro de la comunidad exiliada, la vehemencia de Suárez y su odio a Castro nunca declinaron y se unió a varias misiones de comando. Se granjeó los apodos de "el Cepillo"y "Charco de Sangre"por su despliegue en los asesinatos. Se cree que, apenas cinco días antes de la explosión que mató a Letelier, Suárez tomó parte en el atentado explosivo contra el buque soviético Ivan Shepetkov en Port Elizabeth, Nueva Jersey.[24] A la par de todo ello, se presentaba como un líder comunitario urbano. Su esposa fundó el programa Head Start* en Puerto Rico.

El último asesino de Letelier que huyó de la revolución de Castro fue Virgilio Paz, el hombre que presionó el botón para hacer estallar la bomba en Sheridan Circle. La revolución castrista había expulsado a su padre del ejército cubano, según se quejaba él mismo. En 1966, cuando tenía solo quince años, la familia entera se trasladó a España, y se hallaba luego en México, rumbo a los Estados Unidos,

* Programa de ayuda a la infancia desvalida (N. del T.).

cuando el padre se enfermó de neumonía y murió.[25] Paz culpó de ello a Castro y se trasladó más adelante a Nueva York con una visa de residencia permanente. Allí trabajó como oficinista, conductor de camiones... y vendedor de autos. El FBI hacía notar su "apariencia extremadamente pulcra y elegante y (...) sus caros zapatos de cuero tejido y color marrón. A Paz le encantan la vida social y las mujeres atractivas. Prefiere beber Chevas (sic) Regal y agua y ocasionalmente fuma habanos fabricados en Cuba". Armado normalmente con una Walter PPK .380, Paz era conocido por llevar encima dos o más armas a la vez, alguna de ellas "posiblemente oculta en un libro hueco".[26]

En 1961, los Novo se unieron al Movimiento Nacionalista Cubano (MNC), fundado un par de años antes en un sótano de la Calle 46 de Nueva York, en respuesta al endurecimiento del régimen comunista en Cuba.[27] Su fundador fue Felipe Rivero, cuya aristocrática familia había sido, no por casualidad, la propietaria del clausurado *Diario de la Marina*.[28] Los otros tres conspiradores contra Letelier —Ross, Suárez y Paz— integraron más adelante el consejo rector del MNC.[29]

El MNC era solo uno de los muchos grupos opositores a Castro que operaban en Estados Unidos. Los miembros de Omega 7, Alfa 66, la Asociación de la Brigada 2506, el Movimiento 30 de Noviembre, el Movimiento Insurreccional Martí, el Movimiento Insurreccional de Recuperación Revolucionaria, la Operación Águila, Gobierno Secreto de Cuba, Acción Cubana, el Frente Cubano de Liberación Nacional, Cuba Joven y sin duda otros grupos encontraron una suerte de paraíso en el sur de Florida y el noreste de Nueva Jersey, anegados ambos de intrigas anticastristas.

En los años sesenta y principios de los setenta, alrededor de un tercio de la población residente en Dade County era de ascendencia cubana. El propio Miami era casi la mitad cubano en torno a 1975.[30] Didion describía la metrópolis de aquellos días "no exactamente como una ciudad americana al modo en que se la entendía hasta fecha reciente, sino que una capital tropical: abundante en rumores, escasa en memoria, edificada en exceso sobre la quimera del dinero fugitivo y teniendo como referentes no a Nueva York o Boston o Los Angeles o Atlanta, sino que a Caracas y México, La Habana y Bogotá, y París, y Madrid".[31]

"La mayoría de estos cubanos son rigurosamente anticastristas en lo político", explicaba el FBI de Miami. "Las organizaciones anticastristas, comprometidas en acciones estrictamente políticas contra Cuba y otros países comunistas, son consideradas luchadores de la libertad y gozan de un prestigio considerable".[32]

En 1962, estando en el Orange Bowl de la Pequeña Habana de Miami, el presidente John Kennedy había enarbolado el estandarte de la Brigada 2506 —los comandos que habían terminado hundidos en el lodazal en Playa Girón— y prometió "que esta bandera le será devuelta a esta brigada en una Habana libre".[33] Kennedy creó a su vez la estación cuyo nombre en clave era JM/WAVE en el campus de la Universidad de Miami, que se convirtió en la mayor estación de la CIA en todo el mundo, con sus trescientos empleados monopolizando las actividades anticastristas y un presupuesto de cincuenta millones de dólares.[34] En un determinado momento, la CIA llegó a tener seis mil exiliados cubanos en su nómina. Muchos de ellos planearon asesinar a Castro. Otros hicieron atentados explosivos contra molinos azucareros o atacaron botes pesqueros en la isla.[35]

A pesar de todo, a fines de los años sesenta, Washington había dejado por completo de lado la idea de invadir Cuba. JM/WAVE dejó de existir en 1968, y la CIA prescindió de cientos de exiliados. En 1973, Estados Unidos firmó un acuerdo con La Habana contra los secuestros aéreos, aligerando aún más las tensiones. Hasta Henry Kissinger jugueteó, en 1974, con la idea de normalizar relaciones con el régimen comunista. Para 1975, seis países latinoamericanos y cuatro antiguas colonias británicas de las Américas habían renovado lazos diplomáticos con Cuba, y la Organización de Estados Americanos había levantado las sanciones contra el régimen.[36] El 4 de marzo, Ted Kennedy presentó en el Senado una ley para terminar con el embargo comercial de Estados Unidos a Cuba. El 53 por ciento de los ciudadanos estadounidenses estaba entonces a favor de las relaciones diplomáticas y comerciales con la isla.[37]

Los cubanoamericanos hervían en su interior con este viraje, en especial porque cientos de sus compatriotas aún languidecían en las prisiones de Castro.[38] Gente reclutada por la CIA, como Orlando Bosch, Orlando García, Ricardo Morales y Luis Posada Carriles, se volvieron furibundamente en contra de la agencia. Bosch se atribuía el asesinato de "paniaguados de la CIA".[39] "Me sentí traicionado por la administración Kennedy y la CIA", recordaría. "Nos ofrecieron un sueño y después nos dejaron caer".[40]

La amargura de los exiliados encontró una vía de escape: la violencia. "Si estamos solos, absolutamente solos", proclamó el líder en el exilio José Miró Cardona, "solo queda un camino a seguir. ¿La violencia? Sí, la violencia. Estamos obligados a ello".[41]

"Se los puede eliminar de la nómina", se lamentaba un oficial reclutador de la CIA respecto a los cubanoamericanos, "pero no les puedes quitar lo que les enseñaste a hacer".[42] Centenas de exiliados habían recibido entrenamiento en el uso de armas, inteligencia y explosivos.[43] Algunos se llevaron consigo esas destrezas a los servicios de inteligencia de América Latina. Otros colaboraron con la intromisión en el caso Watergate.[44] La mayoría de ellos prosiguió su asedio al régimen de Castro.

Saul Landau, asociado al IPS, fue quien dio posiblemente la más devastadora caracterización de los terroristas cubanos: "Son todos criaturas engendradas por la política estadounidense; dementes que ponen fotos de Hitler en sus paredes o cuelgan de sus balcones estandartes que dicen 'Cuba Uber Alles' y hoy se hallan desbocados en todo el hemisferio. Por el día venden autos usados o zapatos, y en el día o la noche asesinan o ponen explosivos".[45]

Aun así, el magro presupuesto de los extremistas disminuía sus opciones. "Si tuviéramos recursos", declaró Bosch a la prensa, "ardería Cuba de un extremo a otro".[46] Pero, por sí solos, nunca podrían costear una operación estilo comando como la de Playa Girón contra Cuba, sin mencionar que las autoridades estadounidenses tenían altas probabilidades de detectarla y confiscar sus activos. Así que los militantes recurrían al terrorismo en pequeña escala: "Un barquito por aquí, una embajada por allá", explicaba Ignacio Novo.[47] Los exiliados generaban además publicaciones, programas comunitarios, protestas en universidades y acciones de agitación-propaganda. Para financiarse, recurrían a organizaciones importantes, representantes de los 500.000 exiliados de Miami y sus ocho mil empresas, obteniendo fondos a través de la membresía a clubes sociales, bailes y rifas.[48] Algunos médicos acaudalados y emigrados con el resto compartían su fortuna "para sentirse parte del movimiento anticastrista".[49] Muchos terroristas derivaron a la venta de drogas, principalmente de cocaína.

"Guerra por los caminos del mundo", su nuevo lema, anunciaba una ampliación del teatro de operaciones. El concepto, acuñado de manera pionera por Felipe Rivero, del MNC, en 1964, quizá puesto por primera vez en práctica en el atentado de los Novo con una bazuca y adoptado en plenitud una década después, significaba que los exiliados atentarían contra objetivos fuera de Cuba.

Poco después de eso, estallaron bombas en Nueva York, Montreal, Miami, Lima, Ciudad de México, Kingston, Madrid, Londres y París. "Las ráfagas de ametralladoras y la metralla harán comprender a los servidores castristas que no existen fronteras que detengan la acción de los hombres que aman la libertad", decía un manifiesto del exilio cubano.[50] Tal y como Ignacio Novo admitió ante un periodista:

> —Los hemos golpeado en Japón, en Europa, en Sudamérica, en Canadá y los Estados Unidos. Hemos herido su economía (de Castro), hemos dañado sus intereses económicos fuera de Estados Unidos, hemos dañado sus propiedades. Es todo lo que más o menos podemos hacer.
> —¿Y cómo lo han atacado a él? —preguntó el periodista.
> —Ha habido voladura de barcos, voladura de propiedades cubanas, voladura de misiones comerciales cubanas... Esa clase de acciones. Atentados políticos contra sus representantes fuera de la isla.
> —¿Asesinatos de embajadores y/o agentes cubanos?
> —Correcto. No podemos entablar ningún diálogo con ellos, porque no toleran oposición de ninguna clase, así que la única puerta que hemos conseguido abrir ha sido mediante el uso de la violencia.[51]

Las cifras dan cuenta de la globalización experimentada por la contrarrevolución cubana. En los sesenta, los terroristas exiliados golpearon en 731 ocasiones en Cuba, contra solo 156 en los Estados Unidos. En los setenta, los números se invirtieron a 16 versus 279. Entre 1974 y 1976, la fase más intensa, las autoridades estadounidenses vincularon a exiliados cubanos con 202 grandes atentados explosivos en 23 países —uno cada cinco días en promedio—, y 113 de ellos en los Estados Unidos.[52] Según otro recuento, más de doscientas bombas sacudieron tan solo a Miami en aquellos mismos años, con trece estallidos en un lapso único y paralizante de solo cuarenta y ocho horas.[53] Se decía que el FBI había designado a Miami como la "capital terrorista" de Estados Unidos.[54]

Lo era, en rigor, del mundo. En 1974, los exiliados cubanos fueron responsables del 45 por ciento de todos los atentados explosivos en la totalidad del planeta.[55]

El FBI investigaba, pero nadie hablaba. "La comunidad vacila a la hora de cooperar con la policía y las agencias federales", escribían los agentes. "No quiere verse envuelta en el asunto, y sus sentimientos de adhesión a la causa cubana son más fuertes que lo que consideran, técnicamente, violaciones de la ley de los Estados Unidos".[56] Como explicaba Ignacio Novo, "no nos sentiremos obligados a cumplir las leyes de ningún país que nos impida el derecho a beligerancia que nos arrogamos". Al igual que Novo, los exiliados cubanos se percibían en su mayoría como guerreros, no terroristas, y atacaban los edificios y a los representantes del gobierno de Castro antes que a inocentes transeúntes.[57]

El terror se diseminaba igual. Las empresas que hacían envíos de paquetes o turistas a Cuba estaban bajo constante amenaza. Los cines debían pensárselo dos veces antes de exhibir alguna producción cubana. Los empleados del gobierno cubano en las Naciones Unidas y las embajadas cubanas en todo el mundo vivían con temor. El próximo sobre o paquete que abrieran podía ser el último.

Eventualmente, los coches-bomba se hicieron muy populares entre los exiliados, "probablemente porque se los puede accionar con un mecanismo de relojería, no tienes que estar ahí", explicaba Ignacio Novo. "No es lo mismo que si vinieras hacia mí con un arma y me dispararas, ¿lo ves? (...) Alguien podría verte desde el segundo piso de cualquier edificio. Pero, si lo haces con un auto, no tienes que estar allí. Puedes detonarlo electrónicamente o con un mecanismo de relojería".[58]

Incluso la Brigada 2506, una organización relativamente convencional, se unió a esta trama subterránea. Los líderes demandaron a la Biblioteca Kennedy para que devolviera la bandera de la brigada y, a la par de ello, concedieron su "Premio de la Libertad" a Augusto Pinochet. En 1976, la elección en el seno de la agrupación optó por un liderazgo nuevo y radical, que proponía el empleo del terrorismo como táctica.[59] Eventualmente, ellos ayudarían a cubrir la fianza fijada a los asesinos de Letelier.[60]

"Hay solo un lugar de Estados Unidos que ahora exporta literalmente el terrorismo", concluyó el Departamento de Justicia, "y es el sur de Florida".[61]

Muy pronto, Nueva Jersey entraría a compartir esa distinción.

En 1967, los hermanos Novo asumieron, con Nueva Jersey como base, el liderazgo del MNC en la "Zona Norte" o "Zona II" (la "Zona I" era Cuba; Miami era la "Zona III"). Una publicación del exilio, *El Nacionalista*, predijo que el grupo se tornaría más violento y radical a consecuencia de ello. Pronto, en 1968, Ignacio admitió ante un diario en español que los exiliados "estaban disgustados con la política hacia Cuba y que su decepción se patentizaba en acciones".[62] En rigor, los Novo eran vistos como balas perdidas por los propios militantes del exilio.[63]

Para muchos en Nueva Jersey eran, sin embargo, héroes.

La avenida Bergenline, una arteria comercial de cuarenta cuadras llenas de tiendas y bodegas, situada a diez minutos en autobús de la Autoridad Portuaria de Manhattan, discurre hacia el norte desde el lado del túnel Holland que da a Nueva Jersey, y a través de Weehawken, Union City y Nueva York Oeste. El área ha sido desde hace mucho un refugio para los inmigrantes: primero para ingleses y holandeses, luego vinieron los suizos y alemanes, enseguida los armenios y sirios, y más tarde los italianos y judíos. A comienzos del siglo XX, muchos de ellos trabajaban en la industria del bordado.[64] En los años sesenta, hacía notar un periodista, "los cubanos absorbieron la avenida Bergenline y la hicieron de ellos". Para la década de 1970, había doscientos cincuenta mil cubanos en el área de Nueva York-Nueva Jersey, la segunda mayor concentración de ellos después de Miami. En 1977, en Union City, apodada la "Pequeña Habana sobre el Hudson", los cubanos representaban el 54 por ciento de los 70.000 residentes allí concentrados.[65] En el vecino Nueva York Oeste, los cubanos habían crecido del 0,1 por ciento de la población en 1960 al 51,1 por ciento una década después. Igual que la mayoría de los latinoamericanos, los cubanos de Jersey mantenían siempre bien barridas sus casas, negocios y veredas enfrente de ellas. Las cafeterías vendían expreso cubano y había grafitis que decían *La lucha sigue*. La mayor parte de los hogares, automóviles y ventanas exhibían alguna pegatina o símbolo alusivos a Cuba. Muchos de los más de treinta grupos de exiliados en Nueva Jersey se reunían para hacer poco más que beber algo helado y lanzar diatribas feroces contra Fidel y el Che.[66] Los tabloides alrededor de Union City tenían nombres como *Guerra*, *Lucha* y *El Nacionalista*.[67]

En una mordaz evaluación, un agente del FBI describía esta franja urbana: "Es prácticamente imposible perderse en esta área, en tanto fue construida geográficamente por una persona de escasa inteligencia. (...) La palabra 'sórdido' es el ejemplo perfecto de un término bien aplicado cuando se describe Union City". Y proseguía: "'Vulgar' es otro término apropiado. Le da a uno la impresión de que todo el pueblo fue edificado empleando el mismo ladrillo pintado al estilo de la depresión durante la Segunda Guerra Mundial, ese que alguien obtenía con descuento en una liquidación de ladrillos, y que solo había sido remozado con un revestimiento de aluminio color pastel". La mayoría de los prados exhibían imágenes de la Virgen y Jesús y altarcillos como ornamento. Las tiendas de muebles en Bergenline anunciaban, entre sus ofertas, llamativas figuras en yeso y porcelana de cachorritos de ojos lánguidos y parejas danzando. La avenida contaba con una sola librería, atiborrada de algunos clásicos y una vasta colección de volúmenes sobre la historia cubana, de novelitas menores en español, junto a tratados políticos de Lenin, Marx, Engels, Mao y literatura nazi, historias del Ku Klux Klan y algunos textos de antisemitismo. "Y, con todo, es una sordidez que brinda mucha seguridad", continuaba el agente. "Solía caminar yo mismo a cualquier hora del día y la noche por los alrededores de Union City y nunca me sentí amenazado. Sentía casi como que había un Gran Padre/Padrino observándolo todo desde lo alto para asegurarse de que no hubiera problemas en las calles".[68]

Justo al lado de Bergenline, el Movimiento Nacionalista Cubano operaba desde un edificio de dos plantas y ladrillos grises, con las ventanas pintadas de negro. En su puerta se apreciaba su escudo, un bosquejo de la isla de Cuba bajo un rayo. Una mujer que estudió con algunos miembros del MNC a principios de los sesenta recordaba "lo muy extraños que eran. Solían otorgarse condecoraciones militares por cosas como haber golpeado a alguien en la cabeza estando en un bar".[69] El lema del grupo, "Cuba ante todo", no solo recordaba el *Deutschland über Alles* de la Alemania nazi, sino que además traicionaba su ausencia de lealtad al gobierno de Estados Unidos.

Sus panfletos exponían una doctrina centrada en un capitalismo sindicalista afín al de Mussolini, Hitler, Franco... y el de Patria y Libertad en Chile. "Soy un extremista en mi propio nacionalismo", explicaba más adelante Ignacio Novo. "Apoyo una democracia funcional en un Estado síndico-federativo, relativamente similar al corporativismo. Acepto todas las corrientes políticas, menos al marxismo".[70] Otros miembros del MNC explicaban que, en un sistema "corporativista", los votantes estarían representados por sus "sindicatos" profesionales, los que elegirían a los cuerpos legislativos. A través de los sindicatos, emergería a la vez un "triunvirato" ejecutivo. Un sistema como ese eliminaría, según ellos, el conflicto de clases.[71] En sus reuniones, los integrantes del movimiento vestían uniformes similares a los de los boinas verdes. Un miembro cubano de una organización más tradicional desestimaba al MNC como un grupo de "extremistas de derecha y fascistas".[72]

José Suárez manifestó por escrito su opinión en *El Caimán* de Nueva Jersey, reseñando sus motivos para librar una guerra contra su país de adopción. Despotricaba contra "quince años de fracasos" y las "actitudes feminoides" de "algunos gobernantes de América", que han firmado un pacto "con el enemigo no solo de Cuba, sino que de la humanidad", y rechazaba la "coexistencia pacífica".[73]

En términos sociales, los integrantes del MNC eran conservadores. Manifestaban su desaliento ante el hecho de que otros exiliados cubanos no les enseñaran español a sus hijos ni la historia y cultura de Cuba. Sentían que la segunda generación de inmigrantes cubanos carecía de espiritualidad y se evadía a través del materialismo y la marihuana.[74]

El MNC y otros grupos del exilio reunían fondos por la vía de extorsionar a los pequeños tenderos de Nueva Jersey. El FBI informaba que ciertos "hombres de negocios" de Union City "establecieron una red que habría de reunir dinero, en la forma de 'impuestos' cobrados a todos los segmentos de la comunidad cubana en posición de contribuir, y luego dividiría lo acumulado entre los varios grupos que apoyaban. Esos hombres de negocios no necesariamente aprobaban o dirigían actividades específicamente anticastristas; es probable, sin embargo, que su apoyo financiero les otorgara, como mínimo, un control indirecto sobre esos varios grupos". El propio FBI sugería que esa forma de extorsión rendía 100.000 dólares al año.[75] Algunos propietarios de negocios contribuían de manera entusiasta, y algunos hasta ayudaban a dirigir las misiones de los grupos. Alvin Ross aludía a "un consejo de asesores cuyos nombres mantenemos en secreto: médicos, ingenieros, economistas, filósofos, profesores universitarios, que son quienes nos dan ideas".[76]

En términos más prosaicos, un anciano cubano parado en el exterior de un negocio explicaba el procedimiento:

—Llegan los nacionalistas* y piden pago de dinero. Si no se lo dan, rompen la vitrina. Esta vitrina la han roto tres veces —precisaba—. Estos papeles —añadía acerca de las publicaciones del grupo— son pura propaganda.

—¿Tiene miedo la gente?

—Sí, la gente tiene miedo.[77]

Algunas publicaciones anticastristas recibían otros fondos, a veces decenas de miles de dólares al año, a través del avisaje oficial del gobierno de la ciudad. Julia Valdivia, oficialmente la asistente del alcalde de Union City, pero conocida como "la dama alcaldesa", respaldaba a los hermanos Novo. Se refería a Guillermo como "un amigo, y yo respetaba sus opiniones. Él creía en lo que estaba haciendo y yo respetaba lo que hacía".[78] La ultraconservadora Iglesia de la Unificación del reverendo Sun Myung Moon patrocinaba a su vez al MNC. Presuntamente, Virgilio Paz y José Suárez hacían negocios con los carteles de droga colombianos.[79]

Los cubanos de Miami y Nueva Jersey estallaron de alegría con el golpe militar del 11 de septiembre de 1973 en Chile.[80] Los líderes de Patria y Libertad recorrieron Estados Unidos para defender el derrocamiento y reclutar a los exiliados cubanos en defensa de Pinochet.[81] Algunos historiadores argumentan que los más militantes de entre ellos se hicieron aún más fascistas al enterarse de que el régimen de Pinochet compartía su odio hondamente arraigado al comunismo.[82] Felipe Rivero, del MNC, admitía que los exiliados anhelaban ganarse el favor de los nuevos líderes de Santiago. "Chile era nuestro niño lindo, un adorado en la comunidad cubana. Si podíamos lograr que dijera que éramos los mejores, hubiéramos sido los nuevos líderes del movimiento exiliado cubano, [dándole] una bofetada en la cara a nuestros rivales en la comunidad cubana".[83]

Guillermo Novo operó en Chile desde diciembre de 1974 a febrero de 1975, en la época en que el núcleo familiar de los Letelier se trasladó desde Caracas a Washington.[84] Orlando Bosch y José Suárez se les unieron y todos hicieron un trato con la Dina de Manuel Contreras: los miembros del MNC recibirían entrenamiento a cambio de participar en las misiones encubiertas de la Dina

* En español en el original (N. del T.).

en el exterior.[85] Bosch recordaba haber tenido que "esforzarse mucho" mientras estuvo en Sudamérica, incluyendo en sus esfuerzos el asesinato de cubanos en Buenos Aires.[86] Los exiliados cubanos estaban siendo doblemente utilizados como activos en la Operación Cóndor.

Michael Townley y Mariana Callejas se encontraron por primera vez con los miembros del MNC en un viaje a Estados Unidos realizado a principios de 1975. Pedro Espinoza, de la Dina, se convirtió en enlace con los cubanos y le ordenó a Townley contactarse con Rivero en Miami. Rivero dio, a su vez, a Townley la instrucción de que acudiese al norte de Nueva Jersey y hablara con Guillermo Novo.[87]

Townley condujo hasta Nueva Jersey y cenó con Guillermo Novo y José Suárez, quienes le parecieron "muy habladores".[88] Pero a la vez "excesivamente suspicaces y excesivamente conscientes de la seguridad. Pienso que su preocupación, ante la posibilidad de que yo fuese un agente de la CIA tratando de infiltrar su organización, era mayor que la mía respecto a los riesgos de seguridad que ellos planteaban para la Dina en ese momento".

Después de esa charla, los Townley se retiraron a un motel cercano. "A la mañana siguiente, José Suárez se presentó con Guillermo Novo y un tercer cubano", recordaba Townley. El FBI informó que "irrumpieron en el cuarto del motel luego de que (Michael Townley) respondiera a sus golpes a la puerta, y venían todos fuertemente armados con lo que parecían armas automáticas del calibre 45". Y proseguía Townley: "Nos mantuvieron a mi esposa y a mí inmovilizados a punta de pistola y hurgaron en todas nuestras posesiones, revisaron una maleta, el equipaje, se llevaron todo aparte, buscando asegurarse de que no fuéramos gente de la CIA".[89]

> —¡Ustedes son de la CIA! —los acusó furioso Guillermo Novo—. ¡Están tratando de hacernos creer que son de la Dina, pero son de la CIA!
> —¡Ya no aguanto más esto! —gritó Mariana Callejas levantándose—. ¡Si van a hacer algo, háganlo ya, pero dejen de hacer el payaso! ¡Ustedes deben creer que hasta esa silla trabaja para la CIA!
> —Vaya, tiene usted agallas —admitió entonces Novo—. Pero no tiene idea de lo mucho que han sufrido los cubanos por confiar en la CIA.

—¡Eso es verdad y no me importa! —dijo Callejas—. Somos de la Dina y tenemos un trabajo que hacer. Si van a matarnos, como querrían hacerlo los comunistas, adelante, háganlo. Yo ya he vivido lo suficiente.[90]

Finalmente, Townley consiguió enfriar los ánimos, como lo relataba él mismo. "Ubiqué a la única persona con la que había estado previamente en contacto telefónico dentro de la Misión Militar Chilena, la cual apoyó mi historia".[91]

Sin embargo, los cubanos se habían vuelto a la vez suspicaces con el régimen de Pinochet. Primero, cuando Guillermo Novo, Suárez y Bosch llegaron a Chile en 1974 la Dina retuvo al trío con los ojos vendados y los sometió a un "interrogatorio intensivo" durante cuarenta y ocho horas antes de liberarlos.[92] Después, a comienzos de 1976, Rolando Otero, aliado del MNC, fue maltratado en Santiago y luego esposado en Miami por el FBI. "Este ha sido un terrible golpe contra nuestros luchadores exiliados, que eran considerados hasta aquí aliados ideológicos contra el enemigo común", escribió Guillermo Novo al cónsul general de Chile en Nueva York.[93] Townley estimaba luego que el 98 por ciento de sus conversaciones tempranas con los cubanos giraban en torno al tratamiento dado por Chile a Otero y Bosch.[94]

Así, cuando los cubanos retuvieron encañonados a Townley y Callejas en esa habitación del motel, Townley se mostró solidario con ellos por el mal trato dado en Santiago al MNC y les aseguró que los objetivos de la Dina se superponían con los de "la guerra en todas las avenidas del mundo". Eventualmente, Guillermo Novo se encogió de hombros y dijo: "Bueno, a veces no queda otra que perder; a veces no queda otra que confiar y perder".[95] Y optó por confiar en Townley.

La asociación partió. Townley obtuvo de los cubanos explosivos C-4, dos pistolas, varios detonadores, un rollo de alambre para detonaciones y un buscapersonas modificado para provocar detonaciones, todo ello para el viaje suyo y de Callejas a una conferencia a celebrarse en México en 1975, con el fin de asesinar a dos antiguos funcionarios de Allende. (Orlando Letelier estuvo en la reunión, pero él no era un blanco). La pareja adquirió entonces una caravana de segunda mano y condujo 6.400 kilómetros hasta México, pero por alguna razón llegó allí demasiado tarde, tuvo que regresar y la misión se arruinó.[96]

En el curso de todo ello, Callejas se mostró ambivalente respecto a sus nuevos asociados. "Me ocurre que siento respeto por esos idealistas, por muy locos que parezcan", declaró a la *BBC*. "Luchan por lo que creen es lo correcto y están dispuestos a hacer lo que sea para impedir que el comunismo llegue a... el mundo". Pero, igual que le ocurría con los fascistas italianos, detestaba el antisemitismo de esos "charlatanes" de Miami.[97]

En cierta ocasión, describió una cena a la que ella y Townley fueron invitados. Los cubanos "vestían muy elegantemente y (sus mujeres) lucían infinidad de joyas. Y nos miraban hacia abajo a Mike y a mí, que llegamos como era habitual, engalanados con nuestros viejos pantalones vaqueros y camisetas de manga corta".

Frente a ellos se sentó uno de los cubanos:

> —¿Y qué piensan ustedes de la conspiración judía a nivel mundial?
> —Disculpe, ¿la qué? —preguntó Callejas.
> —La conspiración judía. Va a terminar destruyendo el mundo si no la combatimos. Antes que nada, debemos destruir a los judíos.
> —A mí me parece que se desvía usted en forma deliberada del objetivo —le dijo ella—. Fidel es un blanco en exceso difícil, así que mejor elige al objetivo perenne, los judíos. Naturalmente, es más fácil combatir a los judíos que a los cubanos.[98]

Callejas consideraba además poco sofisticados y en exceso demostrativos a los cubanos. Un periodista del semanario chileno *Qué Pasa* los describió alguna vez con una retahíla de estereotipos: "Los cubanos son un pueblo locuaz, fogoso, vivo de genio, vehemente en sus ademanes y sus expresiones; un pueblo algo anárquico y acostumbrado a un ritmo de vida un poco violento".[99] En aparente coincidencia con ella, Callejas expulsó una vez de su casa a Virgilio Paz, un fascista declarado, cansada no solo de su antisemitismo, sino que a la vez del humo de sus cigarros y de su hábito de "escupir todo el tiempo y sorberse los mocos".[100]

A pesar de ello, el nexo entre la Dina y los cubanos del exilio florecía, con los cubanos participando en misiones en todo el mundo. En octubre de 1975, Michael Townley dispuso que el MNC se llevara el crédito del atentado contra Bernardo Leighton y su esposa. El MNC no tuvo nada que ver con el incidente en Roma, pero Townley buscaba elevar su estatus como socio de Pinochet. Para ello, dio a Virgilio Paz información secreta respecto al atentado, de modo que la jactancia de los cubanos resultara creíble.[101]

Entonces, la Dina se enfocó en Orlando Letelier.

7

EL ESCUADRÓN DE LA MUERTE

Por la época en que Orlando Letelier comenzó a trabajar junto a Ronni Karpen y Michael Moffitt en el Instituto de Estudios Políticos, el régimen de Pinochet inició una campaña de desprestigio contra el chileno. Diversos artículos en los diarios lo acusaban de haber organizado, durante el régimen de Allende, el aterrizaje en Chile de un avión cargado de armas para que el operativo quedara luego "al descubierto" como una iniciativa secreta de la CIA y eso fortaleciera al régimen tambaleante de Allende.[1] Otro presunto embarque de armamentos había ido a las manos de los guardaespaldas de Allende a cambio de la realización de actos terroristas.[2] Circulaban rumores adicionales de que Letelier estaba preparando la voladura de un avión de LAN-Chile, que mandaba él mismo al propio Ted Kennedy, que había pagado miles de dólares por un perro, que era dueño de una casa costosísima y que había protagonizado una película pornográfica.[3] Pinochet se imaginaba a Letelier "como el generalísimo de este inmenso ejército diseminado por todo el mundo", decía en tono de burla su amigo Saul Landau.[4]

Nada de ello era cierto. (Un embarque de armas había ocurrido: siendo embajador, Letelier había enviado dos escopetas a su presidente, un ávido cazador).[5] Pero el régimen de Pinochet hacía largo rato había dejado de lidiar con hechos reales. La ideología lo inundaba todo. Sus opositores alrededor del mundo debían ser eliminados.

Fue en Chile que el líder del exilio cubano Orlando Bosch oyó por primera vez del otro Orlando, su tocayo de apellido Letelier: "Los funcionarios chilenos me dijeron en muchas ocasiones, cuando viví allí, que lo querían muerto".[6]

En 1976, Bosch se trasladó a República Dominicana, por aquella época bajo el gobierno autocrático de Joaquín Balaguer: "El gobierno dominicano me permitió quedarme en el país y organizar acciones", recordaba con afecto Bosch. "No estaba allí para ir a misa cada día", declaró con sarcasmo. "Lo que allí hacíamos era conspirar, planear bombazos y asesinatos. (...) La gente iba y venía y yo complotaba con ella. En secreto, obviamente".

Un secreto que pronto se filtró fue el de una reunión de dos días en Bonao, la ciudad dominicana de montaña, en junio de 1976, a la que asistieron un total de veinte individuos que representaban a las organizaciones del exilio cubano. Felipe Rivero, del Movimiento Nacionalista Cubano estuvo allí.[7] Los participantes crearon una organización que les sirviera de paraguas a todos, bautizada como Coordinadora de Organizaciones Revolucionarias Unidas (CORU), y de la que Bosch fue designado portavoz. Él mismo aconsejó que dejaran de lado sus diferencias y pasaran de poner bombas en embajadas y estaciones de policía a secuestrar aviones. En los once meses que siguieron, la CORU fue responsable de más de cincuenta bombazos en Miami, Nueva York, Panamá, México y Argentina.[8]

Presumiblemente, la CIA aprobó la reunión en Bonao —hay quien dice que hasta la propició—, deseosa de que la CORU "castigara" a Fidel Castro por su intervención en Angola, donde la agencia de espionaje estadounidense estaba financiando la intervención de la Sudáfrica del *apartheid* por la parte anticomunista.[9]

Se presume además que los asistentes a Bonao trajeron a colación una espina particular clavada en el costado del régimen de Pinochet: Orlando Letelier. Manuel Contreras citaría la conversión, allí en Bonao, de Letelier en un objetivo como prueba de que los cubanos habían llegado a esa decisión por su cuenta.

La verdad es que el director de la Dina ordenó a Michael Townley que matara a Letelier, y que hasta puede haber sido el gobierno chileno el que instigara la unificación de los cubanos en Bonao.[10] Tal y como lo recordaba Orlando Bosch, los cubanos "debatieron el tema de Orlando Letelier en la reunión, y el hecho de que la campaña [de Letelier para desacreditar a la junta en el extranjero] estaba enervando a algunos de nuestros amigos en Chile".[11]

Letelier era un problema de larga data para Contreras. En agosto de 1975, casi un año antes de Bonao, el jefe del espionaje chileno le escribió a un general brasileño comentándole su preocupación "ante el posible triunfo del Partido Demócrata en la próxima elección presidencial estadounidense". El apoyo de los demócratas a Letelier, especificaba, "podría afectar seriamente la estabilidad del 'Cono Sur' en nuestro hemisferio en el futuro".[12] El mensaje era que el golpe había que asestarlo antes de las elecciones de noviembre de 1976.

Michael Townley recibió sus primeras instrucciones respecto a Letelier, según recordaba, a finales de junio o principios de julio de 1976, cuando Armando Fernández, uno de los supuestos torturadores participantes en la Caravana de la Muerte de 1973, lo llamó. Townley sintió que Fernández "fue extremadamente cauteloso". Sin entrar en detalles, le dijo que "Pedrito"—el coronel Pedro Espinoza, jefe de operaciones de la Dina— quería tener una reunión.

Una mañana temprano, Townley se dirigió a las cercanías del colegio en Santiago al que habían asistido sus hijos y los de Letelier, trayendo consigo un termo de café que compartió con Espinoza. El hombre de la Dina le preguntó si podría hacerse cargo de otro trabajo en el extranjero. Townley dudó. Había pasado "la mayor parte de 1975 fuera de Chile en misiones de la Dina y sentí que estaba descuidando a mi familia". Mariana Callejas, que acababa de dar a luz al hijo de ambos el 6 de junio, se aprestaba a someterse a una histerectomía —no precisamente un indicio de que la frágil relación de la pareja estaba en vías de recomponerse. El momento distaba mucho de ser el óptimo—.[13]

Aun así, Townley accedió a un segundo encuentro con Espinoza —que esta vez llegó vestido de civil— a seis cuadras de la casa de Townley en Lo Curro, en un Chevy Nova de color herrumbroso. Fernández lo acompañaba, pero permaneció en el vehículo mientras Espinoza y Townley hablaban privadamente en el exterior. Espinoza fue directo al grano: la Dina requería de alguien para una operación urgente en el extranjero:

—¿Eliminación?

—Sí. Esta vez en los Estados Unidos —dijo Espinoza. El blanco era Orlando Letelier—. ¿Crees que podrías conseguir a esos cubanos con los que has trabajado antes para que lo hagan por nosotros? No necesito decirte que esta operación es de la más alta prioridad. Mis órdenes vienen directamente del Mamo —agregó empleando el apodo de Contreras.

Townley se quejó de nuevo por el mal momento y le advirtió de la ira perpetua de los cubanos con el régimen de Pinochet:

—¿Cuándo? —inquirió de todas formas.

—La ventana temporal será en septiembre —dijo Espinoza—, como es habitual.

John Dinges y Saul Landau caracterizaron septiembre como "el mes de la primavera en Chile, el mes patriótico, el mes del nacimiento de la nación en 1810 bajo la égida de Bernardo O'Higgins, un equivalente en Chile de George Washington; además, el mes del golpe de Pinochet en 1973, del asesinato en 1974 del general Carlos Prats, del tiroteo contra Bernardo Leighton en 1975".*

—Llevaré a cabo la misión si se me da una orden específica —se comprometió Townley.[14]

La conversación derivó a los métodos posibles. Podían valerse de una mujer chilena para seducir a Letelier y llevarlo a un hotel local donde lo envenenarían. Un segundo escenario era el de un atraco que salía mal, algo que muy poca gente vería como inhabitual en una gran ciudad estadounidense.[15] Otras opciones, dijo Espinoza, incluían "un accidente automovilístico, un suicidio o algo así".

—Tienes que hacer que su muerte parezca lo más accidental posible —ordenó él mismo.[16]

Fue esta la indicación de la que Townley se valió para aportar su pericia conocida: los explosivos. Esperando por él en Nueva Jersey había un buscapersonas Fanon-Courier capaz de detonar una bomba a distancia. Adicionalmente, una explosión evitaría el contacto directo con Letelier. Era, a la vez, una forma garantizada de matar. Aparentemente, Townley nunca contempló que una bomba garantizaría a la par, a diferencia de otros métodos, una mayor investigación internacional. Cuando sugirió un coche-bomba, Espinoza torpemente accedió, tal vez obviando el hecho de que, si le encargas un asesinato a un experto en fabricar bombas, este lo cometerá fabricando una bomba, qué otra opción puede haber.

—En conclusión —dijo Espinoza—. Hay que eliminar a Letelier.

Este fue el primer error de la Dina.

Espinoza agregó "que Letelier debía estar solo cuando el asesinato tuviera lugar", según la frase empleada por el mismo Townley. Pero este último falló a su vez en ese cálculo: fue el error número dos.

Según Townley, Espinoza dio también instrucciones de que él y Fernández "cometerían el asesinato en sí y que los cubanos exiliados

* El atentado contra Bernardo Leighton ocurrió el 6 de octubre de 1975 (N. del E.).

serían empleados como apoyo o de cualquier forma que estimaran necesaria". Fernández no debía tener contacto con los cubanos. Más tarde, sin embargo, Espinoza cambió de opinión e indicó a Townley que los cubanos debían matar a Letelier; la única tarea de Townley sería la de reclutarlos.[17] Al final, Townley involucraría a los cubanos desde el primer día e incluso lograría que detonaran la bomba. Este tercer error resultaría clave para los investigadores del caso.

Concluida la charla, Townley volvió a su vehículo. Pese a todos los problemas que visualizaba, y los que falló en prever, estaba exultante por el hecho de que la Dina le confiara algo de alta prioridad.

Callejas, no tanto. Cuando Townley volvió a casa y le dijo que debía rehacer su maleta, ella quedó cabizbaja.[18] "No me gusta", le dijo. "Yo podría haberme mostrado más resuelta y tozuda (normalmente, lo soy) y haberlo amenazado con el abandono o la indiferencia", escribió más tarde. "Pero no lo hice, aun cuando supe por la mirada evitativa de sus ojos azules, por sus gestos evasivos, que esta era una misión que no entendía del todo, una orden que tendría que haber cuestionado; si alguna vez hubiera cuestionado las órdenes".[19]

Una de las órdenes dadas a Townley fue que viajara a Paraguay con Armando Fernández y allí obtuvieran pasaportes paraguayos con nombres falsos, para luego solicitar visas de entrada a Estados Unidos. Tras dos décadas de ser el feudo del dictador Alfredo Stroessner, Paraguay era un socio confiable en la Operación Cóndor y encubriría feliz la identidad de los hombres de Pinochet, sin formular preguntas. En julio, los dos individuos adoptaron los alias respectivos de "Juan Williams Rose" y "Alejandro Romeral Jara" y viajaron de Santiago a Asunción.

La misión era de tal urgencia y tan crucial para Santiago que, mientras Townley y Fernández estaban en Paraguay, el mismo Pinochet llamó a Stroessner para pedirle que el papeleo fuera acelerado como un "favor urgente".[20] Le mintió diciendo que la pareja eran dos oficiales del ejército chileno en viaje a Nueva York para investigar irregularidades en Codelco, la empresa estatal de cobre chilena.

La obtención de documentos paraguayos falsos fue fácil. Los pasaportes de "Williams" y "Romeral" fueron solo dos entre el 35 por ciento de pasaportes otorgados a chilenos, fruto de falsificaciones entre 1975 y 1977.[21]

Más complicado fue conseguir los visados estadounidenses. Buscando sortear la burocracia, Conrado Pappalardo, jefe de protocolo y "componedor" de Stroesssner, llamó a George Landau, el embajador de Estados Unidos en Paraguay, para solicitarle el favor.

Nacido en Viena, Landau se había convertido en ciudadano estadounidense siendo soldado durante la Segunda Guerra Mundial, después de lo cual su sentimiento patriótico creció en intensidad. Había llegado a coronel en la inteligencia del ejército estadounidense y luego trabajó en Colombia como gerente general de una planta automovilística. En 1957 ingresó al servicio diplomático, con Montevideo como su primera destinación. También cumplió funciones en la España de Franco, donde abogó a favor del dictador. A mediados de los años setenta, sin embargo, se describía a sí mismo como "personalmente comprometido, en alto grado, con la causa de los derechos humanos".[22] Como embajador, conservaba un dejo de acento austríaco y adoptaba un estilo aristocrático. Era formal, duro y meticuloso, no el clásico diplomático estadounidense que anda palmoteando espaldas.

El paraguayo Pappalardo indicó al embajador Landau que los dos chilenos requeridos de visa irían a Washington para encontrarse con Vernon Walters, el director adjunto de la CIA. Landau objetó lo que él consideró "una violación de las normas".[23] Pappalardo le señaló que solo estaba pidiendo un gesto de cortesía y que los chilenos irían a Estados Unidos de todas formas. Además, Paraguay acababa de hacer a la CIA un gran favor liberando a uno de sus agentes, acusado de complotar contra Stroessner.[24] Landau cedió y dio instrucciones de que se emitieran los visados.

Algo huele mal aquí, pensó el propio Landau luego de cortar y envió un cable a Washington dirigido a Walters, preguntándole si Williams y Romeral tenían de verdad una cita agendada en el cuartel general de la CIA. La respuesta llegó el 4 de agosto: no solo Walters no tenía ninguna cita agendada, sino que además se había retirado de la CIA a principios de julio. El director de la agencia y futuro presidente George H. W. Bush no quería ya tener nada más que ver con la Dina, pero no informó a la embajada de la relación previamente cercana de su entidad con Contreras.[25] Landau chequeó entonces el tema con colegas del Departamento de Estado. Anule esos visados, lo urgieron desde allí.[26] Conseguir la cancelación de las visas le llevó a Landau seis semanas y diez telefonazos a Pappalardo.[27] De ello resultó que Townley y Fernández se inquietaron cada vez más con las vacilaciones de Landau y nunca utilizaron las visas.

Aun así, habían dejado un rastro de documentación: formularios de petición de visa, las visas en sí y los pasaportes falsos. Cuando los paraguayos devolvieron los formularios de petición, lo primero que hicieron fue destruir las fotografías de Townley y Fernández que venían con ellos.

Sin embargo, en un gesto extra de cautela, Landau había hecho copias previas de las fotos y las había dejado archivadas, sin pensar más en ellas. Esas copias resultarían una evidencia clave a futuro.

La jugada de los visados había fallado, pero Fernández aterrizó igual en Estados Unidos el 26 de agosto para hacer el seguimiento de Orlando Letelier. La cuenta regresiva hasta el 21 de septiembre acababa de echarse a andar.

Con Fernández fue una mujer que pretendía ser su esposa, le servía de cobertura y podía seducir eventualmente a Letelier. La Dina le había presentado diez días antes en Santiago a "Liliana Walker". "Walker" era alta, delgada, de tez blanca, rubia y de ojos claros, de rasgos atractivos en un rostro redondeado, y se presentaba ante muchos con una actitud fría y lejana.

Luisa Mónica Lagos Aguirre —nombre real de "Liliana Walker"— se describía a sí misma como un "carácter variable, con pasos de alegría a pena con gran facilidad, vehemente, algo frívola, muy aspectada por mi signo del zodiaco, fácilmente apasionable. Como forma de vida, siempre me agradó el vivir con las mayores comodidades, superiores a las posibilidades reales que he tenido, sin importarme los medios para alcanzar los bienes que anhelo ardientemente". Se ocupaba en particular de brindar sus medidas: 90-58-88.[28]

Era originaria de Santiago, donde su padre tenía una pequeña reparadora de calzado. Se había especializado en el área de negocios, pero no hablaba ningún idioma extranjero. En 1973, a sus veinte años, vendía mercancías en el mercado negro y fumaba hierba con sus amigos —casi todos partidarios de Allende—, pero se mantenía alejada de la política. Tras el golpe de Pinochet, el dinero comenzó a escasear para ella, y la vida fácil a la que estaba habituada se desvaneció.

Entonces se unió a un grupo de modelos y apareció en diarios y revistas. También lideró un grupo de baile de cuatro chicas que actuaban en televisión y en las salas de baile de los hoteles, acompañando a un grupo llamado Onda Brava, cuyo vocalista era Charly Walker, al que ella misma describía como parecido a Michael Jackson. Con el tiempo Walker se convirtió en novio de Lagos, y ella adoptaría su apellido como nombre de batalla.[29]

En una fiesta conoció una vez a un oficial de Ejército que le ofreció trabajo como acompañante* o *escort*. Ella aceptó la propuesta, pero muy pronto comenzó a odiar el "carácter violentísimo" de su superior. Aun así, disfrutaba de los 3.500 pesos que obtenía solo por acompañar a hombres importantes en funciones oficiales. A veces, por alguna "propina" adicional, recogía información. Algunos clientes la llenaban de regalos.

A fines de 1975 y comienzos de 1976, describiéndose a sí misma como joven e ingenua, Mónica Lagos conoció a Patricio o "Pato" Walker, a quien "creo con seguridad que solo he amado". Walker era músico y, según se rumoreaba, antiguo miembro de la subversión urbana, Lagos y él cohabitaron durante casi un año. Su novio odiaba a la Dina, y esta le devolvió el favor deteniéndolo, pero Lagos convenció a los agentes operativos de la entidad de que su amante había dejado atrás su vida política y no merecía que se lo hiciera "desaparecer". Hasta el asesinato de Letelier, Walker ignoró la labor de Mónica para la Dina, pese a lo cual la familia de ella lo culpaba de todos los problemas que la afectaron.

Durante una conferencia de la Organización de Estados Americanos en Santiago, a la que asistió entre otros Henry Kissinger, Lagos comenzó a trabajar por primera vez como prostituta. Añoraba su estilo de vida lujosa, debía mantener a algunos miembros de su familia y temía perder a Walker, quien, a pesar de provenir de una familia de ministros y embajadores, no ganaba nada como músico. Ella se sumó entonces al mayor burdel de Santiago, propiedad de los militares que lo administraban, a saber, "ese maricón degenerado de [Pedro] Espinoza", como calificó ella misma al hombre que le ordenó a Townley viajar a Washington. Era una de las dos o tres trabajadoras sexuales que operaban a la vez como agentes de la Dina, ejerciendo su oficio en apartamentos que eran a la vez propiedad de militares. En la conferencia de la Organización de Estados Americanos, su misión fue establecer amistad con los delegados y extraerles

* En español en el original (N. del T.).

información sobre Chile. También reclutó a otras "amigas-agentes", incluida su hermana Diana. Uno de sus objetivos fue "vincular al señor Kissinger con actitudes escandalosas", pero el personero al recibir la invitación a una fiesta con prostitutas se aseguró de evitarla.

Lagos sí se acercó a Espinoza "atrayéndolo", explicó ella misma de manera enigmática, "generándose ciertas obligaciones mías de mujer hacia él". Él la recompensó con "beneficios económicos", seguridad personal y "un gran respeto". Pese a todo, a ella Espinoza le parecía "muy extraño. Pienso que la condición de haber sido hijo de suboficial, lo empequeñecía en sus permanentes delirios de grandeza y exhibicionismo". Sufría de "una tremenda inestabilidad" debido al repliegue emocional de su esposa dentro de su matrimonio.

Los muchos clientes que Lagos tuvo como trabajadora sexual solo contribuyeron a agudizar el sentimiento de "inferioridad e inseguridad" de Espinoza. En la superficie, aceptaba su profesión, pero anhelaba presumirla entre sus amigos y le gustaba que ella, una mujer mucho más joven, lo idolatrara.

Entre fines de julio y principios de agosto de 1976, Espinoza informó a Lagos que su próxima misión le proporcionaría más dinero que ninguna otra y elevaría su estatus dentro de la Dina. Los detalles comenzaron a llegarle en goteras. El 24 de agosto se enteró de que iría a los Estados Unidos, donde interactuaría solo con chilenos y cubanos, así que no iba a requerir del inglés. A comienzos de septiembre, se le dijo que acompañaría a un agente varón que viajaría con pasaporte falso. Su misión se justificó por su "probada habilidad de atraer hombres mujeriegos". Tendría que atraer la atención de Orlando Letelier y conocer sus hábitos.

Poco después de eso, Espinoza la presentó a Armando Fernández, informando a ambos que deberían actuar como pareja. Espinoza le advirtió fríamente a Fernández que solo sería una representación. "Te advierto que estaré informado de todo lo que hagas y si le tocas un dedo, te mato".[30]

Con todo, ese juego de roles con "Liliana Walker" intrigaba a Fernández y, en tanto habrían de compartir cuartos de hotel en Washington, en el vuelo desde Santiago cultivó la esperanza de tener en algún momento intimidad sexual con ella.[31] Entretanto, Lagos advirtió que Fernández tenía una relación inhabitualmente familiar con la tripulación de LAN-Chile. Y que era a la vez un bebedor inmoderado.

"Me dio la impresión de ser muy infantil, con un concepto de la lealtad y obediencia al general Contreras grandioso".

Una vez que hubieron aterrizado, Lagos conoció aparentemente a Letelier, ya fuera en Nueva York o Washington. "Objetivamente era un hombre atrayente, varonil y daba la sensación de ser un gran señor. Fue muy poco lo que conversamos, aparte de unas elegantes disculpas y piropos, él se retiró, aparentemente por razones de trabajo y por estar muy preocupado de una dama venezolana". Lagos solo se enteró de la marca y el modelo de su automóvil.[32]

Fernández y Lagos tuvieron poco que hacer en el área de Washington, más que nada porque Letelier andaba de viaje. Fernández nació en 1949, mientras su padre era agregado de la Fuerza Aérea de Chile, y aprovechó de visitar a su hermana y a su marido estadounidense en Centerville, Virginia.[33]

Más tarde, "Fernández intentó seducirme", recordaba Mónica Lagos, "pero en una estrategia de largo plazo. Me dijo que no comprendía a un hombre como Espinoza, que enviaba a participar en un crimen a su mujer que ama. Allí supe que de lo que se trataba era de asesinar a Orlando Letelier". Lagos intentó vanamente obtener más información. Fernández la dejó por completo a tientas respecto a la misión, en un empeño por protegerla. Fue entonces que ella apreció su actitud como la de "un perfecto militar, que por sobre todo obedecía órdenes".[34]

Michael Townley, a quien Espinoza había indicado el 7 de septiembre que se sumara a la "pareja", aterrizó dos días después en el Aeropuerto Internacional John F. Kennedy de Nueva York, con un pasaporte chileno en que figuraba incluso otro de sus alias: Hans Petersen. En un bolsillo traía partes de una bomba que hizo pasar con éxito por la aduana estadounidense. En el otro, una botella con un componente organofosforado con el que los nazis habían experimentado y que había elaborado él mismo con un horno de microondas y un cilindro de gas en su laboratorio hogareño. Su nombre científico era isopropilmetilfosofonofluoridato; el nombre común: gas sarín. Aun cuando el neuroagente líquido incoloro e inodoro estuviese entre los más peligrosos de la Tierra, Townley lo consideró con ligereza como un método posible para matar a Letelier y lo llevó consigo en la aeronave de LAN-Chile, dentro de un frasquito de Chanel N° 5. De haberse derramado durante el vuelo, la musculatura de todo el mundo a bordo —incluyendo la de los pilotos— se hubiese paralizado y hubieran muerto en cuestión de minutos.[35] Hoy en día, el sarín se considera en general un arma de destrucción masiva y su producción y almacenamiento están prohibidos por ley.

Townley y Fernández se encontraron en el aeropuerto. "Liliana Walker" estuvo allí, pero Fernández no los presentó. A Townley le pareció "en extremo bien vestida y acicalada y (...) con una revista de modas en su mano. Mi primera impresión fue positiva, en tanto parecía haber un mundo de diferencia entre ella y la misión del capitán Fernández".[36] Este último se limitó a brindar a Townley la poca inteligencia que había reunido en su vigilancia del objetivo. Townley alquiló entonces un auto en Avis y condujo al apartamento de Virgilio Paz en Nueva Jersey, su socio más cercano entre los cubanos.

> —¿Qué hay? —lo saludó Paz.
> —Órdenes —replicó Townley—. Necesito que organices lo más pronto posible una reunión mía con Guillermo [Novo]. Esto es algo gordo.
> —No hay problema. Pero te recuerdo que no eres hoy por aquí el hombre más popular entre los cubanos. Puede que no sea el momento adecuado.
> —Lo sé —dijo Townley.
> —¿Es en Europa? —preguntó Paz.
> —No —dijo Townley—. Aquí. En Washington.
> —¿Quién?
> —Uno de los ministros del gabinete de Allende —dijo Townley—. Un tipo de apellido Letelier.[37]

El 10 de septiembre, en el restaurante Bottom of the Barrel en Union City, Townley se reunió con Guillermo Novo —un hombre "de estilo muy llamativo en el vestir", según recordaba— y José Suárez.[38] Townley hizo su alocución: Letelier, un marxista convencido, estaba conformando un gobierno en el exilio, o eso sospechaba la Dina. Había que eliminarlo y rápido. Los cubanos se mostraron al principio reticentes, pero la idea pareció agradarles en la medida en que el propio Townley tomaría parte en ella.

Conduciendo por Manhattan ese mismo día, la víspera del tercer aniversario del golpe en Chile, Townley reparó en un afiche y apretó el freno. El afiche anunciaba un recital benéfico en la ciudad a realizarse esa misma noche en apoyo a las organizaciones de derechos humanos en Chile, en el que Joan Baez, Pete Seeger y un grupo chileno habrían de aparecer y tocar. Increíblemente, Letelier estaba programado para hablar en el evento. Townley descendió del vehículo, miró detenidamente el afiche y enseguida lo rasgó. Incluso pensó en asistir a él, pero enseguida se retrajo, temeroso de que algún chileno en la audiencia lo reconociera.[39]

Isabel Morel acompañó a su marido a Manhattan, donde él se encontraría a su vez con un potencial editor. Antes del recital, a las puertas del Hotel Algonquin, donde se alojaron, un sinfín de periodistas los sorprendieron y preguntaron a Letelier si se había enterado de las noticias.

—No, ¿qué noticias? —preguntó él a su vez.

El gobierno de Pinochet acababa de despojarlo de la ciudadanía chilena acusado, según establecía el decreto, "de llevar a cabo en tierras lejanas una campaña publicitaria destinada a conseguir el aislamiento político, económico y cultural de Chile". Con esto, la junta militar aludía a la renuncia de los holandeses a seguir con su planeada inversión en Chile, algo conseguido por Letelier. Su "actitud innoble y desleal", proseguía el decreto, "lo hace merecedor de la máxima (...) sanción moral contemplada por nuestro ordenamiento jurídico (...) la pérdida de la nacionalidad chilena".[40] Cuando Isabel Morel leyó el documento, firmado por la totalidad del gabinete chileno, se descompuso.[41]

—Orlando casi se murió —recordaba—. Fue un golpe tremendo para él. Si querían hacerle daño, ¡claro que se lo hicieron![42]

Transformada su desesperación en ira, Letelier se sentó en el escritorio del Algonquin y reescribió su discurso para esa tarde.

Esa noche, unos setenta y cinco mil simpatizantes de Chile se hicieron presentes en el Felt Forum del Madison Square Garden. Con Isabel resplandeciente en un vestido de encaje blanco, el papel de Letelier consistió en presentar a Baez. Al hacerlo, invocó a los asesinados por el gobierno chileno y celebró el creciente movimiento de solidaridad con el país y de aislamiento de Pinochet. "No descansaremos hasta conseguir la caída del régimen fascista en Chile", prometió.[43]

En mitad de su discurso, hizo una pausa. Entonces, enfurecido, anunció con parsimonia: "Hoy Pinochet ha firmado un decreto en que se dice que he sido privado de mi nacionalidad. (...) ¡Pero este acto me hace sentir más chileno que nunca!".

Su voz subió de volumen al continuar: "Nací chileno, soy chileno y moriré siendo chileno. Ellos, los fascistas, nacieron traidores, viven como traidores ¡y serán recordados para siempre como traidores fascistas!"[44] La audiencia rugió en su aprobación.[45]

Tras el recital, Letelier envió una carta a *The New York Times* contextualizando el decreto de Santiago como solo una de las múltiples violaciones a los derechos humanos de ese gobierno. "Detrás de ello, uno aprecia la lógica de una mentalidad totalitaria, que surge en el seno de un sistema basado en el terror y la venganza".

"Cuando la democracia sea restablecida, junto con los derechos humanos usurpados por los dictadores", prometió, "nadie tendrá ya dudas respecto a la nacionalidad de los chilenos que hoy están en el poder".[46]

Letelier e Morel, quizá si en mayor grado ella, no tenían conciencia de la atmósfera progresivamente amenazante que comenzaba a rondarlos. Durante toda su estadía en Washington, recibieron amenazas anónimas, normalmente por teléfono y en español. Una asistente del IPS, Lillian Montecino, señaló que Letelier le había contado de "amenazas contra su vida que recibía unas dos veces al mes". "Habitualmente ocurrían a horas extrañas (en su oficina) o en su hogar", agregaba.[47]

En enero de 1975, habiéndose instalado recién en Washington, Morel recibió una llamada telefónica:

—¿Es usted la esposa de Orlando Letelier? —preguntó una voz en castellano.

—Sí.

—¡Ja, ja! No, ¡es usted la viuda! —dijo la voz y colgó.[48]

En abril de 1976, alguien le ladró a Letelier, por teléfono, la frase "¡Te vamos a agarrar!".[49]

"Vas a pagar por todas las cosas que estás haciendo contra el gobierno chileno", le dijeron a la cara los secretarios de la misión chilena en el salón de las Naciones Unidas. "¡Tú, traidor! ¡Cabrón traicionero!", le gritó uno de ellos.[50]

En otra ocasión, dos amigos chilenos advirtieron al propio Letelier que habían visto a alguien siguiéndolo.[51] Un invitado a la casa de los Letelier descubrió una vez a un individuo hurgando entre sus papeles. En el IPS, el chileno caminó en cierta ocasión hasta su vehículo y lo encontró con la puerta del todo abierta.[52] Uno o dos días antes de su asesinato, las llaves de su auto desaparecieron y encontró las luces de estacionamiento parpadeando. "Tuvimos ese extraño sentimiento de que algo malo estaba sucediendo", recordaba un amigo que lo ayudó a buscar las llaves. "Estábamos muy paranoicos". Pero Letelier se negó, pese a todo, a dar aviso a la policía.[53]

Isabel Morel recibía a menudo cartas dirigidas a su esposo que llegaban arrugadas o en un sobre distinto al original. Ella sospechaba de una intromisión de la CIA o el FBI en la correspondencia y nunca dio cuenta de ella.[54] Una carta escrita con tinta roja como la sangre describía exactamente cómo los remitentes asesinarían a la pareja y sus hijos.[55] "A menos que te salgas de la política, te vamos a matar", decía otra carta.[56]

Letelier sentía a menudo temor de ser asesinado; por ejemplo, después del atentado en Roma a los Leighton. Y declaró que en repetidas ocasiones solicitó protección al FBI, pero su petición fue desechada; la oficina en terreno del FBI en Washington D.C. niega esto último.[57]

Estando de pie junto a él en Chile Chico, su tío le preguntó una vez:

—¿No sería este un buen momento para que te aboques por entero a tu esposa y tus hijos, de buscar que tus padres y todos tus demás parientes que tanto sufren tengan paz en su mente?".

Letelier lo miró, le puso la mano en el hombro y dijo:

—Todo eso me importa muchísimo; me hace, de hecho, desvelarme por las noches. Pero tengo una causa mayor a la que debo servir: la de miles de hombres, mujeres y niños que han sufrido y seguirán sufriendo la miseria, degradación y crueldad que caracteriza a la tiranía ahora en control de Chile. Soy el primer prisionero político que ha sido liberado. Disfruto del privilegio de haber sido rescatado por un milagro que otros hombres que aman y respetan la libertad han hecho posible.

—¿Y tu propia vida, tu seguridad?

—Mi vida —dijo Letelier— es un precio que pagaré gustoso por ello.[58]

Isabel estaba igualmente molesta por la actitud despreocupada de su esposo. "Si yo viviera asustado, no haría nada", le dijo él.[59] Y a su tía le complementó la idea: "Si me están amenazando, debe ser que algo estoy haciendo bien".[60]

Eventualmente, la pareja resolvió no volver a discutir nunca más lo del asedio. Se limitarían a romper las cartas y colgar el teléfono.[61] El 20 de septiembre de 1976 Michael Moffitt se ofreció a actuar como guardaespaldas de Letelier, pero el chileno rechazó la idea. Letelier no tomaba precauciones, temiendo que eso paralizaría su labor. Aparte de eso, los Letelier apenas si conseguían solventar por entonces sus necesidades mensuales y no podían permitirse un guardaespaldas.[62]

En lo profundo de su alma, Letelier creía que no podía ser asesinado en la capital de Estados Unidos. "Mientras esté aquí en Washington", le dijo a un amigo, "estoy seguro. Nadie va a ser tan demente como para matarme aquí".[63]

No lo estaba, y con Townley en Estados Unidos, aun menos.

El 12 de septiembre, con el alias de "Hans Petersen", Townley reservó una habitación en el motel Château Renaissance en North Bergen, Nueva Jersey. Con él estaban nueve miembros del MNC. Después de servir a sus invitados whisky y ron, Townley les delineó el trato que proponía la Dina: si los cubanos ayudaban a asesinar a Letelier, la Dina seguiría, por su parte, ayudando a los cubanos fugitivos a encontrar refugio y les permitiría utilizar una granja de la Dina en el sur de Chile con fines de entrenamiento. Su estatura entre los exiliados cubanos continuaría aumentando en virtud de su asociación con Pinochet.[64]

Poco después de la reunión en el Château Renaissance, Guillermo Novo se encontró con Townley en el auto de Paz:

> —Okey, lo haremos. Pero con una condición.
> —¿Cuál? —preguntó Townley.
> —Tú tienes que participar —dijo Novo—. Tienes que ir tú mismo a Washington. Queremos una señal de que esto será una asociación más equitativa.
> —Esto contradice mis órdenes —dijo Townley.
> —Yo creía que tus órdenes eran que el trabajo se hiciera.
> —Lo son —dijo Townley—. Pero no se supone que yo vaya a Washington.

—Eso es lo que no nos gusta —dijo Novo con una sonrisa—. Así que mejor te encargas de que tus órdenes cambien. Porque, si te vas ahora, no se hace nada. Así de simple.

—Okey, si es así como lo quieren —dijo—, pienso que estará bien.

—Pero él mismo tenía una condición—: Si yo tengo que ir hasta allí, entonces tiene que ser con una bomba.

—¿Y eso por qué? —indagó Paz.

—Porque de esa manera puedo ayudarlos en su seguimiento y a construir el dispositivo —dijo Townley—, pero aun entonces puedo ceñirme a mis órdenes de no estar allí cuando lo accionen.[65]

Los cubanos no pidieron dinero, ni este les fue ofrecido.

El día 15, en Union City, Guillermo Novo y Suárez traspasaron a Townley y Paz una bolsa plástica en la que venían un cable detonador, una pequeña porción de masilla C-4 y TNT. Paz ya les había entregado el buscapersonas detonador Fanon-Courier que Townley había hecho meses antes.[66] Los cubanos lo llamaban El Pianito, por sus teclas.[67]

El 16 de septiembre, Paz y Townley condujeron desde Nueva Jersey al Distrito de Columbia y se registraron en un Holiday Inn al noreste de Washington. Recurriendo a un amigo piloto de LAN-Chile, Townley había conseguido que Callejas le enviara un nuevo conjunto de falsos papeles con el alias de "Kenneth Enyart".

Al día siguiente, Paz y Townley comenzarían a seguir a Letelier. Para ello esperaron en un restaurante de la cadena Roy Rogers en River Road, a varias cuadras del hogar de Letelier en Ogden Court y en el camino a su trabajo. Y tuvieron suerte. El Chevelle del chileno cruzó por allí y ellos lo siguieron.

Seguros de haber completado su agenda de esa mañana, ambos fueron de compras. Al cabo de unas pocas horas, habían reunido un listado de ítems aparentemente inocentes: moldes de aluminio para hornear cuadrados de ocho pulgadas, hojas para galletas, cinta aisladora y guantes de goma.[68]

El 18 de septiembre, Novo, Suárez y Alvin Ross se unieron a Paz y Townley, quienes habían adquirido los últimos ítems de su lista en Radio Shack: cortadores de cable, pinzas en punta, hierro para soldar, conmutadores deslizantes y un interruptor plano. Suárez agregó un detonador. Townley recordaría más tarde que fue recién ese día que los conspiradores acordaron finalmente que utilizarían una bomba en lugar de otros medios para el asesinato.[69] Y recién ese día, Paz, Suárez y Townley fabricaron la bomba en el cuarto de Townley del hotel Regency Congress. La labor consistió mayormente en fijar la masilla C-4 o el "plástico" al molde para hornear entre fragmentos de TNT.

El 18 de septiembre era casualmente el día de la independencia de Chile. Letelier había vuelto recién de Nueva York e Isabel Morel organizó una fiesta en su casa. Para los aproximadamente cincuenta chilenos que asistieron a ella, la fiesta fue como disfrutar de una muestra del hogar lejano: con vasos de vino tinto, empanadas y una cueca interpretada por Isabel y Orlando con guitarra, canto y baile incluidos. La alegría de la festividad contrastaba con el dolor de recordar a los amigos y compatriotas muertos y desaparecidos, y específicamente con el dolor aún palpitante de Letelier en su dedo del corazón de la mano izquierda, un recordatorio de su paso por la Isla Dawson.[70]

A las pocas horas de haber concluido la fiesta, y poco después de la medianoche del 19 de septiembre, Townley y los dos cubanos salieron a plantar la bomba. "Durante la ida al hogar de Letelier", recordaba Townley, "fui informado por Paz y Suárez de lo que esperaban de mí: querían que yo instalara el dispositivo, pues deseaban que un agente de la Dina, o sea yo mismo, estuviera directamente ligado al emplazamiento del dispositivo".[71] "Nuestro movimiento quiere que la mano de Chile esté muy presente en la acción", explicó Paz. "Tú la instalas, nosotros la accionamos. A nosotros, eso nos parece un trato justo".[72] Townley estaba menos que dichoso de tener que desobedecer otra de las órdenes de Espinoza, pero ¿qué podía hacer?

El chileno dio con el vehículo de Letelier estacionado en su entrada de coches, con la nariz hacia la casa. Ocultó el molde para hornear bajo su camisa, se escurrió hasta el vehículo y se agachó junto a él del lado del conductor.

"Me costó muchísimo fijar el dispositivo", recordaría el propio Townley después.[73] Tan pronto como comenzó a adherir con la cinta aisladora el molde al chasís del auto, escuchó pasos y se quedó allí congelado, tratando de ni siquiera respirar. Los pasos se alejaron. Entonces se gastó casi toda la cinta en su empeño de asegurar el molde. Enseguida, otro auto se aproximó con la radio sonando. De nuevo, se paralizó y a poco andar comenzó a entrar en pánico al darse cuenta de que el auto era un patrullero de la policía. Con el rabillo del ojo vio los neumáticos. Sudando copiosamente, contuvo la respiración y pensó en salir corriendo.[74]

El patrullero dobló la esquina y aceleró alejándose. Townley exhaló el aire aliviado. Entonces se aseguró de nuevo de que el conmutador deslizante estuviera activado, lo afirmó con aún más cinta y abandonó el lugar.[75] Emplazados justo debajo del asiento del conductor, los explosivos concentrarían el estallido directamente en sus piernas.

Luego Townley se unió de nuevo a los cubanos y les recordó que debían detonar los explosivos en cualquier momento en que Letelier fuera solo a bordo. Les aconsejó, a la vez, que lo hicieran en un parque, donde ningún transeúnte resultara herido o muerto. Los cubanos o bien no lo escucharon o no les importó.[76]

Entonces Townley llamó a su esposa, que se había quedado en Santiago, y le dijo, valiéndose de una clave, que informara a la Dina que la bomba estaba emplazada.

Después, el chileno empezó a forjar su coartada. Condujo hacia el norte a Westchester County, Nueva York, y pasó la tarde con su hermana y su familia, disfrutando de una cena a base de pollo. Luego condujo hasta el aeropuerto y allí deslizó una hoja I-94 de inmigración, rellena con el alias de "Hans Petersen", entre un montón de hojitas llenadas por los pasajeros que se habían registrado para tomar un vuelo de Iberia con destino a España. Por ende, según los registros, el hombre que había volado diez días antes desde Chile había dejado el país antes de que la bomba estallara.[77]

Enseguida, Townley voló a Miami para visitar a sus padres en Boca Ratón.

El 20 de septiembre, los cubanos se dispusieron a accionar la bomba, pero el dispositivo no funcionó. El MNC tuvo que removerlo, corregir el fallo y fijarlo de nuevo al automóvil de Letelier. De haber funcionado la primera vez, los Moffitt no hubieran ido a bordo.[78]

Al atardecer del 20 de septiembre ocurrió que los Moffitt se juntaron a cenar con los Letelier en su casa. Las dos parejas bebieron vino tinto. Isabel felicitó a Ronni por su nuevo peinado. Ronni estaba muy contenta a raíz de un nuevo ascenso que recibiría en el IPS. Orlando comentaría poco después acerca de lo muy enamorados que estaban los Moffitt... y también de Chile.[79]

La única nota amarga sobrevino cuando Letelier trajo a colación lo del reciente decreto del gobierno. "He sabido que en Santiago hubo una larga discusión: unos querían matarme y otros querían quitarme la nacionalidad", dijo. Viendo la impresión que ello causó en los Moffitt, buscó tranquilizarlos: "Este año, no me toca a mí, la víctima no seré yo, ya que el castigo que he recibido es que me quiten la nacionalidad, esto me da un año más de vida".[80]

A la mañana siguiente, cuando iban el propio Letelier y los Moffitt hacia el IPS, ninguno reparó en el sedán gris que abandonó el estacionamiento del Roy Rogers y comenzó a seguirlos hacia Sheridan Circle.

Virgilio Paz tenía los dedos sobre ambos botones de El Pianito, enchufado en el encendedor del coche.[81]

Mónica Lagos había ya vuelto a su vida con Pato Walker y, después del 21 de septiembre, le confesó a él que había formado parte del escuadrón de la muerte. "Lo herí bastante, sobre todo por haber vinculado el apellido Walker al asesinato de Letelier, quien para él era un hombre de izquierda, pero moderado". Y siempre recordaría ella misma a Espinoza, el hombre que la había enviado en esa misión, como "una de las personas más canallas, amargadas y degeneradas que he conocido".[82]

El 21 de septiembre, después del bombazo, Townley llamó a Ignacio Novo a Florida. Novo le dijo que "algo ha ocurrido en el Distrito de Columbia". Los dos hombres se encontraron y Townley le informó sobre la misión. La conciencia le remordía levemente tras haberse enterado de que Ronni Moffitt iba en el vehículo y había resultado muerta.[83]

Ninguno de los cubanos compartía ese remordimiento. Tampoco Callejas: "No puedo mentir, para mí no hizo mayor diferencia. Asesinan gente todos los santos días y, para mí, Letelier fue solo uno más que fue asesinado".[84]

El 23 de septiembre, Townley voló de vuelta a Chile. Al otro día, le informó a Pedro Espinoza que la misión había sido un éxito. Su superior "dio muestras de su satisfacción con una sonrisa".[85]

Segunda parte

LA INVESTIGACIÓN

8

CHILBOM

Las reacciones inmediatas al bombazo en Sheridan Circle fueron poco auspiciosas para quienes habrían de investigar el caso. Desde luego, el asesinato de Letelier y Moffitt ocupó las portadas de todos los principales rotativos, y los amigos estadounidenses de Letelier hicieron sonar las alarmas. El senador Ted Kennedy lo calificó como un acto de "terrorismo político". El senador James Abourezk lo interpretó como una extensión de "la tiranía" de Pinochet a los Estados Unidos. Y el senador Hubert Humphrey, representante demócrata por Minnesota, presentó una resolución al Senado exigiendo una "investigación exhaustiva de las circunstancias que rodearon al bombazo".[1]

Aun así, las conjeturas tempranas de los principales observadores estadounidenses tendieron a absolver al régimen chileno. Los editores de *The New York Times* concluían que "es difícil creer que incluso un régimen tan torpe como el de la junta chilena ordenara el asesinato de un opositor tan eminente como el señor Letelier en la capital de Estados Unidos".[2] *The Washington Post* sugirió, por su parte, que el culpable podía ser el Movimiento de Izquierda Revolucionaria.[3]

Muchos en el seno del gobierno estadounidense también dudaban de la responsabilidad de Santiago. Una semana después del asesinato, la Agencia de Inteligencia de Defensa evaluó que "casi con certeza (dígase, del 80 por ciento) el alcance de la Dina —a la que se citaba como la responsable— no llega a los Estados Unidos".[4] En el Congreso, John Ashbrook, representante republicano de Ohio, bloqueó una resolución presentada por el demócrata de Connecticut, Toby Moffett, para condenar de manera unánime el asesinato de Letelier.[5] Jack Devine, antiguo espía norteamericano en Chile, recordaba la situación como "aquella en que la sabiduría convencional y la racionalidad se cruzan a veces en el camino de la inteligencia". Resultaba "casi incomprensible"para casi todos dentro de la comunidad de inteligencia que Pinochet hiciera algo tan "estrambótico". El Consejo de Seguridad Nacional, en un texto escrito el día del asesinato, admitía que "los chilenos de derecha son los candidatos evidentes. Pero parecen, en tal sentido, demasiado evidentes".[6]

De manera algo más ominosa, a principios de octubre, *Newsweek* publicó una breve nota en la que señalaba que la CIA había estudiado los archivos del FBI y "concluido que la policía secreta chilena no estaba involucrada en la muerte de Orlando Letelier. (...) La agencia llegó a esta conclusión porque la bomba era demasiado tosca para ser obra de expertos y porque el asesinato, ocurrido en un momento en que los gobernantes de Chile cortejaban a Estados Unidos en busca de su apoyo, solo podría dañar al régimen de Santiago".[7] El Instituto de Estudios Políticos descubrió enseguida que el reportero de *Newsweek* que cubrió la historia "no habló con nadie de la CIA o el FBI". Y admitió que la historia podía haber provenido desde Chile, a lo que el jefe de la agencia federal en Washington agregó: "El punto es que el asunto provino de lugares que no es posible identificar".[8] El 12 de octubre, algunos funcionarios de inteligencia continuaron diciendo a la prensa que el FBI y la CIA "habían virtualmente descartado la idea de que el señor Letelier fuera asesinado por agentes de la junta militar chilena".[9]

En el Departamento de Justicia, Earl Silbert, fiscal del gobierno estadounidense en el Distrito de Columbia, aventuró la opinión de que "el asesinato fue un acto terrorista evidente que debiera ser prácticamente imposible de resolver".[10] Incluso tratándose de un bombazo no hecho por profesionales, las posibilidades de un arresto eran menos de una en diez. Y, suponiendo que el caso se resolviera en efecto, puede que el FBI, estando bajo la jurisdicción del Departamento de Justicia, no deseara el procesamiento de los inculpados por temor a exponer a sus informantes.

El hombre encargado de probar que todos estaban errados fue Eugene Propper, el asistente del fiscal general del gobierno, quien lideraría la investigación. Propper nació en el Bronx y, a los pocos meses, su padre murió en el tren subterráneo cuando iba rumbo a su trabajo en el distrito de la moda en Manhattan. Después de la tragedia, su madre no tuvo otra opción que trabajar en el negocio de cinturones de la familia. El joven Gene, ahora en Long Island, asistió a la escuela particular de Yeshiva Central, la mitad de cuya enseñanza era en hebreo. Cuando tenía doce años, su madre se casó con un guía de *boy scouts* y Gene descubrió que ahora tenía un hermanastro de su misma edad, el que obtenía las máximas calificaciones con facilidad mientras Propper debía batallar para conseguirlo. Pese a ello, era un chico tenaz y resistente: un luchador, literalmente, en muchos sentidos en su colegio, enfrentándose a muchachos más grandes que él.

Tras asistir al *college* en Amherst, Massachusetts, en 1969 se matriculó en la Escuela de Leyes de la Universidad de Minnesota. Con la Guerra de Vietnam en pleno auge, Propper se sometió a un examen físico previo al reclutamiento. Después de aprobar desafortunadamente el examen, se hizo cargo de su primer "caso", el suyo propio, cuando hubo de alegar que sufría de una severa lesión en la rodilla como fruto del esquí. Funcionó: logró que sus resultados del examen fueran anulados y él mismo guardó sus papeles en una carpeta con el rótulo de "El chico vs. El ejército de EE.UU.".

Cuando tenía solo 21 años, un médico le informó que una extraña enfermedad de la sangre lo mataría en un lapso de "cuatro a seis meses". Propper se rehusó a aceptar el diagnóstico fatal y fue de médico en médico hasta que uno de ellos le dijo que solo tenía un virus no letal. "Bueno, eso es lo que tengo", decidió Propper. Y estaba en lo correcto.

En septiembre de 1976, Propper había cumplido los 29 años, era alto, delgado y lucía una barba más pulcra que la mayoría de los hombres de su generación. Además, montaba en motocicleta. Había sido fiscal en el Departamento de Justicia durante cinco años, haciéndose cargo de más de cincuenta delitos graves y obteniendo veredictos de culpabilidad en todos excepto uno. En aquellos años, se había granjeado una reputación de implacable e inteligente, irreverente y sarcástico. Se había trasladado a su vez a la División de Delitos Mayores. No era singularmente político en su enfoque, fusionando los conceptos del liberalismo dominante acerca de la raza y las libertades civiles con un matiz de anticomunismo. En la oficina del Fiscal General, había saldado sus deudas y estaba planeando una transición a la práctica privada, donde se ganaba ciertamente más.[11]

Poco después del 21 de septiembre, se hallaba en la cafetería de la corte federal en Washington. "Recuerdo haber almorzado allí con un muy buen amigo, que era también asistente del fiscal general, y haberle dicho: 'Me pregunto quién va a obtener ese caso. No creo que resulte en absoluto divertido'". Fue lo que declaró él mismo en 2016, en alusión al asesinato de Letelier, y agregó: "Cuando el fiscal general me habló a mí del asunto, me dijo: 'Mira, nunca hemos tenido un caso como este. Puede que nunca lo resolvamos, independientemente de lo que hagas. Solo dedícale tus mejores esfuerzos'".[12] Propper tenía una corazonada. No sabía nada de Chile, no hablaba español y nunca había llevado un caso político, pero esta podía ser una coda fascinante antes de cambiar de embarcación y saltar al sector privado. *Voy a resolver esta cabronada*, se juró a sí mismo.[13]

Como ayudante de Propper estaba Lawrence Barcella, otro abogado y subdirector de Delitos Mayores en el Departamento de Justicia. Nacido y criado en Washington D.C., Barcella había asistido a las Escuelas de Leyes de Dartmouth y Vanderbilt. Como Propper, se había encargado principalmente de delitos locales, como los temas de drogas. (Washington es la única jurisdicción en todo el país donde el fiscal general es responsable de perseguir delitos locales). Había participado, de hecho, en una operación encubierta de proporciones en la que agentes del FBI se hacían pasar por criminales, conduciendo todo ello al conocido caso "Abscam", en que se pretendió sobornar a miembros del Congreso.[14] Con sus cabellos brillosos, Barcella era conocido en sus oficinas como un espíritu romántico y encantador.

En la División de Nueva York del FBI, trabajaba el agente especial Lawrence Wack, que había crecido en Willingboro, Nueva Jersey, donde su padre trabajaba en una industria de material bélico. A los doce años, Larry conoció a un oficinista del FBI que salía con su hermana y se obsesionó con la agencia federal, escribiéndole al director, J. Edgar Hoover, para pedirle un kit de huellas dactilares, el que recibió junto a las instrucciones para transformarse en agente. Justo después de terminar la secundaria en 1967, con solo 16 años, Wack consiguió un trabajo en el cuartel general del FBI en Washington, mientras por la noche asistía a cursos de criminología en la American University.

Tras graduarse de la academia del FBI, Wack andaba con una navaja, hablaba por un costado de los labios, mostraba fugazmente su pistola enfundada y bebía en compañía de informantes. Esa actitud —y un mostacho— compensaban sus ojos azules, cabello rubio y rasgos suaves e imberbes. Cuando fue asignado al caso Letelier-Moffitt, solo había trabajado medio año en el Escuadrón de Bombas y Terrorismo de la oficina en Nueva York.[15]

Otro investigador clave dentro de los Estados Unidos fue Carter Cornick, de la Sección Terrorismo dentro de la Unidad de Explosivos del FBI. Siendo un exmarine conservador de 38 años y graduado de la Universidad de Virginia, Cornick era un individuo pulcro, bien afeitado y gentil, orgulloso de haber hecho su aprendizaje bajo Hoover. Solía bromear con que su familia había dejado de leer los periódicos después de que estos incluyeran fotos de "rojetes" como Eleanor Roosevelt en la década de los treinta.[16] Isabel Morel lo recordaría después con afecto como un agente dedicado, aunque "súper conservador".[17] En 1976, Cornick acababa de aterrizar desde Puerto Rico en la oficina en terreno en Washington y hablaba español. Varios agentes del FBI que iban desde Florida hasta el área de Nueva Jersey/Nueva York trabajaron a su vez en el caso Letelier.

En Sudamérica, el propio FBI tenía a Robert Scherrer, que se hacía pasar por agregado jurídico en la embajada estadounidense en Buenos Aires. Al igual que Propper, Scherrer era un tenaz neoyorquino. Nacido y criado en Brooklyn, creció en el seno de una familia de clase media baja, heredando la estrictez de su padre alemán y el cabello pelirrojo y la estatura escasa de su madre irlandesa. Fue contramaestre en la marina de Estados Unidos, y el FBI lo reclutó a los 18 anos y envió a la Universidad de Fordham para que obtuviera una licenciatura en derecho.[18]

Cornick consideraba a Scherrer "demasiado brillante para ser un agente del FBI". Había llegado a obsesionarse con América Latina, aprendiendo perfectamente el español. Tuvo acceso a los regímenes represivos en un grado con el que únicamente soñaba la mayor parte de los activistas en derechos humanos —para no mencionar a la CIA—. Desde su posición en Buenos Aires, inspeccionaba el territorio a su cargo desde Argentina hasta Paraguay, Uruguay, Bolivia y Chile. Así, en la mayoría de los países ligados a la Operación Cóndor, se vinculó a la policía y la inteligencia locales. Intentó localizar a detenidos desaparecidos en Argentina, en nombre de los familiares. En torno a 1976, había estado ya seis años en la región y conocía personalmente a Manuel Contreras.[19] "Estaba acostumbrado a interactuar con monstruos", recordaba Morel.[20]

Scherrer se volvió indispensable para la investigación. De los demás, ninguno sabía mucho de América Latina, ni de investigaciones internacionales o diplomacia. Propper tuvo incluso que aprender que "legat" —el título de Scherrer en su trabajo— era una contracción habitual de "legal attaché" (agregado jurídico en inglés)[21]. Una semana después del asesinato, Scherrer explicó los detalles de la

Operación Cóndor e insinuó que Letelier bien podría haber sido un objetivo del nuevo foco de Cóndor en asesinatos extrahemisféricos.[22]

Dadas las implicancias internacionales del caso, Propper y su equipo sustituyeron prontamente a la policía del Distrito de Columbia para hacerse cargo ellos del asunto, alegando en su favor la autoridad que se derivaba del Código Penal de Estados Unidos, el cual define a los antiguos embajadores y ministros de exteriores como "persona[s] internacionalmente protegida[s]". El FBI designó a la vez la investigación Letelier-Moffitt como un "Caso Especial del Organismo", lo cual significaba que toda la información relacionada con el caso recibiría prioridad en su tratamiento. En total, setenta y cinco a cien agentes trabajaron en la solución de los crímenes.[23] Fácilmente, se transformó en el caso de más alto perfil en el país.

El código administrativo para el asunto era: CHILBOM, fusionando los términos "Chile"y "Bomba".

Las interacciones con la CIA bajo la dirección de George H. W. Bush dejaron consternados a los funcionarios del Departamento de Justicia. Bush se resistía a brindar su ayuda por dos razones: una, a su entidad le estaba prohibido reunir información en los Estados Unidos, y la otra, hacer preguntas a las agencias de inteligencia de Sudamérica podía terminar quemando los puentes con ellas. La CIA parecía además deseosa de enterrar su colaboración con la derecha chilena. Cuando Propper se acercó a la agencia, alguien le advirtió: "¿Qué diablos estás haciendo? No puede ser que estés reflotando esa mierda de nuevo".[24] Bush tampoco informó a Propper que él y su director adjunto, Vernon Walters, se habían enterado unas pocas semanas antes de que ocurriera el bombazo de los esfuerzos de Chile por infiltrar a "Juan Williams"y "Alejandro Romeral"en el país.[25] Dos días después del asesinato, la CIA incluso escribió un memorándum a Bush en el que especulaba con que "si [el] gob[ierno] chileno ordenó efectivamente el asesinato de Letelier, puede haber contratado a sicarios cubanos para hacerlo".[26]

El 6 de octubre, dos semanas después del bombazo en Sheridan Circle, el vuelo 455 de Cubana de Aviación despegó a temprana hora de la tarde del Aeropuerto de Seawell, en Barbados, rumbo a Jamaica. Dos individuos habían depositado sendas bombas de relojería en el avión durante un vuelo previo y habían volado enseguida a Trinidad y Tobago. "El camión se ha ido con la carga completa", informó uno de ellos a Orlando Bosch, que acababa de ser arrestado en Venezuela por otro delito.[27]

Once minutos después del despegue, explotó una primera bomba, sacudiendo uno de los lavabos de la parte trasera dentro del DC-8 y destruyendo el cableado de control. Una segunda bomba hizo un agujero en el avión y provocó un fuego.[28] "Hemos sufrido una explosión a bordo... ¡vamos a descender de inmediato!", dijo por radio el piloto a la torre de control. "¡Tenemos fuego a bordo! ¡Requerimos inmediata autorización para aterrizar! ¡Esta es una emergencia total!". Entonces el piloto, atento por la ventanilla a cómo su aeronave caía en espiral, vio la playa a un lado y el mar al otro y, para salvar a los turistas en la playa, escogió hundirse en el Caribe. Setenta y tres personas murieron a bordo. Entre ellas había cincuenta y siete cubanos, incluyendo a la totalidad de los veinte integrantes del equipo nacional de esgrima. No hubo sobrevivientes.[29]

Los autores del atentado, dos venezolanos, tomaron luego un taxi y el conductor del mismo los escuchó hablar y jactarse de la explosión.[30] En cuestión de unas pocas horas, Trinidad y Tobago procedió a detenerlos. Uno de ellos estaba conectado al cubano exiliado Luis Posada Carriles. El otro había llamado de nuevo a Bosch para informarle que "un bus con 73 perros había caído por un acantilado y todos habían resultado muertos".[31]

A pesar de su carácter horrendo, el bombazo contra Cubana de Aviación generó cuando menos el primer indicio de valor para Propper y su equipo de CHILBOM. El examen de los restos del Chevelle y las autopsias de Letelier y Moffitt habían servido de poco. El FBI estaba a la vez realizando miles de interrogatorios y eliminando centenares de pistas falsas, descartando teorías de asesinos con un motivo personal —dígase, por ejemplo, un amante despechado— o de la extrema izquierda escogiendo como blanco al socialista moderado que era Letelier.[32]

La prioridad se convirtió ahora en interrogar a Bosch en su cárcel venezolana, pero ni el equipo de Propper ni algún periodista estadounidense pudo conseguir acceso a él.[33] Aun así, como relataba el periodista independiente Blake Fleetwood, una mañana simplemente hizo la fila en las puertas de la prisión con los familiares que visitaban a los reclusos, extendió su pasaporte y entró. Una vez adentro, para su sorpresa, se descubrió libre de recorrer los pasillos.

Los guardias habían incluso registrado su maletín, presumiblemente advirtiendo la grabadora en su interior, y se lo habían devuelto. Fleetwood preguntó entonces a un recluso dónde podía encontrar a Bosch. "Está usted desde ya en el lugar equivocado", respondió el hombre. "Yo lo llevaré a él".[34]

—¿Y cómo entró aquí? —se preguntó Bosch sorprendido cuando Fleetwood dio con él en un patio soleado. El periodista le dijo cómo, y el terrorista lo guio hasta su celda, que compartía con Posada y había equipado con un televisor y "sábanas nuevas con 'diseños'".

—¿Quiere usted un habano? —le preguntó Posada—. Estados Unidos puede haber dictado un embargo contra los cigarros cubanos, nosotros no.[35]

Los dos cubanos confesaron su participación en el atentado a la aerolínea, entre muchos otros que había permitido a la CIA encerrarlos en Caracas. Más relevante aún fue que Bosch divulgara en ese momento que Guillermo e Ignacio Novo habían realizado el atentado explosivo contra Letelier y Moffitt a nombre de la Dina chilena.[36]

Fleetwood supo que tenía entre manos una primicia mayor y llamó a Propper, que no daba crédito a sus oídos. "Quédese ahí, lo llamaré de vuelta", instruyó al periodista. Y llamó de vuelta. "La CIA contó todo a la policía secreta, la de Venezuela. Están yendo ahora mismo en su búsqueda. Está usted en grave peligro".

Fleetwood preguntó si debía dirigirse a la embajada norteamericana en Caracas. No, le dijo Propper. "Yo no tengo ningún poder allí. Depende usted de sí mismo".[37]

Fleetwood se las ingenió de algún modo para retornar a los Estados Unidos, dejó que Propper copiara sus cintas y publicó su entrevista con Bosch. El diario *El Nacional* de Venezuela difundió a su vez la noticia de que los Novo estaban implicados. Scherrer sospechaba desde ya que la Dina podía haber contratado a los cubanoamericanos.[38]

Para el 12 de octubre, el FBI celebraba públicamente esta "pista muy promisoria" y daba a la prensa detalles sobre Bosch.[39] El mismo Bosch se había jactado públicamente, en una cena para reunir fondos celebrada antes de su arresto, de que "nuestra organización ha emergido en muy buena forma con el trabajo de Letelier".[40]

En la semana que siguió, el Departamento de Justicia citó a los hermanos Novo y José Suárez para que comparecieran ante un gran jurado. El apellido de Suárez saltó a la palestra por estar vinculado al bombazo contra un barco ruso cinco días antes del asesinato de Letelier, al igual que al intento de atentado con bomba a la Academia de Música de Nueva York el 24 de julio, por haber programado a artistas provenientes de la Cuba castrista. El FBI entregó a la vez a Magaly, esposa de Guillermo Novo.[41]

Entonces se abrió otra puerta. El 29 de octubre, el Departamento de Estado llamó para analizar "algo que podía ser de utilidad en la investigación del caso Letelier". Durante el verano, dos chilenos de nombres Juan Williams y Alejandro Romeral —el Departamento de Estado no sabía que estos eran alias— habían tratado de ingresar a Estados Unidos en una jugada a través de Paraguay. El Departamento proporcionaba además las descripciones físicas y fotografías de los implicados. Cornick los contrastó con varios listados de inmigrantes: no había coincidencias.[42] Aun así, los investigadores comenzaron a oír rumores de una reunión de los cubanos con un chileno alto, rubio y de ojos azules, en los albores de la treintena. La descripción calzaba con el tal "Juan Williams".[43]

Estos desarrollos esperanzadores contrastaban con amenazas escalofriantes en contra de la familia y los investigadores, las que habrían de resultar una constante durante las indagaciones del caso Letelier. El 4 de octubre, un varón desconocido llamó a María del Solar, tía de Orlando Letelier. "María, María, María", le dijo en tono condescendiente, "hablar con el FBI no te servirá de nada; tus piernas quedarán dispersas en W[ashington] D.C., como las de Orlando". Y colgó.[44]

A principios de noviembre, Elizabeth Ryden, la novia de Larry Wack —una azafata a punto de sumarse a su tripulación—, estaba parada en el Aeropuerto Kennedy buscando en su bolso la llave para acceder a una oficina de American Airlines. De pronto, un individuo la cogió por el brazo y tironeó de ella.

—Dile a tu amiguito Larry Wack que mantenga su nariz alejada de los asuntos chilenos. ¡O no seguirás siendo tan bonita a futuro! —dijo—. ¡Buum! ¡Buum! ¿Sabes a qué me refiero?

—S-sí, sé a qué se refiere —tartamudeó ella aterrorizada.

El individuo la miró fijamente unos segundos y enseguida se perdió entre la multitud. Ryden se desplomó clamando por ayuda. Cuando al fin se calmó, puso por escrito la descripción del sujeto y su amenaza. American Airlines se negó a permitirle abordar su aeronave, temiendo que ello atrajera un atentado terrorista.

Cuando Wack les contó el hecho a sus colegas, Carter Cornick pensó en las implicancias. Puesto que Wack había estado interrogando a ciudadanos cubanos en Nueva Jersey, Cornick dedujo que quienes habían amenazado a su novia no solo evidenciaban con ello sofisticadas capacidades de inteligencia, sino que además eran con toda probabilidad cubanos interesados en advertirle a Wack que dejara de investigar lo de Chile. Pocos días después, el FBI interceptó una carta de Guillermo Novo en la que este se quejaba ante el Consulado General de Chile por el mal trato de Santiago a los exiliados.[45] La teoría de la conexión Cuba-Chile comenzó a adquirir sentido.

Para noviembre, el Departamento de Justicia barajaba solo dos teorías fundamentales: Letelier y Moffitt habían sido asesinados por el gobierno chileno o por exiliados cubanos. Una tercera teoría implicaba, y se veía reforzada por la amenaza a la chica Ryden, que ambos grupos eran co-conspiradores en el asunto.

El año de 1977 resultaría una suerte de montaña rusa para Propper y su equipo, con sus esperanzas primero en alza y luego reiteradamente desvirtuadas.

Propper y Cornick continuaron citando a los exiliados cubanos a comparecer ante el gran jurado, juramentados el 7 de febrero por la Corte Distrital de los Estados Unidos en el Distrito de Columbia.[46] Los investigadores ofrecieron inmunidad a José Suárez y Alvin Ross a cambio de sus testimonios, pero ambos la rechazaron. Cuando fue interrogado, Suárez se limitó a quedarse allí sentado y sonriendo en lugar de responder. Aunque ambos eran culpables de desacato al tribunal, Propper escogió encarcelar solo a Suárez, en lo que *Los Angeles Times* rotuló como "una de las prisiones más desagradables del país", pero dejó libre a Ross con la esperanza de que otros cubanoamericanos sospecharan que este había cooperado.[47] No dio resultados.

Ignacio Novo respondió 104 de las preguntas formuladas por el gran jurado y abandonó el lugar desestimándolas como una "excursión a pescar".[48]

Guillermo Novo, que había ordenado a los demás mantener la boca cerrada, apareció imperturbable ante quienes lo convocaban. Cuando un periodista dio con él en su negocio de autos usados y le preguntó por el hecho de estar siendo investigado, Novo le espetó de vuelta:

—¿Y eso qué? Déjalos que investiguen. Desde Washington me han enviado ya dos requerimientos para que testimonie ante la comisión del Congreso. No me preocupa. Siempre hacen mucho ruido y después se aquietan de nuevo.

—¿Va usted a negar su participación en actividades terroristas?

—Jamás he considerado hacer eso. Pero, ¿por qué me mira usted así? ¿Creía usted que los terroristas tienen los colmillos asomados, los pelos parados y sangre en las manos?

Novo pidió al reportero una identificación y, por su apellido, concluyó que era ruso. Cuando el individuo se hubo marchado, Novo corrió detrás de él y lo levantó y aplastó contra la pared. "Las manos le temblaban de ira o temor, tenía los ojos inyectados en sangre y el rostro congestionado", escribió el periodista. "Toda su actitud suficiente se desvaneció rápidamente. La apariencia forzada [que exhibía] en su trabajo se había diluido. Enfrente mío había un nuevo Guillermo Novo. Sofocado por su propia perversión y furor, impartía amenazas: 'Dígale a su gente que no habrá misericordia. Los golpearé de nuevo. Nunca me rendiré'".[49]

El 29 de marzo, el mismo Propper recibió una amenaza directa. Estando a solas en su escritorio a temprana hora de la mañana, contestó al teléfono.

—¿Está el señor Propper allí? —dijo una voz ronca.

—Con él.

—Si no apartas tu culo de nuestro caso, te vas a ver sumergido en una mierda tan profunda como el propio Letelier —añadió la voz.

—¿Quién habla? —replicó un alterado Propper, pero solo oyó de vuelta un clic.

En abril de 1977, Guillermo Novo compareció ante el gran jurado, pero se rehusó a contestar cualquier pregunta. Propper dio cuenta de la frustración del equipo de investigadores: "No sabemos una mierda. ¡Ni siquiera sabemos hasta aquí de qué estaba hecha la bomba!".[50] Dos meses después, Novo no apareció en una audiencia sobre la posible violación de su libertad bajo palabra para viajar a Chile.[51]

"Este caso no llegó ante el gran jurado", concluyó uno de los fiscales respecto a los procedimientos.[52]

Scherrer, entretanto, como enlace con los oficiales de inteligencia de América del Sur, entrevistó a Manuel Contreras. Todo cuanto Contreras ofreció fue la "información confidencial" de que era Michael Moffitt quien probablemente había asesinado a Letelier puesto que Ronni Moffitt era una de las amantes del chileno. "¿Por qué otra razón se sentaría cualquier hombre en el asiento trasero mientras la mujer se va adelante?", se preguntó respecto a la disposición en el interior del Chevelle ese 21 de septiembre. "Michael Moffitt era un cornudo". Contreras sugirió a la vez que la aventura de Letelier con Sagrario Pérez-Soto podía también haber provocado su asesinato, aunque nunca osó acusar de ello a Isabel Morel.[53] (Cornick y Wack interrogaron por su parte a la amante venezolana, pero no encontraron ningún vínculo con el asesinato).

Seis meses después del crimen, con tantos caminos que no conducían a ninguna parte, el Departamento de Justicia comenzó a desesperarse. Los funcionarios divulgaron a la prensa que tenían algunas pistas, pero no evidencias. Bob Woodward, el afamado reportero de *The Washington Post* que siguió el caso Watergate, informaba en abril que las autoridades estaban buscando a "un antiguo fabricante de explosivos de la CIA", Edwin P. Wilson, que supuestamente deseaba reclutar cubanos, pero Wilson resultó no tener ninguna relación con el tema Letelier.[54] "No hay ninguna solución a la vista", dijo un investigador a *The Washington Star* ese mismo mes. "Probablemente, la única forma en que alguna vez desanudaremos este caso sea a través de un informante que nos brinde lo que necesitamos para hacer algún arresto".[55]

El 8 de julio de 1977, el FBI tuvo ese golpe de suerte. A las dos de la madrugada sonó el teléfono de Larry Wack. Al otro extremo de la línea estaba Ricardo Cañete, un exiliado cubano de 35 años que decía haber sido el cofundador del Movimiento Nacionalista Cubano, pero que luego se dedicó a falsificaciones de poca monta, cuando descubrió que la violencia del grupo le desagradaba. Cañete tenía la impresión equivocada de que el FBI estaba parado sobre evidencia que permitiría procesarlo eventualmente a él, así que decidió delatar a sus compañeros exiliados.[56] En mayo, Cañete se había reunido con Wack a hablar de un complot del MNC para asesinar a Propper, el fiscal general Griffin Bell y el fiscal general para Nueva York, Robert Fisk.[57] Según Cañete, Ignacio Novo amenazaba con que, si el gran jurado enviaba a su hermano Guillermo a prisión, "es la guerra" entre el MNC y el Departamento de Justicia. Y si Washington normalizaba las relaciones con la Cuba de Castro, "entonces habrá cuerpos diseminados por todas partes".[58]

En la misma reunión, Wack le había preguntado si los Novo habían asesinado a Orlando Letelier:

—¿Crees tú que Iggie [Ignacio] y su hermano sean capaces de algo así?

—Seguro que sí —había respondido Cañete—. Han estado trabajando en ello durante años.

Esta vez, en mitad de la noche y al otro extremo de la línea, Cañete sonaba en estado de pánico:

—¡Larry, tengo que hablar contigo! Lo siento, pero debo hablar con alguien y tú eres el único que puede ayudarme.

Se lo escuchaba acezante.

—¿Qué pasa? —inquirió Wack—. Suenas como si acabaras de ver un fantasma o algo así.

—Ya me gustaría a mí que solo fuese una mierda de fantasma —dijo Cañete—. ¡Si Dios me concediera que fuese solo eso, carajo!

—Continúa —dijo Wack—. Venga, habla, no creo que nadie vaya a estar escuchando en la línea a esta hora de la noche.

—Nunca pensé que se volvería tan serio, te juro por Dios —dijo Cañete—. Pero anoche estuve con Alvin y él me dijo que él había fabricado la bomba que voló a Letelier.

Wack saltó y puso atención.

—¿Qué? ¡No juegues conmigo en algo tan delicado! Espera un poco —le espetó—, empieza de nuevo, voy a grabarlo.

Cañete le dijo que, solo unas horas antes, había sostenido un diálogo con "Al", aludiendo a Alvin Ross. Después de encontrarse en la concesionaria Ford de Ross, Cañete reparó en un maletín en el vehículo de Ross que contenía dos sobres de color marrón marcados con las palabras "Orlando Letelier" y "Chile".

Mientras Cañete falsificaba varias tarjetas de identificación para los cubanos, alardeó de su destreza.

—Yo soy también muy bueno en lo que hago —replicó Ross y se lanzó a alardear por su cuenta de cómo hacía las bombas, incluso una en una cafetera.

—Sí, Al. Seguro —dijo Cañete.

Entonces, la locuacidad característica de Ross lo traicionó:

—No estoy bromeando. La última bomba que hice fue para un trabajo contra un "comunacho" llamado Letelier. ¿No escuchaste de eso?

Cañete estaba a punto de estallar por dentro, pero mantuvo la calma y dijo:

—Corta el rollo, Alvin. ¿No ves que estoy trabajando?

—Es todo lo que te digo.

—Seguro, Alvin —se burló Cañete—. ¿Cómo la hiciste, a ver?

Alvin miró a su alrededor y bajó la voz:

—Siempre uso el explosivo plástico C-4, porque es más fácil de moldear. En la bomba de Letelier usé dos dispositivos de relojería: un reloj y un respaldo de ácido. Solo para asegurarme.

Para entonces, Cañete estaba sudando, pero a la vez curioso por saber más.

—Muy bien, Alvin, me tienes impresionado, carajo. Pero, según he oído, cualquiera puede hacer una bomba. Ese fue un coche-bomba, ¿no es cierto? ¿Y tuviste los cojones para depositar la bomba debajo del coche?

Ross mordió el anzuelo:

—Bueno, podría haberlo hecho perfectamente, pero yo no estaba a cargo de esa parte. El "camaronero" se encargó de eso. Él con su socio.

Con ello, Ross aludía a Virgilio Paz y Suárez, que habían reinstalado la bomba después que la instalación de Michael Townley fallara.

Entonces Wack interrumpió a Cañete en su relato:

—Ay, carajo. Ay, carajo, no lo puedo creer.

Enseguida se aseguró de que Cañete estuviera dispuesto a someterse al detector de mentiras. Y cuando le dijo a Cornick todo ello, este último quedó a la vez boquiabierto: "Es la primera evidencia concreta que tenemos, hasta aquí, en todo el jodido caso".[59] Una semana después, Cañete pasó la prueba del polígrafo. Paz confirmaría luego, al propio Cañete, que "nosotros hicimos lo de Letelier", con Ross asintiendo a su lado. "Nosotros lo sabemos y ellos lo saben, pero deja no más que intenten probarlo".[60]

Las respuestas de Cañete bajo el detector de mentiras incluyeron la afirmación de que "Juan Williams" tenía "cierto parecido" con un operador chileno encubierto que estaba en contacto con los exiliados. Cañete había visto a Michael Townley, pero no conocía su identidad. Y en su confesión a Cañete, Ross mencionó a la vez a "el coronel", un chileno —en alusión posiblemente a Townley o Pedro Espinoza, o a Manuel Contreras—, pero de nuevo el sujeto no era nombrado. "No cabe subestimar el significado de esta identificación", informó el FBI, "en tanto es primera vez que alguien proveyó una identidad para el chileno rubio, de ojos azules y angloparlante".[61]

También en julio, Propper se aseguró finalmente una entrevista con Rolando Otero, un íntimo asociado del MNC. Y consiguió que el terrorista hablara de sus días en Chile en 1975, cuando varios oficiales chilenos lo habían interrogado. En esa instancia, Otero describió a uno de los agentes de la Dina como alto, delgado, de cabellos rubios y ojos azules, y que hablaba español con acento estadounidense". Hasta propuso que una foto de "Juan Williams" se parecía a la del individuo rubio. Propper mantuvo la calma, pero la revelación vino a confirmarle lo que había oído en boca de otro informante: que "Juan Williams" podía ser estadounidense.

"Un avance trascendental", lo calificó Scherrer desde Sudamérica, y buscó en los archivos chilenos —en el Registro Nacional de Identificación, en el Ministerio de Defensa—, pero no encontró coincidencias con Williams o Romeral. Scherrer examinó a la vez 1.500 tarjetas individuales de ciudadanos estadounidenses registrados en Chile, también en vano.[62] "Williams" era ahora el elusivo foco de la investigación.

En agosto, el gobierno chileno confirmó que miembros del MNC habían estado en Chile, pero señaló, sin que ello sorprendiera a nadie, que no había detectado conexiones entre el mismo y el asesinato de Letelier.[63] Propper se quejó ante Robert Pastor, miembro del Consejo de Seguridad Nacional de Jimmy Carter, de que "la información que recibimos [del gobierno chileno] fue superficial, incompleta, y no respondió a ninguna de las preguntas relevantes que planteamos. Su respuesta sugiere ausencia de buena fe y una falta definitiva de voluntad para proveernos de algo de valor". Propper estaba ahora convencido de que los exiliados habían cometido el crimen con apoyo de la Dina, pero no disponía de evidencia sólida.[64]

En septiembre, Ricardo Cañete desapareció de la vista y además pareció que Guillermo Novo había pasado a la clandestinidad. Al asistir a un mitin en Union City, Ross dijo a un entrevistador "que Novo es un héroe del pueblo cubano en Union City, Nueva Jersey, y que el pueblo cubano lo esconderá cuanto sea necesario". A pesar de las promisorias pistas, lo que *The Washington Post* denominó como "una de las investigaciones más complicadas desde el caso Watergate" estaba ahora estancada.[65]

Y así continuó el asunto durante medio año más.

En enero de 1978, Guillermo Novo, Virgilio Paz y Alvin Ross contactaron a Michael Townley para exigirle 25.000 dólares en efectivo como préstamo para relocalizarse pues la investigación del asesinato de Letelier "les estaba ardiendo a ellos en las manos". Esta fue la primera y única oportunidad en que pidieron alguna compensación. Townley recurrió a Contreras. "Pueden enviar a sus familias a Chile", respondió este último, "pero de mí no van a recibir ningún dinero".[66]

En Propper creció la convicción de que la solución del caso residía en Chile y de que el gobierno estadounidense tenía que presionar con mayor dureza a Santiago.

9

DIPLOMACIA POR LETELIER

"Si son capaces de hacer esto y salirse con la suya en las narices de la CIA y el FBI", dijo en noviembre de 1976 el presidente electo Jimmy Carter respecto al asesinato de Letelier y Moffitt, "entonces ningún presidente podrá gobernar".[1] Carter entendió muy bien lo que Michael Townley, Guillermo Novo y Manuel Contreras no entendían: que un ataque tan descarado a un disidente chileno en suelo estadounidense era inaceptable para el aparato que diseñaba la política de Estados Unidos, ya fuese republicano o demócrata. Ello infringía la soberanía estadounidense y generaba la impresión de que Estados Unidos era incapaz de controlar policialmente sus propias fronteras. Traía la Guerra Fría demasiado cerca de casa y la hacía parecer fuera de control. El asesinato en Sheridan Circle se transformó en lo que un historiador designó como "el clavo último en el ataúd de la relación de Estados Unidos con Chile".[2]

Aun cuando el Departamento de Justicia y el FBI estuvieran a cargo de la investigación, los diplomáticos pesaron también muchísimo en la búsqueda de justicia para el caso Letelier-Moffitt. Solo ellos podían hacer suficiente presión sobre el gobierno de Pinochet para que colaborara con el equipo de Eugene Propper, y su visión del futuro de la relación entre Estados Unidos y Chile resultaría crucial. Robert Steven, un funcionario de la Sección Chile en el Departamento de Estado, estaba entre un grupo creciente de individuos que creían que "no estábamos contra el gobierno chileno, ni estábamos contra lo que los militares habían hecho. Estábamos contra el abuso que ello representaba y el terrorismo que se había llevado a cabo en su nombre".[3]

Afortunadamente para Isabel Morel y las muchas personas que buscaban justicia, Carter estaba mucho más enfocado que sus antecesores, Richard Nixon y Gerald Ford, en los derechos humanos. Henry Kissinger no podía ya desestimar a quienes se preocupaban del tema, como cuando garrapateó una nota en un cable de David Popper, embajador estadounidense en Chile, en el que le sugería prestar atención a los derechos humanos: "Díganle a Popper que deje de lado los malditos sermones propios de las ciencias sociales".[4] Como contrapartida, Carter hablaba de esos derechos como el *ethos* esencial de su política exterior. Durante un debate de campaña, el antiguo gobernador de Georgia irritó al presidente Ford por su negligencia respecto a los prisioneros políticos chilenos.[5]

Aun así, no había preparada una respuesta diplomática suficientemente robusta para el asesinato de Letelier. El 21 de septiembre de 1976, el Departamento de Estado, entonces bajo la administración de Gerald Ford, expresó "su grave preocupación" por el atentado explosivo contra Letelier, pero la mayoría de sus funcionarios dudaba de que Chile tuviera algo que ver con ello.[6] "Nunca hemos tenido ningún indicio de que la Dina esté en algún sentido operativa en territorio estadounidense", escribió ese día el embajador Popper, "y nos resulta difícil creer que incluso los más fanáticos entre sus líderes se expusieran a las consecuencias de estar implicados en un acto terrorista en Washington".[7] A la vez, ¿por qué despojar a Letelier de su nacionalidad justo antes de matarlo? La CIA disfrutó de "lo que equivalía a un veto" sobre los informes del Departamento de Estado acerca de abusos en el área de los derechos humanos, según Steven, al hacer casi imposible el envío de esa información de vuelta a Washington. Incluso Foggy Bottom (el Departamento de Estado) era renuente a "agitar el gallinero", recordaba Steven. El intermediario de su propio secretario adjunto "me llamó y me dijo: 'Bob, verdaderamente pensamos que deberíamos dejar a[l Departamento de] Justicia llevar la iniciativa en esto'. La señal era muy, muy clara: déjalo".[8]

Otros, en cambio, estaban seguros de que solo el gobierno de Pinochet podía tener esa avidez de sangre. Ya el 21 de septiembre, alguien irrumpió en el despacho de uno de los funcionarios responsables de la sección América Latina en el Departamento de Estado proclamando "¡la Dina mató a Letelier!".[9]

Una cosa era segura, recordaba luego un diplomático: "Todos en el Departamento de Justicia y el Departamento de Estado querían atrapar y castigar a quienes fueran responsables de ese asesinato en Washington".[10] Steven, que fue quien probablemente más ayudó a Isabel Morel, reafirmaba el grado en que el asesinato de su esposo "fue en muchos sentidos una provocación, un desafío, una bofetada en el rostro para nosotros. (...) [Estábamos] a la vez indignados de que creyeran que podían salir librados después de hacer esta clase de cosas en Washington D.C. (...) Sospecho que más de la mitad de las horas que pasé en mi cargo durante esos dos años estuvo dedicada al caso Letelier".[11] El director adjunto de la misión en Santiago concordaba en que "la mayor parte de la diplomacia efectuada en esos años" podía calificarse como "diplomacia por Letelier".[12]

Entretanto, la mayoría de los funcionarios chilenos seguía siendo inconsciente de que su propio gobierno había ordenado el atentado. Manuel Trucco, embajador de Pinochet en Washington, vivía en la misma rotonda en que Letelier y Moffitt fueron asesinados. El 21 de septiembre se levantó a las 9:30, un poco más tarde que lo habitual porque debía dirigirse al aeropuerto y no trabajaba ese día. Eso fue pocos minutos antes de que Letelier girara en Sheridan Circle. Desde la ducha, Trucco escuchó el estallido del Chevelle. "¡Ha pasado algo!", gritó mirando por la ventana.[13] Y buscó a su esposa, pero no dio con ella. Finalmente, salió al exterior, donde ella y la sirvienta observaban los destrozos. Trucco escuchó de algún transeúnte que alguien "arrojó una bomba", así que volvió al interior, ajeno a la posibilidad de que su gobierno estuviese involucrado en el asunto. Cuando fue interrogado más tarde, el personero negó de plano que la Dina operara en el exterior o contara con personal entre la dotación de la embajada.[14]

El régimen pinochetista, a la vez que denunciaba el asesinato y llamaba a una investigación de Estados Unidos, alegó que estaba siendo incriminado, que él mismo era la víctima. "Un hecho como el ocurrido solo afecta al gobierno chileno", planteó el ministro de Relaciones Exteriores, "pues rápidamente se inserta en la campaña propagandística que desarrolla la Unión Soviética en contra nuestra". Hacía notar que todos los atentados terroristas contra chilenos se superponían con reuniones de la Asamblea General de la ONU y, por tanto, parecían intentos de llamar su atención.[15]

Los diarios chilenos brindaron incluso más conjeturas. *La Tercera* predijo que el "terrorismo ultraizquierdista" acusaría a "agentes fascistas" y concentraría la culpa en Pinochet, vinculando la pérdida de la ciudadanía por Letelier a su muerte.[16] *El Mercurio* sostuvo que

Letelier y los Moffitt se dirigían a la embajada chilena con una bomba cuando la explosión ocurrió. El embajador Trucco *vendió* una historia similar, agregando que Letelier no era "un motivo de preocupación para mí" porque vivía en "una isla de marxismo, y una isla que no tiene impacto alguno en los Estados Unidos". Además, añadía la prensa, si Santiago quería muerto a Letelier, ¿por qué no lo había asesinado cuando lo tenía encarcelado?[17]

En agosto de 1977, sin embargo, Contreras tuvo un duro despertar. A causa de la creciente cobertura de prensa sobre el asesinato, Pinochet resolvió disolver la Dina y sustituirla por la Central Nacional de Informaciones (CNI). La autoridad de la CNI se vio muy menoscabada, como lo fueron el poder y presupuesto con que antes contaba Contreras. La decisión de Pinochet dividió en apariencia incluso a su familia. Su esposa, Lucía Hiriart, visitó a Contreras en su casa para consolarlo y abandonó a su marido durante dos semanas en señal de protesta. Volvió a casa solo después de que Pinochet exigió a un obispo que mediara a favor de la pareja.[18]

Independientemente de ello, Contreras no podría ya diseminar el terror en todo Chile.

Mientras tanto, los esfuerzos diplomáticos para hacer avanzar el caso Letelier-Moffitt se movían tan lentamente como la investigación de Eugene Propper.

A mediados de 1977, el presidente Carter se reunió con el presidente venezolano, Carlos Andrés Pérez, quien le indicó que tenía "buenos informes, pero no pruebas", de que un grupo de cubanos enviados por la Dina eran quienes habían matado a Letelier.[19]

En septiembre, Pinochet viajó a Washington junto a otros veintitrés jefes de Estado de América Latina para la firma de los tratados del Canal de Panamá, un logro significativo de Carter. Con él iban Manuel Contreras y un personal de seguridad cercano a treinta personas, cuando los alegatos relativos al involucramiento de Contreras en el asunto Letelier-Moffitt habían recién aflorado a la superficie.[20]

En un desayuno en que el dictador apareció por primera vez, desde lo ocurrido en Sheridan Circle, ante la prensa estadounidense, Jeremiah O'Leary, de *The Washington Star*, se sentó a su lado. "Señor presidente, tengo que hacerle una pregunta: ¿Alguien del gobierno o el ejército chileno tuvo algo que ver en la planificación o realización del asesinato de Letelier?".[21]

Pinochet miró con expresión grave a O'Leary y puso los dedos pulgar e índice sobre sus labios haciendo la señal de la cruz: "Soy un cristiano, no un asesino. Puedo jurar que nadie dentro del gobierno chileno planeó jamás una cosa así".[22]

Más tarde, con Pinochet en la Oficina Oval, Carter trajo a colación el tema de los derechos humanos y su propia determinación de ir hasta el fondo del asesinato de Letelier. Pinochet se limitó a asentir y prometió su cooperación.[23]

Nada de esta cortesía elusiva le agradaba a Michael Moffitt, que había estado exigiendo, junto a Isabel Morel, su propia reunión con Carter. "Si Carter es serio respecto a los derechos humanos, ¿por qué no nos acoge a Isabel y a mí igual que ha acogido a Pinochet?", se preguntó en una conferencia de prensa.[24]

Pocos días después de que Pinochet volviera a Santiago, Carter anunció el nombre de su nuevo embajador en Chile: no era otro que George Landau, el hombre que había manejado los pasaportes falsos de Williams y Romeral en Paraguay en el verano de 1976. Robert Steven recordaba a Landau como "un hombre de muchos principios", que "estaba cuando menos tan indignado como yo por lo que se había hecho en este país".[25]

El gobierno estadounidense disponía por cierto de herramientas para imponerse sobre Chile. Entre otros tipos de ayuda, la administración Ford había aportado sesenta millones de dólares en préstamos al pequeño país, y Carter bien podía quitarle esa ayuda.[26]

Pero Landau debía ser cauteloso en su aproximación a los chilenos: demasiado poca presión haría que lo ignoraran o soslayaran sus peticiones; una presión excesiva podría herir su orgullo y hacer que se negaran a colaborar. Los diplomáticos estadounidenses, junto con Propper, no podían dar al gobierno de Pinochet demasiada información, digamos sobre "Williams" y "Romeral", para que Santiago no resolviera "depurar" la evidencia. Esos diplomáticos informaban que sus contrapartes chilenas se mostraban "genuinamente impactadas" cuando se las confrontaba con acusaciones o evidencia respecto a la complicidad de su gobierno. Además, añadían, Letelier era "un objetivo merecedor" de una acción así, ¿qué sentido tenía, pues, investigar esto?[27]

Entonces, los diplomáticos estadounidenses sufrieron un contratiempo no previsto.

El 22 de octubre de 1977, Guillermo Osorio se dirigió al edificio Diego Portales, sede del poder de Pinochet, a una recepción diplomática en honor de autoridades militares peruanas de visita en el país. Osorio, un funcionario de carrera, era el director de protocolo de la cancillería chilena y a la vez el hombre de la Dina en el Ministerio de Relaciones Exteriores. Entre sus funciones estaba la concesión de pasaportes y era quien, en agosto de 1976, había emitido los pasaportes oficiales chilenos para "Williams" y "Romeral" y firmado una petición a la embajada de Estados Unidos para que les fueran concedidas visas diplomáticas A-2. Los diplomáticos norteamericanos pensaban que Osorio debía, por ende, conocer la verdadera identidad de los dos.[28]

En la recepción mencionada, celebrada más de un año después de la explosión en Sheridan Circle, Osorio bebió unas cuantas copas de vino tinto. De pronto, al otro extremo de la estancia, vio a Manuel Contreras parado y sonriéndole. Con el jefe de la CNI estaba el coronel Enrique Valdés Puga, el número dos en el Ministerio de Exteriores. Cuando Contreras y Valdés caminaron hacia él, Osorio pareció ponerse nervioso. Los dos hombres lo condujeron entonces al vehículo de Contreras y enseguida a otra recepción en el Club Militar para celebrar la promoción de dos oficiales y la nominación del propio Osorio como nuevo embajador en Austria.[29]

Poco después de las dos de la tarde, Valdés y Contreras llevaron a Osorio de vuelta a su casa. A Renato, el hermano de Osorio, le pareció "raro" que dos individuos tan importantes hicieran esta clase de favor a un subordinado.[30] Minutos después llegó Mary Rose Scroggie, la esposa de Osorio, y se cruzó con Contreras. Y almorzó a solas con su esposo. Aquí su relato empieza a diferir de los de otros. Scroggie señaló que el almuerzo "fue apacible y agradable", en tanto la sirvienta informó que entre ellos "hubo una seria discusión". Sea como sea, Osorio terminó excusándose para ir "a tenderse un rato". Según Mary Rose, eso lo hizo solo.

Según Renato Osorio, Mary Rose se le unió. En cierto momento, Mary Rose Scroggie se inclinó sobre él y pensó que Guillermo Osorio estaba dormido. A las tres de la tarde, un único disparo la despertó de un salto.

La sirvienta corrió escaleras arriba.

"¡No entres!", le gritó Scroggie desde detrás de la puerta cerrada del dormitorio y, cuando ella la abrió de todas formas, Osorio tenía un arma en su mano y un orificio de bala en la frente.

Mary Rose Scroggie recordaba, en cambio, que ella subió corriendo las escaleras junto con la sirvienta.

Y en lugar de llamar a la policía, telefoneó a sus parientes y a Enrique Valdés. No fue sino hasta las seis de la tarde que llegó el médico a la escena. Alrededor de esa misma hora llegó el general Carlos Forestier, uno de los operadores más duros de Pinochet, para hacerse cargo. Él ordenó que no se hiciera ninguna autopsia, pese a que la legislación chilena la exige en caso de muerte violenta. Para sortear esta ley, Forestier instruyó que el certificado de muerte debía decir "ataque al corazón" como causa del fallecimiento. El juez instructor, "del tipo pusilánime", según Renato Osorio, acató la instrucción.[31] Se rumoreó entre alguna gente que Forestier estaba teniendo un amorío con Mary Rose Scroggie y que Osorio los había sorprendido, caso en el cual su muerte no tendría nada que ver con Letelier.[32]

La familia Osorio comenzó a incordiar a la Corte Suprema a raíz del tremendo orificio en la frente de Osorio..., no exactamente un efecto colateral de un ataque cardíaco. Un mes después de su muerte, la corte ordenó que el cuerpo fuera exhumado y se le hiciera la autopsia. Como resultado de ello, surgió una nueva causa oficial de muerte: suicidio.[33] Pero, ¿por qué iba a matarse Guillermo Osorio?, pensaron Mary Rose y Renato. El 22 de octubre, él mismo estaba de muy buen humor y emocionado de que lo hubieran ascendido al rango de embajador. Acababa de comprarse una casa. No eran comportamientos propios de un individuo desesperado.[34]

Cuando se reveló que la bala había ingresado al cráneo de Osorio desde atrás y desde abajo, circularon rumores de que se trataba de un "crimen pasional".[35] Mary Rose Scroggie no postuló ninguna teoría, al menos no públicamente. Renato Osorio, por su parte, especuló con que Scroggie había cooperado con un tercero para matar a su esposo: lo habrían emborrachado y drogado y entonces llegó alguien más que puso un arma en su mano y jaló del gatillo.[36]

Cualquiera fuese la verdad, la inoportuna muerte de Osorio implicó que los investigadores estadounidenses habían perdido un potencial testigo clave.

Las posibilidades de atrapar a los asesinos de Letelier empeoraron aún más el 4 de enero de 1978, cuando Pinochet realizó un plebiscito para fortalecer su régimen. La Asamblea General de la ONU había aprobado una resolución copatrocinada por la administración Carter en la que se condenaba a Chile por violaciones a los derechos humanos. En respuesta, Pinochet planteó a los chilenos la siguiente pregunta sesgada, a la que ellos debían responder "Sí" o "No": "Vista la agresión internacional contra el gobierno de nuestro país, apoyo al presidente Pinochet en su defensa de la dignidad de Chile, y confirmo de nuevo la legitimidad del Gobierno de la República en su liderazgo soberano del proceso de institucionalización del país". En un plebiscito sin registros electorales ni transparencia en el sufragio, con los partidos opositores prescritos y sin campaña legal, el "Sí" obtuvo el 78,6 por ciento de los votos, en un proceso que con los años ha quedado severamente cuestionado.

Lo que sí ayudaba a apuntalar la suerte política de Pinochet era la mejoría económica del país. Desde los días de Allende, y después de algunos años de rigores, la inflación comenzó a decrecer y el producto nacional bruto, a aumentar.[37] A comienzos de mayo, el Departamento de Agricultura de Estados Unidos aprobó 38 millones de dólares en créditos a los agricultores y ganaderos chilenos. En respuesta a acusaciones de que esa ayuda violaba la política de derechos humanos de la administración Carter, los diplomáticos explicaban que los créditos podían de hecho "alentar avances políticos", como era la colaboración en el caso Letelier. El senador Ted Kennedy no quería saber nada de ello y acusó al Ejecutivo de estar otorgando financiamiento "por la puerta trasera" a un régimen criminal.[38]

Como para reivindicar el purismo libremercadista de Pinochet, su gurú económico, Milton Friedman, había obtenido el Premio Nobel de Economía en 1976.

Para mayo de 1978, Pinochet había perdido a la vez relevancia como blanco de los observadores en temas de derechos humanos, ya que había levantado el estado de sitio en el país, otorgado una amnistía a algunos prisioneros, nombrado a varios civiles en su gabinete y acelerado los planes para promulgar una nueva Constitución. Pese a ello, hacían notar muchos, la maquinaria represiva del régimen seguía en su mayor parte vigente. Todavía regía en el país un estado de emergencia, centenares de personas estaban aún "desaparecidas" y los disidentes, sindicatos y buena parte de los partidos políticos seguían estando prohibidos o severamente restringidos.[39]

En medio de esa incertidumbre, Eugene Propper intentó una jugada riesgosa. Frustrado por la inacción de Chile y las bocas cerradas de los cubanoamericanos, se le ocurrió la idea de enviar petitorios a Santiago por medio de cartas rogatorias: un requerimiento formal del tribunal de un país al de otro para contar con su ayuda judicial. Cuando alguien quiere, por ejemplo, hacer una citación internacional u obtener evidencia de otro país, las cartas rogatorias son el instrumento escogido.

A principios de febrero, Propper y su superior, Earl Silbert, firmaron la solicitud de cartas rogatorias y la enviaron al Departamento de Estado. Allí, un juez de distrito estadounidense, junto con el fiscal general, Griffin Bell, y el secretario de Estado, Cyrus Vance, firmaron las cartas oficiales. La carta de presentación del juez explicaba que el crimen de Letelier era perseguible bajo el Código 1116(a) de Estados Unidos, que protegía a los funcionarios extranjeros en su suelo, y que el Código 2401 del Distrito de Columbia definía la muerte de Moffitt como asesinato en primer grado. El gobierno estadounidense había identificado a dos militares chilenos, Juan Williams Rose y Alejandro Romeral Jara, como las dos figuras que habían hecho ingreso al país antes del crimen. "Se solicita, por ende", escribió el juez, "que haga usted comparecer a cada uno de estos individuos en los tribunales para que respondan bajo juramento a las preguntas escritas adjuntas a esta solicitud". Acompañaba al documento un total de cincuenta y cinco preguntas, además de la demanda de que Propper estuviera en Chile durante los interrogatorios.[40]

El 17 de febrero, el secretario de Estado adjunto, Warren Christopher, citó al embajador chileno, Jorge Cauas, a su despacho, le entregó las cartas rogatorias e hizo hincapié en su "extrema importancia".[41] Cauas actuó con frialdad, prometiendo la plena cooperación de su gobierno. Al mismo tiempo, en Santiago, el embajador Landau entregaba igual documento al ministro de Exteriores, Patricio Carvajal.

Cuando Christopher confrontó a Cauas, el chileno le pidió que todos los contactos que se hicieran en el caso fueran mantenidos en secreto. "No es posible" —respondió Christopher—. "Esto se hará público". Propper había recibido sin sellar la carta de presentación en que se incluía el nombre de los dos hombres misteriosos, lo cual significaba que sería archivada como documento público en la corte distrital de Estados Unidos. Los periodistas podían revelarlos —especialmente si eran alentados a ello por el Departamento de Justicia— y comenzar a formular preguntas al gobierno de Chile.[42] El listado de preguntas fue, entretanto, adosado a las fotografías de los dos chilenos y se mantuvo sellado. Propper mantuvo en secreto las preguntas para evitar que el público intuyera cuánto sabían los investigadores... y cuánto no.

El 22 de febrero, la noticia de las cartas rogatorias apareció en la primera página de *The Washington Post* y *The Washington Star* y fue difundida por las cadenas televisivas de noticias *NBC, CBS* y *ABS*. Fue el primer reconocimiento público de que Washington estaba enfocado en Chile, cuando se cumplían diecisiete meses de ocurrido el caso Letelier. La respuesta inmediata de Santiago fue su no respuesta. Los periodistas, por su parte, acudieron a las direcciones dadas por "Williams" y "Romeral", pero una no existía y en la otra no había nadie con esos nombres. Los funcionarios del Registro Civil declararon que el apellido "Romeral Jara" no había sido encontrado en sus archivos. Las tres ramas de las Fuerzas Armadas declararon no contar entre sus filas con nadie de esos nombres.[43]

Propper y los diplomáticos tenían, eso sí, un último as bajo la manga: habían mantenido en secreto las fotos de "Williams" y "Romeral". ¿Qué pasaría si se lo jugaban?

10

CUECA SOLA

La cueca es el baile nacional de Chile. Ella escenifica a un hombre y una mujer vestidos con ropas tradicionales del campo y orbitando de frente en un controlado cortejo. Cuando los esposos, padres e hijos comenzaron a desaparecer bajo el régimen de Pinochet, las mujeres que ellos dejaron atrás bailaban la cueca con sus fotografías para subrayar su angustia y devoción.

A esta manifestación de soledad se la denominó la *cueca sola*. Ella representaba la nueva realidad en la vida de Isabel Morel.

Los memoriales que siguieron al asesinato fueron lo que primero evidenció el abismo político al que sería empujada Morel... y la importancia de su liderazgo. Como contrapartida a la cautela dominante en la prensa y los gobiernos estadounidense y chileno, los apoyos de Orlando Letelier, Ronni Moffitt y el Instituto de Estudios Políticos difundieron de manera inequívoca su punto de vista. Tan solo minutos después del asesinato, los amigos y colegas del IPS se congregaron frente a la residencia en Sheridan Circle de Manuel Trucco, el embajador de Pinochet en Washington, a gritar "¡Pinochet, asesino!".[1] Al atardecer, cientos de personas se reunieron enfrente del hogar de los Letelier en Ogden Court. Joan Baez estuvo allí, dedicando cuatro horas a cantar las canciones favoritas de Orlando Letelier.[2] "Fue un día oscuro, en extremo devastador", recordaba su hijo Francisco. Al poco tiempo, comenzó a despertarse con la culpa del sobreviviente.[3]

El 22 de septiembre, Morel recibió el informe de autopsia de su esposo, lo fotocopió y envió copias a diecisiete líderes militares de Chile, incluido Pinochet.[4]

El Chile Legislative Center, que trabajaba a favor de los derechos humanos en el país, hizo circular un volante con el que se llamaba a una manifestación a las cinco de la tarde en Dupont Circle y a los ciudadanos estadounidenses a denunciar el apoyo norteamericano al régimen de Pinochet. "El terror que creamos y apoyamos en el extranjero ha vuelto a casa para rondarnos", decía.[5] *The Daily World*, de inspiración socialista, fue incluso más lejos y postuló que el asesinato era "la obra del imperialismo estadounidense. Si bien la mano que puso la bomba es chilena, el dinero que pasó por esa mano vino de Estados Unidos".[6] En Dupont Circle, esa misma tarde, los amigos vocearon su pena y su ira.[7]

Entretanto, la recién viuda Isabel Morel debía ocuparse de la logística y negociar con la funeraria Gawler's, situada en la avenida Wisconsin, donde yacía el cuerpo de Letelier. A la par de ello, recibía llamadas y telegramas de todos los rincones del mundo, y arbitró las diferencias entre sus amigos y colegas durante el servicio en memoria del asesinado. En ningún momento lloró.[8]

Los funerales de Letelier y Moffitt se celebraron cinco días después del crimen, el domingo 26 de septiembre. Ese gris día de otoño, dos mil quinientos simpatizantes —algunos dicen que cinco mil— caminaron el kilómetro y medio que hay entre Sheridan Circle y la catedral católica de St. Matthew para participar en una gran misa de réquiem. Fue la mayor congregación contra Pinochet alguna vez ocurrida en Washington D.C. A la cabeza de los dolientes portando brazaletes negros iban Isabel Morel y sus cuatro hijos, junto a Michael Moffitt y los dos hermanos de Ronni. Hortensia Bussi de Allende, la viuda del presidente chileno, estuvo al lado de Isabel. Sumados a la procesión estuvieron los senadores George McGovern y James Abourezk, el exsenador Eugene McCarthy y los congresistas George Miller, Tom Harkin, Peter Stark y John Brademas. Algunos portaban grandes fotografías de Letelier y Moffitt, otros desplegaron un lienzo que decía: "Orlando vive en el corazón del pueblo". En Sheridan Circle, los que desfilaban alzaron con furia el puño ante la casa del embajador. Cuando alguien advirtió a un hombre con una cámara, temieron que fuese un agente de la Dina y ocultaron sus rostros detrás de mascarillas de cartulina rosa. Gritaban: "¡Chile sí, junta no!".[9]

La rabia y los gritos cedieron de manera abrupta cuando Isabel Morel se aproximó al lugar en que el Chevelle había terminado y donde un memorial habría de conmemorar eventualmente el evento. Allí ella depositó una rosa y un clavel en la acera, y Michael Moffitt la rodeó con sus brazos.[10]

A la catedral solo pudieron ingresar quinientas personas y únicamente después de que los perros detectores de bombas del FBI las examinaran. Las otras dos mil permanecieron en el exterior.[11]

Además de los congresistas, representantes de más de treinta y cinco embajadas y varios exiliados chilenos prominentes asistieron. La campaña de Jimmy Carter envió delegados, al igual que el Partido Comunista de Estados Unidos.[12]

El obispo James Rausch abrió el servicio lamentando "la violencia sin sentido del terror".[13] En su propio discurso, el senador McGovern se hizo eco de los temores de Carter acerca de las repercusiones últimas del asesinato en Washington: "Si Orlando Letelier tenía que morir a los 44 años y la querida Ronni Moffitt a sus 25 a causa del poder sin freno de unos dementes, quiere decir que ninguno de nosotros está seguro".[14] Y prometió la "investigación más persistente" para dar con los asesinos. Hortensia Bussi de Allende, por su parte, urgió para que "las iglesias, la prensa, las organizaciones sindicales, el Congreso", en los Estados Unidos y cualquier otro lugar, "intensificaran su actividad de solidaridad con el pueblo de Chile".

"Me está resultando difícil seguir adelante sin mi esposa", dijo calmadamente Moffitt a los reunidos. "Ha muerto fiel a la tradición de un gran listado de otros héroes en Norteamérica", agregó, "la clase de héroes de los que no se oye mucho en el año del bicentenario. Son los héroes que murieron organizando los primeros sindicatos en Estados Unidos, los héroes que murieron en las carreteras y las calles de Mississippi y Alabama organizando las marchas por los derechos civiles, los héroes que murieron en ataques sufridos cuando organizaban a los trabajadores agrícolas de California". (...) "Si el propósito de la junta y sus secuaces era el de silenciar la voz que hoy habla por un Chile libre y por los pueblos amantes de la libertad en todas partes", concluyó, "no han conseguido silenciar esa voz, ¡la han multiplicado un centenar de veces!".[15]

Entonces Joan Baez cantó "Gracias a la vida". El clásico tema chileno, con su estribillo de "gracias a la vida, que me ha dado tanto", hizo finalmente que Isabel Morel rompiera en llanto.[16]

Otros servicios tuvieron lugar en todo el mundo. Unas setecientas personas se reunieron en las Naciones Unidas con carteles que decían "Chile será libre", "Abajo la junta fascista" y "Venganza para Letelier". En la ciudad de Quebec, la capital de una provincia que habría de dar la bienvenida a miles de exiliados, setenta personas se manifestaron frente al consulado de Estados Unidos exigiendo una investigación.[17] A principios de octubre, varias agrupaciones eclesiásticas y organizaciones no gubernamentales juntaron sus recursos para auspiciar un servicio en la catedral católica de San Pablo apóstol en la calle 59 Oeste de Nueva York.[18]

La administración Ford se mantuvo al margen de los servicios conmemorativos, pero después del evento en St. Matthew el Departamento de Estado traspasó el asunto a un grupo de trabajo contraterrorista. Calificó los discursos de "impresionantes" y reparó en los vigorosos llamados a desarrollar "una investigación exhaustiva".[19]

El tema de dónde sería enterrado Letelier saltó a la palestra el mismo día de su muerte. Cuando aún estaba en el Hospital George Washington, alguien le preguntó a su viuda si ella tenía alguna otra preferencia que la de enterrar a Letelier en Washington, o si debía ser en Chile, aunque no fuese ya ciudadano chileno. "No lo sé", suspiró ella. "Mi primer pensamiento fue que Orlando hubiera querido que se lo enterrara en suelo chileno. Pero no lo sé".[20]

Estando ella aún en el hospital, los presidentes de Venezuela y México, que estaban casualmente reunidos en Caracas, se ofrecieron a acoger el entierro de su esposo.[21] Isabel Morel escogió Venezuela, la tierra que había recibido dos veces a su familia y estaba más cerca de Chile.[22] Tres días después de la ceremonia en St. Mathew, ella y el cuerpo de Orlando Letelier aterrizaron en el aeropuerto de Caracas. Centenares de personas los recibieron y, a lo largo de la ruta al Cementerio del Este, la multitud se alineó en las veredas. El presidente Carlos Andrés Pérez y su gabinete le manifestaron sus condolencias personales a Isabel.[23] Acerca del lugar en que descansó su esposo, ella misma señaló: "Es un sitio muy hermoso, en una colina con vistas a Caracas. Descansa allí —a medio camino entre Washington y Santiago— hasta el día en que volvamos a tener un Chile libre".[24]

El asesinato golpeó duramente al IPS. Letelier y Moffitt eran algunos de sus colaboradores más laboriosos y estaban entre sus empleados más queridos, y su muerte repentina y espectacular dejó estupefactos a muchos.

Saul Landau, amigo cercano y colega, se enteró del bombazo por su esposa, Rebecca Switzer. "Me llamó para decirme que acababa de ver el accidente más horrible que le había tocado nunca en su vida, con trozos de ropa, sangre y partes del vehículo diseminados en toda la calle. Un minuto después supimos que era Orlando. En el IPS cundió la histeria". Mientras los líderes Marcus Raskin y Richard

Barnet acudían al hospital a encontrarse con Isabel Morel, Landau quedó a cargo. "No tenía idea de lo que debía hacer, así que solo dije: 'Cierren las puertas'".[25]

La oficina estuvo ese día de duelo. Muchos lloraban, otros recibían mensajes de condolencias y otros incluso seguían al teléfono y planeando una conferencia de prensa.[26]

Atiborrado como solía estar de tipos humanos afines a la contracultura y contrarios al sistema, el IPS sospechó largamente del gobierno estadounidense, y en especial del FBI. En 1974, el centro de pensamiento había presentado una demanda multimillonaria que, tal y como escribió Landau,

> acusaba a la agencia federal de infiltrar de manera ilegal informantes dentro del IPS, pinchar sus teléfonos, intervenir su correspondencia y mantener bajo vigilancia a sus colaboradores entre 1968 y 1972. Adicionalmente, el IPS acusaba al FBI de hurgar sistemáticamente en su basura y, en una ocasión, de haber reconstruido a partir de cintas de máquina gastadas una carta escrita por uno de sus colaboradores. El FBI admitió ante un Comité Investigador del Congreso formado en 1975 que había, en efecto, infiltrado a sesenta y dos informantes en el IPS. La causa estaba aún pendiente en septiembre de 1976.[27]

Alrededor de las dos de la tarde, cuatro horas y media después de que el Chevelle estallara, agentes del FBI acudieron prestos con armas y perros a los pasillos por los que solían transitar los colegas de Letelier y Moffitt, con el fin de registrar sus oficinas. Landau reaccionó sustrayendo de los archivos de Letelier cualquier cosa que pudiera comprometer a las fuerzas contrarias a Pinochet dentro o fuera de Chile.[28] Todos los empleados se negaron a ser interrogados a menos que estuviera presente un abogado del IPS. Robert Borosage, del propio instituto, amenazó con volver loco al FBI con los abogados de signo radical.[29]

Los agentes investigadores no sabían nada de Chile. Cuando preguntaron al personal del IPS quiénes creían ellos que eran los responsables del asunto y se les dijo que "la "Dina", ellos respondieron: "¿Podrían por favor deletrear ese nombre?".[30] "¿Quién es esa Dina?", se preguntó Carter Cornick. "¿Cuál es su apellido?".[31]

—¿Quién cree usted que puede haber asesinado a Letelier y Moffitt? —preguntó el mismo FBI a Landau.

—Pinochet.

—De nuevo, por favor.

—Augusto Pinochet Ugarte, el presidente de Chile —explicó Landau—. A-U-G-U-S-T-O. P-I-N-O-C-H-E-T.

—Más lento, por favor. (...) ¿Hay alguien más, según usted, que pudiera querer o tuviera motivos para matarlo?

—No.[32]

Finalmente, los líderes del IPS ordenaron a los agentes que suspendieran la búsqueda y se retiraran.[33] Y la entidad comenzó su propia investigación del doble asesinato.

Los exiliados chilenos que trabajaban en el IPS volvieron a experimentar el terror del Chile de Pinochet. *¿Habría otro atentado explosivo? Quizás eligieran esta vez como blanco el instituto.* Juan Gabriel Valdés, quien un día sería embajador de Chile en Estados Unidos y era entonces un joven estudiante de ciencias políticas asociado al IPS, informó que había sido seguido tres o cuatro veces por un cubano en los meses posteriores al asesinato, por la avenida Connecticut y hasta el IPS. Fue también seguido cuando estaba en Nueva York y de nuevo en Washington. Valdés escuchó, además, de boca de un amigo, el rumor de que él era el próximo en el listado de la Dina. Sintió que su teléfono estaba "claramente pinchado" y escuchaba bips cuando lo utilizaba, y era seguido a lugares de los que solo podía saberse por esas escuchas. Michael Moffitt también informó haber sido seguido en dos ocasiones: en Nueva York y Nueva Jersey.[34]

Más al norte y en Nueva Jersey, los Karpen, padres de Ronni, se vieron en gran medida liberados de esas amenazas y seguimientos, pero estaban igual devastados. En la mañana del 21 de septiembre, Hilda había estado, en sus propios términos, "ocupada y excitada" preparándose para el *Rosh Hashanah* (Año Nuevo judío), ocasión en que su hija y su esposo vendrían de visita.[35] Y se disponía a irse a toda prisa a la tienda de comestibles de la familia cuando Michael Moffitt llamó desde el Hospital George Washington.

"¡No es verdad!", gritó en el auricular. "¡Es mi única hija!".[36] Los padres de Ronni pasaron, a contar de allí, el día entero y la noche sumidos en lamentos. Su vecino declaró que él tampoco durmió "a causa del rumor de esos lamentos en la casa vecina".[37]

En vez de celebrar la fiesta judía con su hija, Hilda y Murray Karpen la enterraron en el cementerio King Solomon en Clifton, Nueva Jersey, la víspera del *Rosh Hashanah*. Cuatrocientas personas asistieron al servicio, veintiocho de ellas colaboradoras del IPS.[38]

En el funeral, los periodistas asediaron a los Karpen. Después los llamaban a su casa y, durante meses, los abordaban cuando salían de ella. Así, la muerte de Ronni Karpen Moffitt se convirtió en su estela, como complemento a la investigación en curso.

"No hay nada peor para un padre que sufrir o tener que soportar la pérdida de un hijo", declaró Murray Karpen. "Nada".[39] Los síntomas psicosomáticos inundaron como una plaga a la familia. Hilda y uno de los hermanos de Ronni desarrollaron sendas úlceras duodenales. Murray comenzó a ingerir medicamentos para el dolor que "lo convirtieron en una persona distinta", según su esposa: "Enojado, de mal genio, constantemente irritado".[40] El propio Murray Karpen sufrió un ataque epiléptico de gran mal poco después del bombazo y estuvo a un paso de ahogarse con su lengua. Harry Karpen, el hermano mayor de Ronni, intentó suicidarse con un puñado de píldoras para dormir y fue puesto a contar de allí bajo cuidado psiquiátrico. Los estudios universitarios de su otro hermano se resintieron".[41]

"Una gran parte de mí murió [con Ronni]", recordaba Hilda. Quince años después escribió que "los años no han hecho más fáciles las cosas. El tiempo no ha curado estas heridas. (...) Echamos de menos a los nietos que nunca tendremos. Echamos de menos a Ronni. Me siento perdida y sola sin ella".[42]

Tan rápido como Michael Moffitt acudió a visitar a los Karpen en Passaic, el FBI le indicó que necesitaba hablar con él. Dos días después del bombazo, Moffitt aún podía sentir el olor a carne quemada, algo que estuvo a un paso de enfermarlo. Ante los agentes que lo interrogaron, rememoró detalles de los días anteriores al 21 de septiembre, la ida hasta Sheridan Circle y la explosión. Cuando se le preguntó si alguien podía tener algún interés en la muerte suya o de su esposa, dijo: "Todo el mundo amaba a Ronni, pero en mi caso puede que fuera distinto".[43]

El trauma sufrido por Moffitt hizo, al parecer, que se descuidara significativamente él mismo. "En los aproximadamente cinco años que siguieron al estallido", escribió en 1991, "mi vida fue un infierno viviente marcado por estar absolutamente enfocado en lo del bombazo, el insomnio y las crisis de llanto, el abuso del alcohol y una incapacidad total para apartar el asunto de mi mente". Durante un tiempo vivió con los Karpen, durmiendo en la cama de infancia de su esposa. Era "como vivir en un sepulcro". Hasta 1980, "fui solo una masa compleja de ira, culpa y abrumadora tristeza. Me volví un individuo básicamente disfuncional". Siguió estando en la nómina del IPS y "cuando era presentado a dignatarios o quienes financiaban la entidad, era exhibido siempre como el sobreviviente de los asesinatos..., nunca como una persona por propio derecho". Y continúa:

> Cuando no estaba trabajando día y noche en la investigación, bebía de manera inmoderada. La mayoría de las noches terminaba quedándome hasta el cierre de los bares, borracho, empeñándome en borrar el presente y a la vez el pasado. Mi casa se convirtió en una pocilga, no tenía ánimos para hacer aseo, cortar el césped o lo que fuera. Durante meses, todas las cosas de Ronni siguieron estando a mi alrededor como si hubiera seguido viva y me negué a que alguien se las llevara.
>
> Me sentía extremadamente culpable de haber sobrevivido. Culpable de no haber ayudado a Ronni en la escena, porque estaba intentando ayudar a Orlando. Culpable de haber sobrevivido y que ella no, en particular porque yo era el responsable de que fuera en ese auto; en fin, culpable de no conseguir justicia para ambos.
>
> Tenía escaso interés o una incapacidad para los vínculos normales con amigos, familiares y otras personas. Cosas que antes me provocaban gran alegría, como las actividades sociales y el atletismo, se volvieron una carga y aumenté sustancialmente de peso.[44]

Vestido con un camisón verde de hospital la tarde del bombazo, aún en estado de *shock*, tembloroso y con los ojos enrojecidos por las lágrimas, Moffitt había hablado a regañadientes con periodistas de las cadenas televisivas del país: "El gobierno de Estados Unidos contribuyó a derrocar al gobierno de Allende y emplazar en el poder a estos dictadores", acusó. "Y ellos son los responsables de haber asesinado a mi esposa". Prometió sumar a "gente en el Congreso para que corte la ayuda a los dictadores en el poder". Pasó varios días concediendo más entrevistas y redactando un furibundo editorial para

The New Republic, y concluyó la semana en la iglesia de St. Matthew junto a Isabel Morel.[45]

Tras tomarse varias semanas de licencia, volvió a su labor en el IPS. En 1977, concluyó *The International Economic Order* (*El orden económico internacional*), el folleto que él y Letelier habían comenzado a escribir y argumentaba a favor de una nueva arquitectura de la economía mundial para eliminar las desventajas consustanciales al mundo en vías de desarrollo.[46] A la vez, ayudaba a Morel a enviar cartas en las que solicitaba financiamiento, presionaba al Congreso y a los investigadores del FBI. Y, en el curso de todo ello, juró que conseguiría venganza por lo ocurrido.

"No busco venganza, solo justicia", fue el mensaje de la propia Isabel Morel. "Justicia en el caso de mi esposo y Ronni Moffitt significará justicia para la mayoría del pueblo chileno".[47]

Antes del 21 de septiembre de 1976, la vida de Isabel Morel había sido bastante afín a la de una esposa de embajador. En rigor, había enseñado español y se había involucrado en cierto activismo dentro de la regla como fundadora del Comité Chile de Derechos Humanos, una organización educativa sin fines de lucro. Pero lo suyo era ante todo el arte. Cuando Orlando Letelier murió, las esculturas de terracota que ella hacía fueron exhibidas en una galería que era una cooperativa en la P Street de Washington.[48] "Después del golpe", señaló ella misma, "dejé de pintar y me dediqué a la escultura. Había visto la muerte, había visto cuerpos mutilados y había desarrollado un sentimiento de ternura hacia el cuerpo humano. Solo disponemos de la piel que nos cubre, y las balas y cuchillos penetran tan fácilmente en ella".[49]

Tras el 21 de septiembre, la vida de Isabel Morel cambió de manera drástica y de tres formas distintas. La primera, que ahora era una madre viuda con cuatro hijos enfrentados a las elecciones que la vida plantea.

"Tuve que hacerlo sola, no tenía sentido lamentarme por mi situación, ni quería que mis hijos la percibieran. Las comidas eran a su hora, la ropa era lavada, ellos siguieron yendo al colegio. Dediqué todos mis esfuerzos a hacer una vida normal dentro de la anormalidad".[50]

En lo personal, para Isabel el "alma se dio vuelta". "Era la pérdida de un compañero de veinte años, con el cual compartía muchas cosas. (...) Me sentía horriblemente sola".[51] James Gordon, un psiquiatra que vio a Isabel Morel a menudo en los años que siguieron, resumía el impacto del bombazo sobre ella: "Orlando era el centro en la existencia de Isabel y, con su asesinato, dicho centro desapareció. La vida de la propia Isabel quedó hecha pedazos".[52]

Cuando enterró a su esposo en Caracas, "jamás me había sentido más abandonada". En Venezuela, al solicitar permiso para retornar a Chile, la embajada chilena estampó una "L" de "en lista" en su pasaporte, lo cual le prohibía el ingreso a su país de origen. "Fue terrible", recordaba llorando una década después.[53] "No contaba con visa para volver a los Estados Unidos, estaba absolutamente aislada en Venezuela, absolutamente desamparada, sin trabajo y sin dinero. Verdaderamente temí que mis hijos pasaran hambre. Finalmente, la embajada estadounidense en Venezuela intercedió por nosotros ante Estados Unidos, por razones humanitarias, y me otorgó un permiso de trabajo".[54]

"La familia de Orlando, sumida en su propio dolor, se negó a contactarla a ella o a sus hijos", escribió Gordon. "La familia de ella, excepto su madre y uno de sus hermanos, estaba demasiado aterrada ante las represalias eventuales de la dictadura pinochetista como para brindarles apoyo emocional o económico".[55] Una excepción en Chile fue Fabiola Letelier, la hermana de Orlando y abogada, que había trabajado arduamente para lograr que lo liberaran de la Isla Dawson.[56]

Ya de vuelta en Washington, decía Morel, "los vecinos pensaban que estábamos implicados con terroristas, si es que no éramos terroristas nosotros. Mis hijos estaban aislados, rabiosos, y eran incapaces de entender lo que había sucedido. Durante al menos seis años, muy poca [gente] vino a vernos o visitarnos. Muchas veces nos sentimos rechazados y solos".[57] Incluso en el IPS, a algunos activistas muy radicales en otros sentidos les entusiasmaba poco convertirse en objetivo de los terroristas por su asociación con los exiliados chilenos. Algunos de ellos tenían miedo de andar en el mismo vehículo que la viuda de Letelier. Uno estaba enojado por el hecho de que los líderes del IPS los hubieran hecho "firmar para una expedición mortal sin habérselos consultado".[58]

Igual que les sucediera a los Karpen, algo del dolor de Letelier se manifestó en su cuerpo. Me "sentía envejeciendo. (...) Comencé a sentirme cada vez más débil y cansada". Ella también subió de peso, lo que a su vez la deprimió. Durante años, se sintió exhausta y olvidadiza.[59] Y, aunque aún exponía ocasionalmente su labor artística, dejó de producirla.[60]

Como bien sugería Morel, sus hijos estaban igualmente alterados. Saul Landau recordaba haber visto a Francisco y uno de sus hermanos el 21 de septiembre. Se los veía como dos "adolescentes quebradizos, sin entender nada de lo que había ocurrido, increíblemente traumatizados, inmersos entre el dolor y el desconcierto".[61] Muchos esperaban que ellos mismos estuvieran a la altura de los estándares de su padre, algo que a juicio de Isabel Morel "Orlando no hubiese tolerado". "¿Por qué ser un pintor y no un político?", le preguntó alguien a Francisco. La expectativa de que esos muchachos habrían de convertirse en mártires de la causa de su padre solo sirvió para complementar el dolor de todos ellos. También consiguió rasgar en algún sentido la tela del vínculo que había entre ellos e Isabel", concluía Gordon.[62]

"Pienso que todo eso no es más que una pila de tonterías", dijo Francisco refutando esa idea años después. "¡Ni siquiera llegamos a hablar de ello!".[63]

Luego de la muerte de su padre, Cristián, el mayor de los cuatro y con diecinueve años ya cumplidos, "experimentó una honda sensación de violación íntima y cayó en una prolongada depresión".

Cristián había asumido que él sí seguiría los pasos políticos de su padre, pero ahora eso parecía imposible. Y había perdido la fe en la justicia. Entonces probó suerte en diferentes trabajos, con escaso éxito. Vivió en Colorado, Washington D.C., Copenhague, Cuba, de nuevo en Washington y en Nueva York. A los veintitrés, se mudó a California y allí obtuvo un máster en cuestiones marinas. Eventualmente, conoció el éxito como actor en películas de segunda fila y como entrenador para mantenerse en forma. Escapó "absolutamente" de la violencia de Chile a través de la "burbuja" de las películas. "Hice mi propia terapia" en California: artes marciales, atletismo, modelaje y un comercial tras otro".[64]

"Algo anda mal, hay cuestiones psicológicas profundas con las que sé que debería lidiar, pero no sé por dónde partir", escribió en 1991.[65]

José tenía diecisiete y cursaba el primer año en la Universidad de Maryland en septiembre de 1976. Tenía un trabajo a tiempo parcial en Sears Roebuck & Co., y el asesinato de Letelier asustó a sus empleadores, quienes lo despidieron. "Vivir en Washington D.C., a finales de los años setenta y llevar el apellido Letelier era un tabú en cualquier sentido práctico; era como tener la peste". En 1979, abandonó Washington para matricularse en la Universidad de California en Berkeley, "donde sentí que la distancia y la actitud bastante más liberal dominante al norte de California me permitirían funcionar con mayor normalidad". José se sorprendió viviendo del Estado de Bienestar, pero luego obtuvo una beca y, en 1984, terminó con honores un magíster en arte en Berkeley.[66]

Francisco, el tercer hijo, escribió acerca de su propio derrotero: "Perder a mi padre significó un cambio inmenso en mis planes para el futuro y mis expectativas respecto a las instituciones, la justicia y la enseñanza".

"El asesinato fue un poderoso mensaje para mí. En verdad, no había seguridad garantizada para los individuos que alzaban la voz y dejaban que la justicia guiara sus actos".

"Los adultos me ponían la mano en el hombro y decían que yo tenía una gran responsabilidad por delante", lo que "solo servía para acentuar mi desorientación".[67]

En el verano de 1977, Francisco y José asistieron al XI Festival Mundial de la Juventud y los Estudiantes en Cuba, y muchos de quienes allí estaban deseaban que los dos chicos volvieran al país para recibir entrenamiento militar —hasta se lo ofrecieron a Isabel Morel—. Ninguno de los Letelier aceptó. "No soy verdaderamente un hombre de armas", dijo Francisco, el artista.[68]

El propio Francisco transformó su "ira quemante" en "fuerza, inspiración y acción".[69] Primero ayudó a crear un mural en honor a su padre en el Rock Creek Park de Washington.[70] A los dieciocho se mudó a Oakland y se matriculó en el que entonces era el College of Arts and Crafts de California, donde conoció a varios artistas plásticos, incluyendo a René Castro de Chile. Allí obtuvo una beca para ir a Berkeley.

Al igual que dos de sus hermanos, se casó con una persona que había sufrido similares penurias, en su caso "grandes pérdidas personales en su familia a causa de eventos políticos".

Aun así, a Francisco le resultó "difícil desarrollar un sentido de pertenencia a cualquier cosa, lugar o persona".[71] Se sumó, eso sí, a otros artistas como parte de la Brigada Muralista Orlando Letelier. En la década de 1980, viajaría a Nicaragua para pintar allí varios murales.[72]

El menor de los hermanos, Juan Pablo, en el último año de colegio en 1976-1977, trabajó después de clases, según escribió él mismo, "para intentar llenar de algún modo las horas de cada día. Obviamente, sentía una enorme distancia con mis pares debido a la dramática experiencia vivida por nuestra familia. (...) Mi aislamiento se veía complementado por la hostilidad de alguna gente hacia mí y mi familia. Los padres de algunos de mis amigos los obligaban a alejarse de mí, ante el temor de convertirse ellos mismos en víctimas del terrorismo. Otros hacían escandalosas diatribas contra el carácter de mi padre en un empeño de resguardar o justificar a sus asesinos".

Él asistió a un *college* en Washington para mantenerse cerca de su madre, pero, según recordaba, "la ausencia [de su padre] hizo extremadamente difícil recomponer la unidad familiar, la cual había sido tan importante para nosotros en el pasado". A los diecinueve, viajó a México "en busca de mis raíces latinas". Allí estudió economía, como había hecho su padre, y vivió de magras becas de estudio. A la vez, postuló a una ayuda para estudiar en Alemania Oriental. Eventualmente, regresó a Chile "para encontrar al fin alguna patria, las raíces de mi padre y mi identidad ligada a él".[73]

Entre 1976 y 1991, Isabel Morel y sus cuatro hijos solo estuvieron juntos una vez. Como lo explicaba Francisco, "el asesinato de Orlando nos privó [no solo] de un padre y esposo, sino también a los unos de los otros".[74]

"La muerte lo deja a uno muy solo", observó Morel a fines de 1978.[75]

Después de cuidar a su familia, el segundo gran desafío de Letelier fue el de continuar la obra de su esposo. Públicamente, no dejó ver que necesitaba el dinero, pero en privado "tuvimos que vivir todos con un pequeño salario en un momento en que mis hijos necesitaban apoyo para su educación. En rigor, apenas pude lidiar con todo eso y con la tarea de criar a mis hijos. Teníamos deudas. Tuvimos que vender nuestra casa. Nos habíamos empobrecido de verdad. Durante los primeros años, no pude comprar ropa para mí o mis hijos. Mis dos chicos más jóvenes trabajaban para aportar dinero a nuestro hogar".[76] Letelier y Moffitt tenían ambos seguros de vida asociados al IPS, de manera que sus deudos recibían un salario y medio de ellos.[77] Isabel se mudó prontamente de la casa en Ogden Street a una pequeña vivienda de ladrillo y estilo colonial en la calle 36 Noroeste, con una hilera de cornisas en el frontis.[78] Podría haber vuelto a alguna actividad más a resguardo, como la escultura o la enseñanza, pero ninguna de ellas generaba dinero suficiente. "No se puede vivir de hacer clases de español con cuatro hijos", explicaba en 2017.[79]

El bombazo en Sheridan Circle la arrojó a ella misma —hasta entonces, una persona con conciencia social, pero no profundamente política— al papel de líder de los exiliados chilenos. Esos chilenos esperaban ahora, de esta mujer viuda, que prosiguiera la cruzada de su esposo promoviendo la toma de conciencia, informando sobre los derechos humanos y presionando a favor de sanciones al régimen.

Poco después de la muerte de Orlando Letelier, el IPS contrató a Morel como directora de su Proyecto de Derechos Humanos y el Proyecto de Mujeres del Tercer Mundo, y como miembro del comité de selección del Premio Letelier-Moffitt de Derechos Humanos, que sería otorgado cada año en una cena, alrededor del 21 de septiembre. Sus cargos le exigían ahora incansables giras para dar charlas e incontables horas destinadas a obtener fondos. Letelier se sumó además a los directorios de muchas organizaciones no gubernamentales. Incluso escribió con Michael Moffitt un informe en 1979.[80] Con su labor, "ella verdaderamente influyó en miles de personas, tanto hombres y mujeres", estimaba Francisco.[81]

Una de las estrategias que empleó fue la de identificarse como una más del tal vez medio millón de exiliados chilenos diseminados en unos cincuenta países. Hablaba del dolor, la incertidumbre y las penurias de sus compatriotas exiliados. En 1978, cerca de tres cuartos de ellos estaban desempleados, y eran una población "a menudo enferma en lo corporal o psicológico".[82] Morel los veía como muy resilientes y capaces, por ejemplo, de recobrarse de la tortura. Pero necesitados y sin ayuda, especialmente en Estados Unidos, donde el gobierno los dejaba librados a su suerte. En contraste con ello, decía ella, Canadá ofrecía "programas de idiomas, programas de estudios y trabajo a la gente. En Holanda y Suecia se paga a los exiliados mientras están estudiando. Cuba aporta a los exiliados enfermos".[83]

Hablaba especialmente a otras mujeres chilenas exiliadas y en nombre de ellas. En un discurso ante la Comisión de Derechos Humanos de la ONU en diciembre de 1976, manifestaba: "La razón por la que estoy aquí hoy, más allá de mi tragedia personal, es que, como mujer chilena, puedo hablar del dolor soportado por miles de mujeres en mi país y de su rabia ante los crímenes cometidos por la Dina".[84] En junio de 1977, le escribió al presidente Carter en nombre de veinticuatro mujeres y dos hombres en huelga de hambre en las Naciones Unidas, para que apoyara una investigación en torno a los 1.000 detenidos desaparecidos en Chile.[85] Una de sus invitadas al IPS fue la primera en abogar en contra de la mutilación genital femenina. El Proyecto de Mujeres del Tercer Mundo fue "de todo lo que he hecho lo que más me gustó", afirmó cuatro décadas después.[86]

En el curso de los meses, Morel viajó por Estados Unidos y Europa, visitando desde pequeños pueblitos universitarios hasta bulliciosas capitales. Dirigió un estudio que actualizaba y centralizaba la información relativa a las violaciones a los derechos humanos en Chile. Organizó un furgón Volkswagen ambulante, denominado Proyecto de Enseñanza Móvil en Derechos Humanos, para llevar su mensaje en paneles y diapositivas a las parroquias y otras comunidades en todo Estados Unidos. Creó una oficina de oradores.[87] Concedió infinidad de entrevistas a los reporteros locales. Aceptó distinciones póstumas en nombre de su esposo.[88] Y todo ello lo hizo mientras seguía siendo la presidenta del Comité Chile de Derechos Humanos.

El tercer cambio drástico en la vida de Letelier fue asumir la tarea de llevar a los asesinos de su esposo ante la justicia.

En los meses que siguieron al asesinato, ella misma hizo conferencias en todo Estados Unidos, buscando centrar la atención general en la probable responsabilidad de Pinochet en el crimen. Las universidades y diarios locales cubrieron esas charlas, como también las radios y televisiones de cada región. A menudo en compañía de Michael Moffitt, ella misma se reunió con presidentes de universidades y líderes de iglesias.[89]

La investigación en curso del IPS pareció revelar, al principio, la escasa seriedad de la otra que conducía el FBI. Mientras Saul Landau, Ralph Stavins y otros colaboradores del IPS descubrían evidencias que apuntaban a la Dina, Eugene Propper y el FBI insistían en rastrear *todas* las pistas. El IPS criticaba las filtraciones desde la oficina del fiscal general y del propio FBI, el "acoso" al IPS, la difamación de los congresistas liberales y las teorías relativas a asesinos de inspiración izquierdista.[90] El FBI, entretanto, consideraba inválida la información del IPS y declaró que "en ninguna circunstancia" iba a compartir su propia inteligencia.[91]

Todos estos callejones sin salida frustraban a Isabel Morel. Más desesperante aún eran "las campañas de difamación contra Orlando y yo misma. Alguien escribió que Orlando era agente de la KGB. Alguien más, que yo había puesto la bomba porque Orlando tenía una amante. Hubo una declaración publicada en el *Congressional Record* que indicaba que yo bien podía ser una agente cubana. La prensa estaba constantemente emplazándome, y el FBI y los periodistas, una y otra y otra vez".[92] Incluso la extrema izquierda entró en el juego de las culpas, apuntando el dedo a la CIA. Morel consideraba esto un error, tanto desde el punto de vista de los hechos como de la estrategia.[93]

Entre las varias formas de difamación, ninguna fue más persistente que la acusación de que Letelier era un agente del gobierno comunista cubano, la cual había emanado de anticomunistas rabiosos como el senador Jesse Helms, republicano de Carolina del Norte, y Larry McDonald, representante demócrata de Georgia, que volvía una y otra vez sobre el bulo.

La idea del "Letelier agente" cogió impulso real a partir del 20 de diciembre de 1976, dos meses después del asesinato, cuando Jack Anderson y Les Whitten dieron a su columna a dos voces el título de "La 'conexión Habana' de Letelier". Ambos habían obtenido de alguien involucrado en la investigación —posiblemente, un oficial de policía de Washington— copias de los contenidos del maletín Samsonite negro de Letelier, que llevaba consigo en el Chevelle al momento de la explosión. El maletín contenía aspirinas Bayer, dos discos de Joan Baez, una mascarilla negra para cubrirse los ojos al dormir, un folleto titulado *Promise of America* (*La promesa de Estados Unidos*), un periódico holandés, una libreta de direcciones y varios documentos de trabajo y cartas.[94]

Entre estos elementos banales, un documento en particular parecía condenatorio: una carta a Letelier de Beatriz "Tati" Allende, hija del presidente socialista chileno, escrita desde La Habana, donde estaba casada con un funcionario cubano. Allí escribía que le enviaría a Letelier un pago de 5.000 dólares para "apoyar tu trabajo", seguidos de una mensualidad de mil dólares. Morel admitió que Allende envió dinero, pero explicó que provenía del Partido Socialista chileno en el exilio, no del gobierno cubano. Anderson y Whitten continuaron con sus suspicacias.[95]

Como si la filtración de esos documentos no hubiera sido suficiente, Morel se enteró a la vez de que el Departamento de Justicia no sabía con exactitud qué había en el maletín de su esposo. E irrumpió en la oficina de Eugene Propper:

> —Señor Propper, estoy asombrada. (...) ¿Es posible que no exista en el Departamento de Justicia un inventario de los objetos que había en el maletín?
> —Tiene que entender, señora Letelier, que muchos de los documentos estaban en español —dijo Propper sin mucha convicción—. Es la razón por la que el Departamento de Policía no pudo clasificarlos. Usted sabe cómo es el Departamento de Policía...
> —Bueno, yo solo sé que son muy ineficientes.
> —Señora Letelier, el tono de esta conversación no corresponde.
> —Y tampoco hemos conseguido una información correcta y responsable. ¿Cómo puede usted saber si un documento se ha perdido o un documento ha sido añadido más tarde, si nunca hubo un listado de los contenidos del maletín?
> —Le aseguro, señora Letelier, que es imposible que algo así ocurriera.
> —Pero, dígame, ¿sería posible que algo así ocurriera, en rigor?
> —¿A quién está usted queriendo implicar como eventual autor de un acto así?
> —Digamos solo a un fantasma o algo así. No estoy acusando aún a nadie en particular.
> —En cualquier caso —le prometió finalmente Propper—, puede usted estar segura de tener todos los elementos del maletín en su poder.
> —Es lo mismo que me dijo usted hace algún tiempo y, sin embargo, algunas cosas han aparecido después de eso. Cosas que han sido muy eficazmente distribuidas entre periodistas de derecha.
> —Yo no tengo nada que ver con eso. Es imposible controlar a la prensa y lo lamentamos profundamente. Hemos hecho lo que pudimos.[96]

También en respuesta a la filtración ligada al maletín, Letelier fundó el Comité de Acción sobre los Asesinatos de Letelier y Moffitt para contrarrestar la difamación de su esposo en los medios de comunicación.[97] E hizo sus propias declaraciones en las que exigía mayor transparencia, tanto del gobierno estadounidense como del chileno, y catalogando la controversia del maletín como "un encubrimiento iniciado por antiguos agentes de la CIA y el FBI".[98] A principios de febrero del siguiente año, el FBI informó que el dinero de La Habana tenía ahora "escasa significación en su investigación del asesinato de Letelier".[99]

Pese a todo, varios periodistas continuaron presentando a Orlando Letelier como un "agente" del gobierno castrista, especialmente los varios folletos asociados a William F. Buckley y su *National Review*".[100] Rowland Evans y Robert Novak, por ejemplo, denunciaron que algunos de los fondos de Letelier ayudaron a financiar un viaje a México del congresista liberal Michael Harrington. Citaban otra carta del maletín, esta vez de Letelier en respuesta a "Tati" Allende, que bosquejaba su táctica de jugar la carta de los derechos humanos con los "liberales" estadounidenses para que no se asociara a estos con sus propias concepciones socialistas. Para los columnistas, esto conformaba "una instancia singularmente embarazosa en que ciertos congresistas idealistas eran manipulados por el apuesto y deslumbrante Letelier".[101] Jeffrey Hart tildó a Letelier de "agente comunista, un revolucionario que llevaba una doble vida".[102]

"Es como si quisieran probar que merecía morir", dijo un periodista de Washington que desaprobaba la campaña de difamación.[103] Ronald Reagan, antiguo gobernador de California, fue una de las voces notorias en este empeño, valiéndose de sus populares comentarios radiales para difundir, por ejemplo, la insinuación de la periodista anticastrista Virginia Prewett de que eran los marxistas quienes habían matado a Letelier. "Vivo podía resultar comprometedor; muerto podía convertirse en un mártir. Y la izquierda no perdió un minuto en convertirlo en tal", dijo Reagan. "No conozco la respuesta", afirmó falazmente, "pero es una pregunta que vale la pena hacerse".[104]

El día de la "revelación" de Evans-Novak, Michael Tigar, el abogado de Isabel Morel, abrió el maletín ante la prensa para abordar los rumores. *The Washington Post* observó que, "al parecer, las columnas de opinión se han ceñido a la interpretación más oscura posible del exiguo contenido".[105] Saul Landau explicó que la arista del maletín es un complot "para apartar la atención de los presuntos asesinos y blindar al represivo gobierno chileno". "Tati" Allende había enviado el dinero porque era una de las tesoreras del partido, y ocurría casualmente que vivía en Cuba. Los fondos no provenían del gobierno cubano, sino que de los sindicatos, partidos socialdemócratas y agrupaciones religiosas de Europa Occidental y los Estados

Unidos.[106] Morel escribió a *The Washington Star* para denunciar a Jeremiah O'Leary, colaborador del propio diario, y "otros columnistas de derecha", indicando que se los estaba usando para un "encubrimiento". En términos muy simples, concluía ella misma, no había ningún "misterio" en el maletín.[107]

"Estamos del mismo lado en esto", se esforzó en ratificarle Eugene Propper a Morel y a sus amigos del IPS.[108] Él y su equipo necesitaban la cooperación de las familias Letelier y Moffitt, aunque solo fuera para evitar que se quejaran ante los periodistas de que la investigación marchaba demasiado lento o por la vía equivocada. "Saul", le juró de manera similar Carter Cornick a Landau del IPS, "yo mismo quiero atrapar a la gente que hizo esto. Los quiero a todos. Y te puedo prometer que llegaremos hasta donde debamos llegar para atraparlos a todos".[109]

El 21 de octubre de 1976 tuvo lugar un primer encuentro de Morel con el FBI, un mes después del estallido en Sheridan Circle. Ella estaba desde ya molesta porque, "según el señor Propper, la idea de un crimen pasional había quedado descartada, pero aun así él insistía en preguntarme acerca de ello".[110] El fiscal general Edward Levi le informó que tenía a "unos cien" agentes trabajando en el caso y le aseguró, en los términos de ella, "que la investigación está aún abierta, que más y más información llega diariamente desde Caracas y que están muy optimistas y piensan que tal vez en un mes o así sabrán al fin qué ocurrió".[111] Negó a su vez que Propper y su equipo "sean ignorantes en el tema de las relaciones internacionales" y dio cuenta de la plena cooperación de la CIA, el Departamento de Estado y el presidente. Morel indicó que eso la había hecho sentirse mejor y refutó los informes erróneos de que el FBI no estaba enfocado en Chile. Morel, Michael Moffitt y el abogado Tigar querían que se citara a la CIA a comparecer para forzarla a entregar sus archivos sobre la Dina y los exiliados cubanos.[112] En el pasillo y tras la reunión, Tigar preguntó a Propper: "¿Por qué no citar a la CIA?". A lo que él respondió; "Si emito una citación para tener registros de la CIA que ellos no quieran entregar, dirán que no los tienen y luego los destruirán". *Hasta ahí llega entonces la "plena cooperación"*, pensó Tigar.[113]

El 8 de diciembre, en una segunda reunión con Levi, Propper anunció que "hemos eliminado todas las pistas excepto el móvil político, la conexión sudamericana, la conexión Chile-anticastrismo cubano, y hacia allí es donde se encamina el grueso de la investigación". Pero se abstuvo de decir a Letelier que también tenía un ojo puesto en la Dina, imaginando que el IPS lo filtraría a la prensa y que "cualquier fuente que tengamos en Chile se secará de inmediato".[114]

El sucesor de Levi, Griffin Bell, se negó primero a reunirse con Morel, pero luego, aconsejado respecto a las "implicancias políticas" del caso, rectificó.[115] En lo que era hasta allí, seis meses después del bombazo, su tercer encuentro con un fiscal general, ella, Moffitt y otros personeros del IPS recibieron las simpatías de Bell por sus camaradas caídos. Grandioso, replicaron ellos, pero ¿qué hay de nombrar un fiscal especial? Bell prometió, en su acento sureño: "No habrá ningún fiscal especial mientras yo sea fiscal general".[116]

Para agosto de 1977, Morel se estaba impacientando cada vez más, en especial después de que Carter se encontrara con Pinochet para la firma de los tratados del Canal de Panamá. Entonces, junto a Moffitt, le escribió una carta al mandatario, solicitando una reunión "para discutir lo de los asesinatos y las interrogantes relativas a los derechos humanos que ellos planteaban".[117] Zbigniew Brzezinski (consejero de Seguridad Nacional) le recomendó a Carter no reunirse con ellos, "dada la susceptibilidad que provoca la evidencia en torno a los asesinatos". En lugar de ello, sugirió que Rosalynn Carter, la primera dama, los recibiera "para transmitirles nuestras más hondas simpatías".[118] Brzezinski no veía tampoco "ninguna razón para estar a la defensiva por ver a Pinochet en el contexto de las ceremonias del tratado".[119] Eventualmente, le escribió a Morel ofreciéndole una cita en la Casa Blanca con el consejero del presidente, Robert Lipshutz.[120] "Brzezinski no ayudó en nada", recordaría luego Morel. "Nunca pudimos atravesar la barrera que él supuso. Nunca".[121]

En torno a septiembre, Morel comenzó a confiar mayormente en Propper y el FBI, tal y como escribió Saul Landau, "no porque sean las autoridades a cargo, sino porque comenzamos a respetar su honestidad e integridad en este caso". En gran medida, esta conclusión surgió a raíz de la admisión del Departamento de Justicia de que ahora sospechaba de la Dina.[122]

Septiembre de 1977 marcaba la cercanía del primer aniversario del bombazo en Sheridan Circle. Ese mes, Isabel Morel participó en seis eventos en Washington, sumados a otros en Amherst, Boston, San Francisco y Los Angeles.[123]

Ante una multitud en la Universidad DePaul en Chicago, describió los últimos meses como "un año terrible en algún sentido, un año maravilloso en otros. Un año de pena y dolor, soledad y angustia. Pero también de fuerza, determinación y momentos en que reí y me sentí como una joven activista, llena del optimismo que normalmente asociamos a la juventud. Ha sido un año de amargura, cuando tuve que ver el desfile del asesino de Orlando y Ronni por la misma avenida en que Pinochet hizo que sus hombres detonaran la bomba", agregó, aludiendo a la visita de Pinochet y Manuel Contreras a Washington.[124] Morel había pasado buena parte del año solicitando aportes a lo que sería el Fondo en Memoria de Letelier-Moffitt por los Derechos Humanos.[125] Los asesinatos, explicaba su solicitud de donativos, "simbolizan la negación cruel y violenta de los derechos humanos, que aumenta de manera sistemática en el mundo de hoy".[126] Ella y Michael Moffitt ayudaron a reunir 34.000 dólares que sirvieron para financiar su investigación de los asesinatos, organizar las actividades en memoria de los asesinados y apoyar la investigación de las violaciones a los derechos humanos.[127]

Isabel resumió su primer año de vida sin Orlando Letelier en una frase: "No he tenido tiempo de ser una viuda desconsolada. Ha habido demasiadas cosas que hacer".[128]

El año 1978 comenzó con una nota más optimista. "Se dio esta convergencia" entre las familias y el IPS, por una parte, y el Departamento de Justicia y el FBI por la otra, señaló el abogado Sam Buffone, quien trabajó gratuitamente y durante décadas para las familias Letelier y Moffitt.[129] Michael Moffitt, el más incisivo entre los familiares, incluso alabó a Carter Cornick, el más decidido entre los investigadores, como "un poli excepcionalmente bueno".[130]

En marzo de 1978, Morel obtuvo al fin su reunión con Robert Lipshutz, asesor del presidente Carter, quien le dijo cándidamente a ella que "bien puede ser que este caso nunca se resuelva a entera satisfacción de todos". "El mundo sigue esperando una conclusión satisfactoria de este caso", le recordó ella.[131] Su propio recuerdo de la reunión era que se le había indicado que la investigación seguiría hasta las últimas consecuencias. "No olvidaremos esa promesa", respondió ella.[132]

No habría muchas posibilidades para eso. La carta rogatoria de Propper había ya aterrizado en Chile.

11

LOS EVENTOS ESTÁN OCURRIENDO A UN RITMO VERTIGINOSO

Después de que la publicación de los nombres "Juan Williams Rose" y "Alejandro Romeral Jara" no permitiera dar en Chile con nadie llamado así, el embajador de Estados Unidos hizo una revelación a la prensa: "Sabemos que los nombres son ficticios". Estaba enarbolando el índice ante los chilenos para advertirles que había más cosas por venir".[1] El 2 de marzo de 1978, el FBI filtró las fotos de los dos misteriosos individuos a Jeremiah O'Leary, periodista de *The Washington Star,* a quien Robert Steven, del Departamento de Estado, describió como "muy profesional".[2] El 3 de marzo, *The Washington Star* publicó la historia con las fotos en primera página, incluyendo la amenaza de que el gobierno de Estados Unidos estaba listo para romper relaciones con Chile. Ese día, las fotos fueron enviadas a los diarios en todo el mundo. Y las delaciones respecto a la identidad de ambos individuos comenzaron a llegar a la embajada y los diarios estadounidenses.

El reloj se puso en marcha. El 5 de marzo, *El Mercurio,* el periódico más influyente de Chile, identificó a "Juan Williams" como Michael V. Townley, un técnico electrónico estadounidense residente en Santiago desde 1970.[3]

Eugene Propper supo del hallazgo cuando Larry Barcella lo llamó.

—¿Has oído algo de Juan Williams?

—¿Qué pasa con él?

—Entonces no has oído. Estás demasiado tranquilo —dijo Barcella—. ¿Estás sentado ahora mismo?

—Sí, claro, estoy en mi escritorio —dijo Propper—. ¿De qué se trata?

—En Chile han identificado a Juan Williams, Gene. ¡El chileno rubio ha resultado ser un estadounidense llamado Michael Vernon Townley!

—¿Qué? ¿Y eso cómo lo saben?

—Apareció en *El Mercurio* de ayer en Santiago —explicó Barcella—. La gente ha enloquecido en Chile. (...) Un montón de gente parecía conocer al tipo. ¡Es estadounidense, carajo![4]

La noticia de que un ciudadano estadounidense pudiera ser responsable de la muerte de Letelier y Moffitt "impactó a los funcionarios" en Washington, según informaba O'Leary.[5]

Dos días después, los chilenos filtraron el otro nombre y ya el 9 de marzo el Departamento de Estado confirmó que "Alejandro Romeral Jara" era "con toda probabilidad" el capitán de ejército Armando Fernández Larios, luego de que un empleado de la Organización de Estados Americanos lo individualizara.[6] Incluso la hermana de Fernández, Rose Marie, residente en Centerville, Virginia, admitió que el rostro de la foto era exactamente igual a su hermano.[7]

Después de haberse movido a paso de tortuga durante un año y medio, la investigación desbordó repentinamente al FBI. "Visto que los eventos mencionados en la referencia están ocurriendo a un ritmo vertiginoso", cablegrafió la oficina de Washington al director, "se solicita por la presente a todas las oficinas que llevan alguna investigación al respecto que faciliten por teletipo resúmenes de ello a la agencia federal en Washington, Newark, Nueva York y Miami".[8]

A los pocos días de recibir las cartas rogatorias, el embajador chileno en Washington, Jorge Cauas, voló de vuelta a Santiago y renunció a su cargo, citando como causa las acusaciones contra su gobierno.[9] Los diarios chilenos, que vivían hasta allí aherrojados por la censura del régimen, se encontraron repentinamente libres de emitir todos los detalles de este caso, apoyándose en que era una historia originada en Estados Unidos. ¡Y esa historia en particular ayudaba a vender diarios! Aún más, los periodistas chilenos se valieron del caso Letelier para exigir transparencia a su gobierno.[10] Las preguntas surgían en todos lados, en la prensa y las reuniones diplomáticas: ¿Cómo era que Townley, hijo de un pudiente ejecutivo, se había transformado en mecánico? ¿Por qué hablaba español tan bien? ¿Había matado a alguien en Concepción? ¿A quién conocía dentro del gobierno estadounidense? ¿Era de la CIA? "En ningún caso", dijo un ex guardia de los marines en la embajada. "¡Si la CIA estuviera contratando a esa clase de tipos, querría decir que este país está en verdaderos problemas!".[11] ¿Quién le ordenó matar a Letelier? La revista *Penthouse* informó falsamente que Chile había pagado un millón de dólares a los cubanos exiliados por el asesinato.[12] La interrogante crucial era:

¿cómo fue que estos dos individuos obtuvieron pasaportes diplomáticos para viajar a Estados Unidos en 1976?

Sin embargo, la prensa en Chile salió a la vez a defender a Pinochet. Los principales rotativos en su totalidad vieron en las cartas rogatorias una afrenta a la dignidad nacional. No creían que algún chileno estuviese involucrado. Pablo Rodríguez, antiguo miembro de Patria y Libertad y ahora columnista de opinión, olfateó "un sórdido complot de la CIA contra Chile".

"Este gobierno no tuvo nada que ver con el crimen de Letelier", afirmó Augusto Pinochet el 10 de marzo, rompiendo su silencio en el caso. Y tildó el requerimiento estadounidense de esos dos individuos como "una campaña bien montada, como todas las campañas montadas por los comunistas, para desacreditar al gobierno. Cuando se conozca la verdad, se verá que Chile es inocente". Y añadió, para más detalles, que Fernández ni siquiera se parecía a la foto de "Romeral".[13] A lo largo de todo Chile, los funcionarios chilenos decían no conocer a Townley o quién era. Nadie parecía conocer tampoco la ubicación de los pasaportes de Williams y Romeral, o quién los había firmado. La práctica era quemar los pasaportes devueltos cada dos años.[14]

Pero la verdad no reveló exactamente la inocencia de Chile. Manuel Contreras no estaba ya a la cabeza de la Dina, pero Townley seguía siendo intensamente leal a él. Cuando estalló el escándalo, el estadounidense de ojos azules recibió una llamada del propio Contreras.

—Todo va a salir bien, creo. Mi general Contreras quiere verme —dijo Townley a su esposa, Mariana Callejas, después de colgar. Contreras no había dado detalles.

—Yo voy contigo.

—No. No es buena idea. A él no le gustará.

—Voy de todas maneras —insistió Callejas, tan voluntariosa como siempre—. No te dejaré solo con él.

Resultaba que Townley no había estado nunca a solas con Contreras, que apareció a la cita en una caravana de tres automóviles. Townley subió a uno de ellos, Callejas al otro y Contreras iba en el tercero. Fueron conducidos hasta el Nico's Pizza, donde Townley se dirigió hacia Contreras, que estaba en la parte trasera de su Peugeot gris sonriendo beatíficamente. Callejas entró a Nico's y allí vio a Fernández vestido de civil, "muy serio", tanto que no la miró.[15] En lugar de ello, se unió a los dos hombres que estaban en el auto.

—He arreglado para que ustedes dos se vayan al sur, al fundo, donde estarán a salvo de todo esto en caso de que algo salga mal —dijo el ex jefe de la Dina a sus dos inquietos subordinados.[16] Alternativamente, Townley podría huir de Chile.[17]

—No, yo no dejaré Santiago —dijo Townley.[18] Hasta allí, él nunca había desobedecido a Contreras, pero sabía que el sur de Chile podía resultar una mazmorra de la que nunca volvería a emerger.

"Le dije al general Contreras que bajo ninguna circunstancia huiría", recordaba luego Townley.[19] También le informó que había sacado en secreto del país archivos relativos a sus crímenes en la Dina.[20]

Contreras dejó que Townley y Callejas siguieran viviendo en su casa de Santiago. Y elaboró a la vez una historia de cobertura: si se veía obligado a confesar, Townley diría que había ido a Paraguay en una misión oficial de la Dina y vuelto a Santiago; que jamás había viajado a Estados Unidos; que Fernández sí debía ir a Washington, pero simplemente para conseguir un listado de los políticos estadounidenses solidarios con Chile, y que esa misión nunca tuvo lugar. Con Fernández, acordaron que esa sería la historia.[21]

Advirtiendo la fragilidad de las garantías de Contreras, Townley y Callejas consultaron el asunto con el abogado Manuel Acuña.

Una vez que le hubieron referido los hechos recientes, Acuña los miró incrédulo:

—¿Tienen idea de la seriedad de la situación?

—Sí —dijeron ambos—. ¿Qué se puede hacer?

El abogado lo pensó un minuto.

—Hay peligro de muerte —concluyó, no precisamente tranquilizándolos—. Comprendan: si Michael muriera, o desapareciera, el problema estaría solucionado.

—Pero yo hablaría —intervino Callejas.

—Sí, pero tu testimonio no es muy valioso, tú no eres la involucrada directamente. Además, también tú podrías desaparecer. Lo que yo les sugiero, ya que a Michael le es muy difícil esconderse en este país, es que se refugien en la notoriedad.

—¿Cómo es eso?

—Sean personajes públicos, que todo el mundo los conozca. La prensa es ávida. Hablen con la prensa, hablen mucho.

—Pero no podemos decir la verdad.

—No importa. Digan cualquier cosa, háganse notar.[22]

Townley debía mantener la apariencia de estar inencontrable, así que fue Callejas quien asumió con naturalidad el trato con la prensa, para lo cual le fueron de utilidad, al principio, sus talentos de cuentista. Pero mentía con tanta frecuencia y tan desembozadamente que al final perdió toda credibilidad con los periodistas. Primero contó que ella era solo una "amiga cercana" de Townley y no lo había visto en cuatro años.[23] Después reconoció ser su esposa y declaró que él se estaba ocultando en algún lugar al sur del país.[24] Dos meses más tarde dijo que su esposo estaba con amigos en Santiago, pero que no tenía "nada que ver" con el asesinato de Letelier: "Él no es asesino". Luego de alegar que estaba cansada de las mentiras de los medios de prensa, mintió diciendo que ningún chileno estaba involucrado en el asesinato.[25]

Mientras Callejas elaboraba una versión tras otra, el gobierno estadounidense investigaba. Tan pronto como el nombre de Townley se hizo público, los agentes del Departamento de Justicia y del FBI reunieron de manera frenética las evidencias físicas en su contra, incluyendo cuentas que indicaban llamadas telefónicas hechas desde la casa de su hermana en North Tarrytown, Nueva York, y desde un bar preferido del Movimiento Nacionalista Cubano a esa misma casa. Townley hasta llamó al número directo de Guillermo Novo dos días antes del asesinato. El FBI encontró a la vez evidencias de la adquisición por Townley de equipamiento de espionaje en Florida y un recibo por dispositivos de localización de personas en un apartamento de Alvin Ross.[26] El rompecabezas se estaba armando.

El 18 de marzo, los chilenos anunciaron que harían aparecer a "Williams" y "Romeral" para que fueran interrogados. Eugene Propper y Carter Cornick aterrizaron en Santiago a la mañana siguiente. Propper y su barba suscitaron algunas sospechas entre los muy conservadores funcionarios chilenos. ¿Era un hippie, acaso? ¿Era judío?[27] Los norteamericanos se reunieron con su embajador, George Landau, quien les explicó que la ciudadanía de Townley cambiaba la estrategia de Estados Unidos. "Les diremos: 'Dénnoslo. Es nuestro'", les dijo a los visitantes. A Propper, eso le sonó bien.[28] El Departamento de Justicia también veía a Townley como "la clave que podía vincular a los chilenos presuntamente responsables de haber encargado el asesinato de Letelier con los cubanos que supuestamente lo habían llevado a cabo".[29] En otras palabras, solo pedirían que les fuera entregado Townley, pero con su testimonio apuntarían a todos los demás conspiradores asociados a él.

Sin que los estadounidenses lo supieran, Contreras iba de salida. El 21 de marzo, Pinochet le solicitó la renuncia.[30] La CIA evaluó la jugada como un movimiento calculado para quitarle presión a Pinochet, "pero el tiro bien podría salirle por la culata. Si Contreras es implicado, le será difícil a Pinochet rehuir la culpa por asociación".[31] Habiendo sido alguna vez la persona más temida de Chile, era de suponer que Contreras había quedado "absolutamente impactado" con su salida.[32] Ya fuera del Ejército, temió a la vez que se lo procesara civilmente.[33]

El nuevo jefe de la policía secreta, general Odlanier Mena, informó a Pinochet que Townley era, con toda probabilidad, solo un "informante ocasional" de la Dina, pero que las historias contadas por el propio Townley, Fernández y Contreras eran suficientemente sospechosas como para ameritar una investigación.[34] Muchos otros oficiales se olían lo mismo.

A la par de ello, los tribunales chilenos presentaron al "Williams"y el "Romeral"alternativos a los estadounidenses. El abogado chileno que representaba al gobierno estadounidense dio apenas un vistazo a los dos impostores antes de decir al juez: "¡Estos no son los hombres que estamos buscando!".[35] "En lo que a mí respecta", advirtió Propper, "no se cumplirá con las cartas rogatorias hasta que no aparezcan los dos individuos de las fotografías".

Propper y Landau estaban indignados. No veían indicio alguno de que hubiese una búsqueda de los sospechosos y estaban seguros de que Chile estaba, en lugar de ello, mintiendo mientras escondía a Townley. A primera hora del 23 de marzo, el embajador solicitó una reunión con Patricio Carvajal, el ministro de Relaciones Exteriores de Chile. En ella, Landau dejó abruptamente de lado toda la cortesía diplomática de que había hecho gala en su carrera y amenazó con que, si Townley no era habido para responder a las preguntas del gobierno estadounidense, todas las relaciones de Estados Unidos con Chile se verían amenazadas. Esto podía significar una suspensión total del comercio, los créditos, las inversiones y las relaciones diplomáticas; es decir, un golpe devastador para Chile. "Francamente, no creo que su gente se esté empeñando lo suficiente", le espetó Landau, dejando caer el golpe de *knock-out*. Y los chilenos tiraron la toalla.[36] Townley y Fernández se someterían a un interrogatorio judicial.

Le tomó otros seis días a Chile hacer aparecer a Townley. El 29 y 30 de marzo, durante diez horas y media, y otras ocho horas respectivamente, el chileno-estadounidense se presentó para ser interrogado por el responsable de la Dirección de Inteligencia del Ejército (Dine), general Héctor Orozco. Para ello, fue conducido a atestiguar al Ministerio de Defensa en un Chevy Nova conducido a toda velocidad, donde fue sacado del vehículo antes de que este frenara con un chirrido y corrió al interior de la institución con dos guardias y su abogado, buscando evitar a los más de cincuenta periodistas allí reunidos.[37] Al día siguiente, un juez chileno le planteó las cincuenta y cinco preguntas enviadas por el gran jurado del Distrito de Columbia. Townley contestó a seis de ellas antes de rehusarse a responder al resto sobre la base de evitar autoincriminarse, negando estar involucrado en cualquier sentido en el asesinato de Letelier y Moffitt. Fernández hizo otro tanto, excepto que ahora añadió a su historia haber ido a Washington a visitar a su hermana.[38]

Los norteamericanos sabían que Townley estaba mintiendo en casi todo, por lo que su objetivo se transformó ahora en interrogarlo cuando lo tuvieran de vuelta en Estados Unidos. Debían sacarlo de Chile antes de que huyera o fuera asesinado. Al atardecer del 3 de abril, Cornick y Propper, a los que ahora se unió el agente especial del FBI Robert Scherrer proveniente de Buenos Aires, se reunieron con los máximos funcionarios de inteligencia chilenos para dejarles clara la "extrema urgencia que el gobierno de Estados Unidos daba a la inmediata expulsión de Michael Vernon Townley". Los chilenos contraatacaron con la información de que había una orden de arresto pendiente contra Townley por homicidio involuntario en Concepción, de modo que solo podrían entregarlo dentro de unas dos semanas. Al día siguiente, Landau metió presión adicional al ministro de Relaciones Exteriores en funciones, en lo que un colega describió, con no poca admiración, como que dio "algunos golpes muy firmes en la mesa".[39]

"Queríamos a Townley y lo queríamos sin vacilar", recordaba luego Landau.[40]

Entretanto, Pinochet aún insistía en la inocencia de su gobierno y en que la renuncia de Contreras no había tenido "nada que ver" con Letelier. Pero, de paso, levantó el Estado de Sitio, liberó a cuatrocientos prisioneros condenados por los tribunales militares y permitió que algunos exiliados claves retornaran.[41] El 5 de abril, agregó que su "conciencia" estaba "limpia". "Haremos todo lo posible para llegar a la verdad y lograr que los responsables sean castigados, cualquiera sea su cargo o nacionalidad".[42] En rigor, la nacionalidad de Townley resolvió un problema para Pinochet. Al entregar al estadounidense, podía decir que había colaborado con Estados Unidos, a la vez que reivindicaba la idea de que ningún chileno estaba involucrado en el asunto.

Townley escuchó rumores de su posible expulsión, que era un proceso más acelerado que la deportación, pero estimó que era una perspectiva improbable. Además, estaba el asunto de la orden emitida en Concepción, y la ley le concedía al respecto veinticuatro horas para apelar ante la Corte Suprema.

Parecía olvidar que el Estado policial al cual había jurado lealtad operaba fuera de la ley cada vez que le convenía. El 7 de abril de 1978, en el piso decimoquinto del edificio Diego Portales, desde el cual Pinochet gobernaba el país, hubo una reunión de su equipo político, estableciendo como sus objetivos evitar la expulsión de Townley y mantenerlo en Chile. De pronto, las puertas de doble hoja de la sala de reuniones se abrieron y Pinochet ingresó por ellas. El dictador rara vez descendía de su piso veintidós, esto significaba algo.

"Por favor continúen, no se preocupen por mí", instruyó el hombre fuerte a sus asesores, mientras se paseaba por detrás de sus sillas. Enseguida los interrumpió: "Nos estaba yendo tan bien, tan bien, estábamos listos para despegar", aludiendo sin duda a la caída acelerada de la inflación en Chile. "¡Y ahora esto! ¡Esto es una cáscara de plátano, señores!".*

Pareció detenerse un segundo a evaluar la idea. "¡Una cáscara de plátano!", repitió. "Si la pisamos, el gobierno caerá. ¡Nosotros caeremos!". Tan abruptamente como había ingresado, abandonó la estancia. Ese arranque de Pinochet pareció cambiar el ímpetu de la reunión, y la charla en torno a evitar la expulsión de Townley viró a la idea de entregarlo. Después de todo, un decreto de 1975 facultaba de hecho al presidente a expulsar a los extranjeros que violaran los

* En español en el original (N. del T.).

requisitos de residencia en el país. Sobre ello fundamentaría Santiago legalmente su decisión.[43]

Los funcionarios estadounidenses en Washington llegaron prontamente a un acuerdo con los chilenos: Chile expulsaría a Townley si la fiscalía de Estados Unidos prometía mantener lejos de la prensa, y de otros gobiernos, cualquier información respecto a las actividades de la Dina que no fuesen las relacionadas con el asesinato de Letelier y Moffitt. Propper se comprometió a la vez a guardar silencio respecto al acuerdo en sí.[44] El pacto fue conocido como el acuerdo Montero-Silbert.

Mientras tanto, estando en casa de su madre y sin tener idea de dónde estaba su esposo, Callejas recibió una llamada. Era Mena, el jefe de la policía secreta, llamándola desde su propia casa, la de ella y Townley.

"Señora, por favor, venga a su casa inmediatamente".

Al volver a toda velocidad a su hogar en su Fiat 125, Callejas se preguntó qué habría ocurrido: *¿Habría muerto Michael? ¿Habría huido al sur?* Al llegar, se encontró a Mena, que era un individuo distinguido y alto, de pie junto a la chimenea, rodeado de aproximadamente un centenar de sus efectivos y personal de seguridad. Habían desmantelado por completo el segundo piso de su casa allí en Lo Curro, que había servido como oficina de la Dina.

—Tengo malas noticias que darle, señora —le anunció Mena—. Su marido se va mañana en la mañana.

—¿A Concepción?

—No. A Estados Unidos. Lo lamento, no hay otra alternativa. Su marido deberá ser extraditado. Por el bien del país, porque es legal, porque en realidad Estados Unidos tiene todas las cartas a su favor, porque corresponde... por la patria. Hay que hacerlo.

—¡No, no lo voy a permitir! —exclamó Callejas—. Están cometiendo un error demasiado grave. Yo quiero una audiencia con el general Pinochet.

—Señora, a esta hora no creo que sea posible.

Callejas fue conducida a ver a Townley, que ya estaba detenido. Se lo encontró abatido y ansioso, con las facciones contraídas por la angustia. Se dijeron adiós. Callejas estaba segura de que su esposo estaría muy pronto muerto.[45]

A las nueve de la mañana del 8 de abril, Scherrer estaba en su habitación del hotel en Santiago y se disponía a cepillarse los dientes

(Propper había vuelto a Washington) cuando lo llamó un individuo que se negó a identificarse.

"Váyase ahora mismo al aeropuerto Pudahuel", dijo en el auricular. "Townley estará en el vuelo 052 de Ecuatoriana de Aviación programado para despegar a las 9:45. No se preocupe por los pasajes y las reservas, nosotros nos haremos cargo de eso. Por favor, dese prisa, el abogado de Townley está maniobrando a su favor". Contribuía a lo apremiante de la situación un rumor circulante de que dos regimientos de paracaidistas leales a Contreras se proponían rescatar a Townley en el aeropuerto.

Scherrer llamó a Landau, preocupado de que Ecuatoriana de Aviación pudiera retener a Townley en Ecuador, donde estaba programado que hiciera una escala. Landau, sin embargo, hizo a un lado sus inquietudes: "Tenemos que correr el riesgo, puede ser nuestra única oportunidad de tenerlo".

Media hora después, abandonando su equipaje personal, Scherrer y Cornick fueron conducidos directamente a la pista donde estaba el avión, cuya partida había sido demorada por las autoridades del aeropuerto. Unos minutos después, varios individuos con metralletas emergieron desde el edificio del aeropuerto y un vehículo se aproximó y dejó allí a Townley con las manos esposadas a la cintura. Él subió la escalinata y se desplomó en su asiento, se llevó las manos esposadas al rostro y se puso a llorar. En la ciudad, en esos mismos momentos su abogado estaba presentando de manera simultánea una apelación.

Cornick se sentó junto al prisionero. "Mike, ¿tú entiendes, supongo, que estás en graves problemas y serás arrestado en cuanto lleguemos a suelo estadounidense?".

"Bueno, no pensé que me llevaban precisamente a un pícnic con estas esposas".[46]

A las pocas horas y al día siguiente, 9 de abril, cuando el avión aterrizó en Baltimore, Cornick arrestó formalmente a Michael Townley.[47]

En este punto del proceso, Propper ni siquiera sabía qué papel había jugado Townley en el asesinato de Letelier y Moffitt o cómo había llegado la bomba a quedar bajo el Chevelle. Sospechaba que el estadounidense era simplemente un correo entre la Dina y los cubanos.

La evidencia de la que el Departamento de Justicia disponía respecto a Townley era escasa. Podían procesarlo por uso fraudulento de pasaportes, pero poco más. Si él se negaba a hablar, podían no tener ningún caso entre manos.

Entonces, justo cuando comenzaban a desesperarse, la suerte intervino.

El 11 de abril, con Townley retenido en Fort Meade, Maryland, un oficial de Miami detectó a un hombre que, bajo su exuberante peluca marrón, se parecía muchísimo a Guillermo Novo. Sentado junto a él había un doble exacto de Alvin Ross. Los agentes del FBI estaban siguiendo al individuo que calzaba con la descripción de Novo, montado en un Lincoln Continental gris registrado a nombre de Ross. Durante tres días de horror, siguieron, perdieron y luego encontraron de nuevo y pudieron seguirlos otra vez a Novo, Ross y otro hombre en el tráfico de la Pequeña Habana, en restaurantes, bares y hasta un apartamento.

Finalmente, el 14 de abril, el FBI estuvo seguro de los objetivos, reunió a suficientes agentes y contaba con una orden firmada de arresto. Los agentes detuvieron el Lincoln y encontraron en él no solo a Ross, sino que también una pistola Derringer, una automática del calibre 45, dos Smith & Wesson calibre 38, una balanza, una gran bolsa plástica llena de cocaína, certificados de nacimiento para un vasto número de individuos "y algunas pelucas y otros materiales para disfrazarse". La cocaína —equivalente a 30.000 dólares en las calles— era supuestamente para financiar un éxodo a México.[48]

En un Holiday Inn cercano, el FBI confrontó a Novo. Cuando él vio que los agentes ingresaban al *lobby* con la policía local, "se montó rápidamente en el ascensor" y, sin saberlo Novo, lo mismo hizo un agente especial encubierto. Novo presionó el botón del octavo piso. "En el piso octavo", proseguía el informe del FBI, "Novo salió del ascensor y comenzó a caminar por el pasillo que iba hacia la derecha, aunque de inmediato se detuvo al ver que ese pasillo concluía en el ascensor". Evidentemente, este no era su piso o ni siquiera su hotel. "Entonces Novo dio media vuelta y comenzó a caminar en la dirección opuesta". En ese momento, el agente especial lo paró y le pidió su identificación, a lo que Novo extrajo un documento con el nombre de Víctor Trinquero. Cuando más tarde se le solicitó otra identificación, él dio la de Ross. Una vez que estuvo en la oficina del FBI en Miami, declaró: "Mi nombre es Guillermo Novo".[49] Entonces se le leyeron sus derechos en español y se lo acusó de violación de su libertad bajo palabra, ya que se había fugado de las autoridades en junio del año anterior. Ross fue acusado de conspiración para fabricar explosivos y artefactos incendiarios, fabricación de artefactos destructivos y almacenamiento de explosivos de alto poder.[50]

"No puedo creer que hayamos atrapado a Novo justo hoy, después de todos estos meses", dijo Cornick. "Dios debe ser un agente del FBI".

Inmediatamente enterados de este giro en el caso, Cornick y Scherrer informaron a Townley que tenían detenidos a Novo y Ross. "Ahora es una cuestión de todos buscando salvar su pellejo", le dijo Cornick a Townley. "Las ratas están abandonando el barco".[51] Townley quedó "especialmente perturbado" al escuchar sobre la cocaína encontrada a Ross, y Cornick y Scherrer tuvieron que explicarle "que esos hombres eran, por lo general, individuos sin principios que se involucraban en actividades ilegales para sustentarse entre un contrato mercenario y otro".[52]

Townley supo que estaba acorralado.

—Si arrestan a los cubanos —le explicó a Callejas, que voló a Fort Meade el 12 de abril—, podrían ser ellos quienes hicieran el trato. Si me niego a hacer un trato, igual iré a la cárcel por haber entrado a los Estados Unidos con pasaportes falsos por lo menos dos veces, son siete años por cada entrada. Me darían catorce años.

—No veo mas salida que llegar a un trato —le dijo ella.

Sin embargo, antes de largar todos sus secretos, Townley insistió en hablar con el general Orozco, primero para garantizar la seguridad de su familia en Chile y, luego, para liberarse del juramento de silencio prestado en la Dina, ese que lo había hecho hasta allí tan devoto de Contreras.

—Después de todo —le dijo a Callejas—, les debo lealtad.

Haga el trato, le dijo Orozco al desgastado y aislado Townley, liberándolo de su juramento.[53]

El 18 de abril, Townley firmó un acuerdo con el fiscal estadounidense en que se comprometía a dar su testimonio completo, declarándose culpable de un cargo de conspiración para asesinar a un funcionario extranjero. No tendría que hablar de ninguna actividad de la Dina aparte del caso Letelier. Su sentencia no sería mayor de diez años en prisión, con la posibilidad de libertad condicional después de tres años y cuatro meses (un tercio del máximo). Quedaba a su vez a salvo de la extradición, pese a que Estados Unidos y Chile tenían un tratado de en la materia —el primero en la historia estadounidense—. Al explicar a la generación posterior la actitud tan clemente del gobierno, Carter Cornick recordaba que "teníamos buena evidencia circunstancial" para sustentar un caso de asesinato contra Townley. Pero "no teníamos, en mi opinión, un caso para procesarlo. Así que resolvimos hacer un trato con el peor tipo posible. Algo que el gobierno nunca hace, pero sin eso no teníamos ningún caso". En la academia del FBI en Quantico, Virginia, Townley se paseaba de aquí para allá y fumaba un cigarrillo tras otro al brindar un detallado recuento respecto del que había sido su escuadrón de la muerte.[54]

El 26 de abril de 1978, en un tribunal, Michael Townley fue acusado formalmente de conspiración —el primer cargo alguna vez formulado en el caso Letelier—. Vestido con un terno azul, una camisa oscura a rayas y una vistosa corbata, él no dio muestras de emoción. Propper solicitó una fianza de cinco millones de dólares, ante el temor de que un organismo como la Dina pudiera pagar una cifra menor y cruzar a Townley a través de la frontera.[55]

El testimonio ofrecido por Townley fue inestimable. Vino a confirmar todas las sospechas de los investigadores y, en la práctica, no contradijo nada de la información restante. Townley hasta recreó la bomba para el FBI, depositándola en un Chevelle idéntico al del caso para probar que él había fabricado, de hecho, la bomba para Letelier. "Fue un momento increíble", recordaba Carter Cornick. "Townley se puso blanco como papel y nosotros quedamos atónitos. Solo pude decir: '¡Dios mío, pero si es exactamente lo mismo en los dos coches!'".[56]

Durante el verano, Townley les escribió a Contreras e incluso a Pinochet, con quien nunca se había encontrado. Sus cartas eran en gran medida analíticas, señalando el punto en que el gobierno de Chile podría haber empleado una mejor estrategia. Entre los pasos en falso de Chile, le decía a Contreras, estaba el asesinato de gente fuera de Chile, lo que suponía demasiados riesgos. Nunca manifestó ningún rencor hacia los dos hombres que lo habían traicionado y seguían a salvo en Chile. Incluso les suplicaba que pagaran a los cubanos los 25.000 dólares que les habían solicitado a principios de 1978 para huir de Estados Unidos.[57]

En una declaración más emocional y abierta al público, hecha luego de firmar su acuerdo de culpabilidad, Townley anunciaba a la nación chilena como un todo que, después de cumplir su sentencia, tenía toda la intención "de volver a ese país que considero mi verdadera y auténtica patria". Allí reiteraba su aseveración, formulada durante el juicio, de que se consideraba él mismo y a Letelier soldados en una guerra y, por tanto, metidos en un juego justo. "Las guerras de inteligencia y antisubversivas son guerras como cualquier otra. Guerras en que la gente es asesinada y muere". Eliminar izquierdistas no era algo personal. "El señor Letelier era un soldado importante entre las filas marxistas-socialistas, un líder en una guerra que se está valiendo de la sociedad capitalista del mundo libre para atacar y arruinar a nuestro Chile, para encubrir las causas y situaciones que precipitaron a las fuerzas armadas chilenas a emprender una acción contraria a sus principios, con miras al salvamento y preservación [del país] contra el torcido naufragio social y económico dejado por el inepto, fracasado y nefasto experimento socialista". Su tono hacia Contreras estaba, sin embargo, comenzando a endurecerse. Mostraba su desacuerdo con su expulsión y revelaba que Contreras le había dicho que mintiera y encubriera su crimen ante los investigadores de Chile.[58]

La expulsión y confesión de Townley incidieron fuertemente en el caso del Departamento de Justicia contra los cubanos. En su declaración, Townley había nombrado a diez conspiradores que actuaron con él: Contreras, Pedro Espinoza y Fernández en Chile, y siete cubanoamericanos. Los fiscales descartaron a dos de estos últimos y se centraron en los cinco que habían provisto material de apoyo para el complot: los hermanos Novo, Virgilio Paz, Ross y José Suárez.[59] El 5 de mayo, el FBI arrestó a Ignacio Novo en casa de su cuñado, "tras un breve jaleo en que él hizo el intento de escapar" por la ventana de un sótano.[60]

Suárez y Paz —los dos hombres que, según la hipótesis más creíble, habían seguido al Chevelle de Letelier y detonado la bomba— estaban todavía fugitivos. Se "creía que estaban escondidos entre una de las comunidades de habla hispana de la Costa Este", y el FBI ofrecía más de 20.000 dólares por información conducente a su arresto.[61] La agencia se negó, sin embargo, a incluirlos en la lista de los diez individuos más buscados porque la publicidad añadida que eso traería no ayudaría mucho. "En vez de sufrir el aislamiento por haber cometido un crimen aborrecible, están siendo acogidos, protegidos y amparados por segmentos de la comunidad cubana en el exilio".[62]

Como siempre, los cubanos se mostraron renuentes a cooperar. Ross negaba haber sabido algo de la cocaína encontrada en su Lincoln Continental en Miami, y sus huellas no estaban en ninguna de las armas. Decía no conocer a Michael Townley.[63] Además, nuevas amenazas intentaban poner freno a la causa. Cuando Townley fue procesado en la corte distrital estadounidense de Hyattsville, Maryland, el 10 de abril, una llamada anónima advirtió que el tribunal "explotaría como el auto de Letelier". Cinco días después, el mismo Eugene Propper recibió una llamada a su número, que no estaba incluido en la guía telefónica. "Es mejor que te cuides", le dijo una voz masculina en un inglés sin acento, "presta atención a la llamada hecha al tribunal la semana pasada", y colgó. Propper denunció la llamada al FBI, pero se negó a ser resguardado por alguaciles estadounidenses.[64]

El 1 de agosto de 1978, el gobierno estadounidense acusó a tres chilenos y cinco cubanos en la corte distrital de Washington D.C., situada a pocas cuadras del Capitolio. La imputación era por diez cargos. Todos salvo Ignacio Novo fueron acusados de conspiración para asesinar a Letelier, crimen de un funcionario extranjero, asesinato de Letelier y Moffitt (un cargo distinto por cada uno) mediante una bomba, y destrucción del Chevelle Malibu Classic. Guillermo e Ignacio Novo fueron acusados además de dos cargos cada uno por mentir al gran jurado, e Ignacio fue acusado de no informar de un delito —omisión, en la jerga legal—. Manuel Contreras fue mencionado como el hombre que ordenó el asesinato; Townley, como conspirador asociado, pero no entre los acusados.[65] Visto que el nombre de Contreras fue el primero que aparecía en la acusación, la etiqueta del juicio se convirtió en *Los Estados Unidos de América contra Manuel Contreras et al.* Pero solo los que estaban arrestados —Alvin Ross y los Novo— se enfrentarían a un juicio. Estos fueron los primeros cargos alguna vez formulados por los Estados Unidos en contra de terroristas cubanos exiliados.[66]

Michael Moffitt, por su parte, se sintió reivindicado. El "gobierno de Estados Unidos ha llegado a la conclusión de la que nosotros nunca nos desviamos. Dijimos, desde el día uno, que el gobierno de Pinochet era el responsable", declaró. "Nos complace la labor que el

FBI ha hecho hasta aquí, enfrentándose en sus operaciones a la oposición e interferencia local y foránea".[67] Incluso William F. Buckley, que había embestido contra Letelier acusándolo de ser un agente cubano, hubo de admitir ahora que Chile había ordenado el asesinato, aunque él absolvía a Pinochet.[68]

A medida que ambas partes se preparaban para un juicio en enero de 1979, las tensiones iban en aumento. Un "número sustancial" de testigos de la fiscalía temía a las "represalias físicas" y tuvieron que ser puestos bajo la protección de alguaciles de los Estados Unidos. Esto incluía a Townley y Callejas.[69] Cinco organismos cooperaban con el equipo de la acusación, que planeaba llamar a setenta testigos. La hermana de Orlando Letelier, Fabiola, y su propio hijo llegaron desde Santiago para estar en el juicio. "Tengo fe en la justicia estadounidense", declaró ella. Del lado de la defensa, poco fue dado a conocer públicamente, pero Ignacio Novo dijo que el caso les costaría en conjunto 100.000 dólares.[70]

El 9 de enero, en el sexto piso del tribunal, con todo cubierto de nieve alrededor, el juicio partió bajo medidas de seguridad sin precedentes, según el FBI. Los perros entrenados en olfatear bombas merodeaban por el tribunal, situado a pocas calles del Capitolio. Había allí cuarenta y cuatro medios noticiosos de todo el mundo, incluidos trece de Chile, y ellos y todo el mundo debían atravesar un detector de metales a la entrada del edificio, tras lo cual eran registrados y su identidad era verificada una segunda vez antes de ingresar a la sala. La policía antidisturbios estaba desplegada en las cercanías.[71] El tribunal en sí contaba con solo sesenta asientos, y hasta hubo puñetazos por el derecho a ingresar.[72]

The New York Times advirtió el cisma detectable en la audiencia. Los partidarios de Letelier "tendían al cabello desgreñado y la ropa suelta, artesanal. Eran gente deseosa de liberar a las naciones pobres de Sudamérica del capitalismo adoptado por la junta chilena encabezada por el general Augusto Pinochet". Entre los amigos de los cubanos, entretanto, "rara vez se veían prendas informales".[73]

Los cubanoamericanos en la audiencia no sentían necesidad de justificar las acciones de los acusados. Guido Guirado, cuñado de Paz, dijo que Letelier estaba *bien muerto y bien matado*.* "Nadie podrá neutralizarnos ni detenernos en nuestra lucha contra el co-

* En español en el original (N. del T.).

munismo", juró. "Por ahora estamos muy tranquilos presenciando el juicio", agregó en una amenaza apenas velada, "pero si esto no se arregla, entonces sabrán de nosotros". Hasta clavó sus ojos en los agentes del FBI presentes en la sala: "A nosotros nos han traicionado y quienes lo hicieron la van a pagar". A pesar de la muy jugosa recompensa ofrecida por la captura de Paz y Suárez, añadió, "nunca, ningún cubano los va a traicionar. Nosotros somos así. Nada nos hará hablar".

"El gobierno no tiene nada. Mierda es lo que tiene", agregó Rosita, la hermana de Ross. "Ellos no van a poder comprobar nada, porque solo cuentan con el degenerado de Townley. Y ese no tiene patria, no tiene nada y puede vender hasta a su madre".

Guirado afirmó que en Union City, Nueva Jersey, los cubanos habían convocado a una huelga general para protestar por el juicio.[74] En realidad, lo que habían hecho era caminar por la avenida Bergenline y exigir que los tenderos cerraran sus negocios por el día. "Fue algo al estilo de Capone", dijo un anciano. "Pegaron sus pegatinas en la vitrina de mi almacén. Yo les dije que no tenían derecho a eso. Al otro día volvieron y me quebraron el cristal. (...) Más tarde, vendí mi tienda".[75]

El juez Barrington Parker, un afroamericano designado por Nixon, con una pierna amputada, se dirigió lentamente a su estrado con sus muletas, se ajustó las gafas sin montura y abrió los procedimientos con su voz lenta y deliberada de barítono.[76] Él, al igual que Propper, había recibido amenazas de muerte antes del juicio y agentes del servicio secreto los rodeaban a ambos día y noche, mientras durara el asunto.[77] Erguido en su testera, Parker denegó una moción de la defensa de que el juicio se trasladase fuera de Washington, vista la intensa publicidad que había recibido hasta allí.[78] Lo que siguió fue la más prolongada selección de jurados habida desde Watergate. Durante tres días y medio, los abogados asediaron a ciento cincuenta y tres potenciales jurados, eliminando a quienquiera que tuviese algún conocimiento de Chile, Cuba, Letelier, Townley o el Instituto de Estudios Políticos. Finalmente, siete mujeres y cinco hombres fueron escogidos, todos afroamericanos (el 70 por ciento de la población del Distrito en 1980).[79]

Siendo su turno de testificar, Michael Townley entró vestido con un terno a rayas de color azul oscuro. Cuando los jueces, abogados y el jurado estaban fuera de la sala, los cubanos —tanto los sometidos a juicio como los que estaban en la audiencia— le lanzaron insultos y amenazas en español mientras simulaban charlar entre ellos: "¡Cuidado, no lo dejen solo!", "¡Traidor de la CIA!", "¡Comemierda de la CIA!", "¡Maricón!", "¡Hijo de puta!", "¡Córtenle la lengua!". Townley, a una distancia de seis metros, miró a uno de los acusados, pero no respondió. Y los alguaciles sentados justo detrás de los acusados, que en apariencia no hablaban español, no hicieron nada.[80] Al día siguiente, el juez Parker reprendió a los cubanos y estos se disculparon.

La acusación, encabezada por Propper, presentó a veintiséis testigos y ciento veintitrés elementos de prueba en veinte días. Michael Moffitt testificó, intentando contener su rabia ante los acusados. En el ensayo previo, Propper trató de calmarlo. "Michael, ¿sabes?, Townley me pidió que te dijera que lo lamenta de veras por Ronni. Y puedo decirte que yo le creo. Sea lo que sea que pienses de él, Mike es un tipo serio, y verdaderamente creo que lo siente, no respecto a Orlando, pero sí en el caso de Ronni".

La respuesta de Moffitt no se hizo esperar: "Puedes decirle a Mike que, si alguna vez se me da la ocasión, le arrancaré el corazón". En el estrado, sin embargo, mantuvo la calma.

Isabel Morel asistió al juicio. Antes de testificar, convocó a unos quince periodistas para exhibir ante ellos una copia del documental *Los muertos no callan*, en la que ella y Moy de Tohá eran entrevistadas por cineastas de Alemania Oriental respecto al calvario sufrido por sus esposos martirizados por la dictadura.

Al séptimo día del juicio, Morel subió al estrado. Llevaba un collar con una piedra oscura grabada con la palabra "Isa" que su esposo había esculpido en la Isla Dawson. Su testimonio discurrió mayormente en torno a la vida de Orlando Letelier como líder de la resistencia a Pinochet en el exilio, estableciendo un móvil posible para los acusados. "Su voz suave y con acento evocaba el dolor, la determinación, el coraje", observó su amigo Saul Landau.[81] Cumplió a la perfección su labor de generar simpatía en el jurado. Antes del juicio, mientras ensayaba su testimonio, había suscitado lágrimas en algunos de los investigadores.[82]

El caso del fiscal descansaba en gran medida en el testimonio de Townley, que él mismo había pasado doscientas horas ensayando con el testigo.[83] En el curso de seis días, este dio un testimonio detallado, consistente y bien organizado, ante lo que *The Washington Post* describió como "una audiencia llena y embelesada".[84] Respecto a su objetivo, dijo: "Él era un soldado y yo era un soldado". "A su modo, dentro de su propio partido, con sus propias acciones, estaba librando una batalla contra el gobierno de Chile", explicó. Al preguntársele si se arrepentía de haberlo matado, Townley respondió: "No, señor. A la persona que lo acompañaba, sí, a ella sí, muchísimo, señor".[85] En explicaciones adicionales, dijo: "No estoy diciendo que estuviera de acuerdo en matarlo, tampoco a él. Yo solo recibí una orden y llevé a cabo esa orden valiéndome lo mejor que pude de mis habilidades".[86] (Cinco meses después, Townley declaró que sentía "un gran remordimiento por la muerte de Ronni Moffitt" y que, "si pudiera volver atrás el reloj, plantearía mis objeciones y encontraría alguna excusa para no seguir las órdenes. (...) La violencia no es la solución a ninguna disputa").[87]

Otra evidencia incluyó una pila de recibos que demostraban los movimientos de Townley en Estados Unidos y las conversaciones devastadoras de Ricardo Cañete con Alvin Ross y Virgilio Paz.[88] Ross se había jactado de sus crímenes ante un compañero de celda, quien testificó ante la corte que "Alvin Ross Diaz representa todo lo que detesto en un ser humano".[89] Por otra parte, y quizá sabiamente, los fiscales resolvieron no llamar a testificar a la muy impredecible Callejas.[90]

La defensa, entretanto, presentó a ocho testigos en un lapso de seis días, pero no a los tres acusados detenidos. Eligió la estrategia de alto riesgo de culpar a la CIA por ordenarle a Townley que asesinara a Letelier, con la esperanza de que, como dijo Ross, "la gente de todas partes aceptara alegremente el hecho de que la CIA fuera la responsable".[91] Transcurrido un mes del juicio, Ignacio Novo hasta ofreció otra teoría conspiratoria a un periodista holandés: "Esta es una trama urdida por ciertos sectores dentro del gobierno estadounidense (...) para intentar provocar la caída del gobierno chileno y eliminar a los elementos más beligerantes dentro de la comunidad del exilio cubano. Esto por orden, no por orden sino a petición de Fidel Castro, que es quien ha solicitado todo eso".

Novo estaba "absolutamente" seguro de que "vamos a ser exonerados y encontrados no culpables".[92]

Las amenazas por parte de los cubanos continuaron durante el juicio. Un testigo programado para testificar señaló que su padre había recibido una llamada de Ignacio Novo, quien no se molestó en encubrir su identidad. Sin mucha sutileza, Novo dijo al padre que esperaba que "[su hijo o hija] continuara bien de salud".[93] En agosto de 1978, llegó para Townley una carta desde Perú. "Eres un traidor", decía. "Has negociado con el FBI para salvar tu sucio pellejo. Pagarás por esto con tu vida. No vivirás de nuevo en paz en ningún lugar del mundo. (...) Tu esposa y tus hijos son tus prendas más queridas. No permitas que la sangre deje de circular por sus venas a causa de tu traición". Venía firmada por "Virgilio", en lo que parecía una referencia a Paz.[94] Tres días después, Propper recibió una llamada en su oficina. "Le vamos a volar las piernas a ese juez del carajo", dijo la voz al otro lado de la línea, "y luego iremos por su familia, tarde o temprano. Y después, si nos queda tiempo, te agarraremos a ti. Pero tú no eres un negro de mierda amante de los comunistas".[95] Durante el juicio, otros miembros del Movimiento Nacionalista Cubano atentaron con bombas contra la misión cubana ante las Naciones Unidas y el Avery Fisher Hall en Nueva York.[96]

El caso de la fiscalía estuvo a su vez a un paso de descarrilarse cuando Townley hizo una llamada telefónica a un amigo —aparentemente grabada por alguien leal a Contreras y entregada a la defensa— al cual le sugería que debía tener amigos alrededor del mundo que amenazaran al juez Parker de modo que este solicitara ser removido del caso. Townley dijo al juez que estaba bromeando, y Parker denegó que la cinta fuera escuchada en la corte.[97]

El 14 de febrero de 1979, veintidós alguaciles montaban guardia en la corte a la espera de un jurado que había deliberado durante ocho horas y media. Guillermo Novo se volvió hacia sus amigos, hizo un gesto como de rebanarse con el dedo la garganta y dijo en español: "Estoy seguro de que nos jodieron".[98] Poco después de eso, ingresó el jurado de vuelta y el secretario del tribunal leyó el veredicto unánime contra Alvin Ross y Guillermo e Ignacio Novo: culpables de todos los cargos.[99] Los cubanos quedaron con la vista perdida mientras sus familiares sollozaban y gritaban al juez Parker: "¡Negro de mierda! ¡Hijo de puta!".[100] Al abandonar la corte, Guillermo Novo y Ross alzaron el puño y gritaron: "¡Viva Cuba libre!".[101]

El 23 de marzo llegó la sentencia. Esta vez los hermanos Novo sí hicieron declaraciones en la sala, ambos negando cualquier participación en el asesinato de Letelier. "No he hecho ningún mal", fue la forma en que lo puso Guillermo, aun cuando admitió que había violado su libertad bajo palabra viajando a Chile, donde se encontró con Townley. Ambos hermanos veían el juicio como una forma de convertir al MNC en el chivo expiatorio del caso, entidad que el propio Guillermo Novo describió como "una organización honorable, cuyo primer objetivo es la liberación de Cuba del opresor comunista foráneo, la defensa de nuestra cultura y tradiciones y, por cierto, la defensa de nuestra civilización cristiana occidental". Al leer su declaración de veintitrés páginas, el menor de los hermanos insistió en la teoría de la conspiración acerca de un acuerdo entre Estados Unidos y Castro, momento en que el juez Parker lo frenó: "Su derecho no incluye subirse al taburete para emitir un discurso político".[102]

El fiscal del gobierno Earl Silbert hizo su propio y apasionado alegato... en favor de una sentencia severa. El veredicto, argumentó, no tenía nada que ver con la ideología de los acusados, sino que con crímenes de una "ferocidad" que "socava el propio tejido social". Los acusados tuvieron oportunidad de aportar evidencia, igual que Michael Townley, pero en lugar de ello eligieron mentirle al gran jurado. La sentencia del juez Parker, dijo, "es importante para la viuda del señor Letelier. Es importante para el esposo de Ronni Moffitt". Parker pareció concordar: "En los casi diez años de servir como juez en un juicio de este tribunal, nunca me ha tocado presidir sobre un caso tan monstruoso y ejecutado tan a sangre fría como los dos asesinatos cometidos en la mañana del 21 de septiembre de 1976". Agregó que el hecho de haber adquirido la nacionalidad estadounidense no afectaba a la sentencia de los acusados, pero sí les reprochó el hecho de que "han traído, importado y traído con ustedes una clase de terrorismo, fanatismo y odio que no tienen cabida en este país". Dicho eso, sentenció a Guillermo Novo y Alvin Ross a cadena perpetua, en tanto Ignacio Novo recibió ocho años —la máxima sentencia para cada uno—. Hubo un griterío en la sala cuando Parker leyó las sentencias, pero él descartó limpiamente el gesto: "Se repondrán. Es solo que son más emotivos".[103]

Las emociones, sin embargo, se traducirían en acciones. Dos días después de la sentencia, a las 20:46 horas, un bolso presentado al *check in* en el terminal de Trans World Airlines (TWA) del Aeropuerto John F. Kennedy explotó cuando iba camino hacia el avión. El daño quedó en buena medida restringido al carrito de metal en que estalló, pero cuatro empleados que cargaban el equipaje sufrieron heridas menores. La dinamita dentro del bolso estalló demasiado pronto; ella estaba pensada para destruir el avión porque TWA estaba a su vez planeando realizar *charters* a Cuba. Ese mismo día, otras dos bombas estallaron en Union City y Nueva York Oeste, en Nueva Jersey. Una voló en astillas las ventanas de una empresa que enviaba por barco medicinas y mercancías varias a Cuba; la otra, en el Programa Cubano de Nueva Jersey, que trabajaba con refugiados. Omega 7, una organización que a veces se solapaba con el MNC, reivindicó su responsabilidad en los tres actos terroristas.[104] El FBI inició la búsqueda de Virgilio Paz y José Suárez en relación con las bombas de Nueva Jersey.[105]

Desde el asesinato de Letelier y Moffitt dos años y medio antes, los exiliados cubanos se habían vuelto incluso más agresivos. Una jugada diplomática designada como "El diálogo", iniciada en septiembre de 1978 entre un moderado "Comité de los 75" cubanoamericano y el gobierno de Fidel Castro, dividió aún más a la comunidad al liberar a tres mil prisioneros políticos y autorizar a cuatro mil cubanoamericanos para que visitaran Cuba. A algunos de quienes odiaban a Castro les preocupaba que se olvidara la traición habida con la revolución. Un reverendo, cuya oficina fue atacada por un bombazo, declaró que al acercamiento era "una amenaza económica para aquella gente que cobra hoy setecientos dólares por el envío de paquetes a Cuba vía Canadá", puesto que la normalización con Cuba rebajaría claramente esos costos. Quienes se oponían al terrorismo, dijo otro miembro de la comunidad, eludían quejarse porque no tenían la ciudadanía.[106]

Los bombazos continuaron. A fines de octubre, poco antes de las 22:00 horas, estalló una bomba justo en el exterior de la misión cubana ante las Naciones Unidas en Manhattan. El fogonazo fue visto a una cuadra de distancia en todas direcciones, y el ruido, escuchado a dos o tres cuadras.[107] Un mes más tarde, Eulalio José Negrín, miembro del Comité de los 75, fue acribillado por armas automáticas cuando se subía a su auto en Union City. Su hijo de doce años, sentado ya en el vehículo, resultó indemne. Un individuo de acento hispano hizo una llamada diciendo que era de Omega 7 y señaló enseguida: "Seguiremos con estas ejecuciones hasta que hayamos eliminado a todos los traidores que viven en este país". Negrín fue el segundo miembro del Comité de los 75 asesinado en 1979.[108] Muchos más recibieron amenazas de muerte.[109] A principios de diciembre, otra bomba explotó fuera de la misión cubana, y luego otra abrió un enorme boquete en la misión soviética, en la Calle 67 Este. Y aún otra más alcanzó a la aerolínea soviética Aeroflot.[110]

Si a mediados de los años setenta muchos se quejaban de que el FBI ignoraba el terrorismo del exilio cubano, para los ochenta la agencia consideraba a Omega 7 "la organización terrorista más peligrosa de Estados Unidos" y confería "la máxima prioridad" al objetivo de desmantelarla. Pese a ello, hasta marzo de 1980, no había hecho ningún arresto.[111] Un grupo de estudiantes de leyes que trabajaba junto a la Unión de Libertades Cívicas de Nueva Jersey y el Consejo de Iglesias de Nueva Jersey informó que, a pesar de haberse registrado más de cien bombazos o intentos de bombazos en los últimos dos años, no se había apreciado "ningún empeño especial del Departamento de Justicia y el FBI para coordinar a las agencias federales, estatales y de policía local en todo el país con miras a investigar y procesar a tales grupos. No ha habido ninguna investigación legislativa del Congreso o el Estado en torno a las actividades terroristas del exilio cubano".[112]

12

PRISIONEROS, DEUDOS Y ACREEDORES POR DECISIÓN JUDICIAL

Poco después de que Michael Townley confesara en abril de 1978, él, su esposa, Mariana Callejas, y sus hijos fueron puestos bajo el Programa Federal de Protección de Testigos en los Estados Unidos. También al padre, la madre, las hermanas y hermanos de Townley se les ofreció protección.[1] Durante aproximadamente un año, Callejas y sus hijos viajaron de ida y vuelta desde su casa en Santiago hasta la ubicación desconocida en que estaba Townley en la Costa Este de Estados Unidos. Cuando estaban con él, ella y sus hijos detestaban al aislamiento y se sentían cada vez más nostálgicos de Chile.

A Townley le fue conferida oficialmente su condena de prisión reducida en mayo de 1979. En espera de la sentencia, le preocupaba cómo haría para pagar a sus abogados, la casa y las llamadas de larga distancia. Él y Callejas vendieron sus refrigeradores, el equipo estéreo y algunas piezas del amoblado, lo que solo les significó una suma neta de 1.500 dólares. Resultó que no eran dueños de la casa en Lo Curro o de cualquier otra propiedad en otros sitios, y Townley no tenía nada a su nombre salvo algunas prendas de ropa y unos pocos cientos de dólares.[2] El programa de protección a testigos costeaba de hecho sus gastos cotidianos en Estados Unidos, y el gobierno chileno ayudaba con las cuentas —de manera tardía y con reticencias—. Townley empezaba a enrabiarse por lo que consideraba una traición de Manuel Contreras y Pinochet, dos líderes a los que él mismo había sido leal hasta arruinarse la vida.[3] Las continuas salidas de madre de su esposa en los medios de comunicación —"el verdadero culpable es el presidente Pinochet. Siento por él el mismo respeto que me inspira un dictador africano"— ponían ansioso a Townley ante la posibilidad de que el régimen tomara represalias contra ella o sus hijos, los expulsara de su casa o diera con su paradero. Él mismo se lamentaba de su ineptitud para "controlarla", pero escribía resignadamente que "ella es dueña de sus pensamientos y yo no tengo derecho siquiera a intentar censurarla".[4]

Tras la sentencia, una oficial de libertad condicional entrevistó a Townley y los miembros de su familia para evaluar su condición psicológica con miras a la celebración de una primera audiencia relativa a su eventual libertad bajo palabra. A su madre le parecía "difícil, imposible aceptar el hecho" de que su muchacho estuviera envuelto en un asesinato. Vernon Townley, el severo progenitor de Michael, no tenía el mismo problema. "No podría haberle ocurrido a un tipo que lo mereciera más claramente", dijo glacialmente respecto al asesinato de Orlando Letelier, aunque añadió que su hijo era un "estúpido" por haberse sumado al complot. El propio Townley dijo a la oficial de libertad condicional que había dejado de beber, fumar y recurrir a las drogas. "No ha experimentado la necesidad de una terapia psiquiátrica o psicológica y considera al respecto que es una persona común y corriente, que no sufre de alucinaciones, etc. Habló sí de que creía sufrir de 'un complejo de inferioridad leve y no desarrollado'". "Ahora piensa que la acción política debiera ser no violenta y discurrir en la arena pública". Aun así, la oficial dudaba de los remordimientos de Townley, señalando que normalmente elaboraba "alguna clase de racionalización para mitigar su propia culpabilidad":

> Por ejemplo, (...) habló de que le "molestaba" la muerte de la señora Moffitt y de su pesar al ver las fotos que mostraban lo que la bomba le había hecho a su cuerpo, pero a la par de ello infería que la relación de la señora Moffitt con el señor Letelier iba más allá de un vínculo entre compañeros de trabajo y que, por ende, la señora Moffitt iba inclinada hacia Orlando Letelier cuando la bomba estalló. Al decirnos eso y señalar el hecho de que si ella hubiera ido derecha en su asiento no habría resultado asesinada, dio a la abajo firmante la impresión clara de que el señor Townley culpa, en parte, a la señora Moffitt de su propia muerte.

Y concluía que "Michael Townley sigue sin percibir cabalmente las leyes criminales, personales y morales que tan gravemente violó".[5]

Townley cumplió su sentencia en la Institución Correccional Federal en Englewood, una cárcel de baja seguridad cercana a Denver, bajo un nombre falso y un delito ficticio.[6] Él mismo describió a un amigo su destino como "peor que el de un prisionero normal. No puedo contactarme con el exterior de manera normal. (...) Debo vivir un cuento veinticuatros horas al día, 365 días al año, y el primer error que cometa puede ser el último. (...) ¡La presión que se siente es muy fuerte!".[7] Eventualmente, obtuvo su licencia de enseñanza media en prisión y comenzó a leer de derecho en el departamento jurídico y aconsejar a sus compañeros reclusos, entre los cuales se volvió "popular y apreciado", según Callejas. Enseñaba español a los motociclistas de pandilla e inglés a los mexicanos.[8]

Cuando Townley entró en prisión, Callejas volvió a reinstalarse en Chile, para vivir en una pobreza solitaria e insegura en su mansión de Lo Curro. Los dos temían por la vida de ella y Townley le imploró que anduviera con una pistola.[9] Cada mañana, recordaba ella misma, los niños desayunaban mientras ella calentaba el motor de su Fiat 125 y, al girar la llave en el contacto, solía pensar: *Bueno, este podría ser el último instante de mi vida*. Otro coche-bomba habría dado cuenta fácilmente de ella, con el régimen chileno simplemente culpando del hecho al "comunismo internacional".[10] A pesar de que luego publicó una obra de ficción, la comunidad literaria local la dejó educadamente de lado. Los leales al régimen la tildaban de traidora, en tanto los opositores temían que aún estuviera trabajando para la policía secreta. Presumiendo que estaba sometida a vigilancia, ella misma y sus pocos amigos residuales nunca se encontraban. "No importa", declaró en tono desafiante a la prensa chilena. "Disfruto mi soledad. Tengo a mis hijos y en Lo Curro, donde vivo, están los árboles y conejos. (...) Mientras tenga libros para leer y papel para escribir, no me apeno".[11]

A un periodista estadounidense le confidenció, en cambio, que "me estoy aferrando a las pastillitas azules del Valium e intentando mantener la sanidad hasta el final". Respecto al futuro de Chile, era una optimista: "Quizás nunca vuelva a existir una Dina en Chile", proclamaba. "Michael era solo un tornillo dentro de una gigantesca maquinaria. Ahora falta el tornillo y la máquina se ha detenido".[12]

Después de cumplidos tres años, Townley optó de nuevo a la libertad bajo palabra. En las reuniones con abogados, se quejó del secretismo y burocratismo en que discurría su protección. "Hablaba de sí mismo como una víctima (...) de lo que había ocurrido en Chile", escribió un abogado. "Se describía como 'un herido ambulante'".* Ahora criticaba al régimen chileno en plenitud por concentrar todo el poder en una sola persona, Pinochet.[13] A pesar de su buen comportamiento, la junta de libertad bajo palabra debe haber percibido su falta de remordimientos: el privilegio le fue denegado. En abril de

* En español en el original (N. del T.).

1983, obtuvo finalmente la libertad condicional, pero antes de abandonar la prisión fue arrestado de nuevo por la petición de extradición presentada por Argentina a raíz del asesinato en 1974 del general chileno Carlos Prats. Aun así, un juez rechazó la solicitud argentina y el 25 de julio Michael Townley volvió a ser un hombre libre —aunque obligado como estaba a vivir el resto de su vida clandestinamente—. Tenía para entonces cuarenta años.[14]

Townley se reencontró una única vez con Callejas, cuando pasaron varios días juntos en Filadelfia y la playa, paseando tomados de la mano, "para saber, supongo, si podríamos, después de todo, seguir juntos", recordaba ella. "Ambos sabíamos que no podíamos seguir juntos".[15]

Mientras Townley ingresaba a prisión, Isabel Morel volvió a Chile por primera vez desde 1974. En el verano de 1978, la junta decretó una amnistía selectiva, permitiendo a unos cuantos centenares de chilenos exiliados regresar al país. Esto incluyó a algunos políticos prominentes... y a Morel.[16] La razón práctica de su corto viaje fue la de presentar un recurso para pedir la reposición de la nacionalidad de su marido, lo que serviría a dos propósitos: para brindarles a ella y sus hijos los beneficios garantizados a los herederos del fallecido, y para hacer posible la condena de los asesinos de su esposo, puesto que la ley chilena establecía que los asesinos de un extranjero fuera de Chile no podían ser procesados en el país.

Al aterrizar el 24 de noviembre, exactamente cuatro años después de haberse ido, se vio rodeada por lo que ella misma describió como "una multitud enorme de periodistas y fotógrafos que gritaban".[17]

—¿Por qué ha vuelto?

—Por profundos motivos morales —respondió—. Es una obligación que tengo con la memoria de mi esposo. Es una obligación que también tengo con mis hijos, a quienes él enseñó a amar a su patria, y es una obligación con mis suegros, que le enseñaron a mi esposo a amar a Chile por encima de su vida".

—¿Por qué ha participado en protestas contrarias a Chile en Estados Unidos?

—Nada de lo que hago es contra Chile —dijo ella calmadamente.[18]

—¿Planea casarse con Michael Moffitt?

Isabel hizo una pausa. Debía aún familiarizarse con esas preguntas alusivas a conspiraciones de parte de una prensa derechista aún devota de Pinochet.

—Ustedes viven en un mundo de fantasía —fue su respuesta.[19]

Dos días después de aterrizar, convocó a una conferencia de prensa en la que designó el despojo de la nacionalidad a su esposo como "un acto que atenta contra el Derecho Internacional y las leyes esenciales del derecho natural". Negó que buscara revancha y hubo de enfrentar nuevas preguntas retorcidas: sobre el maletín de Letelier, sobre su infidelidad, sobre el involucramiento de la CIA en el asesinato.[20] Agregó que esta era una oportunidad para los ministros del gabinete que firmaron el decreto "de aligerar sus conciencias" por la vía de revocarlo.[21]

Un pariente que asistió a una reunión familiar organizada para Morel el 28 de noviembre observó que "parecía un derviche girando, por la actividad que desplegaba" y "se la veía exhausta".[22] El FBI señaló que ella misma "informó que era constantemente seguida por unos cuatro o cinco vehículos sin identificación, ocupados por hombres del servicio de inteligencia chileno. (...) Evidenciaron su vigilancia, pero en ningún momento la asediaron o impidieron sus desplazamientos".[23] A juicio del embajador George Landau, Isabel Morel manejó esta delicada visita con considerable habilidad. En sus declaraciones públicas se rehusó a entrar en polémicas. En apariencia, se ha anotado puntos con varios sectores". "Hasta aquí", concluía, "no le ha entregado al gobierno de Chile ninguna munición que puedan usar en su contra".[24]

El 1 de diciembre, Isabel se reunió con el subsecretario del Ministerio de Justicia, quien se negó a responder sus preguntas.[25] También presentó ante la Corte Suprema de Chile su recurso contra la pérdida de la nacionalidad de su esposo.[26] Y al atardecer de ese mismo día asistió a un recital de música folclórica en que la audiencia la acogió fervorosamente.

Al volver a Estados Unidos, le resumió ella misma a su abogado "la excitación, el miedo, la tensión y la felicidad de mi breve visita a Chile", que le había parecido "en extremo gratificante. La cobertura de prensa fue impresionante, a pesar de los esfuerzos del gobierno. La gente se me acercaba y me abrazaba en las calles, y en la iglesia, y dondequiera que fui. Recibí cientos de llamadas telefónicas y cartas.

En cierto sentido, fue un homenaje demasiado grande para recibirlo en vida".[27] Aunque no se anotó ninguna victoria legal concreta, dejó tras de sí una atmósfera propicia a la causa de Letelier en la opinión pública.[28]

Morel regresó a Estados Unidos cerca de un mes antes de que comenzara el juicio contra Alvin Ross e Ignacio y Guillermo Novo, y volver atrás y a los detalles del asesinato fue un calvario para ella y Michael Moffitt.

"Prepararme para él me consumió", recordaba Moffitt del juicio en sí, durante el cual murió su padre. "Pienso que los asesinatos (...) le rompieron el corazón y terminaron matándolo. Y, en su lecho de muerte, cuando más me necesitaba, no estuve allí". La colitis ulcerosa de su padre, un cuadro que desarrolló tras la muerte de Ronni, destruyó su sistema digestivo. Aunque la condena de los cubanos "aumentó nuestras esperanzas de justicia, mis problemas personales continuaban. Seguía bebiendo en exceso y, pese a que mantuve relaciones sexuales con un cierto número de mujeres, fueron encuentros absolutamente faltos de emoción y, la mayoría de las veces, de naturaleza promiscua. No tenía amigos constantes, me distancié de mi familia y me sentía totalmente solo".[29]

En torno a 1981, el involucramiento de Moffitt en el caso "comenzó a declinar". Se trasladó a Nueva York y se embarcó en una senda de consultor financiero. Durante años, lidió en terapia con la culpa del sobreviviente. Obtuvo un anticipo por un libro y lo publicó en 1983. "Como fruto de ello, mi salud mental y mi vida profesional mejoraron, y fui capaz de retomar una vida más normal".[30]

Para Isabel Morel y el resto del Instituto de Estudios Políticos, el veredicto de culpables en contra de los cubanos tuvo sus inconvenientes. Sentían temor de las represalias y Robert Borosage, director del IPS, logró una promesa de la alcaldía de Washington de que habría vigilancia las veinticuatro horas del día sobre las oficinas del instituto. También le recomendó al personal que no trabajara más allá de las nueve de la noche durante unas pocas semanas. "Si están aquí, enciendan varias luces para dar la impresión de una oficina atestada de gente". Durante un tiempo, el IPS iba a ser un lugar menos acogedor que antes. "Debemos ser más asertivos al preguntar a los extraños quiénes son o a quién buscan, y escoltarlos hasta allí".[31]

A nivel más personal, Morel se sorprendió "calumniada, despreciada, condenada al ostracismo y, finalmente, con su familia desmembrada".[32] En 1980, consultó por primera vez a un psiquiatra, el que le diagnóstico que sufría de culpa del sobreviviente y trastornos de estrés postraumático. Vivía con "recuerdos del evento recurrentes e invasivos, sueños recurrentes, en estado de hiperalerta y ansiedad, con trastornos del sueño, culpa por haber sobrevivido cuando otros no lo habían hecho, dificultades para concentrarse, al igual que ansiedad crónica y depresión". En su opinión, el trastorno de estrés postraumático de Morel habría de perdurar "por el resto de su vida".[33]

En público, tuvo que retomar viejas batallas con propagandistas de derecha como el economista y activista Reed Irvine, de *Accuracy in Media* (*Precisión en los medios*), y refutar su "absurda"afirmación de que su marido era un agente cubano. Al cargo de que no era un liberal, replicó que "Orlando nunca pretendió ser un liberal. Había sido miembro del Partido Socialista Chileno desde 1959 y estaba orgulloso de este hecho".[34] Cuando Peter Kornbluh, por entonces un joven colaborador dentro del personal del IPS, obtuvo autorización de la alcaldía de Washington para erigir una modesta placa en memoria de Orlando Letelier y Ronni Moffitt en Sheridan Circle, Irvine y otros saltaron de nuevo, manifestando su oposición a "un monumento a un agente comunista".[35] En privado, Morel le escribió a una amiga indicándole que estos ataques personales se estaban volviendo "intolerables". "A veces, me siento desalentada".[36]

Aun así, Morel siguió adelante con sus muchas actividades, que incluían viajes casi constantes... y demandas legales. Morel y Moffitt buscaban toda forma de justicia que pudieran obtener, sintiendo que el procesamiento de los cubanos, aun cuando diera pie a condenas, no llegaba a remediar siquiera, de manera suficiente, el daño hecho por Chile. El abogado Michael Tigar hasta jugueteó con la idea de demandar por un millón de dólares a la CIA por cada persona muerta debido a su ineptitud para prevenir el asesinato, pero aparentemente descartó la idea.[37]

De manera más realista, una semana después de dictadas las condenas criminales del gobierno estadounidense contra los chilenos y cubanos, en agosto de 1978, Tigar presentó, a nombre de Morel, sus cuatro hijos y Michael Moffitt, una demanda civil en la corte distrital de Columbia contra el gobierno chileno, contra Contreras,

Pedro Espinoza, Armando Fernández, Michael Townley, Alvin Ross y Guillermo Novo.

Tigar, entonces de 53 años, creció en California y era hijo de un padre sindicalista en la empresa Lockheed. A sus doce años, cuando el hijo le informó que deseaba ser abogado, su padre le enseñó un libro acerca de Clarence Darrow. "Esa es la clase de abogado que debieras ser", le dijo al chico. "Darrow se jugaba por el pueblo". Dueño con seguridad de una memoria fotográfica, Tigar resultó, durante tres años seguidos, el primero de su curso en la Universidad de California en Berkeley y editó su propia revista jurídica. Fue muy activo en el movimiento por la libertad de expresión, como fruto de lo cual obtuvo una oferta a un puesto administrativo en la Corte Suprema, bajo el juez William Brennan, que le fue retirada después de que alguien criticara a Brennan por el activismo de Tigar. Este último acabó en el estudio jurídico Williams & Connolly y representó a izquierdistas bien conocidos como Abbie Hoffman, Angela Davis, Fernando Chávez —hijo de César Chávez— y H. Rap Brown. Durante el juicio de los siete de Chicago, en que su cliente era David Dellinger, fue encarcelado brevemente por desacato al tribunal.[38]

La demanda civil presentada por Tigar en 1978 buscaba compensaciones monetarias no especificadas por las "muertes por negligencia" de Letelier y Moffitt.[39] "El gobierno del presidente Augusto Pinochet nos ha arrebatado a la gente que amábamos, causándonos un dolor personal inconmensurable", decían los familiares. "Consideramos al general Pinochet y su gobierno directamente responsable de ello. El gobierno de Chile ha invadido las calles de Washington para asesinar a alguien que estaba bajo la protección del gobierno estadounidense y matar a una ciudadana estadounidense".[40]

Oficialmente, los casos civil y criminal no estaban relacionados, pero los litigantes esperaban que ese juicio civil les permitiera hacer jugadas tendientes a lograr algunos hallazgos y hacer aparecer documentos que pudiesen contribuir al caso criminal. El gobierno italiano, en el caso del atentado a Bernardo Leighton, o el argentino, en el asesinato de Carlos Prats, podrían valerse a la vez de tales documentos desclasificados. "Sin lugar a dudas", explicó Isabel Morel a un periodista, "se demostrará la responsabilidad directa de Pinochet".[41]

Al concluir el caso criminal en febrero de 1979, "de manera repentina", recordaba Sam Buffone, socio de Tigar, "el caso civil se volvió mucho más importante. Este era ahora el vehículo para situar la responsabilidad donde ella verdaderamente radicaba: en el nivel más alto del gobierno chileno".[42] Buffone complementaba bien a Tigar, en el sentido de que su especialidad era la defensa de criminales de cuello blanco y en sentencias federales.[43]

El caso fue el primero de muerte por negligencia presentado alguna vez en los Estados Unidos contra una nación extranjera.[44] Él iba, a la vez, más allá de demandar individualmente a los cubanos y chilenos; acusaba directamente al gobierno de Pinochet. Sin embargo, la naturaleza sin precedentes del caso suponía a la vez su mayor obstáculo: la Foreign Sovereign Immunities Act (FSIA) (Ley de Inmunidades de la Soberanía Extranjera) reconocía que los gobiernos nacionales eran los arbitradores últimos de la ley y, por lo tanto, que no se podía demandar a los gobiernos extranjeros. Era el principio conocido como de "inmunidad soberana".

Pese a ello, Buffone y Tigar creían haber encontrado un vacío en la ley. Entonces conocida como Título 28, sección 1605(a)(5) del Código Penal de Estados Unidos, la versión de 1976 de la FSIA, que había entrado en funciones en enero de 1977, excluía de la inmunidad soberana materias "tortuosas" o situaciones de negligencia extrema. ¿Acaso no eran dos asesinatos mediante un coche-bomba en Washington el ejemplo perfecto de una acción tortuosa?, se preguntaban los abogados. Su caso alegaba varias cuestiones: que los acusados conspiraron para privar a Letelier y Moffitt de la protección equitativa de la ley; que su empleo de explosivos era negligente y temerario; que incurrieron en lesiones intencionales, deliberadas y maliciosas para provocar la muerte; que violaron el "derecho de las naciones" al torturar, confinar ilegalmente y asesinar a Letelier y otros, y que provocaron la muerte de una persona bajo protección internacional.[45]

La pelota estaba en los tribunales chilenos. Santiago disponía de sesenta días para responder después de que los documentos fueron traducidos y entregados esa misma semana. Se resolvió contratar abogados defensores estadounidenses y pagarles el anticipo de 250.000 dólares que exigían. Supuestamente, Contreras ofreció su casa en prenda.[46] Entretanto, la firma de Tigar & Buffone congeló los activos de Contreras en el Riggs National Bank de la avenida Pensylvania, en Washington D.C.[47]

Los abogados defensores aconsejaron en apariencia al gobierno de Chile que no respondiera a los documentos de la corte, y ninguno de los defensores se hizo presente en el tribunal. Eso sí,

Santiago envío sendas notas diplomáticas al Departamento de Estado, arguyendo que la inmunidad soberana lo protegía y que, además, Chile era inocente.

La estrategia chilena, de aplicar un cerrojo en el caso, falló. El 11 de marzo de 1980, la jueza de distrito Joyce Green dio curso a la demanda sin que los acusados estuvieran presentes. Dictaminó que un gobierno extranjero no era "inmune a demandas que plantean sus responsabilidades por negligencia o por acciones negligentes a nivel internacional".[48] Rechazó el argumento de Chile de que, al redactar la FSIA, el Congreso únicamente pretendía buscar la responsabilidad de gobiernos extranjeros por actos privados, como podía ser un accidente automovilístico, en tanto los asesinatos políticos eran actos de un gobierno en la esfera pública. "Cualesquiera sean las opciones políticas existentes para un país extranjero", escribió en su resolución, "él no goza de la 'discrecionalidad' para perpetrar conductas resultantes en el asesinato de un individuo, (...) una acción que es claramente contraria a los preceptos de humanidad como los reconocen tanto el derecho de un país como el internacional".[49]

"Hacía mucho, mucho tiempo que no presenciábamos un desarrollo de esta índole en el caso", se regocijó Michael Moffitt en el *Canal 9* de noticias ese mismo día.[50]

El juicio partió el 20 de junio. El estudio jurídico Tigar & Buffone trabajó de manera gratuita, pero el IPS complementó los demás costes legales tanto en Estados Unidos como en Chile, y Morel aguzó sus aptitudes para reunir fondos.[51] Los abogados Tigar y Buffone presentaron cientos de pruebas y testigos provenientes del juicio criminal. A diferencia de lo hecho en el juicio a los cubanos, vincularon a Contreras con Pinochet. Las familias estimaron lo que Orlando Letelier y Ronni Karpen Moffitt hubiesen ganado en el curso de los años y, en base a eso, solicitaron entre 900.000 dólares y 1.500.000 dólares para Isabel y los chicos, y entre 405.000 y 916.000 dólares para Michael. A esto se añadirían las reparaciones por el dolor causado y sanciones punitivas.[52] La jueza Green extrajo una pizarra, hizo sus propios cálculos y se mostró de acuerdo,[53] alabando el compromiso, la compasión demostrada y la destreza del equipo de Tigar y Buffone.[54]

El 4 de noviembre, la jueza Green ordenó a los acusados pagarles 4,95 millones de dólares en daños a las dos familias. A los 510.000 dólares en compensación por daños había agregado dos millones de dólares por daños punitivos y más de 2,4 millones en compensación bajo los estatutos relativos a muerte por negligencia, además de 110.000 dólares para los abogados (que estos donaron al Fondo en Memoria de Letelier y Moffitt por los Derechos Humanos).[55] En una conferencia de prensa ofrecida en el IPS al otro día, Tigar explicó que 2,95 millones del total fijado por la sentencia involucraba a todos los acusados, incluida la República de Chile, y que el resto había que rastrearlo en manos de Contreras y los otros individuos mencionados en la demanda. "La significación más relevante de esta decisión", explicó un memorándum del IPS, "es que ella menciona por primera vez a la República de Chile como parte responsable del asesinato de Orlando Letelier y Ronni Karpen Moffitt. Es una victoria moral". Fue también la primera vez que un tribunal de Estados Unidos estableció una compensación civil a un acto de terrorismo internacional".[56]

"Aun cuando nada puede traerlos de vuelta", dijo Michael Moffitt respecto a la decisión, "reconforta saber que alcanzaremos algún grado de justicia en este caso".[57] Puesto que Chile les debía millones, Morel, sus hijos y Moffitt eran ahora, oficialmente, "acreedores por decisión judicial".

Tigar hizo notar que, a partir de ahora, los adversarios del terrorismo internacional podrían contar con los tribunales. "El terrorismo no es un asunto partidista", agregó Tigar. "Se espera la plena cooperación de la administración del presidente electo Ronald Reagan para hacer cumplir esta sentencia". Reagan había dicho en su campaña que "no hay espacio en ningún lugar del mundo para el terrorismo. No habrá negociaciones con terroristas de ninguna índole".

"Será un empeño prolongado y arduo el de obtener los activos de parte del gobierno chileno", pronosticó el IPS. La noticia le fue comunicada a Chile al cabo de un mes, pero el país no respondió. Y si Santiago no cedía ante la presión de los diplomáticos, miembros del Congreso y otros gobernantes, ¿qué se podía hacer?

Presentar otra demanda. El gobierno de Chile contaba con activos en Estados Unidos. Entre ellos, sus cuentas bancarias, pero ya Santiago estaba "transfiriendo masivas cantidades de dinero a Canadá".[58] Por fortuna para Tigar y Buffone, LAN-Chile, la aerolínea de propiedad estatal del país, tenía a la vez aviones en los aeropuertos de todo Estados Unidos. Uno de esos aparatos, un Boeing 707 de carga, estaba en el Aeropuerto Internacional John F. Kennedy. A los abogados se les ocurrió la idea de presentar una demanda en un tribunal de Nueva York para otorgar a alguaciles estadounidenses la facultad de retener esta propiedad *—embargar* era el termino legal— con miras a que se pagaran los 2,95 millones de dólares por compensación de daños ordenados por la jueza Green. "Pretendemos no dejar a los chilenos ningún rincón donde puedan escabullirse", dijo Tigar.[59]

La capacidad de embargar los activos de LAN-Chile por su vínculo con el juicio civil radicaba en la pregunta de si Michael Townley había utilizado sus aviones en el complot contra Letelier, y si lo había hecho en colusión con sus empleados. En su testimonio, Townley había afirmado que transportó algunos paquetes a bordo de los aviones de LAN-Chile y que la aerolínea sabía de ello, aunque no que algunos de ellos eran explosivos. La aerolínea sí sabía que él trabajaba para la Dina.[60] Un periodista acusó a Townley de haber viajado en la cabina del piloto y no haberse registrado como pasajero.[61]

Las investigaciones desarrolladas por el FBI, el Departamento de Justicia, un gran jurado y el Subcomité del Congreso para Actividades y Transportes Gubernamentales confirmaron todas ellas que el testimonio de Townley era en lo esencial exacto. Y descubrieron otras cosas: que los pilotos de LAN-Chile, de los que alrededor del 90 por ciento conocía a Townley, abusaban de esa excepción informal de la que solían disfrutar en los registros aduaneros. No solo habían permitido que Townley contrabandeara pequeños paquetes, sino que además los habían llevado ellos mismos a bordo, incluyendo el dispositivo buscapersonas Fanon-Courier que había servido como detonador de la bomba puesta en el auto de Letelier. Los empleados de la aerolínea habían, a su vez, transferido en forma gratuita a Townley, Fernández y Liliana Walker a primera clase, le habían permitido a Townley llevar sobrepeso en su equipaje, lo habían ayudado a alquilar un auto, le habían prestado dinero para un pasaje cuando escapó y habían llevado, luego del asesinato, explosivos a los cubanos para reponer sus suministros. Incluso se rumoreaba que los pilotos habían traspasado los controles del avión a Townley cuando estaban sobre el espacio aéreo estadounidense. Las reuniones para tramar el asesinato habían ocurrido presuntamente en el salón ejecutivo y las oficinas de LAN-Chile en el Aeropuerto John F. Kennedy. Según fue revelado, la Dina había ordenado a los pilotos que colaboraran.[62] En diciembre de 1978, un alto ejecutivo de LAN-Chile retiró de la cuenta bancaria de Contreras en Estados Unidos la suma de 25.000 dólares, la cual nunca pagó a los cubanos.[63]

Muchos de estos alegatos se hicieron públicos a mediados de 1980, cuando los abogados de Isabel Morel y Michael Moffitt presentaron su demanda. LAN-Chile negó que hubiera hecho algo malo.[64] En mayo, el gobierno estadounidense le prohibió a la aerolínea volar a Los Ángeles mientras la investigación estuviera en curso.[65] Un semanario chileno especulaba con que si los vuelos de la aerolínea a Miami y Nueva York —38 por ciento de sus operaciones— eran también prohibidos, las pérdidas serían devastadoras.[66]

En julio, la investigación del Congreso llegó a sus propias conclusiones, no encontrando evidencia que contradijera la afirmación de Townley de que los empleados de LAN-Chile eran inconscientes de que transportaban explosivos de la Dina. Sin embargo, "está claro que otorgaron un trato especial a los paquetes transportados para los agentes de la Dina, y que este comportamiento era generalizado". Encontraron que la sustancia más peligrosa que los aviones de LAN-Chile habían transportado era trinitrorresorcinato, un explosivo altamente volátil. El presidente del Subcomité, John Burton, emplazó a Richard Lally, funcionario de la Administración Federal de Aviación (FAA, según su sigla en inglés), por "el absoluto fracaso [de su entidad] para cumplir con la Orden 1650.3, que regula la investigación de los programas de seguridad aplicados por cargueros aéreos extranjeros":

> Burton: ¿Han llenado ustedes alguna vez un informe en el formulario 1650.3?
> Lally: No, señor, no lo hemos hecho.
> Burton: Así que han violado ustedes sus propias directrices.
> Lally: Puede que, técnicamente hablando, hayamos cometido una violación administrativa de nuestras propias directrices, pero ese es solo un juicio aislado.
> Burton: ¿Hay algo en sus directrices que les otorgue a ustedes discreción respecto a cuándo seguirlas y cuándo no?
> Lally: No, señor.[67]

Lally y la FAA condujeron finalmente una investigación, escribiendo a la CIA y entrevistando a los empleados de LAN-Chile. De manera poco sorprendente, ella no dio pie a ninguna información incriminadora.[68] Puesto que los pilotos y el personal de la aerolínea no habían tenido conocimiento de que iban explosivos a bordo, y dado que muy pocas de las restantes denuncias podían ser probadas, la empresa no había violado ninguna de las regulaciones en cuanto a seguridad o materiales peligrosos. Ciertamente, LAN-Chile había demostrado un exceso de confianza con Townley, pero estas eran "violaciones menores", para no mencionar que ya habían pasado cinco años.[69] La FAA recomendó que el caso fuera sobreseído.[70] El Departamento de Estado, haciéndose eco de la lógica de la FAA, se negó a revocar a LAN-Chile el permiso de volar a los Estados Unidos, sobre la base de que LAN-Chile no había participado a sabiendas en el asesinato.[71]

Aun así, los funcionarios de LAN-Chile se pusieron nerviosos y comenzaron a alquilar aviones de otras aerolíneas, de modo que su propiedad no pudiera quedar sujeta a embargo.[72] Entonces sobrevinieron los dos puñetazos en seguidilla. El 18 de marzo de 1983, habiendo durado ya el caso tres años, se celebró el verdadero juicio contra LAN-Chile, y el juez Charles Brieant dictaminó la congelación de los activos de la aerolínea, dejando a sus aviones en tierra (pese a ello, la oficina de operaciones del Aeropuerto John F. Kennedy planteó que no estaba al tanto del dictamen y permitió que un avión de LAN-Chile despegara). Buffone y su oficina habían convencido al juez de que LAN-Chile estaba no solo involucrada en el complot, sino que además la aerolínea era propiedad de la República de Chile y estaba controlada en su totalidad por esta. El juez Brieant ordenó a la vez al gobierno chileno que compareciera en el tribunal para explicar por qué no se podía nombrar a Michael Moffitt —probablemente, en virtud de su experticia económica— como receptor para gestionar las operaciones de LAN-Chile en Estados Unidos hasta que los 2,95 millones de dólares, ahora incrementados en 800.000 dólares en intereses, fueran pagados.[73] En los siguientes días, otro juez federal, Morris Lasker, ordenó que LAN-Chile fuera declarada en quiebra hasta que la aerolínea emitiera una letra de cambio de más de cuatro millones de dólares.[74] La corte distrital nombró de hecho receptor a Moffitt, y LAN-Chile depositó en efecto la letra, pero a la vez apeló la orden.[75] El Boeing 707 de LAN-Chile siguió aterrizando en el Aeropuerto John F. Kennedy.

A estas alturas, el caso contra LAN había eclipsado el caso civil contra el gobierno de Chile, así que Isabel Morel aclaró el tema a la prensa. "Se trata de un solo proceso, no de dos distintos como se ha afirmado", puntualizó. "Nuestra querella no es en contra de LAN, es contra la República de Chile, contra su presente gobierno. Y responde a un compromiso que adquirimos las familias frente a los cuerpos de nuestros seres queridos: no descansaríamos hasta que se hiciera justicia".[76] Uno de sus abogados agregó que el caso "demuestra a los regímenes represivos de todo el mundo que, si los refugiados son perseguidos y objeto de algún daño aquí, los tribunales estadounidenses brindan un foro en el que puede probarse el daño y obligarse a los regímenes a pagar por ello".

Hasta noviembre de 1984, las perspectivas parecieron espléndidas para los acreedores dentro del juicio. Un abogado del despacho de Buffone escribió en abril que él "esperaba [ver] a la empresa que hacía de aval firmar un cheque a favor de los demandantes por la cantidad aproximada de cinco millones de dólares en un plazo de diez a doce meses".[77]

Entonces, la mala fortuna recayó sobre el caso. Un tribunal de apelaciones del Segundo Circuito revirtió la decisión de la corte distrital, interpretando la FSIA como una ley cuya intención era compensar a los afectados por pérdidas económicas, no por asesinatos políticos. La FSIA venía así a garantizar "un derecho para el que no había reparaciones". El tribunal de apelaciones dictaminó adicionalmente que la corte distrital había "ignorado de manera impropia el estatus jurídicamente independiente del acusado respecto a la República de Chile".[78]

Letelier, Moffitt y sus abogados quedaron desmoralizados. El único recurso que les quedaba era la Corte Suprema, y el primer paso era disponer de 4.000 a 6.000 dólares solo para generar una "petición por certiorari" (presentación a la Corte Suprema para que esta requiera a un tribunal inferior el envío de la causa para su posterior examen).[79] Así lo hicieron, pero a mediados de 1985 la Corte Suprema declinó la revisión del caso. "Los demandantes están ahora sin una reparación", concluyeron los abogados de Letelier.[80]

Francisco Letelier recordaba que su madre nunca había esperado ganar este juicio civil, así que quedó sorprendida cuando casi lo ganó, y no demasiado al perderlo.[81]

En 1988, el Comité Judicial del Congreso avaló por unanimidad la Resolución Parlamentaria 3763 para modificar la FSIA y permitir que los daños a víctimas de ataques terroristas fueran compensados. "Si cualquier Estado extranjero se propusiera de nuevo perpetrar un acto de terrorismo contra ciudadanos estadounidenses", dijo su patrocinante al Congreso, "la ley garantiza que esos ciudadanos tendrán una compensación". Por desgracia para las familias Letelier y Moffitt, la Resolución Parlamentaria 3763 murió en el Senado".[82]

Dos meses antes de que la jueza Green ordenara el pago por daños masivos a Letelier y Moffitt, el 15 de septiembre de 1980, habían surgido novedades devastadoras. Un tribunal federal de apelación revocó las condenas de Alvin Ross y los hermanos Novo. Dos testigos claves de la fiscalía contra Ross y Guillermo Novo, Sherman Kaminsky y Antonio Polytarides, habían sido compañeros de ellos en el mismo bloque de celdas. Sus testimonios de que los cubanoamericanos confesaron los asesinatos no fueron particularmente decisivos, y la fiscalía no había hecho nada para inducir esas confesiones, pero el 16 de junio, tres meses después de sentenciados los cubanos, la Corte Suprema dictaminó que el testimonio de informantes dentro de las cárceles era inadmisible. El tribunal de apelación sí avanzó la opinión de que "Guillermo [Novo] y Ross, basándose en la evidencia presentada en el juicio, eran culpables", y sugirió que fueran enjuiciados de nuevo. También falló que Ignacio Novo había sido injustamente enjuiciado junto a los otros cubanos y debía haber tenido, en lugar de ello, un juicio por separado, al solo estar informado del complot de asesinato, un delito menos grave que el de asesinato en sí".[83]

"La justicia plena parece aún lejana en el caso de Orlando Letelier", editorializó *The New York Times*.[84] "Tremendamente desilusionado" es como el fiscal adjunto Larry Barcella describió su reacción ante el fallo. Resultó que el juez Barrington Parker, que fue quien juzgó en primera instancia a los cubanos, había vacilado tanto en lo de autorizar declaraciones de reclusos como en enjuiciar a Ignacio Novo con los otros, pero había procedido de todas formas.[85] La oficina del fiscal general intentó primero que una corte de apelaciones revisara la decisión judicial, pero la solicitud fue rechazada, así que se fijó un nuevo juicio. Guillermo Novo y Alvin Ross fueron excarcelados con una fianza de 200.000 dólares cada uno, pagada por un grupo de seis cubanos expatriados. Entre ellos estaban el presidente de un banco y el propietario de una carnicería, una industria procesadora de carne y una tienda de vestuario al norte de Nueva Jersey, los que organizaron el "Comité para la fianza de Novo y Ross" y reunieron los 400.000 dólares en tres escasas semanas. La mayoría de quienes contribuyeron al fondo hipotecaron sus casas, y el banquero del grupo aportó los créditos.[86] La red financiera del exilio cubano seguía viva y con buena salud.

Con Eugene Propper ahora retirado de la Oficina del Fiscal General, Larry Barcella encabezó el equipo procesal para el nuevo juicio a los cubanos. Este comenzó a principios de mayo de 1981, con Michael Townley e Isabel Morel dando en esencia el mismo testimonio que en 1979, y el juez Parker presidiendo nuevamente la sala.[87] Una vez más, el caso de la fiscalía descansaba en el "frío y educado" testimonio de Townley, que dio enfundado en un conservador terno azul, con sus manos entrelazadas frente a él.[88] Esta vez, sin embargo, la defensa consiguió presentar y hacer oír la cinta en que Townley "bromeaba" con la opción de amenazar al juez Parker, minando de ese modo su credibilidad. "Si no se tragan ustedes a Townley, no pueden tragarse el caso", dijo un abogado defensor al jurado.[89] A su vez, los abogados de la defensa alegaron ahora, no que la CIA había matado a Letelier, sino que solo Townley y la Dina lo habían hecho, sin la ayuda de los cubanos, que ellos eran solo "chivos expiatorios" en el caso.[90] "Lo bello de un nuevo juicio es que uno no está atascado en la defensa original", dijo uno de los abogados de los cubanos, faltando poco para que admitiera directamente que la teoría de que "la CIA lo hizo" había sido un invento.[91] Cuando se le preguntó si esta nueva defensa contradecía a la anterior, su respuesta fue: "Uno no tiene que ser consistente. Uno solo tiene que ganar".[92]

El 30 de mayo, tras deliberar por diecisiete horas, el jurado de ocho mujeres y cuatro hombres absolvió a Guillermo Novo y Ross de todos los cargos de asesinato y conspiración. El jurado liberó a la vez a Ignacio Novo de haber colaborado y ser cómplice en el complot. Los jurados solo hallaron culpable a Guillermo Novo de haber dado falso testimonio ante un gran jurado.[93] Fue un asombroso giro de la fortuna para los cubanos.

Después de que el secretario del tribunal leyó el veredicto, los cubanos presentes en la audiencia aplaudieron y lloraron felices, sin poder creerlo. Los acusados abrazaron a sus abogados. Ross declaró que habría de "ordenar mi vida, comenzar a trabajar y tratar de derrocar a Castro". "Se ha hecho justicia", exclamó Guillermo Novo. Al ir caminando hacia el exterior, vio a Saul Landau, del IPS, mirándolo consternado. Novo lo miró a su vez "con gesto asesino", recordaba Landau, chasqueó los labios y le dijo a Ignacio en español y tono suficientemente alto para que Landau pudiera oírlo: "Ahora podemos acabar al resto de estos cerdos comunistas".

Landau sacó la lengua y le escupió con los labios una frambuesa.

Guillermo Novo achicó los ojos y dio un par de pasos hacia Landau. De inmediato, el agente especial del FBI Robert Scherrer se interpuso entre ellos y le enseñó fugazmente su pistola enfundada. Novo retrocedió.

—Eso fue una estupidez —le advirtió Scherrer a Landau, negando con la cabeza—. Ese hombre es un asesino.

Landau se enteró ese mismo año de que Novo intentó un ataque contra él y pasó el resto de su vida volviéndose a mirar si alguien venía detrás de él y eludiendo Union City, el barrio de Nueva Jersey.[94]

A fines de junio, el juez Parker dictó de hecho la orden de cuatro años y medio de cárcel por perjurio contra Guillermo Novo.[95] Novo y Ross firmaron a su vez sendas declaraciones juradas a fines de 1981, indicando que ninguno había acumulado alguna vez bienes raíces, valores o ahorros de ningún tipo. Era solo recolectando fondos que habían podido pagar a sus abogados y su fianza.[96] Los aportes de amigos, parientes, empresarios y simpatizantes, dos banquetes en Nueva Jersey y una teletón en Miami los mantuvieron así fuera de la cárcel.[97]

Parker redujo también la sentencia de Ignacio Novo al tiempo cumplido y este fue liberado en octubre..., ¡pero no antes de que los funcionarios de prisiones lo confundieran con su hermano y liberaran a Guillermo en su lugar! El menor de los hermanos se había dirigido al hogar de su familia en Nueva Jersey. A los dos días estaba de vuelta en prisión.[98]

A comienzos de los ochenta, la búsqueda de Isabel Morel por justicia en el territorio estadounidense parecía concluida. Ella y Michael Moffitt, con la ayuda de infinitos aliados en el Departamento de Estado, el Departamento de Justicia y varios estudios jurídicos, habían investigado el caso, identificado a las partes culpables, conseguido la expulsión de Michael Townley desde Chile a los Estados Unidos, enviado a él y tres cubanos a la cárcel y obtenido inicialmente compensaciones por daños y perjuicios de la República de Chile. Fueron todas victorias significativas contra los terroristas y violadores de los derechos humanos —más de las que nadie había creído posible— y habían comenzado desde ya a modificar la forma en que el gobierno estadounidense lidiaba con el terrorismo internacional. En el curso de todo ello, Morel se había mantenido esperanzada pero realista, apasionada pero ecuánime, feroz pero generosa.

Así y todo, las derrotas eran tal vez más significativas. Townley cumplió solo una breve sentencia. Chile y su aerolínea no admitieron nada ni pagaron compensación alguna. Únicamente tres cubanos fueron a prisión, y por un breve lapso, con Virgilio Paz y José Suárez en libertad. La reacción de Morel a la absolución de los cubanos fue reveladora de su enfoque: "Pienso que la justicia tiene formas diversas de manifestarse".[99] A su amiga Joan Baez le explicó que "si [Novo y Ross] fueron declarados 'no culpables', es solo porque el jurado quedó convencido de la firme evidencia en contra del gobierno chileno".[100]

Lo más mortificante de todo era que Manuel Contreras, Pedro Espinoza y Armando Fernández continuaban libres, y eso era así porque el hombre responsable de ello, el general Augusto Pinochet, estaba aún en pleno control de la situación en Chile.

Tercera parte

EL PROCESAMIENTO

13

EL ENCUBRIMIENTO

El 1 de agosto de 1978, día en que Manuel Contreras fue acusado en Washington junto a sus colegas chilenos Pedro Espinoza y Armando Fernández y cinco cubanos involucrados, el gobierno de Chile, citando obligaciones que le imponían los tratados, anunció la detención preventiva de los tres chilenos tras una petición formal de extradición del gobierno estadounidense.

La ingrata tarea de arrestar a Contreras recayó en manos de la ministra de Justicia Mónica Madariaga, quien se presentó acompañada de un general en la residencia de muros de piedra del antiguo jefe de la Dina, ubicada en la avenida Príncipe de Gales, en la comuna de La Reina en Santiago.

—¿Irá usted a la cárcel mientras Chile considera la orden de extradición? —le preguntó.

—No, no voy preso —dijo él a través de la puerta entreabierta. Con una ametralladora en su mano, Contreras amenazó con disparar contra cualquiera que se aproximara. Durante un día entero, se negó a rendirse. Madariaga insistió, Contreras llamó a su abogado y, al atardecer del día siguiente, finalmente cedió. "Si voy a alguna parte, es al Hospital Militar [de Santiago]".[1] En los meses que siguieron, el antiguo jefe de la policía secreta envió dos amenazas de muerte al ministro de Relaciones Exteriores, Hernán Cubillos, que había firmado la orden de arresto original.[2]

Isabel Morel y sus aliados en el gobierno de Estados Unidos se dieron cuenta prontamente de que esa era la clase de resistencia que les cabía esperar no solo de Contreras, sino que de la mayoría de quienes integraban el gobierno chileno. La intransigencia chilena se convirtió en el tema dominante en la saga del caso Letelier entre febrero de 1978 y octubre de 1979. No es que el gobierno de Pinochet estuviese operando con una verdad distinta; sencillamente, la estaba enmascarando. Una fuente cercana a la investigación estadounidense declaró: "Ellos saben cuál es la verdadera historia y saben que nosotros sabemos".[3]

El día después de que las cartas rogatorias irrumpieran, el 23 de febrero de 1978, en la primera página de los diarios estadounidenses, cinco meses antes del arresto de Contreras, el embajador de Estados Unidos George Landau se preparó para iniciar una batalla judicial: "Probablemente la más ardua en la historia judicial chilena", afirmó un escritor.[4] Nadie dentro del gobierno estadounidense albergaba la menor ilusión de que Chile enjuiciara seriamente a Contreras, Espinoza y Fernández. Por ende, la vía legal conducente a la justicia pasaba por extraditar a los tres sujetos.

¿Y el primer paso dentro de esa vía? Reclutar asistencia jurídica. Landau informó de un abogado de Santiago al que Washington podía considerar para esa función, Alfredo Etcheberry, a quien otro embajador estadounidense había calificado como "un hombre fascinante, de estatura más bien diminuta pero un gigante por la potencia de su cerebro y con un corazón enorme".[5] Etcheberry había obtenido su licenciatura en derecho en la Universidad de Columbia, en 1954. "Un excelente jurista y un bien conocido opositor al régimen", lo definió Landau, pero advertía que "muchos sectores por aquí lo verán como falto de objetividad y dirán que tiene prejuicios contra el régimen".[6]

Etcheberry evaluó el escenario legal que enfrentaban sus clientes estadounidenses. De hecho, un tratado bilateral de 1900 (ratificado en 1902) obligaba a Chile a extraditar a quienes estuviesen acusados de cometer delitos en Estados Unidos, pero había en el acuerdo dos grandes vacíos: no "si el agravio (...) es de carácter político" y no si el individuo era ciudadano chileno.[7] El Código Bustamante, surgido de una conferencia celebrada en 1928 en La Habana, decía adicionalmente que las repúblicas americanas no podían extraditar a los ciudadanos de una de ellas. Los Estados Unidos no lo habían firmado, pero Chile sí y lo había ratificado.[8] En 1933, un tercer pacto (ratificado en 1935) establecía el compromiso de Chile a juzgar a sus ciudadanos si optaba por no extraditarlos.

Para Chile, expulsar o extraditar a un extranjero como Michael Townley era una cosa; a un nativo del país, algo bien distinto. ¿Por qué iba Pinochet a someterse a semejante humillación? Había desde ya recibido críticas de la derecha por entregar a Townley. *The New York Times* especulaba en mayo que Pinochet ordenaría con toda probabilidad al Ejército que juzgara a los tres chilenos, aunque solo fuese para "evitar la extradición hasta que el juicio aquí esté concluido".[9] Finalmente, era imposible solicitar la extradición hasta que un gran jurado en los Estados Unidos acusara a los chilenos, lo que no era probable antes de que concluyera el verano de 1978.

A diferencia de lo que sucede en los Estados Unidos, entonces en Chile los jueces estaban a cargo, a la vez, de investigar los delitos. Así, el 1 de marzo de 1978, la Corte Suprema encargó al juez Marcos Libedinsky la investigación de lo que llegaría a conocerse como el "caso pasaportes", la única instancia de actividad ilegal en Chile que los funcionarios chilenos consideraban que ameritaba un procesamiento.

De manera simultánea, el encubrimiento dentro del gobierno chileno se intensificó. Él se había iniciado cuando Armando Fernández se enteró del asesinato de Letelier y acudió al cuartel general de la Dina. Allí, Pedro Espinoza desestimó su inquietud: "No te preocupes. Es muy probable que el atentado contra Letelier haya sido realizado por la oposición para desacreditar al gobierno, dado que la próxima semana el ministro de Relaciones Exteriores hablará en la ONU. Es lo que tienes que decir". Esa última frase hizo a Fernández dudar de la sinceridad de su antiguo jefe de operaciones, y la cara que Espinoza puso confirmaba que esto era, desde luego, una historia para encubrir los hechos".[10] Fernández jamás discutió lo de Letelier con Townley, pero señaló que, a contar de ese día, "supe que estaba envuelto en el asesinato".[11]

En la primavera de 1978, cuando la prensa informó del viaje de Fernández a Paraguay, Contreras lo instruyó para que negara haber ido a Estados Unidos. Cuando la mentira se volvió insostenible, Contreras modificó la historia de cobertura: "Usted estuvo allí unos pocos días y después volvió. No se preocupe. Yo me haré cargo de todo. No hay ningún problema". ¿Y qué hay de la historia de los pasaportes falsos?, preguntó entonces Fernández. Contreras le indicó que dijera que él y Townley los habían obtenido de manos de un funcionario ya fallecido del Ministerio de Relaciones Exteriores, al que Fernández nunca había conocido. Cuando la presión comenzó a aumentar sobre Fernández, fue de nuevo a ver a Contreras, esta vez a su casa en la playa, donde Contreras cambió de nuevo la historia y volvió a su mentira original:

—Olvídese del viaje a Estados Unidos. Usted nunca viajó allí.

—Pero, ¿cómo puedo negarlo?

—Niéguelo y ya está.

Finalmente, acordaron designarlo como un viaje relacionado con Codelco, la empresa estatal del cobre. Pero, "nunca debe usted decir que alguna vez vio o fue a observar a Letelier", agregó Contreras, "o Pinochet me expulsará a mí del Ejército".

A mediados de abril, después de que el general Héctor Orozco, jefe de inteligencia, volviera de Estados Unidos con la declaración en que Townley decía la verdad, y que contradecía la de Fernández, este se puso furioso. Orozco metió a Fernández en una oficina, le dijo "está usted incomunicado" y lo dejó allí. Transcurrieron cuatro horas. Más tarde, ese mismo día, Orozco llamó al lugar.

"Ha llegado la hora de la verdad", le anunció a Fernández. "Se va usted a Estados Unidos. He hablado con el Departamento de Justicia y con Townley. Townley lo ha confesado todo". Indicó que él mismo había acordado con el Departamento de Justicia que ningún oficial sería extraditado, pero que Contreras pasaría diez años en una prisión chilena, Espinoza cinco y Fernández uno.[12]

Fernández insistió en la historia de Codelco, pero Orozco lo paró en seco: "No mienta aquí". Le mostró las declaraciones de Townley y Espinoza, que también había confesado. Enseguida, Orozco confrontó a Contreras con estas tres declaraciones. Con Fernández esperando afuera del despacho de Orozco, Contreras pasó media hora con el general. Según Orozco, Contreras admitió haber dado la orden a Espinoza para que contratara a Townley.

—¿Quién le ordenó a usted que diera esa orden a Espinoza? —preguntó Orozco.

—Tan solo recibí una orden —fue la escueta respuesta de Contreras.

—¿De quién?

—Pregúnteselo al jefe.

Esto solo podía ser una referencia a Pinochet.

—No puede declarar eso —concluyó Orozco, consciente de las ramificaciones políticas que tendría implicar a Pinochet. En este punto, Fernández recordaba que hubo una "conmoción" dentro de la oficina, incluyendo ruidos de "gente corriendo".

"Obviamente", estimó la CIA, "Orozco recibió órdenes de Pinochet de aceptar la versión encubridora de Contreras".[13] Fuera lo que fuese lo que sucedió a puertas cerradas, Orozco echó entonces pie atrás y "se convirtió en un arquitecto fundamental del encubrimiento", según el embajador de Estados Unidos,[14] instruyendo a Fernández y Espinoza para que hicieran falsas declaraciones ante la Corte Suprema de Chile. El general les devolvió a cada uno su testimonio veraz para que lo rompieran.[15]

Fernández sentía "ganas de pegarle un tiro a Contreras" por haberlo manipulado como lo hizo. El antiguo jefe de la Dina ordenó en dos ocasiones a su subordinado que siguiera asesorándose con su abogado, el de Contreras, pero Fernández se rehusó y prefirió buscar otro por su cuenta. Entonces discutieron y nunca más volvieron a verse.[16]

Advirtiendo estas discrepancias entre las filas, los miembros de la junta militar comenzaron a dudar de la inocencia de Contreras. Pinochet pudo notarlo en sus rostros y llamó a Contreras a testificar ante el gabinete.

—Coronel —abrió Pinochet—, quiero que me responda tres preguntas: una ¿tuvo que ver la Dina en el asesinato de Letelier?; dos, ¿tuvo que ver alguien del gobierno?, y tres, ¿quién cree usted que lo hizo?

—A las dos primeras preguntas, debo responder *negativo*, mi general. Respecto a la tercera, *creo que la CIA*.

Pinochet se volvió entonces hacia su gabinete:

—¿No ven? Es la verdad. Gracias, coronel, puede retirarse.[17]

Esa fue la respuesta que Contreras enarboló por el resto de su vida cada vez que se le preguntaba por el caso Letelier: la CIA lo hizo, y Townley fue su agente operativo. La historia alimentaba los prejuicios de mucha gente dentro de la izquierda *y* la derecha a la vez, al tiempo que absolvía convenientemente a todos los chilenos involucrados. El abogado de Contreras difundió la historia y la amplió incluso sugiriendo que los cubanos —y hasta el embajador Landau— eran también agentes de la CIA.[18] En abril, Contreras admitió, en rigor, a un confidente cercano, que él había autorizado el asesinato por órdenes directas de Pinochet y que así se lo había dicho a Orozco".[19]

En caso de fallar todo lo demás, Contreras se hizo de una póliza de seguros personal: declaró haber embarcado el 20 de abril entre doce y catorce cajas con documentos incriminatorios de la Dina a bordo del carguero Badenstein, de Alemania Federal, desde Punta Arenas y con rumbo a un destino desconocido.[20] Esos documentos, hizo saber él mismo, depositaban claramente la responsabilidad del asesinato en Pinochet, y verían la luz si algo le ocurría a él.[21] También se decía que Contreras había quemado en una hoguera hecha con gasolina varios otros documentos; sus sucesores se encontraron, de hecho, con lo que consideraban demasiados "silencios" en los archivos de la Dina.[22] Muchos negaban estas historias, y bien puede ser que Contreras las inventara para desconcertar a cualquiera que se propusiera atentar contra él.

El 22 de mayo, Eugene Propper, el fiscal general adjunto de los Estados Unidos voló de vuelta a Santiago para vadear esas aguas legales y políticas. Era su tercer viaje a Chile, ahora en compañía de Larry Barcella, quien mantenía una foto de Contreras en la puerta de su despacho y en quien pensaba, al decir de él, "solo unas quince a veinte veces al día".[23] Los estadounidenses se desplazaron por toda la ciudad, celebraron reuniones secretas y se negaron a responder a los periodistas que gritaban a su paso: "¡Fiscal Propper, fiscal Propper!". "Como en una película de Peter Sellers", recordaba *The Washington Post*, "los fotógrafos colgando de las ventanillas de un Fiat perseguían una camioneta de la embajada a toda velocidad por calles donde había puestos de venta en la calle, haciendo huir a las gallinas cuando pasaban, intentando hacer fotos de Barcella y Propper". "¿Quién le teme a Propper?", preguntaba la revista *Qué Pasa* en su portada, y cada centro de noticias local parecía decidido a replicar con decisión: "Nosotros no". La "opinión pública nacional" está molesta, declaraba *La Tercera*. ¿Cómo podían esos investigadores gringos moverse tan libremente y por todos lados? Los diarios especulaban acerca del maletín de Propper "equipado como el de James Bond", del automóvil especialmente construido que había sido traído para que él lo utilizara, y hasta de su vida romántica mientras estuvo en Santiago.[24]

La CIA detectaba una "creciente campaña antiestadounidense" en Chile. A principios de mayo, los miembros de una delegación de la AFL-CIO invitada por líderes sindicales chilenos fue encarcelada cuando intentaba realizar un mitin no autorizado.[25] Uno de esos mítines ocurrió, de hecho, y fue informado favorablemente, incluyendo la quema de una bandera estadounidense.[26] En un viraje ocurrido desde la época de Allende, el sentimiento antiestadounidense cundía ahora en la derecha. Un columnista de *La Tercera* denunciaba al "imperialismo norteamericano" y su "atentado a la dignidad de la nación". Washington estaba simplemente disfrazando su agresión imperial de una preocupación por los derechos humanos, agregaba.[27] Pablo Rodríguez, antiguo miembro de Patria y Libertad, veía la visita de la AFL-CIO, la retórica del senador Ted Kennedy, los editoriales de *The New York Times* y la labor de los chilenos en el área de derechos humanos como una vasta conspiración para "derrocar al gobierno de las Fuerzas Armadas".[28] En la semana ulterior al aterrizaje de Propper, los encabezados de los diarios chilenos incluyeron términos como "Insolencia yanqui", "FBI go home" y "Chile dice NO a la arrogancia de EE.UU." Muchas de las furibundas misivas enviadas a *El Mercurio* eran de chilenos vinculados a Pinochet; un indicio claro de coordinación entre ellas.[29]

De manera nada sorprendente, los chilenos se negaron a cooperar con la investigación estadounidense cuando se dieron cuenta de que ella conduciría a una solicitud de extradición. Específicamente, se rehusaron a permitir que los estadounidenses interrogaran a Fernández o tomaran testimonio bajo juramento a los paraguayos de los que se creía que habían otorgado los pasaportes a Townley y Fernández.[30] El 21 de junio, el subsecretario de Estado, Warren Christopher, recibió un informe que señalaba que el ministro de Relaciones Exteriores chileno, Hernán Cubillos, no se dignaría a hablar siquiera con él.[31]

Al día siguiente, Pinochet celebró una cena diplomática con el uniforme completo de un general chileno, y esa tarde sostuvo una charla privada de veinte minutos con George Landau, el embajador de Estados Unidos. "Pinochet, que bebe normalmente muy poco, se tomó dos *scotches* con soda", informó el embajador. "Su rostro se volvió cada vez más rojo a medida que me hablaba".[32]

—Está usted provocándome un montón de problemas —comenzó Pinochet, mirando fijo al embajador.

—Lamento decir que no nos parece haber recibido la cooperación que su gobierno prometió en esta materia —respondió Landau.

Pinochet dijo sentirse traicionado por los Estados Unidos, mencionando un editorial de *The Washington Post* que pedía su renuncia y asumiendo que los funcionarios del gobierno estadounidense lo habían filtrado.

—Esa clase de cosas no ocurre aquí —proclamó—. Mañana mismo cerraré *La Segunda* como castigo por publicar una entrevista a un tonto que se alineó con *The Washington Post*.

El dictador se alteró:

—Usted y su gobierno pueden entrometerse en los asuntos chilenos y traer de vuelta a los partidos políticos —despotricó—. Quizá puedan hacerlo. Y, si lo hacen, solo van a provocar otra revolución sangrienta. Morirá gente. (...) Pero le advierto que no voy a permitirlo.

Pinochet señaló al embajador chino al otro lado de la estancia.

—¿Ve usted a ese hombre? —preguntó—. ¿Lo ve? Bueno, yo puedo acudir a él. Créame, Chile puede volver la mirada hacia China. No estamos casados con los Estados Unidos, yo podría acudir a la Unión Soviética, ellos podrían ayudarme, harían cualquier cosa que les hiciera daño a ustedes.

—Disculpe, señor presidente —dijo Landau—. Quiero asegurarme de estar entendiéndolo. ¿Habla usted en serio al decir eso? ¿Verdaderamente quiere decir que podría usted convertirse en aliado de la Unión Soviética?

—¡Absolutamente! —dijo Pinochet.[33]

Y el propio Landau recordaba luego de manera eufemística que "mis relaciones con Pinochet se enfriaron muchísimo después de eso".[34]

En parte para sintonizar con Landau, pero mayormente para enviar a Santiago una señal explícita de su descontento, el Departamento de Estado volvió a llamar a su embajador el mismo día de la confrontación con Pinochet. "Las autoridades chilenas no han estado disponibles ante importantes requerimientos de información sobre el asesinato de Letelier y Moffitt, caso que está pendiente desde hace tiempo en el Departamento de Justicia", dijo un portavoz en un lenguaje diplomático de signo condenatorio.[35] Una vez en Washington, Landau y otros diplomáticos estadounidenses debatieron acerca de la presión que podían ejercer sobre Pinochet para que cooperara. Aun cuando el Congreso había cortado la ayuda al régimen chileno en 1976, quedaban todavía entre veinte y treinta millones de dólares en la cañería por la que fluía el aprovisionamiento militar. El Departamento de Estado suspendió un embarque de componentes de bombas y puso al Departamento de Defensa sobre aviso de que aún podían sobrevenir más suspensiones.[36] Pausar el envío de los componentes de bombas fue una decisión fácil pues los estibadores de California, en apoyo a la investigación en curso, se negaron a cargarlos en el barco. El subsecretario Warren Christopher insistió a su vez en mencionar el problema tan persistente de los derechos humanos en Chile, conectándolo de ese modo con la investigación del tema Letelier.[37]

A fines de junio, Chile concedió que se realizara el interrogatorio a Fernández y se obtuviera el testimonio paraguayo, de manera que Landau volvió a Santiago. "La cooperación mutua ha sido restablecida", declaró el secretario de Estado.[38] En una declaración a finales de julio ante el FBI, el jefe de la inteligencia paraguaya juró no solo que Contreras solicitó los pasaportes para "Williams" y "Romeral" y que Paraguay los emitió, sino que también que el mismo Paraguay los canceló después que a ambos sujetos les fueran denegadas las visas por Estados Unidos. Los chilenos habían obtenido, un mes después, las visas en el consulado estadounidense.[39]

Para el 2 de agosto, tras su rendición metralleta en mano, Contreras estaba, junto a Espinoza y Fernández, bajo vigilancia en el sexto piso del Hospital Militar de Santiago, un lugar de detención bastante más cómodo que una cárcel. Al parecer, Contreras deambulaba en libertad dentro del hospital. Según el FBI, disfrutaba de "una habitación bastante amplia en el hospital, equipada con un sofá, escritorio y un teléfono especial".[40] Aparentemente, Contreras escribió parte de sus memorias y se dedicó a leer novelas de espías. Fernández podía a la vez abandonar su habitación, asistiendo a operaciones médicas y aprendiendo de diálisis, pero tres guardias lo vigilaban día y noche.

En su propio cuarto, probablemente más espartano, Fernández comenzó a sentirse cada vez más incómodo con el encubrimiento. No le agradaban los embustes y se sentía abandonado, acorralado. Entonces hizo saber que estaba considerando un viaje a Estados Unidos para solucionar el asunto, a raíz de lo cual fue inmediatamente convocado al Ministerio de Defensa, donde se encontró ni más ni menos que con Pinochet.

—Me dicen que quiere usted ir a Estados Unidos —partió Pinochet.

—Eso es mentira.

—Yo sé que es verdad.

—La verdad no es que yo quiera ir a Estados Unidos, sino que voy a ir a Estados Unidos.

Fernández estaba especialmente molesto por estar confinado a causa de lo que consideraba los delitos de otra gente.

—No se preocupe —le dijo el dictador—. Sea usted buen soldado, aguante y este problema tendrá un final feliz.

Fernández intentó renunciar en dos ocasiones a su puesto en el Ejército chileno, y las dos fue Pinochet quien personalmente se negó a aceptar su renuncia —aunque sin retornar al capitán a sus labores militares—, posiblemente para que Fernández se beneficiara de la inmunidad profesional. De este modo, el capitán permaneció en un limbo, poco dispuesto igual a desertar y mancillar la reputación de sus compañeros soldados.[41] El encubrimiento estaba funcionando.

A fines de agosto, Contreras telefoneó al jefe de la estación de la CIA en Santiago para solicitar una reunión con él, pero fue rechazado. Su abogado, Sergio Miranda Carrington, y otros representantes suyos comunicaron a la CIA y los abogados del Departamento de Estado que el antiguo jefe de la Dina podía verse "forzado" a revelar horribles secretos acerca del gobierno estadounidense si Washington intentaba extraditarlo.[42] La respuesta de Warren Christopher fue: "El g[obierno] estadounidense no aceptará, repito, NO aceptará, ser objeto de ningún chantaje".[43]

Miranda, el abogado de Contreras, era según propia confesión un germanófilo, por decir lo menos. Durante la Segunda Guerra Mundial, recordaba, "me sentí más identificado con la causa de los alemanes que la de los comunistas asiáticos o con el capitalismo norteamericano".[44] Al inicio de la veintena, se involucró con los sectores políticamente conservadores y obtuvo una beca para la Universidad de Múnich, donde se decía que se ofreció a defender a criminales de guerra nazis en los juicios de Nuremberg después de la guerra.[45]

Un viaje a Grecia lo persuadió de la superioridad de su cultura ancestral y, en 1952, aprendió el griego, leía a los clásicos griegos cada noche y escribió dos manuscritos que quedaron inéditos —ambos en griego— sobre Homero y Esparta. Defendía el golpe militar de Pinochet como un retorno a los antiguos valores. "A mí la palabra *dictadura* me parece altamente honorable. Ella proviene del griego antiguo. Los dictadores griegos gobernaban con el pueblo por el interés de la nación y la coadministraban con los oligarcas y economistas".[46]

Entonces, ¿qué dicen?, preguntó el propio Miranda al Departamento de Estado respecto al chantaje con que lo amenazaba Contreras.

—¡Que se vaya al carajo!, eso digo yo —dijo Francis McNeil, adscrito a la Oficina de Asuntos Interamericanos dentro del Departamento de Estado—. Que diga lo que quiera, igual iremos tras él —le indicó a Eugene Propper.

Propper solo sonrió.

—Eso es grandioso, Frank —acotó—. ¿Tú lo pondrías por escrito?

—No exactamente con esas palabras.[47] ¡Y que Pinochet mismo se vaya al carajo! —agregó McNeil para que quedara claro.

"No aceptaremos ningún chantaje", insistió luego ante el Departamento de Defensa. Y la CIA era de la misma postura.[48]

El 1 de septiembre, Estados Unidos informó a Chile que solicitaría las extradiciones. Pinochet se sintió obligado a pedir a Contreras su renuncia.[49] En noviembre, los sectores leales al antiguo jefe de la Dina comenzaron a organizar comités de ayuda para la defensa de Manuel Contreras.[50] Durante un tiempo, corrió el rumor de que el propio Contreras se había suicidado; en otro momento, que sería asesinado.[51]

Aun así, todas las esperanzas dentro de Chile de que el régimen de Pinochet caería o incluso abandonaría por completo a su suerte a Contreras se vieron prontamente interrumpidas. El Mamo era un luchador. A lo largo de toda su carrera, el chileno nunca había permitido que sus subordinados asumieran la culpa de sus decisiones, y ahora ellos se lo devolvieron con protección. Antiguos oficiales de la Dina llamaron a sus amigos dentro de la burocracia local para apoyar a su antiguo líder. Y la mayoría dentro del Ejército rechazaba la sola idea de que los civiles los investigaran a ellos o les dieran órdenes. Algunos estaban prestos a rebelarse, era lo que se rumoreaba. Para evitar su propia extradición, el 7 de abril, mientras el gobierno chileno tomaba la decisión de expulsar a Townley, Contreras había liderado una caravana de una docena de vehículos atiborrados de sus más leales partidarios armados hasta los dientes y los había conducido ante los hogares de otros oficiales para recabar su apoyo. De ser necesario, pensaba, se dirigiría al sur del país y allí se encerraría en una fortaleza.[52]

Isabel Morel y Michael Moffitt seguían esta saga atentamente y se preguntaban si la justicia llegaría al fin para los asesinos de sus seres queridos. Moffitt, por su parte, era escéptico. "No creo que nadie crea en serio que el general Pinochet va a entregar voluntariamente a la gente que permitiría seguir el rastro del asesinato del señor Letelier y mi esposa directamente hasta su puerta", declaró a la prensa. "Fuentes muy cercanas a la investigación me dicen que las probabilidades de que consigamos una extradición son menos del 10 por ciento".[53]

Isabel Morel era más optimista, llegando a pensar que el caso podía incluso liberar a Chile como un todo. "Los días del general Pinochet están contados", le dijo un funcionario del Departamento de Estado. "Irónicamente, el asesinato de su esposo se ha transformado en el instrumento que todos los enemigos de Pinochet han comenzado a enarbolar para desembarazarse del sangriento tirano". Y ella misma escuchó similares apreciaciones de parte de sus amigos en Chile.[54]

En septiembre de 1978, Morel preparó un discurso que apuntaba a la audiencia estadounidense y reveló su habilidad de situar el caso de su esposo dentro de una batalla más amplia. "¿Qué pasará si Pinochet niega la extradición?", se preguntaba. "Para algunos, esto podría significar que la red de terrorismo internacional operada por varios regímenes militares en América Latina con la ayuda de terroristas anticubanos se sentirá libre de cometer otros crímenes". Como contrapartida, "llevar a juicio a los miembros de la Dina implicará llevar a juicio este aparato intergubernamental en su totalidad. (...) La comunidad internacional se pone de pie a favor del derecho humano más básico, el derecho a una vida a resguardo de las bombas o las balas temibles del asesino".

"Ha pasado la hora del *shock* y las lágrimas", declaraba. "Hemos aprendido demasiado en estos dos años como para creer que esta tragedia fue un evento aislado, o que los hombres que plantaron la bomba eran solo aberraciones dentro de una normalidad autoritaria más benigna. Ustedes han comenzado a corregir en su propia democracia esos factores defectuosos que desempeñaron un papel en el entrenamiento de estos terroristas", felicitaba a sus oyentes estadounidenses. "Algo por lo que todo el mundo se alegra".[55]

En agosto de 1978, ahora enfrentado a una petición formal de extradición de Washington, el gobierno chileno juró públicamente que estaba cooperando en plenitud y solicitó a la prensa que su cobertura de lo que consideraba un asunto puramente legal fuese respetuosa y con moderación.[56] La prensa quedó obligada a ello. Un informe de la red nacional de televisión dedicó unos cuarenta y cinco segundos a la noticia, seguidos de un comentario de tres minutos contra la acusación.[57] El diario *El Cronista,* de propiedad del gobierno, acusó al Departamento de Estado de albergar objetivos políticos. Pinochet prometió que "el gobierno no caerá a causa del caso Letelier".[58]

Entretanto, el caso derivó ahora a manos de un juez distinto, Israel Bórquez, presidente de la Corte Suprema de Chile. Nunca hasta allí el jurista de 73 años había desafiado a los gobernantes militares de Chile, pese a que estos habían hecho a un lado la Constitución que él mismo había jurado sostener. La CIA explicaba que la Corte Suprema "no estaba dominada por el régimen de Pinochet ni era totalmente independiente de él". Ella "ha estado sujeta a [las] presiones del régimen en el pasado", agregaba la agencia. "La corte estará motivada a la vez por sentimientos nacionalistas, y por su propio orgullo, relacionado con su prestigio legal y el deseo de llegar a un fallo que habrá de quedar sujeto al escrutinio internacional".[59] Aun así, Pinochet acababa de nombrar en mayo a Bórquez, imaginando precisamente que Bórquez estaría predispuesto contra la extradición. En agosto, Pinochet se reunió secretamente con el juez para urgirlo a que no concediera la extradición, diciéndole que el golpe contra la reputación del Ejército sería fatal. Según la CIA, Bórquez le dijo que haría "todo lo posible para asegurarse de que la Corte accediera a su requerimiento".[60]

Las opciones legales del tribunal eran esencialmente tres: establecer que la evidencia para garantizar una acusación era insuficiente, determinar que el delito era de naturaleza política y a la vez denegar la extradición, o concluir que la evidencia era suficientemente fuerte y extraditar a los acusados, o bien juzgarlos en Chile.

El gobierno de Estados Unidos inundó a los chilenos con setecientas páginas de la evidencia reunida, fotografías y películas, todo ello contenido en una caja de 12 kilos de peso, "puntillosamente sellada con remaches de metal y cintas diplomáticas para evitar la manipulación y fotocopia del material", según escribió el periodista John Dinges. Landau envió la evidencia a Cubillos el 20 de septiembre, junto a la petición formal de extradición.[61]

Pocos días después, Bórquez tomó una decisión inhabitual. Invocando una norma de procedimiento penal llamada "sumario", prohibió no solo la presencia de la prensa en las audiencias, sino que a la vez de todos los abogados. Esto significaba que a Alfredo Etcheberry, que trabajaba para el gobierno estadounidense, se le impediría contrainterrogar a los acusados o cualquier testigo y que no tendría opción de clarificar la evidencia.[62] Etcheberry presentó una apelación al dictamen, pero la Corte Suprema lo rechazó en pleno. Propper estaba furioso. Él y los diplomáticos estadounidenses consideraron la posibilidad de rescindir la solicitud de extradición y sencillamente ejercer presión diplomática.[63] El hecho de someter la solicitud los había hecho caer en una trampa. Habían depositado oficialmente su confianza en los tribunales chilenos y ahora debían aceptar sus decisiones.

Otras maniobras de engaño tuvieron lugar un poco más tarde. En octubre, salió a la luz que personas cercanas a Contreras en el Hospital Militar de Santiago le dieron copias de la evidencia confidencial aportada por Estados Unidos un día o dos después de que Landau la enviara a Cubillos. La Corte Suprema negó estar involucrada en ello. "No podría ser, esas copias no las obtuvieron de aquí".[64] Landau sospechó que los documentos habían sido copiados en el Ministerio de Relaciones Exteriores después de abandonar la oficina de Cubillos.[65] Más tarde se reveló que Contreras dijo a Fernández que él mismo contaba con una copia.[66]

El 17 y 18 de octubre —un mes entero después de presentarse la solicitud de extradición— Fernández dio su testimonio ante Bórquez. En él negó todo conocimiento de una misión Letelier y dijo que viajó a los Estados Unidos con Townley a encontrarse con Vernon Walters, personero de la CIA. Las preguntas fueron en general suaves:

¿Por qué iba la Dina a enviarlo a usted, que es un oficial de menor rango, a reunirse con Walters?

"Walters solo iba a proporcionarme cierta información relativa a miembros del Congreso", respondió Fernández.

¿Por qué iba la Dina a enviar a Townley, que solo tiene algunas pericias técnicas, a reunirse con Walters?

"Me imagino que fue porque Townley hablaba inglés".

Al concluir los dos días de interrogatorios, Bórquez abandonó sus oficinas y fue rodeado por los reporteros allí presentes. Se lo veía "visiblemente cansado y definitivamente irritable", como bien lo demostraron sus respuestas:

—¿Qué le preguntó a Fernández?

—Qué pregunta más absurda. Ustedes los periodistas preguntan todos puras estupideces.

—¿Es Espinoza el que sigue?

—Pregúnteselo a Dios.

—Pero, señor juez, la prensa necesita informar...

—¿Y a mí qué me importa?[67]

Al día siguiente, Pedro Espinoza jugó exactamente la misma carta que Fernández, y lo propio hizo Contreras una semana después.[68] Instalado en el Hospital Militar de Santiago, Contreras se había quejado de varias dolencias y arribó al tribunal con una ambulancia detrás. Una veintena de mujeres lo recibieron allí.[69] A diferencia de Espinoza, que se valió de un señuelo para evitar a la prensa, Contreras respondió libremente a todas las preguntas de los reporteros:

—¿Jugó usted algún papel en la investigación de Letelier?

—No tuve más participación en el asesinato de Letelier que en el de los hermanos Kennedy y el de Martin Luther King.

—¿Y qué hay de los desaparecidos?

—Me interesan más los "aparecidos", esos que siguen conspirando. Son ellos los que formulan estas acusaciones. Los marxistas no olvidarán jamás nuestra victoria sobre ellos el 11 de septiembre de 1973.

—¿Hizo la Dina alguna vez "trabajo sucio"?

—No, nunca. Cualquier labor que se hace por la patria es limpia.

En sus respuestas negó específicamente que la Dina hubiese operado alguna vez en un país extranjero.[70]

El 22 de noviembre, un poderoso artefacto explosivo remeció la casa del juez Bórquez, que no resultó herido y anunció públicamente que eso no lograría intimidarlo. Aunque muchos sospecharon la autoría de guerrillas urbanas de signo izquierdista, el general Odlanier Mena señaló que la bomba era probablemente obra de sujetos antaño leales a la Dina.[71]

A medida que discurría 1979, Bórquez siguió examinando la evidencia, y hubo más de ella aportada por los investigadores estadounidenses y Etcheberry. El 5 de enero, la Corte Suprema ratificó una decisión de no fijar fianza para Contreras y Espinoza. El Mamo asistió entonces a la boda de su hija Mariela, de 22 años, con un teniente de ejército. Allí se codeó con los centenares de personas que asistieron, incluidos muchos generales. Espinoza se valió de su propia libertad para visitar a sus amigos del Ejército. Fernández, con fama de "muy mujeriego", visitó algunas discotecas.[72] Cuando el juicio de los cubanos dio inicio en Washington el 9 de enero, muchos especulaban con que Bórquez estaba reteniendo su propio fallo hasta que concluyera ese juicio lejano.[73] Cuando los cubanos fueron declarados culpables, Propper también relacionó los dos casos, declarando que el veredicto en Washington "debiera facilitarnos las cosas" para conseguir la extradición en Chile.[74] Pero muy pocos en Chile hicieron la conexión o siquiera prestaron mucha atención al juicio de Washington, desestimándolo como un fallo contra Townley y los cubanos, no contra Chile.[75]

Desde febrero hasta mayo de 1979, mientras Bórquez deliberaba, surgieron opiniones de expertos legales, y Landau temió que "bajo el sistema legal de Chile nuestro caso no sea tan sólido como creíamos".[76] Nadie podía identificar un precedente en que el cabecilla o antiguo cabecilla de alguna policía secreta hubiera sido extraditado.[77] La jurisprudencia chilena complicaba lo que era desde ya una situación confusa de acuerdo a los tratados imperantes. Primeramente, la conspiración para cometer un crimen no era en sí misma un delito en Chile. En segundo lugar, mientras que a la Corte Suprema se la consideraba independiente, ella nunca había deliberado en un caso relativo a la seguridad bajo el régimen de Pinochet. Finalmente, y lo más importante, los juristas chilenos no tenían el hábito de considerar admisibles en un juicio los testimonios negociados del tipo que Townley había dado, porque siempre se esperaba que los acusados mintieran.

La "jugada Willoughby" dio breves esperanzas a los norteamericanos. El 26 de marzo, Federico Willoughby, antiguo secretario privado de Pinochet y portavoz ante la prensa, para quien Fernández había trabajado como guardaespaldas, invitó a Alfredo Etcheberry a almorzar. En ese encuentro le dijo que el Ejército estaba ante todo preocupado por la extradición de Fernández: uno de los suyos, de baja graduación, que había cumplido ya nueve meses detenido, solo seguía órdenes e ignoraba el propósito de su misión. Si este capitán era extraditado, temían los oficiales de Ejército, cualquiera de ellos podía ser el próximo. Una semana después, Willoughby propuso un trato: que sean descartados los procedimientos contra Fernández y nosotros entregaremos a los dos peces más gordos: Contreras y Espinoza.[78] En mayo, Willoughby viajó incluso a Washington y se entrevistó con Townley, Barcella, Propper, los agentes del FBI Carter

Cornick y Robert Scherrer y otras personas, en el Hotel Embassy Row y el Palacio de Justicia de Estados Unidos.[79] Las autoridades estadounidenses rechazaron el trato porque Fernández no estaba dispuesto a admitir que él *sí* sabía que estaba ayudando a asesinar a Letelier. Esto fue un gran paso en falso por parte de Estados Unidos, pues en tanto Fernández sospechaba de hecho que su vigilancia de Letelier convertiría al exiliado en alguna clase de objetivo, no se imaginó que él mismo fuera parte de una trama homicida hasta el 21 de septiembre de 1976. Aun cuando la jugada Willoughby fracasó, ella sugería que Fernández podía ser "volteado": un precedente que resultaría alguna vez de provecho.

Finalmente, a las nueve de la mañana del 14 de mayo, todos los abogados del caso recibieron el fallo de cuarenta y cinco páginas de Bórquez, fechado el día previo. El juez aceptaba la evidencia aportada por Estados Unidos como válida, pero le parecía poco convincente para el propósito buscado de una extradición. Sin embargo, encontraba suficientes contradicciones en la declaración de los tres oficiales chilenos como para ordenar que un tribunal militar iniciara su propia investigación, la cual podía conducir a su enjuiciamiento. "No conceder la extradición no significa que sea inocente", especificaba.[80] A causa de esta última decisión, escribió Landau, "el fallo de Bórquez es mejor de lo que habíamos anticipado".[81]

Aun así, no era bueno. La satisfacción de Contreras con el veredicto fue una evidencia de ello. "La justicia chilena es profesional", dijo sonriente. "En realidad, merece confianza y da confianza".[82] Etcheberry, por su parte, sintiéndose "desilusionado, pero no desalentado" por la "insatisfactoria" decisión, apeló de ella ante un estrado de cinco jueces de la Corte Suprema, cuya decisión sería definitiva.[83]

En Washington, entretanto, el Departamento de Estado declaró estar "seriamente decepcionado por la decisión" y de nuevo llamó de vuelta a Landau.[84] La entidad defendió su decisión de confiar en Bórquez como "el único método viable y jurídicamente aceptable que podía adoptarse".[85] Era a la vez realista desde el punto de vista político, pues la prensa chilena estaba en buena medida unida tras la decisión de Bórquez. (*Hoy*, la revista de tendencia democratacristiana, fue la única que disintió, y el gobierno chileno terminó cerrándola por dos meses).[86]

Bórquez no vio, sin embargo, realzada su reputación con ello. "Los estadounidenses son muy buenos actores y famosos por creer en la candidez de otros. (...) Imagínense, para conformar el gran jurado de la corte del Distrito de Columbia, escogieron, incluyendo al juez Barrington Parker para presidirla, solo a personitas de raza negra de Washington..., quizá para que ellas pudieran ocultar en mejor forma sus embarazosos rubores".[87] Este trallazo de intolerancia contra todo el jurado negro del caso en Washington enfureció a muchos en Estados Unidos, entre ellos a Isabel Morel. "Sus burlas raciales solo dejan extremadamente clara la falta de respeto general y el desdén por los derechos humanos que caracterizan al régimen de Pinochet", declaró respecto a Bórquez. "El racismo y el fascismo suelen ir de la mano".[88]

Con sus alegatos ante el pleno de la Corte Suprema de Chile y su labor concluida, Eugene Propper renunció al Departamento de Justicia y se unió al estudio jurídico de Lane y Edson en Washington. "El caso Letelier ha sido una parte muy significativa de mi vida en los últimos tres años", le escribió a Isabel Morel. "Muchas personas en el gobierno de los Estados Unidos dedicaron un tiempo y esfuerzo personal enormes a la solución del crimen monstruoso que tuvo lugar el 21 de septiembre. Lo hicimos porque era nuestro trabajo y por la naturaleza horrenda del crimen. En todo ese tiempo, he llegado a conocerla y estimarla a usted y otra gente del Instituto [de Estudios Políticos]. Aunque no siempre concordamos, pienso que desarrollamos una relación inspirada en la confianza, el respeto y la comprensión mutuas".[89]

Las audiencias de apelación comenzaron en Santiago el 11 de julio de 1979. En esta ocasión, ellas fueron abiertas al público. Treinta y cinco corresponsales extranjeros y veinticuatro chilenos informaron del asunto desde la Corte Suprema, y una cadena de radio transmitió el juicio en su totalidad.[90] Ante los cinco sombríos jueces, Etcheberry dio lo mejor de sí para rehabilitar la credibilidad de Townley y argumentar la validez de los testimonios pactados. "No hay nada inmoral en ello. En los Estados Unidos, se considera que la práctica de obtener evidencia que permita procesar al pez gordo a cambio de indulgencia sirve al interés público. (...) Que la voz de la razón sea escuchada", suplicó en su sonora voz. Cuando abandonó el tribunal, fue aclamado por una multitud de trescientas personas.[91]

Tras bastidores, el borrador del fallo de la Corte le fue enseñado a Pinochet, quien —según comprobó la CIA— "insistió en que él fuera endurecido para excluir cualquier posibilidad de que el caso de extradición fuera revivido alguna vez. El lenguaje fue modificado para ajustarse a la orden de Pinochet".[92] El 1 de octubre, el panel de jueces emitió una decisión con la que respaldaba el fallo de Bórquez. Su propio fallo de 132 páginas decía que la evidencia de Estados Unidos daba lugar a una sospecha, pero no a "una presunción bien fundada"del involucramiento de los acusados en el asesinato. De hecho, el panel empeoró las cosas para el procesamiento, en tanto revirtió la instrucción de Bórquez de abrir una investigación. La única puerta que dejó abierta —la cual habría de resultar significativa— fue que el caso de pasaportes fraudulentos, que había durado ya dieciocho meses sin conducir a nada, debía ampliarse para incluir el asesinato en caso de que nueva evidencia viera la luz. El número del caso era 192-78.[93]

"No estoy contento", dijo Etcheberry a la prensa.[94] Tampoco lo estaba Larry Barcella, quien le confidenció a un diario chileno que los estadounidenses se sentían "absolutamente desilusionados". "Un jurado idóneo en Estados Unidos encontró culpables a otras personas implicadas en el caso con las mismas pruebas", y el nivel de evidencia necesario para una extradición es generalmente inferior al de una acusación, explicó.[95] Tanto *The New York Times* como *The Washington Post* vieron el juicio como una parodia de la justicia. Pinochet declaró que él hubiera acatado cualquier decisión de los tribunales, pero que —agregó— "Chile no acepta presiones de nadie".[96]

Cubillos, el ministro de Relaciones Exteriores de Chile, fue reconfortado por Henry Kissinger, el antiguo secretario de Estado, cuando ambos desayunaron dos días después de ser denegada la extradición. Flirteando con la traición, Kissinger dijo a Cubillos que la decisión de la Corte Suprema era la correcta, denostó a los altos funcionarios de la administración Carter y aconsejó al chileno que trataran a esta Casa Blanca en particular con "brutalidad". "Es el único lenguaje que entienden".[97] Más tarde ese mismo día, incluso el secretario de Estado en funciones, Cyrus Vance, contradijo a sus subordinados prometiendo a Cubillos que "trataré de rebajar la presión. (...) Este asunto es manejable".[98]

Ateniéndose al fallo, Bórquez ordenó que Contreras, Espinoza y Fernández fueran liberados del Hospital Militar de Santiago luego de haber permanecido 450 días en confinamiento. Ahora retirado, Contreras volvió a su casa estilo rancho en un elegante barrio de Santiago. Previendo la disolución de la Dina, había arreglado para él mismo y sus principales comandantes que se los gratificara con casas "donadas" por el gobierno chileno.[99]

14

EL FANTASMA QUE ACECHA A NUESTRA POLÍTICA HACIA CHILE

Tras el fracaso de la solicitud de extradición contra Manuel Contreras, Pedro Espinoza y Armando Fernández en la segunda mitad de 1979, los leales a Pinochet pueden haber creído que su calvario había terminado, pero el caso Letelier* siguió estando en el centro y al frente de las relaciones diplomáticas entre Estados Unidos y Chile. Durante una década, partiendo a finales de los setenta, Chile perdió a Estados Unidos como un patrocinador confiable, y el asesinato de Letelier y Moffitt fue la causa fundamental. En buena medida, el caso discurrió paralelamente a los mayores esfuerzos de los presidentes Jimmy Carter y eventualmente Ronald Reagan para conseguir la liberalización de la vida política en Chile. "El gobierno de Pinochet esperaba en cierta forma que el tema se diluyera, pero era un tema que no podia diluirse", recordaba un subdirector de la misión estadounidense en Santiago. "Era demasiado importante".[1]

Pareció más que una mera coincidencia que, tan pronto como la foto de Michael Townley apareció en los diarios chilenos, el régimen de Pinochet dejó de apretarle el cuello a la oposición chilena. La irrupción del caso Letelier fue "un catalizador evidente" de esta liberalización, según estimaba *The Washington Post*, aun cuando Pinochet atribuyó su recién encontrada moderación al hecho de haber salvado la economía chilena.[2] A la vez, los desarrollos que trajo consigo el tema de Letelier impulsaron a los chilenos comunes y corrientes a discutir de política en público. En mayo, Santiago anunció que autorizaría a la Comisión de Derechos Humanos de la ONU a visitar Chile un poco más adelante ese mismo año.

Con todo, aún no era posible dar por garantizadas las libertades individuales. Seguía en vigor un "estado de emergencia", la policía secreta aún detenía a muchos en centros secretos de reclusión,

---

* En español en el original (N. del T.).

y seguían estando prohibidas las elecciones sindicales, las huelgas, la negociación colectiva y los partidos políticos. El 1 de mayo el gobierno se vio obligado a interrumpir las primeras manifestaciones de trabajadores desde el golpe —aunque la violencia aplicada fue mínima—. Pinochet sorteó a su vez una huelga de hambre convocada para forzarlo a admitir la desaparición de más de seiscientos izquierdistas.

"Las cosas han mejorado ampliamente", lo resumió un diplomático, "pero la conclusión es que no existe nada que impida al régimen echar pie atrás. No ha habido ningún giro institucional. La mayoría de los generales no ha visto la luz".[3]

Uno de ellos, sin embargo, sí lo había hecho. El general Gustavo Leigh Guzmán, comandante en jefe de la Fuerza Aérea, hizo un llamado a un pronto retorno a un gobierno civil. Leigh llegó un poco más lejos. La CIA estimaba que Leigh estaba intentando "pintar a Pinochet como un perdedor"y que se bajara del cargo, diciendo que había "perdido el control de [la] situación en Chile", en buena medida, por su manejo del caso Letelier. A la vez que numerosos civiles admitían ahora que el régimen había torturado a los disidentes, muchos dentro del Ejército estaban consternados por la forma en que Pinochet había entregado a Townley.[4] Un miembro de la junta designó los escándalos que se revolvían alrededor de Pinochet como el "Watergate chileno". La CIA, por su parte, se preguntaba si el caso Letelier no "terminaría por derribar al régimen de Pinochet".[5]

A fines de julio de 1978, en la denominada masacre dentro de la Fuerza Aérea, Pinochet, con el apoyo de la junta, destituyó a Leigh después de que el general lo criticara ante un corresponsal extranjero.[6] Ocho generales que debían sucederlo y fueron pasados por alto renunciaron tras él, y once más se retiraron en solidaridad. En total, diecinueve de veintiún generales de la Fuerza Aérea renunciaron en masa.[7] ¿Era este —como dijo un diplomático— un signo de que "el gobierno de la junta militar está casi terminado"?

Más probablemente, Pinochet estaba realizando una purga dentro de su régimen. Una nota dirigida a Zbigniew Brzezinski, consejero de Seguridad Nacional de los Estados Unidos, afirmaba que "Leigh había decidido esperar hasta que surgieran las acusaciones del caso Letelier, calculando que esto inclinaría la balanza de las fuerzas a su favor. Sin embargo, la inminencia de los procesamientos en el caso Letelier había motivado en apariencia, al propio Pinochet, a presionar a favor de la expulsión de Leigh".[8] La CIA estaba de acuerdo, vinculando la expulsión de Leigh al asesinato de Letelier. "Visto que es ampliamente considerado que Contreras no hubiese actuado sin el consentimiento del presidente Pinochet, el presidente espera que sobrevengan tiempos difíciles y ha estado operando para consolidar su posición política". Pinochet se disponía a "aguantar, con el apoyo popular y del Ejército y su convicción de que él mismo no podía ser acusado en el crimen de Letelier".[9]

Las relaciones de Chile con Washington eran a la vez tensas a causa de dos disputas fronterizas. Contra Argentina, Chile mantenía un forcejeo por la soberanía de las islas Picton, Nueva y Lennox en la boca del Canal Beagle, en el extremo austral de Sudamérica. La reina Isabel II de Inglaterra había actuado como árbitro en la situación y garantizado las islas a Chile, pero Argentina, que las reclamaba desde 1904 y temía que sus derechos de navegación se vieran amenazados, rechazó la propuesta. Ambos países movilizaron sus tropas hacia esas glaciales aguas, pero terminaron aceptando una exitosa mediación papal. A Bolivia, entretanto, Pinochet le había propuesto un intercambio de tierras que habría de restaurar el acceso al mar que Bolivia había perdido un siglo antes, a la vez que garantizaría nuevos territorios a Chile. Solo que el plan entró en conflicto con un tratado chileno-peruano, y el gobierno boliviano rompió relaciones con Chile en el curso de la disputa. En todo ello, el Departamento de Estado no dio ningún apoyo diplomático a Chile.

Pocas semanas antes de que el juez Israel Bórquez emitiera su fallo de no extraditar a Contreras y los otros dos individuos, Pinochet demostró nuevamente su molestia ante la presión de Estados Unidos. "El poder será traspasado cuando la época esté madura..., pero no me voy a apurar en esto", advirtió. "Ustedes no me van a creer, pero yo soy tan democrático como ustedes, los estadounidenses. Y confío buenamente en el pueblo, pero este aún no está preparado".[10] Tras la negativa de los tribunales, Pinochet rechazó, en su mensaje anual al país, la normalización política, y hasta acusó a la administración Carter de ser demasiado suave con el "imperialismo soviético" en América Latina. Se lamentó de un "vacío creado por el país que debiera ser el líder del mundo libre".[11]

Entretanto, las posiciones en Washington forcejeaban ante la opción de castigar a Chile antes de que los tribunales de Santiago emitieran su veredicto respecto a la extradición. El 2 de agosto de 1978, en lo que *The Washington Post* rotuló como "una confusa secuencia de eventos", el republicano Tom Harkin de Iowa, un aliado de la comunidad internacional de derechos humanos, hizo un llamado a cortar todos los embarques de armas a Chile hasta que los tres chilenos fueran extraditados. Harkin estaba reaccionando al procesamiento en Washington, el día anterior, de los tres chilenos más los cinco cubanos, y al descubrimiento por los estibadores del puerto de Oakland de que Estados Unidos debía aún embarcar una cifra de 24.817.827 dólares en equipamiento militar que quedaba en la cañería de flujos armamentísticos, ello a pesar de un recorte anterior. "Este equipamiento incluye revólveres y municiones, granadas de mano y equipo que puede ser directamente utilizado para reprimir todavía más al pueblo de Chile", argumentó el representante de California Pete Stark, agregando que dicho equipamiento "podría ser usado además por agentes chilenos para venir a este país y asesinar a residentes en este país, como lo sugieren las acusaciones formuladas el día de ayer".[12] La enmienda fue aprobada por una votación en voz alta.

Sin embargo, el Departamento de Justicia movilizó inmediatamente a sus enlaces en el Congreso para transmitir a los miembros del Parlamento que dicha medida era prematura. Los chilenos verían esto no solo como una interferencia en sus asuntos internos, sino que también como un complot para derribar al régimen de Pinochet. Sería un tiro que le saldría a Estados Unidos por la culata. Poco después, esa misma tarde, los republicanos anularon la enmienda 243 por la 166.[13]

La comunidad empresarial de Estados Unidos no tenía tampoco ninguna prisa en presionar a Pinochet por el tema Letelier —o, para el caso, ningún otro asunto de derechos humanos—. Durante el juicio de extradición, la Anaconda Copper Mining Company firmó contratos para invertir otros mil quinientos millones de dólares en Chile, el Chase Manhattan Bank se preparó para abrir su primera filial allí, y Goodyear, Exxon, St. Joe Minerals, Superior Oil y Falconbridge ampliaron sus inversiones o planificaron hacer otras. "No creo que hayamos hablado ni cinco minutos de derechos humanos cuando el directorio tomó la decisión de invertir en Chile", dijo un gerente de Goodyear. Mientras otro ejecutivo del Citibank proclamaba que "no mezclamos los negocios y la política", estaba claro que empresas como Anaconda y Dow Chemical estaban retornando a

Chile precisamente por la represión de Pinochet contra los sindicatos y disidentes políticos. Como admitió Ralph Cox, presidente de Anaconda, "hemos vuelto a Chile no solo por los proyectos mineros, sino que también porque este gobierno ha creado un clima de confianza para la inversión". Los bancos estadounidenses habían aportado a la vez dos mil millones de dólares en créditos a los chilenos.[14]

Pese a ello, entre los políticos y defensores de los derechos humanos, Robert Steven, el encargado de la Mesa de Chile en el Departamento de Estado, "no dejaba de hacer hincapié en lo mucho que el asunto Letelier lo dominaba todo. Si yo iba a una reunión de cualquier tipo en el Departamento e intentaba debatir cualquier otra consideración en otro tema relativo a Chile, era acribillado de vuelta". El embajador George Landau no fue nunca llamado a Washington por ningún otro asunto.[15]

Tras ser denegada la extradición en mayo de 1979, los senadores Ted Kennedy y Frank Church imploraron al presidente Carter que suspendiera toda ayuda al régimen de Pinochet, retirara todo el personal militar de Chile y, en una medida de mayor amplitud, negara la ayuda bilateral y multilateral a países que dieran albergue a terroristas.[16] Ciertos congresistas liberales como Harkin, que envió una petición a Carter para que adoptara medidas más duras, también sentían que ya habían sostenido tiempo suficiente el alto al fuego y estaban ahora dispuestos a cortar toda la ayuda a Chile. "Debemos realizar fuertes acciones contra este acto de terrorismo", escribió el parlamentario a *The New York Times*, "y con ello reafirmar el estándar de los derechos humanos y la dignidad humana que tanto se remecen con cada uno de estos actos".[17] La sanción más dañina, esa por la que abogaban Isabel Morel y Michael Moffitt, hubiera sido que la banca privada norteamericana dejara de prestarle a Chile, privándolo de miles de millones en créditos. Las organizaciones no gubernamentales bombardeaban al Capitolio y el Departamento de Estado con demandas de presionar más a Chile.[18] El Departamento de Estado lo objetaba, diciendo que debía atenerse a su compromiso con los tribunales chilenos y dejar que el proceso de apelación siguiera adelante.[19]

La negativa final, en octubre de 1979, de la Corte Suprema de Chile a conceder la extradición fue la señal de que había llegado la hora de tomar alguna decisión. "No quiero romper relaciones", escribió Carter en el margen de un memorándum redactado por el subsecretario de Estado.[20] El mandatario tampoco consideró nunca seriamente la petición de Morel y Moffitt de prohibir los empréstitos privados. Entonces, ¿qué le quedaba por hacer al Departamento de Estado?

Primero emitió una declaración cargada de fuertes palabras en que daba el paso inhabitual de designar a los tres acusados como "terroristas".[21] Segundo, llamó de vuelta al embajador Landau por tercera vez en el curso del caso Letelier. Finalmente, el Departamento de Estado evaluó un total de diecinueve sanciones a Chile, y varias guerras territoriales dieron comienzo en Washington. El Departamento de Defensa no quería perder a sus agregados ni la misión militar en Santiago. Los latinoamericanistas dentro del Departamento de Estado argüían que Washington debía evitar el término *terroristas* a menos que quisiera perder todo influjo sobre Santiago. El Consejo de Seguridad Nacional coincidía. La única oficina del Departamento de Estado que argumentaba a favor de sanciones duras era la de los muchachos encargados de los derechos humanos bajo Patricia Derian, la subsecretaria de Estado, y su segundo de a bordo, Mark Schneider. Ellos deseaban que el gobierno estadounidense fijara "la resolución satisfactoria del caso Letelier y los casos de derechos humanos, y el regreso a la democracia, como intereses primordiales nuestros".[22]

A fines de noviembre de 1979, Carter siguió el consejo de Cyrus Vance, Secretario de Estado, y el Consejero de Seguridad Nacional Zbigniew Brzezinski y escogió solo cinco sanciones: reducción de la misión de Estados Unidos en Chile; término al sobrevenir el próximo mes de enero de los 6,6 millones de dólares en ventas militares que aún quedaban en la cañería de las ventas ya aprobadas; reducción gradual y quizás eliminación del Grupo Militar, que era el que hacía el trabajo de enlace con el Ejército chileno; suspensión del financiamiento del Export-Import Bank a Chile, y término de las garantías ofrecidas por la Overseas Private Investment Corporation (Corporación de Inversiones Privadas en Ultramar).[23]

Harkin calificó las medidas como "despreciablemente débiles". Tan solo ocho de las ochenta personas incluidas en el personal de la embajada dejarían el país, al igual que solo dos de los cuatro miembros del Grupo Militar. La postergación del cese de las ventas militares significaba que Chile recibiría la mayor parte de sus 6,6 millones de dólares en armas. Finalmente, no había habido ningún financiamiento del Export-Import Bank en cinco años, ni algún préstamo de la Overseas Private Investment Corporation desde 1970.[24] El senador Kennedy coincidía en que las sanciones se quedaban "muy cortas a la hora de constituir una acción firme y vigorosa contra el terrorismo". "El presidente debe mostrar que Estados Unidos puede ser un líder en la lucha contra el terrorismo", declaró, habiendo ya anunciado que postularía a la nominación presidencial demócrata en contra de Carter en 1980.[25]

Hernán Cubillos, el ministro de Relaciones Exteriores chileno, cacareó, con toda razón, que Chile soportaría fácilmente esas sanciones.[26] El embajador Landau brindó el retrato de un Cubillos "no particularmente preocupado" por los "pinchacitos", sino que por el hecho de que Washington podía no apoyar a Santiago en el caso de una guerra con Argentina. El propio Landau calificó las sanciones de meramente "simbólicas".[27] Muchos hicieron ver que el fracaso de la extradición en el caso Letelier terminó, en rigor, fortaleciendo al régimen de Pinochet, visto el fracaso consiguiente de Carter para llevar adelante sus amenazas. Exhibiendo su recién conseguido capital político, Pinochet hizo una nueva purga dentro de su gabinete.

"Muy bien, estábamos blufeando", resumió el asunto un alto funcionario estadounidense. "Ellos pidieron ver nuestras cartas y perdimos".[28]

Más dolorosa para Chile fue una decisión que Carter tomó en 1980 aparte de las sanciones. Ella consistió en excluir al orgulloso poder naval del país de participar en los ejercicios navales anuales de Unitas 21, a ser desarrollados ese otoño con Argentina, Brasil, Perú y otras naciones latinoamericanas. Fue la primera marginación por razones políticas sufrida en veintiún años por un aliado de tales ejercicios. Luego de que la noticia irrumpiera en las primeras páginas de los diarios en Chile, Cubillos apareció en la residencia de Landau en Santiago "visiblemente agitado". El ministro de Relaciones Exteriores le dijo que Argentina o Perú verían el desaire como "una operación abierta a jugar duro contra Chile" en las negociaciones relativas al Canal Beagle, y calificó la cancelación de Unitas como "la gota que rebasaría el vaso".[29] "En respuesta", recordaba Landau, "Pinochet dio órdenes de que ningún oficial de su gabinete y ningún oficial en un sentido amplio acudieran a la recepción del 4 de julio en la residencia diplomática. Así que esa era la clase de relaciones que teníamos. No demasiado buenas".[30] Por esos días, las Naciones Unidas aprobaron, a su vez, por 93 votos contra 6 y 28 abstenciones, una condena a Chile por violaciones a los derechos humanos, y el secretario del Tesoro de Estados Unidos le negó empréstitos a Chile basándose únicamente en sus yerros en derechos humanos y explicando que él hubiera votado a favor si no fuese por el caso Letelier.[31]

Los chilenos solo "esperaban y rogaban que Reagan ganara la elección presidencial de noviembre", recordaba luego Landau.[32] El Partido Republicano mantenía cálidas relaciones con el régimen de Pinochet. El mismo Reagan, en sus comentarios radiales, había calificado a Letelier como un "agente foráneo no registrado" vinculado a "grupos terroristas", y acusado a los defensores de Letelier de librar una "campaña de línea dura en el tema de los derechos humanos".[33]

Una vez que Reagan fue efectivamente electo presidente de Estados Unidos, la élite chilena se refociló, y él se mostró inicialmente amistoso con un régimen que su administración veía como un socio en la línea del anticomunismo global.[34] Poco después de asumir, rescindió las sanciones desde ya muy diluidas de Carter, incluida la prohibición relativa a la Operación Unitas. En julio de 1981, la administración comenzó a respaldar los préstamos bancarios multilaterales a Chile, y la embajadora de Reagan ante la ONU, Jeanne Kirkpatrick, votó en contra de nombrar a un observador especial en derechos humanos para que investigara los abusos denunciados.[35] Al mes siguiente, Kirkpatrick realizó su propia visita a Chile, llevando consigo el mensaje de que Washington deseaba normalizar las relaciones. Calificó la relación del gobierno chileno al caso Letelier como "indirecta, remota", y, dado el fallido pedido de extradición, consideró el caso "cerrado".[36]

En 1981, la administración Reagan, ayudada por Jesse Helms, el senador archiconservador por Carolina del Norte, derogó a la vez la enmienda Kennedy-Harkin de 1976, que había prohibido la ayuda militar, ventas o adiestramiento de EE.UU. a Chile. Aun así, la derogación exigió que Reagan "certificara" que Chile había hecho progresos significativos en lo de atenerse a los derechos humanos internacionales, que no estaba contribuyendo o estableciendo complicidades con el terrorismo internacional y que había tomado medidas para llevar ante la justicia a los asesinos de Letelier y Moffitt.[37]

Dicha certificación fue el pilar en el cual se apoyó la continua presión sobre Pinochet. Dada esta necesidad legislativa, el Departamento de Estado de Reagan se vio contra la pared y obligado a extraer concesiones de los chilenos o enfrentar la acusación de estar ignorando sus propios compromisos en el tema de los derechos humanos y el terrorismo.[38]

Pinochet celebró de hecho su plebiscito en septiembre de 1980, con los chilenos debiendo marcar "Sí" o "No" respecto a una nueva Constitución para Chile —la opción "Sí" estaba ornamentada con una estrella—. El año anterior, la Iglesia católica había estimado que unos tres mil chilenos en total habían sido arrestados por motivos políticos, y la mitad de ellos, golpeados o torturados. Ted Kennedy calificó la votación como una "perversión de la democracia".[39] Con todo, en el papel, Pinochet la ganó dos a uno y declaró que la administración Carter debiera ahora "dejarnos tranquilos".[40] Su agenda anunciaba otro plebiscito para principios de 1989 con un candidato a ser elegido por la junta*. Asumiendo que dicho candidato sería Pinochet —todo el mundo lo daba por sentado, así como que el referéndum sería fraudulento—, él mismo estaría en el poder hasta 1997. Sus partidarios comenzaron a denominar "democracia protegida" a este proceso, una forma del Ejército de excluir del sistema político a los marxistas y cualquiera que traicionara "el espíritu de Chile".[41]

Sin embargo, para 1981-1982, el *boom* económico chileno de fines de los años setenta entró en quiebra. El producto nacional bruto se desplomó en 14 por ciento y el desempleo se disparó al 30 por ciento. La política monetaria de altos intereses de Reagan estabilizó la inflación, pero hizo imposible para buena parte de América Latina asomar la cabeza en medio del endeudamiento masivo. Y Chile tenía por entonces la deuda per cápita más alta de todo el mundo. Muchas empresas quebraron, incluyendo a los grandes conglomerados.[42] La crisis envalentonó a la oposición, las detenciones políticas y torturas cundieron nuevamente, y cientos de miles de exiliados continuaron sin poder retornar al país. En mayo de 1983, la Confederación de Trabajadores del Cobre convocó a un Día de Protesta Nacional en contra de un Pinochet cada vez más aislado, el que muy pronto echó un vistazo a su alrededor en Sudamérica y comprobó que había nuevas democracias en Argentina, Brasil, Perú, Bolivia y Uruguay. Las

* A principios de la década aún no se había definido la fecha para el plebiscito que se realizó el 5 de octubre de 1988. (N. del E.).

fuerzas democráticas lograron a su vez derribar a otros tiranos del talante de Pinochet en Haití y las Filipinas en 1986.

En Estados Unidos, tanto la izquierda como la derecha sobreestimaron la primacía de los derechos humanos en el caso Letelier. Un funcionario adscrito al tema de la seguridad nacional explicaba que, durante la administración Carter, "nuestras acciones derivadas del caso Letelier no son, en primera instancia, un asunto de derechos humanos. Ellas representan una manifestación de nuestros intereses nacionales soberanos. (...) (esto explica, por ejemplo, por qué somos más duros con Chile que con Argentina, aunque esta tenga un peor récord en derechos humanos)".[43] Esta preocupación por la soberanía en lugar de los derechos humanos en sí continuó con Reagan, quien declaró que "los actos de terrorismo auspiciados por un Estado en contra de Estados Unidos encontrarán un castigo rápido y seguro".[44] El secretario de Estado Alexander Haig coincidía en que Santiago "no había contribuido a su causa" con el tema de Letelier.[45] Ello a pesar de que, tal y como el embajador James Theberge lo manifestó por escrito al secretario de Estado en marzo de 1982, "a mi juicio y el de mi personal más experimentado, el caso Letelier no ofrece ninguna posibilidad de éxito".[46]

Y había otras presiones además del agravio a la soberanía de Estados Unidos. El Congreso requería de algún avance en el tema, lo cual llevó a la columnista Mary McGrory a rotular el asunto Letelier como "el fantasma que acecha a nuestra política hacia Chile". "Letelier, desde su tumba", explicó, "puede hacer lo que ningún testigo del perpetuo deterioro de los derechos humanos en Santiago podría conseguir —y es frenar en seco la certificación"—.[47] La opinión pública de Estados Unidos se vio adicionalmente conmovida por la publicación de libros muy difundidos acerca del asesinato y desaparición de Charles Horman, un ciudadano estadounidense, luego del golpe militar en Chile, y el éxito de crítica concomitante de la película *Missing* sobre su caso.

Para 1983, la luna de miel de Reagan con Pinochet parecía estancada. Santiago se mostraba poco dispuesto a colaborar en el tema de derechos humanos, y todavía menos en el de Letelier. Como Larry Barcella dijo de los chilenos, desde el Departamento de Justicia: "No han hecho ni una migaja. De hecho, han sido dilatorios y obstruccionistas".[48] Aunque Pinochet le hubiera traspasado el poder a la oposición democrática, el gobierno de Estados Unidos todavía requería de algún avance en el caso Letelier para tener relaciones en lo militar, nexos de un Ejército a otro. Vistas estas presiones, varios funcionarios liderados por Elliott Abrams, subsecretario de Estado para el tema de los derechos humanos y asuntos humanitarios, comenzaron a argumentar que la "promoción de la democracia" debía ser universal para que resultara creíble. "No se puede ir por ahí diciendo que te importa la libertad, pero que no nos importa lo que pasa en Corea del Sur, que no nos importa lo que pasa en Sudáfrica, y apaleando solo a los soviéticos y cubanos", explicó Abrams.[49] El mismo Abrams había evolucionado desde principios de los ochenta, cuando al oír mencionar a Letelier había preguntado: "Pero, ¿no era ese algún tipo de comunista?".[50] Ahora había encontrado a un espíritu afín en George Shultz, y un sucesor bastante más moderado que Haig. Cuando el presidente Ronald Reagan sugirió suavizar a Pinochet con una visita de Estado —un honor reservado solo a los aliados más cercanos de Estados Unidos—, Shultz lo cortó en seco: "De ninguna manera. Ese hombre tiene sangre en sus manos. Ha hecho cosas monstruosas".[51]

"No estamos intentando derribar a Pinochet", dijo el propio Shultz a Reagan a fines de 1985, "pero hay evidencias crecientes de que se está convirtiendo en un obstáculo para una evolución gradual de la política chilena que podría favorecer nuestros intereses en una transición pacífica hacia un gobierno civil y electo".[52]

El 2 de julio de 1986, Rodrigo Rojas, un desertor de la enseñanza media de 19 años que había vivido en Washington D.C., y era residente legal en Estados Unidos, viajó a Chile "para encontrarse a sí mismo", como dijo su madre. Cuando luego caminaba con una jovencita chilena por las calles de un barrio marginal, durante una huelga general convocada en el país, una patrulla del Ejército, con efectivos armados, vestidos de camuflaje y con el rostro pintado de negro con grasa, saltó de la parte trasera de un camión y arremetió contra ellos. Los soldados los golpearon, vertieron gasolina sobre ambos y les prendieron fuego. Enseguida los envolvieron en frazadas, los llevaron a otro barrio y arrojaron a una zanja. Rojas murió varios días después a causa de las quemaduras sufridas en el 65 por ciento de su cuerpo.

Isabel Morel lloró la muerte de un muchacho al que conocía bien. "Rodrigo era un chico muy especial. Tenía una necesidad desesperada de hablar, de discutir. Solía aparecer en la puerta cuando yo estaba ocupada y me provocaba a su manera con algo hasta que yo terminaba hablando con él".[53]

Quejándose del "progreso glacial" que había en la investigación de esos crímenes, el gobierno de Estados Unidos aumentó la presión sobre Chile, esta vez tanto desde la Casa Blanca como del Congreso.[54] Se multiplicaron los llamados a ejercer sanciones económicas y las votaciones en contra de los préstamos a Chile por la banca multilateral. Las familias Letelier y Moffitt se sumaron a Ted Kennedy en una de sus declaraciones, y el *The New York Times* elogió la "sensata política" de Reagan.[55] Aun así, siempre continuó habiendo una oposición significativa a ella en el Departamento de Defensa, el Departamento de Estado y hasta el Congreso. Por ejemplo, el proyecto de ley Democracia en Chile, presentado por Kennedy en 1987 para imponer sanciones adicionales a Chile, nunca fue aprobado. En Santiago, entretanto, el agresivo embajador Harry Barnes, se enfrentó a menudo a su propio gobierno y presionó a Pinochet desde su arribo al país a fines de 1985. Como fruto de ello, recordaba su esposa, Betsey Barnes, "Pinochet odiaba a mi esposo, y yo no estuve nunca segura de lo que él y su Dina* podían tener preparado para hacerle —a este hombre cuya misión era, según lo habían decidido ellos mismos, 'destruir a Pinochet'—. En mi interior estaba el recuerdo de Orlando Letelier".[56]

La falta de una orientación firme contra el terrorismo de Pinochet se debía no solo a los intereses encontrados de Estados Unidos o la política partidista. En los años ochenta, el gobierno estadounidense nunca había desarrollado una política coherente contra el terrorismo internacional, en especial si él iba dirigido a objetivos dentro de Estados Unidos. La Oficina de Servicios Estratégicos y su sucesora, la CIA, se habían restringido ambas a prevenir el terrorismo en el exterior, y el interés del Kremlin en los asesinatos internacionales se había diluido después de 1961. A la vez, el Departamento de Justicia se abstenía en el caso de delitos cometidos en el extranjero. Durante

* La Dirección de Inteligencia Nacional (Dina) fue disuelta en agosto de 1977, ocho años antes de que Harry Barnes llegara a Chile como embajador de Estados Unidos. Fue sucedida por la Central Nacional de Informaciones (CNI). (N. del T.).

las administraciones de John Kennedy y Lyndon Johnson, la voz *terrorista* aludía en gran medida a un insurgente o guerrillero, no a alguien que convertía a ciudadanos estadounidenses en sus objetivos.

Enfrentada a una racha de secuestros —algunos de los cuales incluyeron a ciudadanos o aerolíneas estadounidenses, o el territorio estadounidense—, la administración de Richard Nixon dio origen, dentro del Poder Ejecutivo, a las primeras instituciones destinadas a responder de manera permanente al terrorismo internacional. Así y todo, en el curso de los sesenta y setenta, las agencias de esa índole tendían a mantener a cierta distancia del presidente los temas terroristas, especialmente cuando el evento tenía lugar fuera de las fronteras de Estados Unidos.

La colaboración entre ellas era a la vez muy pobre. Como explicaba el historiador Tim Naftali en relación con el asesinato de Letelier, "las discusiones en el grupo de trabajo posteriores al atentado, el primer asesinato exitoso en la capital del país desde 1865, dejaban traslucir una falta de voluntad, tanto del Departamento de Estado como de la CIA, por compartir con el grupo de trabajo o el FBI lo que sabían de la Operación Cóndor".

Con todo, el caso Letelier ayudó a impulsar la acción presidencial. El 16 de septiembre de 1977, casi un año después del bombazo en Sheridan Circle, Carter firmó el Memorándum Presidencial N° 30 relativo a la Seguridad, que otorgó al Consejo de Seguridad Nacional un rol activo en el contraterrorismo —un término nuevo en la época—, en tanto el Departamento de Estado siguió siendo el organismo a la cabeza del tema. El Consejo de Seguridad Nacional contaba ahora además con un Comité Ejecutivo de Combate al Terrorismo.[57]

A mediados de 1987, la administración Reagan se había asentado casi por entero en una política de crítica abierta a las violaciones a los derechos humanos por Pinochet, y alentaba la realización de una consulta pública libre y justa, que era ahora un referendo programado para fines de 1988. A la vez decidió no apoyar un préstamo de 250 millones de dólares para Chile por el Banco Mundial, y los fondos de ayuda del gobierno estadounidense iban ahora de manera expresa en apoyo de los derechos humanos en el país. Presentó además cinco notas diplomáticas a Pinochet, exigiéndole que resolviera el caso Letelier-Moffitt, y el líder chileno respondió negativamente a todas ellas.[58]

Un empujón fundamental en esa dirección —aunque de carácter secreto en aquella época— fue el informe de la CIA del 1 de mayo de 1987, titulado "El rol de Pinochet en el asesinato de Letelier y el consiguiente encubrimiento", desclasificado recién en 2016. En él, la agencia pasaba revista a sus archivos sobre Letelier y concluía que estaba en posesión de "evidencia convincente de que el presidente Pinochet ordenó personalmente a su jefe de inteligencia que llevara a cabo el asesinato" y "aplicó una táctica de cerrojo en torno al caso para ocultar su involucramiento y, en última instancia, resguardarse en su anhelo de aferrarse a la presidencia". La agencia añadía que Pinochet había mostrado todo menos buena disposición respecto a entregar a Contreras y se había parapetado en la Corte Suprema durante el caso de extradición. Grandes párrafos habían sido borrados dentro del informe y puede que ellos brindaran evidencias más específicas. A pesar de ello, marcó un hecho notable: Pinochet ordenó, en efecto, el golpe contra Letelier.[59] Pues, aun cuando casi todo el mundo había llegado ya a la misma conclusión, desde Isabel Morel al FBI y los miembros del Congreso, nunca nadie había alegado disponer de pruebas de ello.

El informe de la CIA resultó tan explosivo que el secretario Shultz se lo explicó al presidente Reagan, el que demostró escaso interés en los asuntos de Chile mientras estuvo en la Casa Blanca. "Nos enfrentamos a un período extremadamente difícil con Chile, de doce a dieciocho meses", escribió el secretario el 6 de octubre. "El presidente Augusto Pinochet está decidido a sucederse a sí mismo como presidente, por cualquier medio que le asegure el éxito". Al igual que otros, reiteraba su disgusto por el agravio de Chile a la soberanía de Estados Unidos, "un ejemplo flagrante del involucramiento directo de un jefe de Estado en un acto de terrorismo de Estado, particularmente perturbador porque ocurrió en nuestra capital y porque su gobierno es visto generalmente como amistoso".[60] El memorándum encapsulaba uno de los grandes significados que asumió el asesinato de Letelier y era que él evocaba el temor de quienes estaban encargados de la política de Estados Unidos a perder el control en el curso de la Guerra Fría.

En un giro sorprendente y para morderse las uñas, los votantes chilenos recuperaron las riendas del futuro de su nación. El "NO" ganó el referendo en octubre de 1988. Poco más de un año después, en diciembre de 1989, las elecciones presidenciales y parlamentarias se celebraron pacíficamente. Un gobierno encabezado por el civil Patricio Aylwin reemplazó a la dictadura de Pinochet el 11 de marzo de 1990, junto a un nuevo Congreso.

Tras la elección de 1989, el vicepresidente de Estados Unidos, Dan Quayle, sostuvo una conversación con el saliente Pinochet. Las afirmaciones que hizo lo felicitaban primeramente por las elecciones, pero iban seguidas de una admonición relacionada con la manzana de la discordia que aún subsistía en las relaciones chileno-estadounidenses: "Lo conmino a apoyar nuestros esfuerzos en busca de justicia contra los responsables del asesinato de Orlando Letelier y Ronni Moffitt, un acto de terrorismo internacional cometido en las calles de la capital de Estados Unidos".

"Los Estados Unidos insisten en la resolución de este caso. No normalizaremos los vínculos hasta que esto ocurra".[61]

15

YA NO HABRÁ MÁS MENTIRAS

Meses antes del bombazo contra Letelier, Armando Fernández, por entonces un teniente de Ejército, fue convocado al estudio de su progenitor. Alfredo Fernández, un coronel retirado de la Fuerza Aérea de Chile, tenía entonces 77 años y "era un hombre muy serio", según recordaría luego su hijo. "Un hombre muy, muy serio". El hijo se presentó alegremente ante su padre, sin uniforme y con el pelo deportivamente largo, y se sentó en una silla a su lado.

—¿Qué quieres? —le preguntó Armando Fernández a su padre.

—No, pon la silla frente a mí. Quiero mirarte a los ojos cuando te diga lo que voy a decirte.

—Muy bien —dijo Armando Fernández y reacomodó la silla—. Entonces, ¿qué quieres?

El coronel (r) Fernández le pidió a su hijo la identificación de la Dina, la policía secreta del régimen, la examinó sin dar muestras de estar impresionado y enseguida la dejó entre ambos.

—Armando, ¡por favor, deja la Dina! Vuelve al Ejército. Tú naciste para ser soldado, no agente de inteligencia. Y eres un buen soldado, ¡por favor, déjala!

El hijo se rehusó.

El padre siguió presionándolo. "Mira, Armando, yo te conozco. Sé la lealtad que sientes por tus superiores. Un día vas a terminar en la cárcel, pero ninguno de tus superiores te va a proteger, el único que te protegerá seré yo, pero yo estaré probablemente muerto ya. Debes dejarla. Mañana.

Fernández no le prestó demasiada atención. Era joven y estaba deseoso de jugar al James Bond. *Mi padre no sabe nada,* se dijo a sí mismo.[1]

Alfredo murió en 1977 y, cuando al año siguiente surgieron las declaraciones de Michael Townley, el Fernández joven mintió sobre sus misiones a Estados Unidos y Paraguay, como Pedro Espinoza, Manuel Contreras y Augusto Pinochet le habían dicho que hiciera.

Durante años, Fernández siguió cobrando su sueldo de militar y recibió ascensos, aunque fue liberado de sus deberes. Desde 1980 a 1982, trabajó en una fábrica de cemento en Viña del Mar. Volvió a Santiago para administrar una tienda en San Miguel que vendía ropa para trotar y trajes de baño. Todo ello lo aburría y, a mediados de los ochenta, sus amigos y antiguos colegas se preguntaban cómo era que aún estaba de permiso después de cinco años. Él se quejaba de ello con sus superiores y ocasionalmente le respondían que no se "calentara con eso". "Después de eso, me encontré dos veces con Pinochet en distintos restaurantes. Él me estrechó la mano, me saludó y me preguntó por mi madre y por qué estaba usando barba y bigote".[2]

Fernández vivía lo que él mismo describió como una vida "bohemia" y se volvió un *habitué* del oscuro bar Oliver, donde las copas estaban entre las más caras de todo Santiago.[3] El decorado evocaba a los "locos veinte", con imágenes de chicas *flappers* y limusinas en los muros, cajas de cerillas negras ribeteadas en dorado, manteles de color blanco y verde y grandes ventanas oscuras que resguardaban a la clientela del mundo exterior. Todo en el lugar proclamaba su adhesión al "mal gusto gansteril". En ocasiones, Fernández iba allí con amigos y, tan libertino como siempre, se pasaba la velada seduciendo a la clientela femenina. La mayoría de las veces, sin embargo, bebía a solas, taciturno, oyendo a un negro solitario tocar el saxo. Otros clientes lo percibían como un *duro** y solían dejarlo mayormente solo.

Una noche, el barbudo Fernández llegó enfundado en un chaquetón Montgomery de lana y comenzó a beber solo. Poco después, otros oficiales vestidos de civil, algunos de ellos antiguos compañeros suyos en la Escuela Militar, llegaron a su vez al lugar y, tras haber bebido algunas copas, uno de ellos caminó hacia él y le reprochó haber traicionado los valores más preciados del Ejército chileno. "¿Cómo puedes haberte prestado para hacer terrorismo?".

Airado, Fernández extrajo una pistola del bolsillo de su chaquetón. Los demás oficiales corrieron hacia él y lo forzaron a soltar el arma, que cayó al piso junto con su propietario. Fernández, viéndose superado en número, se arrastró lentamente por la sucia alfombra del Oliver hasta su arma, se puso de pie, la devolvió a su bolsillo, se cubrió la cabeza con la capucha del chaquetón y abandonó el lugar sin decir palabra.[4]

---

* En español en el original (N. del T.).

En un limbo igual de miserable estaba, a principios de los ochenta, el caso Letelier en Chile. Después de que, en octubre de 1979, la Corte Suprema fallara definitivamente contra conceder la extradición de los tres chilenos, a Isabel Morel y sus aliados les quedaba apenas un destello de esperanza. Estaban en posición de ampliar el alcance del "caso pasaportes" y el fraude en ese terreno para incluir el asesinato de Letelier y Moffitt, pero solo si la acusación podía aportar nueva evidencia. Los padres y hermanas de Orlando Letelier solicitaron hacerse parte en la demanda, pero el 30 de diciembre de 1980 esa tenue esperanza se debilitó aún más cuando un juez militar de Santiago desestimó todos los cargos contra los tres hombres, dando órdenes de "no innovar" en el caso.

Transcurrió otro año y la mayoría desechó toda esperanza, pero no Fabiola Letelier. Su sobrino Francisco calificaba a la hermana de Orlando de "brillante. Ella es el cerebro de la familia. Una abogada de la vieja escuela, con una aptitud erudita para recordar nombres y fechas".[5] Fabiola Letelier exhibía siempre una postura erguida, con sus ojos penetrantes y su rostro alargado y enjuto. Abogada y "decididamente una comunista", como la definía sonriendo una conocida, Fabiola llevaba para entonces varios años combatiendo al régimen pinochetista.[6]

Al igual que Isabel Morel, había tenido cuatro hijos en su matrimonio, pero enseguida había obtenido su licenciatura en derecho en la Universidad de Chile. "Tuve que pasar nueve meses puro estudiando", recordaba, "y por supuesto que mi marido se oponía. Mi marido es uno de esos latinoamericanos ejemplares, muy *machista,** que piensan que las mujeres deben simplemente quedarse en su casa y criar a los hijos. No participó en nada en la crianza de nuestros hijos; esa fue una de las razones por las que rompimos".

Al inicio de la treintena, Fabiola se trasladó a los Estados Unidos y vivió allí durante ocho años. Por una parte, la lucha en el sur del país a favor de los derechos civiles la impresionó con su llamado a la justicia. Por la otra, la intervención militar de Estados Unidos en República Dominicana en 1965 "me conmovió hondamente" e hizo derivar a una oposición al poderío estadounidense. Y comenzó a desplazarse poco a poco más hacia la izquierda.

* En español en el original (N. del T.).

Como agregada cultural de la delegación chilena ante la Organización de Estados Americanos, se sentía rodeada de "lacayos del imperialismo".

Cuando Allende asumió el poder, regresó a casa y trabajó en el área de la diplomacia. Tras el golpe de Pinochet, "fui arrestada y retenida en el subterráneo del Ministerio del Interior. Estaba muy ansiosa, en tanto era la hermana de Orlando, temiendo por su vida al pensar que había estado en [el Palacio Presidencial de] La Moneda con Allende".[7] Antes del golpe, ella misma había sido democratacristiana y moderada. "El golpe y los eventos posteriores al golpe la hicieron girar radicalmente hacia la izquierda", recordaba su sobrino.[8] Su hijo Fernando Leiva jugueteó con unirse a la izquierda revolucionaria y ella tuvo que sacarlo fuera del país. Su defensa de los prisioneros políticos comenzó con su hermano.

Dos meses después del golpe, logró hablar con Pinochet, pero nunca pudo ir a la Isla Dawson a visitar a su hermano. Cuando al fin pudo verlo, mientras seguía prisionero en la Academia de Guerra, él le dijo: "Fabiola, mientras yo viva, mientras respire, lucharé contra esta dictadura, porque este es el sistema más irracional, el más horrible que puedas imaginarte". Las palabras le dolieron, pero a la vez la inspiraron para trabajar a favor de los desaparecidos. A partir de 1974, se encargó de casos de exilio para el Comité Pro Paz. Cuando este fue forzado a dispersarse, ella trabajó con la Iglesia católica, encabezando los proyectos de la Vicaría de la Solidaridad para liberar a prisioneros políticos e investigar los casos de desaparición desde 1978 en adelante. Y siempre se entregó por entero a su labor: "Sí, yo diría que he sacrificado mucho en lo personal". Desde 1982 en adelante, se trasladó a una organización laica de defensa de los derechos humanos y desde allí se dio un tiempo para apelar a la decisión de "no innovar"en el caso Letelier.[9]

Su socio en esto fue Jaime Castillo, un prominente militante democratacristiano y abogado, antiguo ministro de Justicia y opositor a Allende, y un activista de los derechos humanos como Fabiola Letelier. A los dos días de que Jeane Kirkpatrick fuera designada por Reagan y dijera que deseaba normalizar las relaciones con Chile, a fines de 1981, agentes de civil irrumpieron en el hogar de Castillo, un hombre de 67 años por entonces, lo golpearon, arrastraron a un vehículo y dejaron con otras tres personas en la frontera argentina. Kirkpatrick reconoció aparentemente que la labor de Castillo en el caso Letelier fue una de las razones de que fuera exiliado.[10] Castillo aterrizó en Estados Unidos e Isabel Morel quedó indignada. Cuando el gobierno "recurre a algo tan burdo como expulsar al abogado en un caso contra el gobierno", declaró, "es que los últimos rastros del derecho han desaparecido en Chile".[11]

En respuesta a la apelación, el 14 de enero de 1982, la Corte Suprema de Chile revirtió el fallo del juez militar, determinando que la investigación de la corte "no establece claramente la inocencia de los acusados, motivo por el cual no procede el sobreseimiento definitivo".[12] Esa nueva decisión modificó el estatus del caso de un "sobreseimiento definitivo" a otro "temporal". Algunos en Chile percibieron esto como una declaración de culpabilidad de los tres chilenos, pero no lo era. Ni este fallo reabrió tampoco el caso 192-78 o hizo que la Corte Suprema iniciara alguna investigación.[13]

Pero su decisión sí implicó que el caso podía reactivarse. Fabiola Letelier y Castillo podían reunir y presentar evidencia —nueva evidencia— para una moción de reapertura del caso. Desafortunadamente, debían presentarla primero ante el fiscal y enseguida al tribunal militar de Santiago, ambas instancias poco dispuestas a colaborar en la causa. Aun cuando lo estuvieran, la evidencia debía ser presentada otra vez ante la Corte Suprema.

Durante años, nada de lo que los abogados Letelier o Castillo encontraron o presentaron ante el tribunal militar persuadió a este de reabrir la investigación. El 11 de septiembre de 1985, Fabiola Letelier fue incluso detenida con otras treinta personas por un intento de celebrar un homenaje al presidente Allende.[14] El caso pasaportes-homicidio continuó estando, como lo resumió un embajador de Estados Unidos, "técnicamente abierto, pero inactivo en la práctica".[15]

Contreras, entretanto, presentó sus propias mociones y tenía el tiempo a su favor, en la medida en que la fecha de prescripción del caso fraude de pasaportes se aproximaba. En 1985, un tribunal militar accedió a la solicitud del antiguo jefe de la Dina de desestimar por entero la investigación en suspenso por el caso pasaportes. La familia Letelier apeló la decisión, solicitud que aún estaba pendiente a principios de 1987.

A mediados de los ochenta, la conciencia roía seriamente por dentro al ahora mayor Armando Fernández. La admonición de su padre en el sentido de que llevara una vida honorable finalmente le hizo mella. "Debo limpiar mi nombre", se prometió a sí mismo. "Debo limpiar el nombre de mi padre".[16] Quería mostrar, a la vez, a otros militares chilenos "que no deben obedecer órdenes a ciegas y que los superiores no deben abusar de la lealtad de sus jóvenes subordinados".[17]

Fernández le manifestó sus dudas a su hermana en Nueva York. Ella voló a Chile y lo alentó a abandonar el país. Pero desertar no fue fácil. A todos los oficiales de Ejército les estaba prohibido dejar el país sin autorización —probablemente, una de las razones por las que Pinochet seguía manteniéndolo en servicio activo—. Su propio hermano había sido detenido una vez en el aeropuerto cuando agentes de seguridad lo confundieron con Armando y, si cualquiera dentro del gobierno chileno descubría lo que tenía en mente, con seguridad acabaría en prisión por el resto de sus días... o muerto. ¿Valdría la pena?

En 1986, Fernández decidió finalmente que había llegado la hora, en sus términos, de actuar como "un hombre".[18] A comienzos de ese año, el abogado chileno Alfredo Etcheberry envió un mensaje urgente a Larry Barcella, dentro del Departamento de Justicia, diciéndole que había oído de boca de Federico Willoughby —quien en 1979 había intentado mediar para lograr que Fernández se entregara— que Armando Fernández estaría por desertar eventualmente.[19] Otro chileno se había acercado a su vez a George Jones, el encargado de negocios de la embajada de Estados Unidos en Santiago, "a título de nada", para hablar de un desertor anónimo y eventual. Tras varias conversaciones, se hizo evidente que el sujeto aludía a Fernández, que "tenía mucho miedo de hablar directamente con alguien de la embajada y, en ese sentido, también nosotros lo teníamos", recordaba Jones. "En ese punto no teníamos forma de saber si todo esto era un montaje o quién sabe qué". Sacarlo de Chile era un primer problema. Una vez en Estados Unidos, insistía Jones, "tendremos que decirle que será procesado en el país por su papel en el asesinato. Si le dice usted eso, ¿irá a venir de todas formas? De ninguna manera".[20]

En abril, Fernández había acordado, a través de Axel Kleiboemer, su abogado en Estados Unidos, seguir la recomendación de su hermana de reunirse con funcionarios del Departamento de Justicia. Hizo saber, además, que deseaba "un hogar permanente en los Estados Unidos", lo que fue informado por un funcionario estadounidense a Elliott Abrams, el encargado diplomático de Reagan en el tema de los derechos humanos, agregando irónicamente: "Sin duda prefiere que este no sea San Quintín". El Departamento de Justicia barajó un acuerdo de culpabilidad a cambio de libertad condicional, pero dudaba a la hora de proveer protección a un extranjero que había instigado un acto terrorista en suelo estadounidense.[21] En la embajada en Santiago, solo el embajador, el jefe de estación de la CIA y Jones sabían de una posible reunión. A los estadounidenses les preocupaba, "si de algún modo se filtraba algo, que Fernández Larios terminara desapareciendo en una celda militar y que nunca más se lo viera hasta el momento en que resonaran los tiros del pelotón de fusilamiento".[22]

El primer encuentro cara a cara entre Fernández y funcionarios estadounidenses tuvo lugar el 7 de noviembre de 1986. Sin explicar la razón, Jones pidió prestado el departamento de un secretario de la embajada, que tenía escasas probabilidades de estar intervenido con micrófonos por Pinochet. Luego solicitó a su chofer y guardaespaldas que lo llevaran a su casa en mitad de la jornada.

—Eso es todo por hoy. No hay nada más programado.

—¿Seguro que no quiere que nos quedemos por aquí?

—¡No!

Los dos empleados se marcharon. Jones tomó una botella de *scotch*, "algo que siempre me pareció provechoso para romper el hielo en un ambiente latinoamericano, la puse en una bolsa de papel y salí a tomar un taxi, la única vez que tomé un taxi en Chile frente a mi propia casa, y me dirigí al departamento —fue lo más cercano a un juego de capa y espada en que me vi alguna vez envuelto"—. Etcheberry estaba a su vez allí. Sin decirlo a sus anfitriones, Fernández invitó también a Willoughby. "Y el hielo efectivamente se rompió", recordaba Jones. "Fernández estaba tenso y algo nervioso al principio, pero se relajó a medida que la reunión avanzaba y respondió con presteza y de manera directa a las preguntas", informó el embajador Harry Barnes.[23]

Estas reuniones iniciales fueron para generar confianza y debatir la seguridad y logística de futuras reuniones, no para interrogar a Fernández. Este temía que el gobierno de Estados Unidos se limitara a arrestarlo y transportarlo a ese país. Los diplomáticos estadounidenses temían que se tratara de una treta de Santiago para poner a Washington en una situación embarazosa y así cerrar de manera definitiva el caso 192-78. Ambas partes acordaron encuentros comunicándose a veces mediante tácticas propias de espías, incluida una revista enrollada en la mano. El abogado de Fernández le rogó que dijese toda la verdad y nada más que la verdad, añadiendo que uno de los investigadores estadounidenses "lo odia (...). Quiere meterlo en prisión el resto de su vida. Si lo sorprende mintiendo, allí es donde terminará. Así que diga la verdad. Todo lo que usted diga será evaluado por varios métodos, incluyendo el polígrafo".

—Yo mismo pedí este encuentro —les aseguró Fernández—. Ya no habrá más mentiras.

A mediados de enero de 1987, estando aún en Santiago, Fernández contó su historia. Nada resultó muy novedoso en lo relativo al asesinato de Letelier en sí. Sí, él lo siguió e informó de sus movimientos. No, él no conocía la verdadera identidad de Liliana Walker, la mujer que simuló ser su esposa, y no, no sabía que Letelier iba a ser asesinado, aun cuando la idea cruzó por su mente. (Esta vez, los estadounidenses le creyeron, aunque los polígrafos evidenciaron más tarde "indicios consistentes de engaño en los descargos de Fernández").[24]

Mayor novedad produjo el relato de sus catorce meses bajo custodia en el Hospital Militar de Santiago durante la investigación para definir la extradición. Por primera vez, funcionarios estadounidenses escucharon todos los detalles de la maniobra de encubrimiento orquestada por Pinochet: la obtención de testimonios veraces de los tres chilenos por el general Héctor Orozco, y su giro posterior de enterrarlos, la visita del mismo Pinochet a Fernández para lograr que mantuviera su silencio, y los roles de Contreras y Espinoza en el encubrimiento. La historia de Pinochet dando la orden a Contreras de que matara a Letelier era, en su caso, de segunda mano, siendo Espinoza quien se la había transmitido a él. Por ende, "no incluía ninguna pistola humeante que pudiera vincular a Pinochet con la orden de cometer el crimen en sí", escribió el Departamento de Estado.[25] Tras un interrogatorio de diez horas a Fernández por un equipo de los departamentos de Estado y Justicia y el FBI, la historia se mostró consistente. "Hay unanimidad entre nosotros en considerar creíble a Fernández", concluyó el embajador Barnes.[26]

El Departamento de Estado se dio él mismo unas palmaditas en la espalda por su propia resolución en la lucha contraterrorista. "Nosotros no olvidamos", escribieron los diplomáticos en un informe.[27]

Los funcionarios estadounidenses en Santiago discutieron a la vez sobre dónde podían reunirse de nuevo con Fernández para planear la futura estrategia. ¿En Chile? Pero había tantos lugares intervenidos con micrófonos. En cierta ocasión, Kleiboemer hubo de conducir su automóvil a las dos de la madrugada con dos funcionarios de la embajada a bordo porque "nos habíamos quedado sin casas de seguridad", escribió Barnes.[28] ¿En Argentina? Había demasiado chilenos allí. Brasil, en cambio, parecía una alternativa segura. Fernández podía volar a Río de Janeiro sin pasaporte, y la CIA descubrió que su nombre no estaba en el listado de chilenos que no podían volar.[29] ¿Y la excusa con que se cubriría? Estaba viajando a la Ciudad Maravillosa para encontrarse con una amante. La embajada estuvo de acuerdo en o bien tenerle una "chica guapa" esperándolo en el aeropuerto, o cuando menos hacerlo volver a Chile "con fotos de él mismo en una playa con la chica".[30]

Fernández dijo a su novia real que se iba de vacaciones al sur de Chile. La noche antes de partir, para evitar sospechas, fue una última vez al bar Oliver con sus amigos y les dijo: "Bueno, pidamos un trago".[31] El 22 de enero, llenó una hoja de embarque en el Aeropuerto Pudahuel de Santiago para tomar un vuelo comercial en Aerolíneas Varig, enseñó su documento nacional de identidad y atravesó el punto de policía. "Necesité de todo mi coraje", recordaría más tarde en su inglés a medias, el que un juez lo obligó a hablar en tanto había vivido en Washington cuando niño. "Yo dije 'hola'. Ellos dijeron 'hola'. Y caminé. Caminé hacia el avión. Me senté y me dije *rápido, rápido, rápido.** Y el avión despegó al fin, y yo me sentí muy feliz".[32]

Mientras Fernández iba volando a Río, Jones dio la noticia al resto del personal de alto rango en la embajada en "la reunión más dramática que nunca tuve en el Servicio Exterior". El embajador y Jones dieron aviso entonces al ministro del Interior de Chile y con ello "nos enfrentamos a otra audiencia perpleja".[33] En Río, ahora temeroso de ser extraditado, Fernández fue sometido a un polígrafo (al que él mismo se había ofrecido) y un "intensivo interrogatorio adicional" durante cuatro días.[34] De manera notoria, mientras estaba adosado al detector de mentiras, Fernández juró no haber participado nunca en otros crímenes, ni siquiera durante el golpe de 1973.[35]

Kleiboemer negoció por Fernández una declaración de culpabilidad por su complicidad después del hecho en el asesinato de una persona internacionalmente protegida. A cambio de ello, el gobierno

* En español en el original (N. del T.).

de Estados Unidos desechó cargos de asesinato que tenían ya larga data y se comprometió a no entregar a Fernández, que se consideraba a sí mismo "un hombre marcado" en Chile. Luego fue trasladado de Río a Nueva York empleando una carta salvoconducto de la embajada de Estados Unidos en lugar de un pasaporte o visa. Desde allí, el 31 de enero, aterrizó en la Base Andrews de la Fuerza Aérea, cercana a Washington D.C., en el jet del director del FBI, donde un grupo de agentes con chaleco antibalas lo escoltó al bajar del avión hasta un cuarto sin ventanas un poco mayor que un clóset. *¿Habré hecho lo correcto?*, se preguntó Fernández.[36]

El 4 de febrero, el fiscal general de Estados Unidos para el Distrito de Columbia hizo público el acuerdo junto a la mayor parte de la historia contada por Fernández. Ese mismo día, Fernández confesó ante el mismo juez Barrington Parker que había juzgado a Michael Townley y los cubanos. "He venido aquí a limpiar mi nombre", declaró con voz firme y clara.[37] Sin embargo, Parker se rehusó a ceñirse a la promesa del gobierno de imponerle un máximo de siete años de cárcel, y lo fijó en diez años. *Esto es un sueño. Debo despertar*, pensó Fernández al estar de pie ante Parker. "Pero no era un sueño, estaba verdaderamente allí", contó a un reportero. "Asumo la opción de ir diez años a la cárcel. ¡[Pero] no importa! ¡Diez años, veinte años, la vida entera!.. Más importante es que mi nombre no quedará asociado a un caso de asesinato".

Su pensamiento último fue para Alfredo Fernández: "Pienso que mi padre estará... está ahora... muy feliz".[38]

No cabe decir lo mismo de la que era, desde hacía largo tiempo, la novia de Fernández en Chile, quien quedó impactada al saber que este no iba a casarse con ella como se lo había prometido seis meses antes. Otro desilusionado fue el esposo de una de las conquistas de Fernández, que lo había amenazado con una pistola y andaba a la caza de él.[39]

Mientras tanto, en Washington, el secretario de Estado, George Shultz, felicitó al equipo que había traído a Fernández ante la justicia estadounidense, especialmente al agente especial del FBI Stanley Pimentel y al asistente del fiscal general David Geneson, "que asumieron ambos riesgos personales para reunirse con Fernández en Chile". Y, algo típico de la administración Reagan, Shultz enarboló todo ello como una victoria contra el terrorismo, no en favor de los derechos humanos.

Fernández pidió a su abogado que le transmitiera en privado su arrepentimiento a Isabel Morel.[40] En la sala del tribunal, ella misma subió al estrado. "Miro a mi alrededor y no veo al asesino de mi esposo en esta sala. Ese es Augusto Pinochet y está en Chile. No tengo razón alguna para no perdonar a alguien que me pide el perdón, así que lo perdono".[41] "Me hubiera gustado poder perdonar a más gente", recordaría ella décadas después, pero, aparte de Michael Townley, Fernández era el único de los coludidos que cumplió una pena".[42]

El 6 de mayo, ante una sala atestada y silenciosa que incluía a la hermana de Fernández e Isabel Morel, el juez Parker avanzó lentamente hacia su estrado, se puso sus pequeños lentes para leer y entregó la sentencia: desde veintisiete a ochenta y cuatro meses tras descontar los catorce meses que Fernández había estado confinado en el Hospital Militar de Chile. El acusado podría optar a la libertad bajo palabra al cabo de diez meses. Fernández aceptó la sentencia "como un hombre honorable".[43] "Ayer tenía solo un pasado", añadió. "Hoy tengo un futuro".[44] Tenía entonces 37 años.

Fernández no disfrutó de su estadía en prisión, donde hubo de compartir una celda ínfima y asear las letrinas durante buena parte de la jornada. Pero el 10 de septiembre de 1987, apenas cumplidos cuatro meses de su condena, el juez Parker cambió la sentencia a los veintiún meses ya cumplidos en cárceles de Estados Unidos y hospitales chilenos. Fernández alegó que se había rehusado a ser incluido en el Programa de Protección de Testigos.[45]

"Cuando lo sentenciaron me di cuenta de que le habían impuesto una condena muy corta. Pero no creí que fuera *tan* corta", dijo Isabel Morel.[46]

La viuda de Letelier se sintió igualmente reivindicada por esa primera condena de un militar chileno en los tribunales de Estados Unidos. "Diez años atrás el régimen de Pinochet mató a mi esposo", declaró a la prensa, "y ahora un joven oficial ha demostrado que eso era verdad".[47] Y a la prensa chilena le manifestó su escepticismo ante la posibilidad de que Santiago al fin colaborara, visto que no lo había hecho ya en los casos de Rodrigo Rojas y otros. Tenía la esperanza de que el testimonio de Fernández cambiara en algo las cosas, "pero si es solamente para causar un revuelo, dos días de noticias y después se acaba, entonces, bueno, una lástima".[48]

El mismo día que Fernández testificaba en Washington, el embajador Barnes solicitó al gobierno chileno que entregara de inmediato a Contreras y Espinoza para ser juzgados en los Estados Unidos. A su debido tiempo, Chile diría que no, aun cuando poco después traspasó el testimonio de Fernández al tribunal militar. Los chilenos que hablaron a la prensa se mostraron circunspectos en sus declaraciones. El ministro del Interior, por ejemplo, se limitó a decir que la deserción de Fernández tenía "muy variadas y diversas implicancias", sin nombrar una sola.[49] Todos insistían en que Chile colaboraría y que las facetas legales y políticas del caso eran discretas en sus alcances. Solo Pinochet manifestó en público una fuerte opinión sobre Fernández: "A mi entender, es un desertor".[50]

Por la vía privada, Hernán Felipe Errázuriz, embajador chileno en Washington, escribió al Ministerio de Relaciones Exteriores, diciendo que "fuimos sorprendidos" por el testimonio de Fernández y que "la estrategia norteamericana es impredecible". Deducía que varias entidades de Estados Unidos se estaban coordinando para aislar a Chile. Los activistas de signo liberal atacaban a Chile por el tema de los derechos humanos, los sindicatos llamaban a realizar boicots, el Congreso aprobaba resoluciones y hasta había presiones de los departamentos de Comercio, del Tesoro y el Trabajo. Entretanto, el escándalo Irán-Contra mantenía al presidente Reagan "inmovilizado" frente al Congreso y el Departamento de Estado. Errázuriz predecía un eventual "conflicto entre el legalismo chileno y el pragmatismo norteamericano" y advertía contra la idea de tratar el caso Letelier como un asunto puramente legal, siendo un tema intrínsecamente político. ¿Y la actitud que sugería?: "Una firmeza cordial".[51]

La CIA hizo una evaluación de la toma de conciencia en la política interna de Chile después de que las revelaciones de Fernández "provocaran un alboroto en Chile, dejaran impactadas a las fuerzas armadas y sorprendieran a Pinochet". El dictador suspendió sus vacaciones para volver a Santiago a participar en una reunión nocturna con su gabinete y el embajador Errázuriz. El Ejército quería acusar a Fernández de deserción. Los oficiales de mayor graduación querían a su vez que se entregara a Espinoza y Contreras a Washington. "Sin embargo, Pinochet no ha dado ninguna señal de que vaya a guiarse por este enfoque".[52]

En la primavera de 1987, el embajador Barnes habló en privado con miembros de la Corte Suprema de Chile; al mismo tiempo, el

Departamento de Estado y los deudos comenzaron a coordinar sus próximos pasos. Isabel Morel no pudo asistir a la reunión, pero Michael Moffitt y Murray Karpen, el padre de Ronni, sí estuvieron. Allí "manifestaron un alto grado de escepticismo, pero estaban deseosos de concedernos el beneficio de la duda", como lo puso por escrito el Departamento de Estado. Todos coincidían en que Washington debía descartar su solicitud de extradición porque Pinochet volvería a traspasar el bulto a los tribunales, que se tomarían otro año y medio para, con seguridad, rechazar de nuevo la solicitud. Washington debía, en lugar de ello, insistir en que Chile expulsara a Contreras y Espinoza bajo el artículo 24 de la Constitución chilena. Una vez en Estados Unidos, los dos chilenos serían juzgados, cumplirían su condena y volverían a Chile si así lo deseaban.[53]

El 11 de mayo de 1987, el gobierno de Estados Unidos solicitó formalmente a Chile que "arrestara y expulsara" a Contreras y Espinoza. Mientras meditaba en torno a la solicitud, Pinochet sufrió un remezón ante una intervención providencial: el papa Juan Pablo II, a la vez que pidió mayor democracia en Chile, solicitó al dictador que no cerrara el caso Letelier. En esos días, chilenos situados en las altas esferas describían a Pinochet como sumido a menudo en arrebatos de furia, dando portazos, abandonando las reuniones y culpando a la CIA de orquestar las protestas en Chile o complotar para asesinarlo —en confabulaciones ni más ni menos que con agentes soviéticos—.[54]

Pedro Espinoza representaba un problema adicional y es que había sido designado consejero administrativo en la embajada chilena de Sudáfrica. Desde diciembre de 1985 hasta mayo de 1987, los diplomáticos chilenos lo refugiaron en Pretoria. Poco después de que funcionarios de Estados Unidos se enteraran de que no estaba en suelo chileno, un grupo de guardias armados lo escoltó de vuelta a Chile para evitar que fuera capturado por las autoridades estadounidenses.[55]

El 22 de mayo, la Corte Marcial, un tribunal militar de apelaciones, revirtió, a instancias de los Letelier, la decisión de un juez militar de que se cerrara el caso pasaportes-asesinato, aunque solo devolvió el mismo a la condición de "en suspenso" o a un estatus temporal. Esto significaba que las nuevas evidencias eran todavía una condición previa para que se reabriera la investigación. En junio, Chile rechazó formalmente la expulsión de los involucrados a través de una nota diplomática.[56]

Los diplomáticos estadounidenses en Santiago quedaron decepcionados, pero no sorprendidos. El 7 de julio se lo informaron a Fabiola Letelier y Jaime Castillo, los abogados, y a Juan Pablo Letelier, el hijo menor de Orlando e Isabel. El siguiente paso sería solicitar que el Ejecutivo chileno presentara una petición formal de reapertura del caso 192-78. Para facilitar este procedimiento, los diplomáticos estadounidenses pidieron a los Letelier que postergaran su propia reacción. "La familia fue claramente tomada por sorpresa y manifestó inmediatamente sus recelos", escribió George Jones desde la embajada. "Obtengamos todos los detalles que el gobierno chileno posee, por ejemplo, sobre Liliana Walker", sugirió Juan Pablo Letelier.[57] En agosto, la familia Letelier, esta vez respaldada por una nota diplomática de Estados Unidos, solicitó al juez militar *ad hoc* que reabriera el caso 192-78, pero en octubre este rechazó la petición, sosteniendo que la evidencia aportada por Fernández carecía de todo "valor probatorio". El mismo día, los Letelier presentaron otra apelación a la Corte Marcial.

¿Y por qué no pedir la extradición de Héctor Orozco o alguien más?, había preguntado Fabiola Letelier en la misma reunión celebrada en julio. El general Orozco había buscado la verdad de boca de los tres chilenos, la había escuchado y enseguida, siguiendo las órdenes de Pinochet, la había ocultado de manera explícita. En enero de 1988, el gobierno de Estados Unidos presentó más de doscientas preguntas a Orozco. En abril, la Corte Suprema de Chile se rehusó a exigir al general que respondiera, salvo a doce de ellas, y las respuestas que de hecho dio demostraron ser evasivas o falsas. "En el campo legal", estimó un abogado chileno solidario con la causa, "a Estados Unidos parece no quedarle aquí ninguna jugada fundamental".[58]

Y así continuó todo, suma y sigue. En enero de 1989, otra carta rogatoria exigió respuestas a 113 interrogantes de parte de siete funcionarios y diplomáticos chilenos, y la Corte Suprema aceptó todas las preguntas. Hubo un destello de esperanza cuando, en respuesta a ellas, José Miguel Barros, un antiguo embajador de Chile en Washington, divulgó una conversación que había sostenido en 1978 con Enrique Montero Marx, un brigadier general retirado de la Fuerza Aérea que había investigado el asesinato de Letelier.

—Este genio de la inteligencia ha montado una operación para asesinar a Letelier —había dicho Montero.

—¿A quién te refieres? —le preguntó Barros.

—Al antiguo jefe de la Dina, Manuel Contreras.[59]

Pese a ello, salvo por sus recuerdos y notas tomadas en 1978, Barros no tenía pruebas del asunto. Al preguntársele en televisión si lo que había dicho al juez era verdad, un Barros sorprendido replicó: "¡Por supuesto!".[60] Sin embargo, en marzo, un tribunal militar resolvió que el testimonio de Barros no ameritaba la reapertura del caso, y los Letelier volvieron a apelar ante la Corte Suprema.[61]

"No he tenido ni un solo éxito en ningún tribunal", dijo una abatida Fabiola Letelier en junio de 1989.[62]

Todos estos procedimientos se complicaban por las características del sistema judicial chileno, en el que los tribunales militares acogen algunas materias civiles, algunos casos cuentan a la vez con jueces militares y civiles, y algunos pasan de los tribunales militares a cortes de apelaciones civiles. Tampoco ayudaba que muchos de quienes desempeñaban roles oficiales en el caso, como embajadores y jueces militares, habían estado en altos cargos al momento de ser asesinado Letelier.[63]

Mientras el caso Letelier languidecía en los tribunales chilenos, a principios de los noventa había conseguido dos arrestos decisivos en los Estados Unidos.

José Dionisio Suárez, uno de los dos cubanoamericanos aún prófugos, tenía ahora 51 años, el cabello y barba entrecanos y andaba por la calle con unos anteojos opacos. Se había divorciado de su primera esposa en 1979, y en 1981 se había casado de nuevo en Puerto Rico con Elizabeth Góngora, una chica mexicana de 21 años. En 1990 llevaban viviendo en St. Petersburg, Florida, seis años, tres de ellos en la casita de campo de Elizabeth y, para entonces, con un hijo de quince meses llamado Juan.[64] Aparentemente, algunas fuentes entre la comunidad cubanoamericana de Nueva Jersey habían informado al FBI de su ubicación. Los vecinos lo conocían por alguna versión de su nombre real, "José Suárez". Era pintor y trabajaba poco, sufría de migrañas crónicas y rara vez abandonaba la casa.

El arresto fue ridículamente fácil. La oficina local del FBI supo de su ubicación dos semanas antes. Los agentes lo llamaron veinte minutos después de la medianoche del 12 de abril de 1990 y le dijeron cuándo y cómo entregarse, y él aceptó sin resistirse. Una rendición que fue como un anticlímax para un hombre que había pasado once meses y medio en la cárcel en lugar de testificar ante un gran jurado y que era a la vez buscado por atentados explosivos en Nueva York y Nueva Jersey y por asesinato en Puerto Rico. Su esposa creía que "José es básicamente un chivo expiatorio. Él no jugó ningún papel en el bombazo en sí. Él mismo me dice que en esa época estaba en Nueva Jersey vendiendo autos usados".[65] Elizabeth Góngora creía, a la vez, que su esposo había sido absuelto de todos los cargos junto a otros cubanos y que, por esa razón, podían vivir abiertamente. No era así.[66]

En Santiago, Fabiola Letelier y Jaime Castillo estaban confiados en que la nueva evidencia surgida con el arresto de Suárez habría de forzar la reapertura del caso pasaportes-asesinato.[67] "El caso no está cerrado", lo resumió Isabel Morel.[68] En una entrevista más extensa, describió a Suárez no como un simple espectador, sino que como "el cerebro del Movimiento Nacionalista Cubano. De todos los personajes, parece que es el más hábil". Ahora, en 1990, ella estaba más esperanzada que nunca desde 1978. "Otra vez aflora la justicia, esta señora que ha sido tan esquiva, porque aparece y desaparece en este caso Letelier, pero los dos muertos no son esquivos, sino que muy persistentes".[69]

Una semana después del arresto, Suárez, vestido con un mono azul de la prisión, compareció ante un magistrado de la Corte Federal del Distrito de Columbia para una audiencia de cinco minutos relativa a la fianza. Los diez delitos de los que se lo acusaba bien podían implicar una condena de por vida. Suárez se declaró no culpable y se resolvió que siguiera detenido sin derecho a fianza.[70]

El acusado necesitaba un buen abogado y la comunidad cubana exiliada se lo proveyó una vez más. Elizabeth Góngora convocó a una conferencia de prensa para proclamar la inocencia de su esposo y anunciar la formación de una corporación sin fines de lucro para costear sus gastos legales.[71] A los pocos días, el Fondo de Defensa de Dionisio Suárez ya había reunido miles de dólares.[72] El 4 de mayo, cuatro estaciones hispanohablantes de Miami, con Guillermo Novo haciendo solicitudes al aire, realizó una "radiotón" de doce horas seguidas a favor de Suárez, la cual reunió 30.000 dólares, tres veces más de lo que habían juntado contra el cáncer y las enfermedades cardíacas.[73] Tres pueblitos de Estados Unidos entregaron además a Suárez las llaves de la ciudad.[74]

Cuando el juicio comenzó en septiembre de 1990, catorce años después del crimen, Suárez cambió su declaración por una de culpabilidad. A cambio de ello, los fiscales estuvieron de acuerdo en desechar cinco cargos para obtener una condena no superior a doce años, y en no acusar a su esposa por ocultarlo. Protegerla a ella fue "la primera preocupación de él a lo largo del proceso", indicó su abogado.[75] A fines de noviembre, el juez de distrito Aubrey Robinson dictó la sentencia máxima de doce años.

Cinco meses después de que Suárez fuera condenado, el 19 de abril de 1991, el programa de la televisión estadounidense "America's Most Wanted" ("Los nombres más buscados de Estados Unidos") emitió un episodio típicamente sensacionalista en que identificaba a Virgilio Paz, otro de los implicados en el asesinato de Orlando Letelier y Ronni Moffitt, como un criminal prófugo de la justicia. El programa describía sus espantosos crímenes y rogaba a los televidentes que llamaran al número 1-800 del programa para brindar pistas al respecto. El espacio era no solo un éxito de audiencia, sino que a la vez muy efectivo para atrapar criminales, sirviendo como un boletín de todas las localidades para millones de hogares. Para esas fechas, "Los nombres más buscados de Estados Unidos" había contribuido a detener a 147 sospechosos.[76] Y aún contribuiría a más de cuatrocientos arrestos adicionales en su octavo año de emisión, antes de que la cadena Fox lo suprimiera en 1996, para gran decepción de los funcionarios encargados de imponer la ley.[77]

Meses antes de que ese episodio fuera emitido, Sam Buffone, el abogado que representaba a Isabel Morel, recibió un llamado de los productores del programa para recabar información con miras a la emisión de un segmento sobre Virgilio Paz. *Ah, no, esto es lo último con lo que quiero verme asociado*, pensó Buffone. Visto que el FBI había fracasado en dar con Paz, pese a que su foto llevaba adornando las paredes de las comisarías de policía desde hacía catorce años, a Buffone le pareció que la opción de "Los nombres más buscados de Estados Unidos" era una pérdida de tiempo. "Todo el mundo se rio de mí por hablar con ellos", recordó más tarde el abogado.[78] Francisco Letelier desestimó a su vez a los productores: *Sea lo que sea. Ustedes solo buscan explotar este tema.*[79]

Durante esos años, el FBI había recibido datos de que Paz estaba en el Caribe o Sudamérica.[80] En rigor, se había establecido en South Florida en 1980 y, desde 1985, era propietario de Greenheart

Landscape Maintenance, en Boynton Beach, un suburbio de clase media al sur de West Palm Beach. En 1991, tenía 39 años y vivía bajo el nombre de "Francisco Luis" o "Frank Baez", con su esposa y dos hijos. Una de sus vecinas lo había confrontado en varias ocasiones por lo alto que ponía el volumen de su equipo estéreo o el televisor, llamando dos veces a la policía. Luego de una de ellas, después de que los oficiales se hubieron marchado, Paz vino a aporrear su puerta con cuatro o cinco amigos varones detrás de él. Cuando ella abrió, él le gritó: "¡No vuelvas a llamar y echarme encima a la policía!". "Quedé alterada y temblando", recordaba ella. Un colega que trabajaba con él en los jardines pensaba que Paz era normalmente cordial, pero tenía el extraño hábito de cambiarse de nombre. Además del de "Frank Baez", había empleado otros dos, incluyendo "Ronaldo McDonaldo". "Y no estoy bromeando", decía el colega.[81]

Antes de que "Los nombres más buscados de Estados Unidos" fuera emitido aquel viernes por la noche, un antiguo amigo del Movimiento Nacionalista Cubano telefoneó a Paz para advertírselo: "¿Por qué diablos no te mueves de allí?". Paz trasladó entonces a su familia a una casa de seguridad cercana, donde vieron el programa juntos.[82] Hacia el final, mostró varias fotografías distintas de Paz rasurado, con barba y con anteojos. "Si ve usted a este hombre", dijo el anfitrión del programa, "avise de su paradero a las autoridades. Es uno de los criminales más buscados de Estados Unidos". En los próximos días, Paz no solo se rehusó a ocultarse, sino que salió a exhibirse en público para minimizar las posibilidades de ser asesinado. El FBI recibió cincuenta y dos llamadas relativas a hombres que lucían como Paz.[83] Al menos una de ellas lo identificó correctamente. El FBI requirió de un par de días para autentificar la pista y el martes 23 de abril a las 7:30 de la mañana, justo cuando Paz se iba al trabajo, varios autos del FBI rodearon su camión, con un helicóptero repiqueteando sobre sus cabezas. Un agente caminó hasta el camión, abrió la puerta y puso un arma contra la oreja izquierda de Paz. El cubano se volvió lentamente para desabrocharse el cinturón de seguridad. "No parecía realmente sorprendido", dijo el agente especial William Gavin, de la oficina de Miami. "Dijo estar contento de no tener que seguir viviendo como un fugitivo. Por cierto, eso podría haberlo resuelto él mismo tiempo antes".[84]

Al igual que Suárez, Paz fue retenido en custodia sin fianza, se declaró no culpable al principio y cambió su declaración por una de culpabilidad cuando en julio comenzó el juicio en una corte federal de distrito. A cambio de ello, la fiscalía recomendó una pena máxima de doce años.[85] Cuando se dictó su sentencia el 12 de septiembre, Paz estaba impecablemente vestido con pantalones de franela gris y una chaqueta deportiva azul. Suplicó clemencia al juez Aubrey Robinson, que diez meses antes había enviado a su amigo Suárez a prisión. Su abogado alegó que Paz había sido solo un "peón en un juego mucho más grande" y que, con toda seguridad, la importancia del delito había disminuido en los trece años que llevaba prófugo. "No puedo otorgarle ninguna garantía por haberse mantenido prófugo", replicó Robinson.[86] Y lo sentenció a su vez a doce años.

En Santiago, Juan Pablo Letelier calificó las detenciones de los dos cubanos como una "muy buena noticia" y predijo que ello aceleraría la batalla legal en Chile. Agregó que la prensa informaba de manera incorrecta que "el último fugitivo" del asesinato de Letelier había sido capturado. "El principal fugitivo sigue en libertad", dijo, "el general Manuel Contreras".[87]

Michael Moffitt también valoró los juicios a los cubanos en perspectiva. "Esta ha sido una pelea a quince rounds", dijo en una entrevista. "Estamos en el round trece o catorce, y por primera vez pienso que vamos ganando".[88]

16

PELEA HASTA EL FINAL

"Durante años, tras el golpe de Estado, y luego tras la muerte de Orlando, me sentí impaciente, muy impaciente", dijo Isabel Morel a un periodista británico en 1981. "Quería que el mundo supiera lo que era el fascismo. Quería que el mundo actuara, que el mundo cambiara. Ahora me he vuelto más paciente". Por la misma época, la complicidad del gobierno de Ronald Reagan con Pinochet había gatillado una ola de represión en Chile, dando cuenta en parte de esa atenuación de su propio ardor por parte de Morel. "Los derechos humanos han dejado, al parecer, de estar en boga", dijo un desalentado miembro liberal del Congreso, y el gobierno chileno declaró a la propia Morel *persona non grata,* prohibiéndole que volviera al país. "Pero no estoy deprimida", especificó ella.[1] "Soy una convencida de que ningún dolor es inútil".[2]

Sus hijos eran todos adultos ya y ella seguía activa en los ochenta. En el Instituto de Estudios Políticos, dirigía el Proyecto de Derechos Humanos, que se enfocaba en la violación de derechos en las Américas y que, en 1980, comprobó un "patrón consistente de gruesas violaciones a los derechos humanos" en los Estados Unidos, Chile y Guatemala.[3] Ella misma organizó recepciones y recolecciones de fondos no solo para Chile, sino que también para Haití, Puerto Rico y Paraguay. Trabajó en nombre de los mapuches, incrementó la conciencia de la situación de las mujeres en el mundo en vías de desarrollo y realizó giras con tapices que mostraban escenas de la dictadura pinochetista. "Ella es un amparo para los oprimidos", dijo su amigo Saul Landau. "Se preocupa de toda clase de gente en la que nadie se interesa". Realizó discursos desde Río a Lima, pasando por Helsinki y París, con frecuentes paradas en el Congreso de Estados Unidos. Los manifestantes contrarios decían que era una comunista.[4] En el estreno de la película *Missing,* en 1982, habló con Sissy Spacek, que interpretaba a la esposa de Charles Horman, un estadounidense desaparecido durante el golpe de 1973. "Por la misma época en que tú estabas buscando a tu esposo en la película", dijo Morel a Spacek, "yo estaba buscando en la vida real a mi marido".[5]

En muchos sentidos, decía ella, llegó a estar "obsesionada" por el asesinato de Orlando Letelier. En su oficina había un gran afiche de él. Cinco años después de que explotara el auto en Sheridan Circle, se sentía aún impactada por la audacia del golpe, especialmente al ocurrir en el tráfico de Sheridan Circle. "¿Te puedes imaginar lo que es planear un asesinato en Washington D.C., y en la rotonda de las embajadas? Y [los cubanos] sabían que había dos estadounidenses [en el auto de Orlando], pero no podía darles lo mismo. ¿Por qué lo hicieron allí? ¿Y por qué en Washington?".[6]

Los hijos de Letelier continuaron con sus diversos derroteros vitales: Francisco se había transformado en un artista con sus logros. José Ignacio se había casado y tenía un hijo al que bautizó como Orlando. Cristián daba la batalla en Hollywood. Y Juan Pablo, el menor, estaba cada vez más involucrado en política. A los veinte años, mientras financiaba su propio camino para obtener una licenciatura en economía y política internacional en la Universidad de Georgetown, en Washington, Juan Pablo reflexionaba en torno al hecho de ser hijo de su padre: "Para alguna gente, eso es una carga. (...) Para mí, no es una fuente de inspiración mística, pero (...) sé lo que debería hacerse".[7] Su próximo paso fue una licenciatura en México, "no solo por la perspectiva que esos estudios me darán", le escribió a un amigo, "sino porque a la vez me servirán como un 'puente' hacia Chile".[8] Una vez que estuviera de vuelta en la tierra de sus padres, se convertiría en "un miembro funcional para la construcción allí de una nueva sociedad democrática". Una tierra en la que no había estado desde 1974. Entretanto, cumplía con las palabras de su madre el día que su padre murió: "Recuerden no cultivar el odio hacia nadie".[9]

En 1983, Juan Pablo Letelier regresó a Chile ligero de equipaje y sin saber si se quedaría. Cuando él y otros abandonaban un edificio público tras celebrar un aniversario del Partido Socialista de Chile, un escuadrón de funcionarios de seguridad armados los detuvo y se los llevó. Su madre, aún en Washington, se vio enfrentada a una pesadilla potencialmente mayor que la surgida cuando el régimen asesinó a Orlando..., debiendo sumarse a miles de otras madres chilenas preocupadas por sus hijos desaparecidos. "No sé dónde está mi hijo [o dónde] están detenidos los prisioneros", escribió angustiada. "Ni logro saber qué cargos —si alguno— se han levantado contra él y los demás".

Isabel Morel sugirió que los fallidos juicios criminales y civiles celebrados en los Estados Unidos habían envalentonado a Pinochet. "¿Es esto causa y efecto?", se preguntaba. "No lo sé. Soy una viuda y la madre de cuatro hijos sin padre, uno de los cuales volvió a Chile para luchar por un retorno a la democracia y está ahora en una prisión desconocida".[10] Por fortuna, Juan Pablo Letelier fue liberado poco después.

Pero Isabel y Juan Pablo estaban programados para seguir en el tema a largo plazo.

—Hay un vasto grupo de personas que dará la pelea hasta el final —declaró ella—. Seguiremos trabajando por la justicia, por la paz, hasta que sea la hora de nuestro último aliento —agregó e hizo una pausa—, en esta tierra. —Enseguida sonrió—: Tengo 49 años, esto es solo el comienzo.[11]

A mediados de 1983, tenía ya 51 y había estado lejos de Chile durante casi diez años, salvo por su breve estadía en 1978. En ese viaje, sus empeños por restablecer la nacionalidad de su esposo habían terminado en un fracaso. En junio de 1983, el gobierno chileno anunció que 128 destacados exiliados políticos —el "*jet set*", como los calificó desdeñosamente un diario chileno— podían volver a Chile sin condiciones.[12] Morel quedó exultante al ver su nombre entre los 128. Entendió su nuevo estatus como algo equivalente a "ganarse la lotería sin haber comprado un boleto. No conocemos las reglas del juego. Pero yo sí sé que mi retorno no es un 'favor' del gobierno, sino que más bien el fruto de diez años de lucha".

Volvió a Chile en julio por diez días, quedando esta vez impactada por la persistencia del toque de queda a las ocho de la noche. "¡Cuesta entender cómo, durante diez años, once millones de personas son tratadas como menores de edad!", dijo asombrada a un periodista chileno.[13] A un amigo le escribió que su corto viaje fue "muy estimulante y conmovedor. Me resultó difícil absorber en tan corto tiempo todos los cambios habidos, pero poco a poco volveré a reconocer a mi país". Sin embargo, restablecerse en Chile parecía por entonces imposible, puesto que no tenía forma de ganarse allí la vida, en tanto en Washington su trabajo en el IPS le permitía pagar las cuentas con una labor cargada de sentido. Estuvo igual en Santiago para la Tercera Jornada de Protesta Nacional. "Fue sorprendente presenciar las protestas resonantes y abrumadoras de la mayoría del pueblo chileno", escribió a un amigo. "Hace solo un año, esas mismas protestas hubieran sido imposibles".[14] En los años siguientes, hizo algunas otras visitas breves al país, por ejemplo, cuando el padre de Orlando Letelier murió en 1984.

A medida que el régimen de Pinochet comenzó a sufrir un fuego graneado cada vez mayor a fines de los ochenta, la labor de la familia Letelier en su contra se intensificó. Morel concentró su trabajo del IPS en el Cono Sur de América Latina, prestando especial atención a los derechos de las mujeres e indígenas, los derechos culturales, el rol de la Iglesia católica y la política de Estados Unidos. Organizó para ello conferencias, seminarios y foros y sacó publicaciones, entre las que se incluía su *Boletín actualizado de derechos humanos*.[15]

Juan Pablo Letelier se trasladó en forma permanente a Chile el mismo mes que volvió su madre. Allí vivió por un tiempo con su hermano Francisco. "Me da un poco de 'susto' ir más al sur de México", escribió, "pero en el buen sentido".[16] Y fue de nuevo arrestado, durante la Cuarta Jornada de Protesta Nacional, pero solo por unas horas. "Él es una gran fuente de información para nosotros", escribió Isabel Morel, "y nos mantiene al día respecto a todos los últimos desarrollos".[17] Juan Pablo también ayudó a su tía Fabiola con el caso Letelier, y otro tanto hizo Jaime Castillo, que también regresó del exilio en 1983.[18]

En 1987, quizás por primera vez y cuando solo tenía 27 años, Juan Pablo Letelier habló a la prensa para decir que el testimonio de Armando Fernández expuso la vergüenza que era el sistema judicial de Chile.[19] Reflexivo, carismático y con formación en economía y política, el hijo menor de los Letelier iba gradualmente sustituyendo a su madre como el portavoz de la familia. Usaba el cabello oscuro y largo, y normalmente barba en su rostro ascético y alargado, y hablaba el español con un dejo de acento estadounidense.[20]

Juan Pablo vivió una época dura en su adaptación a la vida en Chile. Se aventuró a ello por un deseo de "autodefinición", señaló él mismo, "pero todo el mundo esperaba algo de mí, amigos y enemigos por igual". Estaba solo y recurrió a varios psicólogos. "Las puertas se cerraban constantemente en Chile por diferentes razones. Para quienes no compartían las ideas de mi padre, yo era un paria. Me volví muy activo en el movimiento que propugnaba un retorno a la democracia en Chile y fui encarcelado un sinnúmero de veces, mi casa fue repetidamente allanada, muchas de mis pertenencias personales fueron sustraídas, incluido en una ocasión mi auto". Durante sus primeros cuatro años en Chile, vivió primero en el apartamento de un tío que era cura, luego él solo en un barrio "marginal" de Santiago.[21] Eventualmente, participó activamente en la campaña del "NO" que condujo a la derrota de Pinochet en el plebiscito. En 1989, aunque los socialistas no obtuvieron en general una buena votación, Juan Pablo Letelier, con solo 28 años, logró la primera mayoría entre nueve candidatos a una diputación de un distrito rural al sur de Santiago. Era ahora un representante del Partido Socialista en la legislatura chilena.[22]

Después de 1983, Isabel Morel se comprometió en una relación de convivencia con Miguel Sayago, un fotógrafo chileno en Washington. A fines de los ochenta o principios de los noventa, dejó de trabajar en el IPS, se tomó un año sabático en Chile y enseguida se trasladó de manera definitiva a Santiago en compañía de Sayago, época en que adoptó varias causas.[23]

Luego de que el presidente Patricio Aylwin y el nuevo Congreso asumieron el 11 de marzo de 1990 se formó una comisión de ocho personas encabezada por el abogado Raúl Rettig, antiguo parlamentario y político radical, para investigar las violaciones a los derechos humanos durante la era Pinochet. El Informe Rettig, que apareció un año después, exhibía algunas falencias. Se prohibió que nombrara a los perpetradores y la Ley de Amnistía de 1978 resguardaba de los tribunales chilenos a tales perpetradores. Pero la obra de dos mil páginas, en dos tomos, se irguió de todas formas como una acusación estremecedora de la ilegitimidad del régimen: del control "con mano de hierro" de Pinochet sobre la Dina, de la impunidad garantizada por los tribunales y un estado general de "guerra interna".

El Informe Rettig declaraba a su vez que Orlando Letelier y Ronni Moffitt fueron "víctimas de un acto de terrorismo cometido por agentes del Estado chileno, específicamente por la Dina".[24] Fue la primera admisión, por el gobierno chileno, de su responsabilidad en el asesinato.[25]

En respuesta al informe, el presidente Aylwin sugirió que las víctimas fueran compensadas con reparaciones en dinero y quizás de otra índole. Eso era ahora música a los oídos del gobierno estadounidense, que aún se empeñaba en que Chile diera los "pasos apropiados" para resolver el caso Letelier-Moffitt antes de que el Pentágono pudiera retomar las ventas de equipamiento militar a Chile. Desde los años setenta, y a causa del asesinato, Chile había adquirido, en lugar de ello, armas a Sudáfrica, Israel y Gran Bretaña, a la vez que había comenzado a fabricar su propio armamento.[26]

La idea de obtener compensaciones del gobierno chileno surgió tan pronto como quedó en evidencia que la demanda civil que en última instancia se enfocaba en LAN-Chile, la aerolínea nacional del país, estaba agotada. En 1986, Isabel Morel, Michael Moffitt y el padre de Ronni Moffitt, Murray Karpen, comenzaron a reunirse con los abogados del Departamento de Estado para inquirir si el gobierno de Estados Unidos podía ayudar en el cometido. "No hay duda de que las emociones siguen siendo intensas" entre los deudos, informó el propio Departamento de Estado. "La señora Letelier anhela que le doblemos la mano a Chile para promover la democratización del país, pero ella es quien parece apreciar con mayor fuerza las limitaciones a que se enfrenta nuestra habilidad de hacerlo". El padre de Ronni estaba "aún claramente disgustado por la muerte de su hija" y exigía las sanciones más duras posibles. "Si fuese Libia la que hubiera hecho esto, ustedes saben muy bien que no les hubiéramos permitido seguir operando en nuestra economía del modo en que Chile lo hace", dijo a los diplomáticos estadounidenses.[27]

Michael Moffitt, involucrándose de nuevo en los temas legales después de años de estar ausente, estaba aún decidido a castigar a Chile. A principios de los ochenta había detestado tener que testificar en los juicios habidos, cuando "tenía que sentarme en un tribunal y contarlo todo ante centenares de extraños. Los acusados solían burlarse y bromear entre ellos, y yo sentía ganas de asesinarlos". Seguía incluso entonces afectado por el trauma vivido. "Todavía doy un salto con el petardeo de un automóvil o cuando otro que va a gran velocidad y frena con un chirrido para eludir a un niño, un perro o un gato. (...) Temo por las vidas de mi segunda esposa y mis hijos..., que ellos me sean arrebatados un día igual que lo fue Ronni. (...) Cada vez que planeo un viaje en auto con mi familia, me veo asediado por imágenes del bombazo y reviso obsesivamente el vehículo, a la vez que voy muy atento a cualquier peligro que pueda surgir en el camino. (...) Hasta el día de hoy, no puedo ver tranquilo escenas de violencia o derramamiento de sangre en la televisión o el cine y, si no aparto la mirada, me enfermo físicamente".[28]

El abogado Sam Buffone exigió, entre otras cosas, que Washington se sumara públicamente al fallo de la corte en contra de Chile, demanda que ahora alcanzaba a cinco millones de dólares con la inflación. La capacidad de los deudos del caso Letelier para provocar embarazo al gobierno estadounidense no había decaído por completo, como admitían los abogados del Departamento de Estado. "En estos tiempos en que crece la presión contra Chile, no sería oportuno que Buffone y sus clientes declararan públicamente que estamos protegiendo al gobierno chileno y, aun reconociendo la (genuina) paciencia que han demostrado en el curso de los años, tienden hoy a aplicar un cerrojo cuando se les presenta un simple requerimiento que nosotros mismos asociamos a una decisión válida del tribunal".[29]

A mediados de 1987, el secretario adjunto para Asuntos Interamericanos Elliott Abrams presentó una primera nota diplomática al gobierno chileno en la cual requería una compensación a las familias. En ella sugería que el dinero les fuera garantizado *ex gratia*, un concepto habitual en el derecho internacional que implicaba que Chile no admitiría su culpa o responsabilidad. Las compensaciones tampoco estarían explícitamente ligadas a Manuel Contreras y Pedro Espinoza.[30] Chile no estuvo de acuerdo con la propuesta de Abrams, pero la idea consiguió infiltrarse y quedó allí dando vueltas.

En abril de 1988, valiéndose de un raro procedimiento legal designado como "maridaje", mediante el cual un gobierno asume los reclamos de un individuo, la administración Reagan envió otra nota diplomática solicitando en ella, en nombre del gobierno de Estados Unidos, la compensación a las familias Letelier y Moffitt. El 12 de octubre, una semana después de la derrota de Pinochet en el plebiscito, el gobierno estadounidense exigió doce millones de dólares. La suma añadía los gastos en que había debido incurrir el gobierno para investigar los asesinatos, sumándolos a los cinco millones de dólares del fallo judicial pronunciado en 1980 en un tribunal federal.[31]

De manera escasamente sorprendente, el gobierno de Pinochet rechazó la petición, señalando que él mismo "no había jugado ningún papel en los crímenes". Poco después de eso, Contreras intentó extorsionar de nuevo al gobierno de Estados Unidos, alegando haber llegado a un "entendimiento" con cuatro funcionarios "gringos" para protegerlos a él y Pinochet a cambio del silencio del propio Contreras respecto al presidente George H. W. Bush, que estaba a la cabeza de la CIA cuando ella trabajaba con Contreras. Los funcionarios de la embajada temieron un posible "acto terrorista iniciado por Contreras", pero en Washington, Michael Kozak, el subsecretario adjunto para Asuntos Interamericanos, no se amilanó: "Me sorprendería muchísimo que cualquier persona del gobierno estadounidense hubiera hecho un acuerdo semejante con esta mierdita de perro".[32]

El momento escogido para el "maridaje" de Washington era no solo en respuesta al plebiscito chileno, sino que también a una ley presentada en la Cámara de Representantes, y para entonces en el Senado, de enmienda a la Ley de Inmunidades de la Soberanía Extranjera, con miras a permitir que las víctimas del terrorismo pudieran acceder a los activos foráneos. "Es un exceso permitir a un gobierno extranjero que eluda su responsabilidad en actos de terrorismo a la vez que se beneficia del comercio estadounidense mediante sus activos en este país", declaró Howard Berman, parlamentario demócrata por California y patrocinante de la enmienda. El Departamento de Estado, en conjunto con los republicanos del ala conservadora, querían hacer desaparecer la enmienda por temor a que otros países, por ejemplo, Libia, tomaran represalias contra la propiedad estadounidense si eran bombardeados o atacados. Abe Sofaer, abogado del gobierno, llamó a Buffone y le "propuso una tregua": si las familias y sus aliados en el Congreso descartaban la enmienda, Washington habría de asumir públicamente su causa a través de un "maridaje".[33]

En 1990, el nuevo gobierno civil chileno anhelaba desesperadamente que se renovara la ayuda de Estados Unidos a Chile, por lo cual estaba abierto a compensar a las familias. En enero, Letelier y Moffitt dijeron al personal del senador Edward Kennedy que ellos querían tres cosas de Chile: un juicio a Contreras y Espinoza, una admisión de responsabilidad por el bombazo de parte de Chile y una compensación monetaria. En el último punto, "las familias quedarían felices con tres millones de dólares", pero el Departamento de Estado buscaba una cifra más alta.

Las conversaciones discurrieron en torno a las tres demandas, pero se centraron por el momento en la más fácil de conseguir: la de las compensaciones.[34] En mayo de 1990, el gobierno de Aylwin estuvo de acuerdo en principio en una compensación y, como un *quid pro quo*, el Departamento de Estado se comprometió a conceder preferencias arancelarias y programas de ayuda a Chile.[35] Para dar con el número mágico que satisficiera a Chile, a las familias y al

Departamento de Estado, ambos países firmaron el 11 de junio un acuerdo para valerse del *Tratado para la solución de disputas que pueda haber entre Estados Unidos y Chile,* firmado por el secretario de Estado William Jennings Bryan en 1914. Este indicaba que debía constituirse una comisión para determinar el monto de las compensaciones. Los comisionados incluyeron a un estadounidense y un chileno, acompañados de juristas de Gran Bretaña, Venezuela y Uruguay. Se denominaría a la entidad la "Comisión Bryan".[36]

Isabel Morel se enteró sobre la marcha de ciertas acusaciones provenientes de Chile en el sentido de que se estaba dejando comprar, ella misma, a cambio de desechar las demandas de justicia contra Contreras y Espinoza. Ella llamó entonces a Sam Buffone.

"No quiero que se nos vea como gente que presiona ante todo por compensaciones", le dijo. "Si hemos de sacrificar algo, que sea la parte civil". Estaba, pues, dispuesta a renunciar a millones de dólares en compensación por la mera posibilidad de someter a juicio a los dos chilenos.

Esta no es una elección que debiéramos hacer nosotros, pensó Buffone. Y recibió confirmaciones desde Santiago y Washington de que, siendo la naturaleza del pago *ex gratia,* Chile no cedería en lo de su responsabilidad en el asesinato.[37] Entonces difundió a su vez una declaración: "No nos están comprando", decía la misma. "La pregunta crucial y más importante, la pregunta más difícil para Chile es ¿qué se hará para llevar a los responsables ante la justicia? ¿Serán extraditados a Estados Unidos o juzgados en Chile?".[38] Juan Pablo Letelier vinculó también el tema a una batalla más amplia por la justicia. "Si este caso no llega a ninguna parte, nada cabrá esperar en otros casos de violaciones a los derechos humanos".[39]

La "búsqueda implacable de justicia" del equipo en el flanco de los Letelier impresionó a los diplomáticos estadounidenses.[40] El Congreso sacó ventaja a su vez de la aceptación oficial de la Comisión Bryan por el Congreso chileno, al igual que de una carta privada de garantía de Aylwin a Bush para lograr la "certificación" (en Derechos Humanos) de Chile en diciembre de 1990. "El caso Letelier ha proyectado su sombra en las relaciones de Estados Unidos y Chile desde 1976", fue la evaluación de un funcionario estadounidense. "Ahora que los años de dictadura militar han concluido y Chile ha retomado sus tradiciones democráticas, es de nuestro mutuo interés dejar atrás este legado problemático".[41] Ello evitaría a la vez una situación embarazosa durante la inminente visita de Estado del presidente Bush a Santiago.

En el curso de 1991, el Congreso chileno se abocó al tema de la compensación, temeroso de que los Letelier y Moffitt reaparecieran a pedir más o que otros se subieran a espaldas del caso. Finalmente, en enero de 1992, la Comisión Bryan ordenó a Chile pagar 2.611.892 dólares. Solo un poco menos de los 2,9 millones que las familias habían solicitado. La cifra calculó las pérdidas financieras que cada fallecido representó para el ingreso potencial de las dos familias y sumó a ellas los daños morales y médicos. Isabel Morel y sus cuatro hijos obtuvieron 1,2 millones de dólares en apoyo financiero, más 160.000 dólares en daños morales; en concepto de gastos médicos, Morel recibió 16.400 dólares, y cada hijo, 80.000. Moffitt recibió menos porque se había casado de nuevo. Aun así, obtuvo una suma neta de 233.000 dólares por pérdidas financieras, más 250.000 dólares en daños morales y 12.000 en costos directos. Los Karpen recibieron 300.000 dólares en daños morales,[42] más 12.000 en costos médicos. Los restantes 108.492 dólares fueron para los tribunales y otros gastos.

"Una victoria deslumbrante para el imperio de la ley", fue como calificó Ted Kennedy las asignaciones. "Nunca más podrá un dictador cometer actos internacionales de terrorismo con impunidad".[43] En mayo, Chile aceptó la resolución. Charles Gillespie, el embajador de Estados Unidos en Chile, recordaba: "No creo que las familias estuvieran eufóricas por la suma de dinero implicada en el arreglo. Sin embargo, al igual que todo el mundo, se sintieron con seguridad aliviadas de que el asunto hubiera llegado a un cierre".[44]

Los Letelier emplearon parte del dinero para ayudar a la madre de Orlando en Chile. Juan Pablo lo usó para pagar algunas deudas contraídas en su campaña para el Congreso y su educación superior en EE.UU. Con todo, "nada puede curar el dolor provocado por el asesinato de mi padre", le recordó a la prensa en Chile. "Lo que nos importa a nosotros es la justicia, que los culpables sean juzgados en los tribunales chilenos y que no haya un manto de impunidad".[45] En rigor, Fabiola consideró la indemnización como "negativa", percibiendo —no sin razón— que la motivación fundamental de ambos gobiernos era restablecer las relaciones diplomáticas normales, no la obtención de justicia. "Yo no digo que las compensaciones económicas no sean lícitas, pero lo fundamental frente a un delito es la sanción penal".[46]

Después de tantos ires y venires, la saga del juicio civil por el asesinato de Letelier había llegado a su fin, estableciendo varios precedentes legales. Un analista jurídico concluía que "desde la resurrección de un viejo tratado de hace 76 años, pasando por la presión ejercida ante el Congreso y el Departamento de Estado, y la presión sobre los gobiernos extranjeros para confiscar los activos chilenos, la campaña [de Letelier] contra el terrorismo abrió nuevos caminos en el derecho internacional".[47]

Las experiencias de la familia Letelier en el retorno a la democracia hablaban de la incertidumbre que habría de marcar al Chile de los noventa. José Ignacio Letelier volvió al país en 1989, justo cuando el gobierno Aylwin estaba por asumir. Allí comprobó que el que alguna vez había sido el gran clan Letelier estaba "básicamente disperso", y quedó frustrado al no poder beneficiarse a estas alturas, como hacían otros hijos favoritos, de "las conexiones heredadas de sus padres que eran ahora senadores o miembros del gabinete ministerial del presidente de Chile". Ni él ni su esposa, ambos profesionales con grados académicos avanzados obtenidos en Estados Unidos, pudieron encontrar trabajo. Muchos chilenos asumían que los Letelier eran ricos, pero José, por ejemplo, tuvo que depender al principio de su hermano menor, Juan Pablo, para sobrevivir. "La orden del día es la 'reconciliación'", señaló respecto a la política chilena. Y muchos veían que, en lugar de ello, el caso Letelier era una forma de reabrir viejas heridas.[48]

De momento, los Letelier experimentaron un bloqueo significativo. Además de recibir la compensación, en mayo de 1990 Isabel Morel consiguió finalmente que le fuera restituida la nacionalidad chilena a Orlando.[49] A fines de 1992, empleó parte de su asignación para repatriar su cuerpo desde Venezuela a Chile. La familia había jurado desde hacía años que no enterrarían al patriarca de ella en su país natal hasta que no hubiera sido reconocido de nuevo como chileno, y en un Chile democrático. Ahora podían cumplir esa promesa.

Los restos aterrizaron el 1 de noviembre en el aeropuerto de Santiago, donde fue leído un decreto que restauraba la nacionalidad a Letelier. Dos días después, la Cámara de Diputados le rindió homenaje. El 4 de noviembre, la delegación venezolana en Santiago asistió a una ceremonia en la que varios dignatarios recibieron los restos. A ello siguió una misa fúnebre en la iglesia de la Recoleta Dominica y enseguida el entierro en el Cementerio General, al que asistieron el presidente Aylwin, tres de los hijos de Orlando Letelier y miles de otras personas.[50] En la lápida de mármol negro de su tumba había inscritas las desafiantes palabras de su intervención en el Madison Square Garden once días antes de su muerte:

Yo nací chileno,
soy chileno,
y moriré chileno.[51]

17

YO NO VOY A IR A NINGUNA CÁRCEL

En 1991, al tiempo que el Informe Rettig exponía las atrocidades cometidas durante el recién derrotado régimen de Pinochet, Manuel Contreras desmentía por su cuenta esa realidad que el informe describía. Admitía que la Dina interrogaba a los prisioneros, pero los consideraba prisioneros de guerra. No se torturó a nadie por su atuendo, le aseguró a un periodista. Recibió la publicación del informe con sarcasmo, calificando sus conclusiones de "una verdad a medias", acusando a los integrantes de la comisión de tener prejuicios, y a la investigación en sí, como una burla de un proceso que solo correspondía a los tribunales —los mismos que tan bien habían servido a Contreras y a la vez a Espinoza—.[1]

En cuanto a su papel como antiguo jefe de la Dina, decía no tener ningún remordimiento. "No tengo nada por lo que pedir perdón. (...) Mi conciencia está limpia".

Contreras se sentía intocable. Como se jactaba ante los periodistas, "hoy todavía hay gente de la Dina situada en altos cargos del gobierno", y esa gente se había comprometido a protegerlo para preservarse a sí misma.[2] Esa seguridad en sí mismo y la timidez del Informe Rettig eran reflejo ambos del trato más amplio que los militares habían hecho con el gobierno civil de Patricio Aylwin, gracias a la mantención de la Constitución de 1980, la que sufrió acotadas modificaciones en un plebiscito realizado en 1989.

Pinochet tenía garantizada así su continuidad como comandante en jefe del Ejército chileno hasta 1997, y se comprometía a someterse al poder civil, a cambio de que Aylwin no intentara derogar la Ley de Amnistía de 1978, que incluía los delitos políticos y violaciones a los derechos humanos cometidos entre 1973 y ese año. El régimen de Pinochet había nombrado a seis de nueve senadores designados en el Congreso y los militares disponían por ley del 10 por ciento de los ingresos por exportación de cobre del país.[3] En tanto Aylwin recibió el Informe Rettig en una ceremonia solemne, tanto el Ejército como el Poder Judicial lo desestimaron.[4]

"Lo que ocurrió con mi papá",* recordaba el hijo de Manuel Contreras a principios de los años noventa, "fue que se nubló, no dimensionó lo que estaba pasando en el país en esos años. Yo le decía que se cuidara, que su poder no podía ser eterno, que se preparara para lo que se venía con el fin del gobierno militar, pero él no escuchaba. Mi papá siempre ha sido porfiado, llevado de sus ideas. Él siempre tiene la razón, siempre la última palabra. Mi papá tuvo tanto poder que llegó a perder todo sentido de realidad".

Desde 1978, cuando ya había perdido su cargo en la Dina, el Mamo había comenzado a beber en exceso mientras escuchaba al cantante argentino Leo Marini. Él y Maruja, cuyo matrimonio estaba en esencia terminado, dormían en habitaciones separadas. Contreras veía televisión a solas hasta que se quedaba dormido, sintiéndose seguro con que en su mesita de noche estuvieran su revólver, una ametralladora y dos granadas.

Tras su retiro, fundó Alfa Omega, la primera compañía de seguridad de Chile, tuvo el control de varias otras empresas y poseía acciones en un banco y una empresa de vehículos blindados. En 1985, la remoción de parte de su estómago para combatir el cáncer de colon lo volvió considerablemente más lento en sus movimientos. Eventualmente, debía utilizar una bolsa de colostomía. Contreras hizo notoriamente pública su aventura de larga data con su secretaria, Nélida Gutiérrez, quien, a diferencia de su esposa, satisfacía sus gustos culinarios y posiblemente otros. En 1987, dejó la casa que aún compartía con Maruja. Nélida insistió entonces en que se casaran, "porque hay que respetar las leyes de la Tierra", decía ella misma.[5] En 1989, le fue consultado a él si tenía remordimientos de alguna clase. Solo uno, dijo: no haber sido más duro con "los marxistas".[6]

En una cena con socios en los negocios y antiguos colegas del Ejército, el Mamo, con unas cuantas copas encima, hizo reminiscencias del funeral en 1975 de Francisco Franco, el dictador español, al que el propio Contreras había asistido junto a Pinochet. Miles de camisas azules falangistas, recordó, habían alzado el brazo en un saludo a su líder fallecido a la vez que entonaban su himno, "Cara al sol".

La evocación hizo llorar a Contreras:

—¡Esa es la mística que necesitamos en Chile!

Aprovechando el momento, uno de sus leales sugirió:

---

* En español en el original (N. del T.).

—¡Tómese el gobierno, mi general, nosotros lo apoyamos!

—¡Sí, mi general! ¡Usted sabe que hay muchos que estarán junto a usted! —intervino otro.[7]

Contreras se negó, de momento, a casarse con Nélida y a tomarse el gobierno. En lugar de ello, se fue a vivir la mayor parte del tiempo solo al sur de Chile, a unos veinte kilómetros de Fresia, el pueblo más cercano a su rancho del Viejo Roble, al cual se llegaba por caminos de tierra tan estrechos que la vegetación a ambos costados azotaba las ventanas del vehículo. Un hombre de la ex Dina comandaba la división armada que resguardaba Viejo Roble. A través de una empresa bautizada como Tegualda, Contreras administraba una planta procesadora de madera y astillas de madera, y exportaba tablones y pellets producidos en las cerca de ochocientas hectáreas de su propiedad. En su casona hecha de alerces, pintada de color blanco invierno, aún leía libros de historia militar en su pequeño estudio, decorado con un afiche de Jesús, una fotografía del Papa, varios retratos de sus nietos y un cuadro imponente de una mujer morena y pechugona con los senos a la vista. Montaba a caballo cada mañana y era dueño de seis pastores alemanes y un centenar de vacas —entre ellas, una llamada "Fabiola"—. Los lugareños decían haberlo visto ocasionalmente jugando en el balneario cercano. Nunca voló de nuevo; cuando tenía asuntos que tratar en Santiago, prefería conducir por carretera las catorce horas que lo separaban de la capital. Rodeado de árboles, ganado y los Andes cubiertos de nieve, el que era ahora un anciano estaba decididamente lejos de ser el centro de la vida chilena.[8]

Con la economía marchando sobre ruedas a una tasa promedio de crecimiento anual de 6,3 por ciento entre 1990 y 1993, mucha gente compartía en lo esencial la satisfacción de Contreras.[9] En 1990, el 41 por ciento de los chilenos describía 1973 más como una guerra civil que como un golpe militar contra la democracia, y el año anterior solo el 17 por ciento se consideraba víctima directa o indirecta de las violaciones a los derechos humanos por la Dina y otros factores en el seno del régimen.[10] Desde 1989 hasta 1994, la proporción de chilenos que consideraban los derechos humanos una prioridad cayó de 28 a 7 por ciento.[11] El país estaba en un ánimo, si no de perdonar, al menos de olvidar.

Pinochet contribuía a ese ánimo con sus nada sutiles amenazas de volver a la dictadura. Incluso antes de que Aylwin asumiera el poder declaró: "Nadie va a tocar a mi gente. El día que lo hagan, se acabó el Estado de derecho".[12] En 1992, el 40 por ciento de los chilenos encuestados señaló que temía un golpe militar.[13] El 28 de mayo de 1993, mientras Aylwin estaba de gira por Europa, Pinochet dispuso un acuartelamiento general del Ejército y ordenó el despliegue de boinas negras, el cuerpo de élite del Ejército, en las afueras de los edificios asignados a las Fuerzas Armadas en el centro de Santiago, mientras los generales del Ejército se reunían en su interior.[14] La demostración de fuerza obligó al gobierno de Aylwin a sostener conversaciones secretas para mitigar las inquietudes del Ejército respecto a la investigación de las violaciones a los derechos humanos, su corrupción y su independencia del presidente. Surgió a la vez evidencia de que los militares realizaban espionaje electrónico contra políticos. Esas formas de intimidación apuntaban a anular las investigaciones de las irregularidades financieras del hijo mayor de Pinochet: el infame caso de los "Pinocheques".[15] La Unión Demócrata Independiente, el partido político chileno de derecha dura, vino a reforzar la pérdida de memoria arguyendo que en el tema de derechos humanos existía una jerarquía, y que los menos relevantes de ellos podían estar supeditados a la búsqueda del "bien común".[16]

En esa tensa atmósfera política y legal, el caso Letelier destacaba como una excepción, pero a la vez no. Por un lado, cediendo a la presión de Estados Unidos, Pinochet había excluido el asesinato de manera explícita en la Ley de Amnistía promulgada en 1978, que absolvía a sus esbirros de las atrocidades cometidas hasta ese año. Por esa razón, el Informe Rettig había adjudicado públicamente la culpa del asesinato de Letelier a "agentes del gobierno chileno, a saber, agentes de la Dina", algo que no se atrevió a hacer en otros casos, pese a tener información respecto a ellos.[17] El estatus excepcional del caso hacía imposible, según parecía entonces, que un veredicto en el tema Letelier, si alguna vez ocurría, sirviera como precedente legal para el procesamiento a los violadores de derechos humanos durante la era de Pinochet.

Por otra parte, el caso no era solo legal sino que también político. Puede que su sola continuación activara la memoria y causara espanto a los ciudadanos chilenos algo más discretos, lo que bien podía modificar la política del olvido y hacer que el caso Letelier significara algo para todos los chilenos. Por ejemplo, las compensaciones pagadas a los deudos de Letelier, los Karpen y Michael Moffitt fueron un espejo para las compensaciones asignadas a los más de 4.500 familiares de víctimas de violaciones a los derechos humanos a fines de 1992. Adicionalmente, el asesinato de Letelier no era el único en cuanto a estar aún sujeto a procesamiento, pues la Ley de Amnistía no prohibía hacer justicia en el caso de unos quinientos opositores al régimen asesinados después de 1978.[18] En tanto Aylwin aceptaba el principio fijado por la Ley de Amnistía de que los violadores no serían procesados, hizo notar que nada impedía que los delitos fueran investigados. Aplicando lo que llegó a ser conocido como la doctrina Aylwin, ordenó a la judicatura que investigara y a las Fuerzas Armadas, que colaboraran en el empeño.[19] En una búsqueda aún más significativa de lagunas en la ley, un juez argumentó más tarde que las desapariciones anteriores a 1978 estaban sujetas a procesamiento porque, al estar inubicables las víctimas, debía considerárselas delitos en curso.

A comienzos de 1980, el abogado chileno contratado por el gobierno estadounidense, Alfredo Etcheberry, especulaba con que el único punto de inflexión en el caso Letelier surgiría en el caso de que Liliana Walker regresara del frío.[20] Walker era posiblemente la persona más misteriosa en la saga relativa a Letelier. "Walker"—un alias de Mónica Lagos, una *escort* y después trabajadora sexual en la nómina de la Dina— había sido contratada por Pedro Espinoza para desempeñar el papel de esposa de Armando Fernández Larios en su misión de vigilancia en Washington durante el verano de 1976. Según todos los testimonios, no había jugado un papel sustancial en el complot. Había estado brevemente con Michael Townley y Orlando Letelier, pero pasó buena parte de sus días en Washington alejada de Fernández, haciendo compras y visitando lugares.

Casi todo el mundo la desestimaba como una persona de poca importancia. "Hay dos tipos de mujeres. Uno puede salir un par de veces con una mujer como esta, pero jamás la llevaría a un restaurante", dijo el propio Fernández sobre Walker. "Provenía de una clase social inferior. Sus uñas, por ejemplo, estaban descuidadas". Él creía, erróneamente, que Espinoza ignoraba quién era ella y, para ser más precisos, que ella no era empleada de la Dina.[21]

Durante años después de ocurrido el asesinato, los investigadores estadounidenses y chilenos batallaron para identificar a "Liliana Walker". La conjetura documentada más temprana respecto a su pasado provino en mayo de 1978 de Robert Scherrer, el hombre del FBI en Argentina, que la identificó como "una prostituta de clase alta" cuyo nombre ningún chileno parecía conocer.[22] El FBI en Washington especulaba con que podía ser "una agente de la Dina muy bien entrenada".[23] En ausencia de una foto suya, un dibujante hizo un retrato hablado de ella, pero Townley indicó que no se parecía en nada a la persona real. En torno a agosto, su nombre se hizo público y la prensa santiaguina informó que nadie de apellido Walker en Santiago sabía algo de ella.[24] Y tampoco nadie con ese nombre tenía un pasaporte chileno.

De inmediato, múltiples chilenos, militares y civiles, se abocaron a averiguar quién podía ser. ¿Una secretaria de los militares? ¿La esposa de un operador de la Dina? ¿La hija de un simpatizante nazi? ¿Una alemana-occidental y chilena con el grado de capitán dentro del servicio de inteligencia chileno? ¿Una mujer internada en un convento de las carmelitas en Caracas?[25] Un informante potencial le solicitó 200.000 dólares a la embajada de Estados Unidos a cambio de su presunta exclusiva sobre Liliana Walker.[26] Algunos pensaban que no existía; otros, que era un hombre disfrazado de mujer.[27] Otros, incluso especulaban con que era Mariana Callejas, la esposa de Townley. "No, no soy ella", dijo Callejas decepcionando a la prensa, "pese a que me gustaría por la descripción física que me han hecho de ella".[28] Una revista enumeró cerca de cincuenta posibles identidades.[29] A los funcionarios estadounidenses les parecía inconcebible que la Dina la hubiera contratado sin saber su verdadero nombre —Espinoza, que fue largo tiempo su contacto, sin duda lo sabía, pero otros funcionarios chilenos parecían sinceramente intrigados—. Con todo, los estadounidenses eran cautelosos al preguntar a Chile respecto a cualquier pista posible, ante el temor de que el régimen de Pinochet la hiciera "desaparecer".[30]

En 1988, cuando los chilenos comenzaban a ver la luz al final del largo y oscuro túnel de la dictadura, un pescador de nombre Marco Linares contactó a la embajada de Estados Unidos para indicar que, a diferencia de aquellos que habían aparecido por allí antes, él sí sabía la verdadera identidad de "Liliana Walker". A esas alturas, el personal de la embajada había recibido quizás docenas de tales alardes. Aun así, a mediados de junio, Linares se reunió con el encargado político en un restaurante de Santiago y le entregó una carta de una tal "Mónica". La autora de la carta decía haber sido alguna vez la amante de Espinoza, pero que no tenía contacto con él o Manuel Contreras desde 1980. El personal de la embajada consideró "poco convincente" a Linares, pues se lo veía sospechosamente relajado y como un profesional en el asunto y pidió dinero a cambio de su información. Pese a ello, la historia parecía muy similar a otra que habían oído de labios de un antiguo líder de la juventud radical que les había revelado el verdadero nombre de Walker: Mónica Lagos.[31]

Entretanto, la familia Letelier intentaba mantener viva la llama de su caso legal valiéndose de la mera posibilidad de que Liliana Walker aflorara a la superficie. En febrero de 1989, solicitó al Segundo Tribunal Militar de Santiago no solo que reabriera el caso pasaportes, sino que investigara a la vez el paradero de Walker. Dos meses después, un juez falló en contra de la familia, que no había tenido éxito en remover al magistrado del caso, sobre la base de que había trabajado para la Dina en la época del asesinato de Letelier.[32]

El 17 de abril de 1990, los chilenos se despertaron con un dramático encabezado en la primera página del matutino *La Época*: "Yo soy Liliana Walker", declaraba el personaje en grandes caracteres, acompañados de una foto de pasaporte de 1976. Resultó que Marco Linares estaba en lo cierto. El nombre real de Walker era Luisa Mónica Lagos Aguirre, pero era conocida como "Mónica". La carta que había escrito en 1988 era auténtica. "Quiero quitarme este peso de la conciencia", había escrito en una versión más extensa de su historia desde el asesinato de Letelier.

Había estado en Miami el 21 de septiembre de 1976, cuando escuchó sobre lo de Sheridan Circle. "Debo reconocer que tuve un breve pero intenso sentimiento de culpa. Fue terrible ver las fotos del automóvil de Orlando Letelier destrozado. Fue terrible saber que me había involucrado en algo así".[33] Inmediatamente volvió a Chile, donde se reunió con Espinoza en el aeropuerto y le devolvió el pasaporte de Liliana Walker. Continuó viéndolo después de eso —y haciendo viajes para la Dina a Venezuela, Perú y de nuevo a Estados Unidos—, pero ella sentía que su relación era "cada vez más intensa" y más allá de lo que ella misma consideraba "conveniente".[34] Él le aconsejó que rompiera con su novio izquierdista y le aseguró que ella estaba a salvo de cualquier forma de procesamiento legal relacionado con Letelier. En 1978, cuando el FBI llegó a husmear en Santiago, Lagos entró en pánico y exigió una reunión con Contreras. Este y Espinoza le dieron algo de dinero en efectivo y le dijeron que se fuera a vivir con sus padres. El servicio de inteligencia, recordaba luego ella misma, "se olvidó completamente de mí".

Entonces se involucró con un hombre, pero cuando ella le contó de su participación en el asesinato de Letelier este la dejó. Estando entonces en Los Ángeles, regresó a Chile en mayo de 1979, devastada. "Estaba en un estado físico y mental deplorable. Sentía que me perseguían, creía que en cualquier lugar me podían matar, que la Dina estaba en todas partes". Acudió a ver de nuevo a Contreras, quien le dio otra vez seguridades: "No te preocupes. Tú estás sanita, muy sanita".[35]

Más adelante dentro de ese mismo mes, cuando los tribunales chilenos denegaron la extradición de Contreras, Espinoza y Fernández, este último se contactó con Lagos, refiriéndole su propio abandono de la Dina. Tres meses después, Espinoza le pidió verla. "En un principio me dieron deseos de mandarlo a la mierda", recordaba ella, "pero me frené, sabedora de lo que es capaz esa bestia si se lo hería". Acordaron seguir en contacto, lo que él hizo ocasionalmente desde su cargo en Sudáfrica. Cuando dejó de llamarla, Lagos lo buscó de nuevo a él. "Era mi única tabla de seguridad", recordaba.

Los ochenta no fueron dadivosos con Mónica Lagos. Vivía con sus padres y comprobó que era tan pobre como antes de la Dina. Ya no era bienvenida en los burdeles de lujo, así que "me incorporé al mundo sórdido de la prostitución, en otro nivel, donde era indispensable consumir alcohol, drogas y realizar todo tipo de locuras". Así se volvió una alcohólica y drogadicta. En torno a 1982, tuvo una hija, Paula. En 1985, vivió durante meses en "estado vegetal" y bajo cuidados psiquiátricos, ingiriendo hasta veinte píldoras a la vez.[36] Finalmente acudió a su hermana Diana, quien la rescató con su madre del hospital psiquiátrico. Un psiquiatra la diagnosticó con "esquizofrenia aguda", informó luego su padre.[37] Sus amigos decían al describirla que sufría de "complejo de persecución". "Ella siempre decía que la estaban siguiendo", recordaba uno de ellos, "y a veces se ponía a llorar sola, porque piensa que la pueden matar". Con el tiempo, Lagos habría de volver al amparo de los hospitales psiquiátricos o abandonaría Chile solo para sentirse un poco más segura.

Al regresar de uno de sus viajes al extranjero y abordar un autobús chileno se topó con un agente de la Dina. Ella había cambiado por completo su apariencia, pero aun así él la reconoció. "¡Liliana!", le dijo empleando su alias en la Dina, y ella se bajó de inmediato del vehículo, aterrorizada. Hasta había hecho quitar su número de la guía telefónica de Santiago.

Refugiada en casa, comenzó a seguir radicales dietas para perder peso y se tiñó de negro el cabello, que era rubio de nacimiento.[38] Solía fumar marihuana, como admitían avergonzados sus padres.[39] Pasaba la mayor parte del tiempo en su dormitorio individual viendo televisión, hablaba solo con miembros de su familia y rara vez salía o interactuaba con los vecinos.

Cuando Fernández desertó en 1987, recordaba ella misma, "comencé a pensar en la posibilidad de hacer lo mismo, pero observaba en el camino muchas dificultades". Un factor primordial era el temor a la policía secreta chilena. Tampoco tenía dinero para contratar un abogado.

En torno a 1990, a los 37 años, había superado su adicción a las drogas y el alcohol, según dejó constancia por escrito, "pero padezco de intensas crisis, que en algunas ocasiones alteran seriamente mi personalidad".[40] Desde 1980, había intentado suicidarse en varias ocasiones, cortándose las venas o tratando de envenenarse. Fantaseaba con testificar en un tribunal de Washington y quedarse en los Estados Unidos.[41]

El misterio detrás de Liliana Walker resultó demasiado tentador para una prensa chilena fascinada con el caso Letelier y que disfrutaba de una creciente libertad de expresión. El 8 de abril, una fuente se contactó con un reportero de *La Época* para brindarle una pista de la identidad de Walker —incluyendo una dirección en la comuna de Ñuñoa, en Santiago—.[42]

A las dos de la tarde del domingo 15 de abril, uno de los vehículos del diario llegó cautelosamente a la esquina de Amapolas con Montenegro, a esa hora en que las familias de clase media almorzaban en sus casas. Las calles bordeadas de árboles estaban silenciosas y desiertas. El automóvil se aproximó a la dirección en Amapolas, que aparecía flanqueada por casas adosadas de dos pisos. Manuel Salazar, el editor nacional de *La Época*, descendió del auto y se acercó a la reja. Estaba cerrada. Salazar miró al interior por las ventanas con las cortinas corridas a medias. Un dóberman de color marrón claro y de nombre Ruby vino a la ventana y le ladró al periodista. Salazar tocó el timbre de la reja y esperó. Finalmente, un hombre joven abrió una ventana del segundo piso.

—Sí, ¿qué desea?

—Buenas tardes.* ¿Estará Mónica Lagos?

—¿De parte de quién?

—Quisiera hablar con ella. Es algo importante.

—Un momento. —El joven bajó y abrió la puerta—. ¿Para qué sería?

—Mire... Es algo importante que me gustaría hablarlo con ella.

—Pero, dígame de qué se trata.

—Es sobre un viaje que ella hizo a Estados Unidos. En verdad es algo que a ella le va a interesar... Por favor dígale...

—¿Quién es usted?

Salazar extrajo una tarjeta de visita mientras Ruby continuaba ladrando.

—Espere un momento —dijo el hombre y volvió a la casa. A los pocos segundos volvió—. Ella no está.

Dudando de ello, Salazar insistió:

—Dígale por favor que es muy importante que hable con ella. Es de vital importancia.

—Ella no está. Estoy solo con mi abuelita.

—¿Puedo hablar con su abuelita?

El joven vaciló y enseguida pareció decidirse:

—Por favor no insista. Mónica no está.

—¿Puedo esperarla?

—No sé cuánto se va a demorar. Vuelva mañana.

—Pero... —comenzó a decir Salazar, aprovechándose de la contradicción en las dos últimas frases del muchacho.

—Volverá mañana, ¿ya? —dijo el joven, ahora visiblemente molesto, y caminó de vuelta hacia la casa.

Lagos tiene que estar en esta casa, pensó Salazar. *¿Por qué otra razón iba el joven a entrar y volver tan rápido?*

Él y un colega pasaron esa tarde y el crepúsculo vigilando la casa. A la mañana siguiente, el 16 de abril, vecinos curiosos se acercaron al vehículo de *La Época* para inquirir en qué andaba. Salazar se mostró renuente a decir mucho, a menos que ellos llamaran a la

* En español en el original (N. del T.).

policía. Poco después de las nueve de la mañana, una anciana apareció desde la casa de Lagos con una bolsa de tela.

—¡Es la mamá! —exclamó Salazar y saltó fuera del vehículo—. Buenos días, señora.* ¿Usted es la madre de Mónica Lagos?

—Sí, señor.

Salazar le pidió que lo dejara hablar con Lagos y le reveló que era periodista. Los ojos azules de la anciana se llenaron de lágrimas.

—¿Por qué no vamos para la casa? —dijo.

Antes de que hubieran cruzado el umbral de la vivienda, llegó una voz desde el interior:

—¿Quién es, mamá? ¿Qué quiere?

La anciana intentó explicarle, pero la voz se volvió más ansiosa:

—No, no. ¡Váyase! ¡Váyase por favor! ¡Mamá, cierra la puerta!

Salazar insistió y, finalmente, la voz desde el interior dijo:

—Voy a salir, pero vamos a hablar afuera.

Y del interior apareció una mujer delgada, con el cabello rubio recogido en un moño, vistiendo un overol de mezclilla azul y luciendo una gruesa capa de maquillaje en el rostro.

—¿Qué quiere? ¿Quién es usted? ¿Puedo ver su credencial?

—Creemos que es usted Liliana Walker, la mujer que acompañó al capitán Armando Fernández Larios en un viaje a Estados Unidos, en los días previos al asesinato de Orlando Letelier.

—Están equivocados. Yo...

Salazar la frenó con más detalles de su vida, todos ellos exactos.

—¡Por favor, bajen la voz! —dijo la madre—. ¡Los vecinos!

Entonces pasaron al interior, pero ella seguía mostrándose renuente. Salazar le ofreció ir en busca de alguien en quien ella confiara, y ella le dio el nombre de un abogado.

Con este presente, ella reveló la historia que apareció en la edición del día siguiente de *La Época*.[43] A la vez, entregó a los reporteros del diario una nota: "Tuve miedo, he tenido miedo durante mucho tiempo. Pero ya no más. Es necesario que se sepa la verdad y estoy dispuesta a contribuir a ello... A ir a los tribunales si así me lo piden. Siempre estuve dispuesta pero nunca nadie me lo pidió. (...) Quiero también pedir perdón. Perdón a la familia Letelier. Si algo hice, lo hice sin saber que se trataba de un atentado tan horroroso como ese".[44]

---

* En español en el original (N. del T.).

Cuando la historia irrumpió, todo Chile se dio cuenta de que Liliana Walker "era una mujer y no un fantasma, como se llegó a pensar", como dijo Fernández.[45]

Al atardecer del día en que dio la entrevista, Mónica abandonó su casa con sus padres en un Datsun 150-Y, rodeado por una escolta policial del tipo fuerzas especiales. Ruby quedó en casa. Mónica dejó en manos de sus amigos un diario de cuarenta páginas que ella consideraba un seguro de vida en caso de que algo le ocurriera. Al cabo de pocos días, recibió amenazas telefónicas, y otro tanto le ocurrió a *La Época*. La policía la puso a ella bajo protección permanente de diez hombres fuertemente armados, pero al principio el gobierno no investigó, ni la interrogó o acusó de nada.[46] A los cuatro días de su evasión desde su casa, la prensa logró hacer una foto de ella con anteojos oscuros, negándose a responder preguntas.

La aparición de Mónica Lagos coincidió con la asunción de Patricio Aylwin al poder apenas un mes antes. Ocurrió a su vez solo cinco días después de que se anunciara el arresto de José Suárez en Florida. La marea parecía estar cambiando.

Como siempre, Isabel Morel fue al corazón del asunto. El verdadero significado de la confesión de Mónica Lagos no radicaba en su sensacionalismo. "La importancia de esta mujer", le recordó a la prensa, "es que ella confirma la historia de Armando Fernández Larios". Esa historia "fue tratada en Chile como un montón de mentiras contadas por un traidor al Ejército". Ahora, todo Chile sabía "que esta mujer dice haber venido con él a Washington".[47]

Entretanto, Fabiola Letelier preparaba una solicitud a la Corte Suprema para que reabriera el caso de pasaportes y homicidio. No intentó contactar a Lagos, pero Lagos afirmó que poseía documentos que probaban su historia (ello se fundaba en su creencia de que las autoridades estadounidenses podían rastrear los recibos de las compras que había hecho en Washington catorce años antes).[48]

El 24 de abril, la Corte Suprema de Chile respondió a la solicitud de Fabiola Letelier, ordenando la reapertura del caso 192-78 y prometiendo nombrar un nuevo juez investigador. ¿La razón principal? La aparición de Mónica Lagos.

"Ya era hora", dijo Isabel Morel desde Washington. Y calificó el hecho de la nueva investigación como "extraordinariamente positivo, no solo para el caso Letelier, sino que también para otros casos de violaciones a los derechos humanos".[49] "Nosotros esperamos que en esta oportunidad no ocurra lo que ha sucedido hasta ahora", declaró la más escéptica Fabiola; "es decir, que se reabra el caso, se hagan dos o tres diligencias, e inmediatamente se sobresee el proceso". En el pasado, explicó, una docena de documentos se habían perdido sin explicación del tribunal. Ahora, un juez apropiado debiera investigar todo lo que Lagos dice, y "hay que llamar a declarar a Contreras".[50]

Al otro día, la Corte Suprema traspasó el caso a Raúl Rozas, un fiscal militar que interrogó a Lagos durante cuatro horas. Se la veía estresada, escribió un periodista, pero presuntamente confirmó que la Dina la había contratado para el viaje a Washington y que, en sus dos encuentros con Contreras, ella entendió que sus superiores trabajaban para él. Tras su testimonio, fue enviada a un centro de detención sin derecho de palabra más que con su vigilante, y allí pasaba los días caminando en su celda.[51]

Este encarcelamiento de una testigo sin cargos preocupó a Fabiola Letelier, como lo hizo la batería de pruebas psicológicas que le fueron administradas. ¿Estaba el Ejército intentando hacerla aparecer como mentalmente incompetente? El temprano arresto en mayo del periodista Manuel Salazar, también sin cargos, resultaba a la vez preocupante, aunque fue liberado al día siguiente.[52]

A fines de ese mes, el Ministerio de Relaciones Exteriores declaró de manera repentina que había concluido la revisión de tres mil pasaportes emitidos entre 1974 y 1979 y estaba por cerrar el caso pasaportes, lo que Fabiola Letelier interpretó como una táctica para oscurecer la verdadera misión de Liliana Walker.[53] Aún más serio fue que Rozas hizo exactamente lo que temía la abogada y anunció que, tras interrogar a Lagos, la iba a liberar y no realizaría ninguna gestión adicional en el caso.[54] Fabiola Letelier presentó una queja, y ella y su sobrino Juan Pablo solicitaron un juez investigador especial o ministro en visita sobre la base de que, después de que la nacionalidad de Orlando Letelier hubiera sido restituida con carácter retroactivo, debía considerárselo un ciudadano chileno al momento de su asesinato, lo cual permitía que el caso se viera en los tribunales chilenos.[55] El 5 de junio, la Corte Suprema rechazó la solicitud. A fines del verano de 1990, Fabiola y Juan Pablo habían presentado un total de setenta y dos mociones ante los tribunales chilenos, sin avanzar ni un solo paso en el caso. "Presagia lo que va a ser la no justicia", declaró ella preocupada.[56]

La ausencia de justicia persistió un año más. Pero en febrero de 1991, el ministro de Justicia, Francisco Cumplido, dictó una serie de reformas judiciales —las llamadas "Leyes Cumplido"—, entre ellas la transferencia de la mayoría de los casos de tribunales militares a cortes civiles. Las "Leyes Cumplido", sin embargo, mantenían los delitos cometidos por personal militar dentro de los tribunales militares. Aylwin fue también cuidadoso de no presionar demasiado al Ejército, pues la derecha dominaba el Senado y la Corte Suprema se rehusaba a reinterpretar la Ley de Amnistía. Pinochet rechazó a la vez el requerimiento de Aylwin de forzar el retiro de Pedro Espinoza.[57]

En marzo, la Corte Suprema intentó dilatar el caso, alegando que no podía aceptar la jurisdicción porque el tribunal militar tenía pendiente la apelación de un fiscal militar para que se cerrara el caso. En abril, ese tribunal militar mantuvo la decisión, con los votos de sus tres jueces militares superando a los de los dos civiles. Los fiscales militares se apresuraron a aprovechar la oportunidad para solicitar a la Corte Suprema el cierre permanente del caso 192-78.[58] Al mismo tiempo, sin embargo, justo cuando la noticia del arresto en Florida de Virgilio Paz llegó a Chile, el tribunal militar modificó el estatus del caso Letelier de "definitivo" a "temporal", con dos de los jueces militares votando a favor de investigar adicionalmente el caso.

Como era habitual, la presión de Estados Unidos sobre sus diplomáticos, para que a su vez presionaran a Chile, comenzó por la comunidad de derechos humanos y sus aliados en el Congreso. La Cámara de Representantes manifestó su inquietud al presidente George H. W. Bush. Harry Barnes, ahora exembajador, se sumó a la Liga Internacional Pro Derechos Humanos en Chile para reunirse con Aylwin y los Letelier. "Quince años después del crimen", escribió Scott Greathead, miembro de la Liga, "su resolución sigue siendo el asunto más relevante y único en las relaciones bilaterales de las dos naciones".[59] Como fruto de ello, los funcionarios estadounidenses advirtieron a su contraparte chilena que ningún acuerdo de libre comercio sería posible mientras el caso Letelier-Moffitt continuara sin resolverse. El gobierno de Estados Unidos prometió a su vez a los deudos de Letelier y Moffitt que, si Chile no hacía la acusación, Washington volvería a solicitar la extradición, humillando de ese modo a Aylwin.[60]

En marzo, el presidente Aylwin y su Ministerio de Relaciones Exteriores solicitaron formalmente a la Corte Suprema que designara a un juez especial —un ministro instructor— para la revisión del caso Letelier, basándose en una ley Cumplido que permitía la revisión civil de un delito militar si este afectaba las relaciones exteriores de Chile. Pocos en el bando de Letelier tenían esperanzas, puesto que Pinochet había copado, antes de abandonar su cargo, el tribunal de diecisiete jueces con nombres favorables a él.

Para empeorar las cosas, el reloj seguía avanzando. En Chile, el estatuto de prescripción de un homicidio a los quince años estaba por cumplirse el 21 de septiembre de 1991, en apenas unos meses más, así que las acusaciones debían ser presentadas antes de esa fecha o nunca habría justicia contra los asesinos de Letelier y Moffitt.

Entonces, de manera repentina, los eventos se volvieron a favor de la familia Letelier. A principios de julio, la Corte Suprema se rehusó a cerrar el caso. El 15 de julio, con una votación de nueve a siete y la abstención de un juez, la Corte accedió al requerimiento de Aylwin de nombrar un ministro instructor. El jurista escogido fue uno de ellos, Adolfo Bañados, el juez más nuevo y el único que no había sido nombrado por Pinochet. Una de sus hijas lo describió como un hombre "tímido, introvertido y cariñoso".[61] Alguien que rehuía las entrevistas, escribía poesía y pintaba. En los albores de los 70 años, se conservaba en gran forma practicando escalamiento en los Andes. Era conocido entre sus pares como un espíritu conservador, pero a la vez un intelectual agudo y enérgico, y un investigador ferozmente independiente, muy ceñido al manual.

Sus decisiones probaron ser una montaña rusa de emociones para la familia Letelier. Él mismo había votado contra el requerimiento de Aylwin y afirmado que la reapertura de la investigación iba a requerir de "una circunstancia extraordinaria, el hallazgo de que existían nuevos hechos"en la causa.[62] Rápidamente anunció que reabriría el caso, pero señaló que lo haría de oficio, queriendo decir con ello que sería por propia iniciativa y no en respuesta a ninguna petición. Y de nuevo solicitó todos los testimonios de los cubanoamericanos ante los tribunales estadounidenses.[63] Temiendo que todo esto iba demasiado lento, Jaime Castillo, abogado de la familia Letelier, anunció que presentaría una querella en la que acusaba a Contreras y Espinoza del asesinato, para forzar a Bañados a revisar los archivos y el fallo. Una semana después, el 1 de agosto, Bañados reabrió oficialmente el que aún era conocido de manera habitual como el caso pasaportes. Tres semanas más tarde, prohibió a Contreras, Espinoza y Lagos que abandonaran el país.

Contreras percibió el cambio en la dirección del viento. "Siempre colaboraré con la justicia", había dicho antes, pero ahora solicitó un decreto de prohibición contra Bañados basado en que el jurista estaba persiguiendo inconstitucionalmente delitos pretéritos. No tuvo éxito.[64]

El 20 de septiembre de 1991, el día previo a que se cumpliera el estatuto de prescripción, Bañados dictó el procesamiento de Contreras y Espinoza bajo los cargos de asesinato y uso malicioso de pasaportes falsos. Eso bastó para que el estatuto de prescripción no entrara en vigor. Dos días después, ambos personajes fueron arrestados. Los procesamientos se hicieron públicos. Contreras volvió a quedar detenido en el Hospital Militar, como lo había estado más de un año durante el fallido proceso de extradición intentado doce años antes.[65]

"Este es el desarrollo más importante habido desde 1978, el primer paso hacia la verdadera justicia", comentó exultante Fabiola Letelier.[66] A través de Bañados, de quien Isabel Morel recordaba que había sido "tan cuidadoso"al interrogarla, ella conoció a Juan Bustos, que se convirtió en su principal abogado y quien realizó la mayor parte del trabajo legal, con Fabiola Letelier transformada ahora en portavoz de la familia. A esas alturas, "yo había hablado mucho y por muchos años", recordaría Isabel Morel posteriormente.[67]

La investigación discurrió en buena medida en secreto, con la prensa informando de los nombres de quienes eran interrogados por el juez Bañados, pero no de sus testimonios. En su desarrollo, ambas partes bombardearon a Bañados con peticiones para facilitar o dilatar la investigación inspirándose en cualquier tecnicismo imaginable.

Contreras se enfrentó por primera vez en su vida a un interrogador inamistoso. Su hijo, que lo visitaba en su detención tres veces por semana, denunciaba que su padre era víctima de "crueldad" y "persecución política", y acusaba a los "extremistas marxistas"de falsificar documentos.[68] Cuando Contreras padre leyó la transcripción de su declaración de veinte minutos, alegó que no correspondía a lo que él había dicho. Al día siguiente, la ratificó.[69]

Para otros, el proceso fue una catarsis. "Yo pensé antes que iba a sentir rabia, ira", dijo Juan Pablo Letelier, que presenció el testimonio del Mamo. "Y lo que más me sorprendió es que no sentí furia ni odio. Sentí desprecio".[70] Al igual que su madre, Juan Pablo apreciaba la significación más amplia del caso: "Se hace justicia, o se comienza a hacerlo no solo en el caso Letelier, sino que en cientos o miles de otros casos". Fabiola Letelier atribuyó el salto adelante a la transferencia del caso a los tribunales civiles. La empecinada abogada dejó a la vez traslucir en público una rara muestra de emoción: "En lo personal me siento muy contenta, porque en muchos momentos de estos largos años me sentí muy desalentada. Sentía que luchábamos contra una muralla".[71]

Con los interrogatorios concluidos, Bañados, en audiencias previas al juicio que comenzaron en noviembre, argumentó a favor de los procesamientos ante cinco de sus colegas, los que habrían de decidir si acusaban formalmente a Contreras y Espinoza de asesinato y despejaban la vía para un juicio criminal. Esta fase era crítica. Si la Corte Suprema aceptaba la evidencia presentada por Bañados, era casi segura una condena en el camino. Según un activista de derechos humanos, "este es el caso donde se probará si hay verdadera justicia en Chile". Pocos se sentían tranquilos de saber que Contreras hablaba por teléfono casi a diario con Pinochet desde su *suite* en el Hospital Militar.[72] Cientos de familias cuyos miembros habían desaparecido bajo Pinochet miraban atentamente estos procedimientos con la esperanza de que ellos sentarían un precedente —o al menos servirían como una forma simbólica de compensación—. Sería el primer indicio de que las violaciones a los derechos humanos en Chile no quedaban envueltas en lo que Fabiola Letelier denunció como una "absoluta impunidad. Y en ese contexto, el caso Letelier es un símbolo".[73] Ella y otros abogados de ambas partes presentaron a la vez su caso ante la Corte Suprema.

El 18 de noviembre, la Corte anunció que había llegado a una decisión. Los abogados de la defensa estaban seguros de haber convencido a los jueces no solo de que Bañados no tenía jurisdicción sobre el caso, sino que a la vez de que los cargos por fraude de pasaportes habían prescrito. Isabel Morel, Juan Pablo Letelier y Fabiola Letelier esperaban afuera del tribunal rodeados de otros miembros de la familia y familiares de chilenos desaparecidos o ejecutados.

De pronto, el vocero del tribunal hizo su aparición. Con voz trémula, leyó la decisión: "Se confirma la resolución apelada de 20 de septiembre".

Ante estas palabras, "surgió un fuerte aplauso", según escribió el abogado Jaime Castillo, "del que no pudieron sustraerse siquiera los funcionarios de Gendarmería que custodian ese edificio".[74] La votación de la Corte había sido muy cerrada, de tres votos contra dos, a favor de sostener el procesamiento y apoyar la investigación de Bañados. Contreras y Espinoza seguirían bajo arresto y la investigación podía continuar. La familia Letelier estaba eufórica. El presidente Aylwin calificó el dictamen como una "gran noticia".[75]

Al preguntársele si estaba satisfecho, Bañados, quien había trabajado sin pausa desde septiembre, respondió: "Más bien estoy cansado, por ahora. No hay que comprometer los sentimientos personales en esto".[76]

El 27 de noviembre, varios funcionarios acudieron al Hospital Militar a tomar la foto y las huellas dactilares de Contreras para su ficha policial. En lugar de someterse a este procedimiento de rutina, el antiguo jefe de la policía secreta se encerró en el baño de su habitación durante dos horas. Los funcionarios esperaron largo rato y eventualmente desistieron.[77] "Se estaba duchando", explicó su abogado al otro día, cuando los funcionarios se presentaron de nuevo y hubieron de esperar media hora afuera de su puerta, visto que el procesado se rehusaba a ser fichado por simples civiles. Amenazándolo con rechazar todas sus restantes mociones si persistía en esa resistencia pueril, Bañados forzó eventualmente a Contreras a presentarse en la oficina del registro de antecedentes.[78]

Contreras y Espinoza fueron prontamente excarcelados con una fianza de 2.700 dólares cada uno, y ahora eran ellos quienes se quejaban de estar recibiendo amenazas anónimas, junto con sus abogados.[79] Los siguientes catorce meses presenciaron una historia de sucesivas tácticas dilatorias empleadas por los abogados de Contreras y Espinoza. Incluso lograron la aprobación de la Corte Suprema para requerir del presidente Bush que respondiera a cuatro preguntas relativas a su etapa como director de la CIA. En junio de 1992, Bush —al igual que Carlos Andrés Pérez desde Venezuela— testificaron vía cartas rogatorias.[80] El secreto envolvió todo el proceso.

La fase pública del juicio —la presentación de evidencia— se inició el 17 de febrero de 1993. Para ello, Bañados eligió la Cuarta Sala de la Corte Suprema, una de las más reducidas dentro del edificio, y ordenó modificar el mobiliario de manera que los asientos se redujeran a dieciséis en total: cuatro para los abogados de la acusación, tres para los de la defensa, cuatro para la prensa y los cinco restantes para la familia Letelier y otros abogados. Veinte medios de prensa solicitaron asientos, pero solo hubo uno para las radios, uno para los periódicos, uno para la televisión y uno para la prensa extranjera. Solo podrían utilizarse papel y bolígrafo y no se permitirían grabaciones de ninguna índole.[81] Cuarenta testigos prestarían testimonio, durante seis días a la semana.

Contreras siguió mostrándose contumaz al verse enfrentado a la justicia civil. Aludiendo a continuas amenazas de muerte, su abogado planteó que su cliente no podía testificar en la Cuarta Sala, sino solo en un cuartel. "No hemos visto en ningún momento ninguna actitud hostil de nadie", replicó Fabiola Letelier, comenzando a perder la paciencia de manera evidente.[82] Frustrante para los abogados de Contreras fue que Espinoza, por contraste, no pidiera esa protección. Bañados ordenó a Contreras testificar en el tribunal. Aun así, el acusado solo apareció por Santiago después de que le fuera personalmente entregada una citación en su lejano rancho al sur del país y después de que Bañados prometiera duplicar o hasta triplicar la seguridad en el tribunal.

La petición de Contreras venía a contradecir sus palabras. Al preguntarle un periodista por las amenazas, el aludido se jactó de que "yo he recibido amenazas a través del teléfono y no les doy mayor importancia. Tengo 20 atentados a mi haber. Imagínese si le voy a dar importancia a una amenaza". Además, reiteró ante la prensa la mentira de que la Dina solo reunía inteligencia y nunca hizo desaparecer a nadie.

—¿Usted dio la orden de matar a Orlando Letelier?

—¿Usted cree eso? Una pregunta tan tonta, mejor no me la haga.

Entonces explicó que la CIA había matado a Letelier con la connivencia de la policía secreta venezolana.

—No me arrepiento de nada.[83]

En su propio testimonio, Espinoza se volvió en lo esencial contra Contreras, afirmando que este daba todas las órdenes en tanto él se limitaba a hacer trabajo administrativo y de análisis. Negó haber tenido conocimiento de la misión de Michael Townley a Washington.[84]

En otra entrevista, Contreras subió el número de atentados en su contra a veintiuno, repitió su acusación contra la CIA, alegó que bajo Pinochet no hubo desaparecidos y, cuando se le preguntó cuál era su mayor virtud, respondió "la honestidad".

Y dijo por añadidura: "No voy a pasar ni un día en ninguna cárcel".[85]

Finalizados los interrogatorios y con los chilenos en ansiosa espera de un veredicto durante varios meses, un extraño caso atrajo la atención del público, el que solo consiguió hacer más espesa la nube de terror que aún emanaba del régimen de Pinochet.

Eugenio Berríos era un ingeniero químico de la Dina al que se lo acusaba de ayudar a desarrollar gas sarín en latas de aerosol en el hogar de Michael Townley en Santiago. A fines de 1991, el juez Bañados emitió una orden de detención para Berríos, llamándolo a testificar contra Contreras y Espinoza, pero el químico desapareció de la escena. En mayo de 1992, fue trasladado en secreto a Uruguay. En noviembre de ese año, en el balneario de Parque del Plata, a unos cincuenta kilómetros de Montevideo, rompió una ventana desde el interior de un *bungalow* blanco, se trepó al marco y corrió hasta la casa de un vecino, a quien le dijo que lo tenían prisionero y que estaban a punto de asesinarlo.

Contó de nuevo esa historia en la estación de policía local, pero solo después de que un capitán de Ejército hubiera pasado por el lugar a pedir ayuda para recapturar a un "prisionero chileno" trastornado.[86] Cuando Berríos ingresó a la estación, dijo que había "sido secuestrado por los ejércitos uruguayo y el de mi país", agregando que Pinochet había ordenado su muerte. Media hora más tarde, el jefe de policía local arribó al lugar con tropas del Ejército en uniforme y se llevó a Berríos de allí, el que supuestamente se retractó de su historia. Esa misma noche, fue escoltado a Brasil.[87]

A mediados de 1993, a la par que la Corte Suprema consideraba el procesamiento de Contreras y Espinoza, la historia irrumpió de nuevo en las primeras páginas de los diarios cuando Berríos envió presuntamente una carta manuscrita al cónsul uruguayo en Milán, Italia. "No me busquen", decía en ella. "Es imposible encontrarme".[88] Según algunos reportajes, ese año Berríos estaba muerto. Se rumoreaba que su cuerpo había sido encontrado sin cabeza ni extremidades en el Río de la Plata, cerca de Montevideo. Otro rumor indicaba que estaba retenido por el Mossad, la policía secreta israelí, o por la CIA.[89]

A Fabiola Letelier, la desaparición de Berríos le indicó que ahí había una clave. "Berríos sabe cosas de Pinochet y Contreras que causarían tal daño, que resultó mejor sacarlo del país", señaló.[90] El caso Berríos sugería a la vez que la Operación Cóndor estaba viva y coleando, o cuando menos resurgiendo. "Esto tiende a probar que la coordinación [entre los países sudamericanos] está aún operando", explicó la propia Letelier.[91] El asunto elevó las tensiones entre civiles y militares en Chile y Uruguay, con los civiles acusando a los segundos de continuar con su guerra ilegal e ideológica.

En 1995, se descubrió al químico muerto en una playa de Uruguay, con dos balazos en la parte posterior del cuello. Veinte años después, catorce acusados del hecho fueron encontrados culpables y enviados a prisión.[92]

La atención vertida por los medios de prensa sobre el cada vez más intrincado caso Letelier pareció contribuir a un giro en la opinión pública chilena. En tanto en el otoño de 1991 el 55 por ciento de ella creía que Contreras había ordenado el asesinato de Letelier, dos años más tarde, mientras todo el mundo esperaba el fallo, esa cifra había aumentado a 71 por ciento.[93] Entretanto, la izquierda dentro del Congreso logró derrotar una propuesta de ley que garantizaba mantener en secreto la identidad de quienes entregaran información, aun siendo responsables por los hechos investigados. Quizás animados por el caso Letelier, un grupo de jueces se rehusaba de manera creciente a transferir casos a los tribunales militares, llamaba a testificar a oficiales de alto rango y resucitaba los casos que dormían en los tribunales. Como mucha otra gente, Fabiola Letelier percibía su propio trabajo como central en la búsqueda de justicia. "El caso Letelier será el primer caso en que se dicte una sentencia de cárcel y yo creo que, vista la magnitud de los abusos cometidos y los años que han pasado, es inmoral [que ello demore tanto]."[94]

El 12 de noviembre de 1993, el juez Bañados anunció que ya había llegado a un veredicto y una sentencia, pero se negó a hacerlos públicos hasta que los acusados hubieran sido notificados. Como abogado del caso, Fabiola Letelier fue informada del fallo, tras lo cual abandonó el despacho del juez rumbo al corredor dentro del tribunal. Rodeada de periodistas, solo dijo: "Culpables". Contreras fue sentenciado a siete años; Espinoza, a seis. Bañados había pedido quince y doce años, respectivamente, pero había reducido ambas sentencias por el tiempo transcurrido, absolviendo a los acusados de los cargos de fraude de pasaportes, visto que el delito había ocurrido antes del 21 de septiembre de 1976, de modo que el plazo para su prescripción se había cumplido.[95]

"Hoy es un día de gran esperanza para todos los chilenos", declaró Fabiola Letelier ante la prensa. Reconoció que las sentencias eran leves, pero hizo hincapié en que se había hecho justicia. Las condenas por asesinato de Manuel Contreras y Pedro Espinoza eran la primera instancia en que oficiales del Ejército eran llevados ante la justicia por violaciones a los derechos humanos durante los años de Pinochet.[96]

Cinco días después, Contreras llegó al tribunal en un automóvil que hizo chirriar sus ruedas al frenar. Con anteojos de sol y un traje de buena hechura, fue llevado al interior por sus guardaespaldas, entre el obturar de las cámaras fotográficas y los manifestantes que gritaban: "¡Asesino hijo de puta!".[97] Cuando reapareció, reiteró su postura: "Yo no voy a ir a ninguna cárcel, porque la justicia va a prevalecer".[98]

Él y Espinoza apelaron ante la Corte Suprema. Ambos quedaron en libertad bajo fianza.

18

SE ACABÓ EL SUSTO

En 1995, un año entero después de que el juez Adolfo Bañados sentenciara a Manuel Contreras y Pedro Espinoza, la Corte Suprema estaba lista para escuchar sus apelaciones y emitir su veredicto, frente a un crimen que ya tenía casi veinte años de antigüedad. El año anterior, el tribunal había revisado diecisiete volúmenes de documentos, con un total de 8.500 páginas, y veinte tomos adicionales de anexos.[1] El primer día del juicio, el vocero del tribunal dejó constancia del papeleo acumulado hasta allí: 2.090 procedimientos realizados, 349 testimonios recibidos, 903 documentos presentados, 305 cartas oficiales, 27 informes periciales, 23 inspecciones, 22 cartas entre los jueces, 461 alegatos de los abogados y alrededor de 2.000 estatutos y disposiciones del tribunal.[2]

La Cuarta Sala de la Corte debía encargarse inicialmente del caso. Sus cinco jueces —dos nombrados por Pinochet, dos por Aylwin y un último juez nombrado por el presidente Eduardo Frei Ruiz-Tagle, sucesor de Aylwin— eran una panoplia de varias orientaciones políticas, cuyo récord grupal en casos de derechos humanos no era el mejor ni el peor. Todos eran varones de raza blanca, entre los 61 y 79 años.[3]

Cada parte dentro del caso compitió para incrementar su capacidad de maniobra en el tribunal. Los abogados de Contreras y Espinoza querían que las audiencias donde serían escuchadas las cinco apelaciones al fallo de 1993 comenzaran como estaba programado, el 3 de enero. Siendo verano en Chile, con mucha gente fuera de su lugar habitual por vacaciones, la oportunidad habría de minimizar la atención pública sobre el caso, lo cual iría en beneficio de los acusados. Los abogados de la defensa pensaban a la vez que la composición del tribunal en ese momento era favorable a sus clientes, puesto que todo nuevo juez sería nombrado por Frei y, por lo tanto, exhibiría un mayor apego al imperio de la ley que los nombrados por

Pinochet.[4] Sin embargo, Isabel Morel y sus cuatro hijos presentaron con éxito una solicitud de suspensión de las apelaciones, una explícita táctica dilatoria que desplazó los procedimientos de la Corte para fines de enero con el fin de reforzar lo que Fabiola Letelier designó como la "transparencia" y "publicidad" del caso. Después de años de propiciar recursos dilatorios, ahora era el abogado de Contreras el que designaba las maniobras de Fabiola Letelier como "verdaderamente grotescas".[5]

La opinión pública adquirió protagonismo en la última fase del caso; en tanto, por primera vez en la historia de Chile, los procedimientos del tribunal pudieron ser televisados y transmitidos en vivo a toda la nación. La Corte Suprema firmó un acuerdo con cinco canales de televisión de Santiago, todos los cuales compartirían una única emisión de cámara desde el tribunal.[6] Peter Kornbluh, el académico estadounidense especialista en Chile, llamó al caso de 1995 "El juicio chileno a O. J. Simpson", aludiendo al infame caso de doble asesinato en California cuyos procedimientos televisados cautivaron a la audiencia estadounidense ese mismo año.[7] Algunos ciudadanos chilenos estaban simplemente dichosos ante la posibilidad de que la verdad del asesinato de Letelier fuera finalmente difundida a todos sus conciudadanos. Otros se lamentaban de que "la justicia chilena se acerca un tanto a lo que ocurre en la justicia estadounidense".[8]

Los requerimientos de espacio dentro de la sala fueron tan numerosos que la Corte cambió la vista del caso a la Segunda Sala, de mayores dimensiones, a la vez que mantenía a los mismos jueces. El primer día del juicio, el 25 de enero, un total de 106 personas ocuparon sus asientos. Aparte de los jueces y su personal, entre ellas se incluían treinta y seis periodistas, diez de ellos extranjeros; once abogados; cinco líderes de partidos políticos; el vicepresidente del Senado; media docena de líderes militares sentados a espaldas de la defensa; líderes del Partido Comunista; las hijas de Carlos Prats, otra víctima de Manuel Contreras; la agregada de derechos humanos de la embajada estadounidense; representantes de organizaciones de derechos humanos y de familias de los detenidos desaparecidos, e Isabel Morel y Juan Pablo Letelier.[9] Dentro de la sala, el público permanecía en calma. En el exterior del tribunal, docenas de familiares de los detenidos desaparecidos protestaban y hacían circular panfletos, y la policía cerró el tráfico en la calle Compañía.

La defensa no presentó nuevos argumentos o evidencias, limitándose de nuevo a negar que la Dina hubiera torturado a alguien o siquiera operado en el extranjero, y sembró la duda en torno a la credibilidad de Michael Townley. Los abogados de Contreras solicitaron un veredicto de no culpable o, cuando menos, una sentencia que no implicara tiempo en prisión. Hasta tuvieron la temeridad de quejarse de que el juicio se había "politizado".[10]

Juan Bustos, el abogado de la familia Letelier, contraatacó solicitando cadena perpetua, argumentando que una sentencia de seis o siete años sería más acorde al delito de robo con agravantes, no al de doble homicidio. "Este juicio ha marcado la historia de Chile y es un símbolo de una historia que no deseamos ver repetida", dijo a la corte. Comparó la arrogancia de los acusados con la de Macbeth, que confiaba en su omnipotencia sobre la base de que el bosque de Birnam no podía moverse hacia la colina de Dunsinane —hasta que lo hizo y sobrevino el ajuste de cuentas—. "Este proceso nos señala claramente que Manuel Contreras y Pedro Espinoza detentaban un poder omnímodo y se imaginaban que sus crímenes nunca serían castigados y que este proceso se diluiría en el tiempo. (...) Pero ha llegado la hora en que el destino se cumpla", concluyó. "Ha llegado la hora en que la justicia se imponga y que los criminales reciban la pena señalada en la ley".[11]

Luego de estos alegatos de apertura, otras de las partes involucradas presentaron evidencias. La Gendarmería nacional argumentó contra cualquier modalidad de arresto domiciliario de Contreras, basándose en un informe "sicosocial" cuya conclusión era que el antiguo jefe de la policía secreta, que había asesinado a miles de personas, tenía "nula conciencia del delito y ninguna motivación por el cambio". Cualquier forma de terapia sería así un desperdicio en "una persona que tiene solo una adaptación meramente instrumental a las normas, de manera que su aceptación no es real en su fuero íntimo, cuando ella se contrapone a sus intereses y expectativas". Espinoza, según decía su propio informe, también negaba sus crímenes "como mecanismo de defensa". Y "posee una autocrítica disminuida, es desconfiado en su aproximación a los otros y presenta una agresividad encubierta y signos de rigidez".[12]

Cuando la Corte Suprema se retiró a deliberar en torno al caso, Chile entero agonizó. Las opciones a que la Corte se enfrentaba eran esencialmente tres: opción uno, ratificar el fallo del tribunal inferior porque no había surgido ninguna evidencia nueva; opción dos, resolver por la culpabilidad de los acusados con condenas a prisión firmes pero inferiores a las dictadas por Bañados, u opción tres, emitir un veredicto de culpables, pero rebajar las sentencias a cinco años o menos en "libertad vigilada", justificado ello en buena medida por el tiempo transcurrido.

A medida que el ánimo general del público y la evidencia parecían volverse contra los acusados, y que los jueces se habían comprometido a fallar basándose estrictamente en los hechos, cada vez menos gente pensaba que el caso Letelier pondría en riesgo la democracia en Chile; vale decir, supondría un retorno de la dictadura. Aun así, a muchos les preocupaba que un veredicto de culpabilidad pudiera propiciar disturbios o el empleo de la fuerza por parte de los aún poderosos individuos leales a Contreras. Después de todo, él mismo había jurado que nunca iría a prisión. Y algunas agrupaciones de derechos humanos prometieron, por su parte, manifestarse abiertamente si la opción tres era la escogida. La ministra de Justicia, Soledad Alvear, se vio en el deber de instruir a los chilenos en el imperio de la ley y hasta amenazarlos con ello: "Los ciudadanos en nuestro país acatamos los fallos finales de la justicia; por tanto, genéricamente quisiera expresar que los ciudadanos debemos así hacerlo y si no se practica existen mecanismos legales contemplados en nuestra legislación para hacer cumplir los fallos de los Tribunales de Justicia".[13] Hasta el Partido Socialista, del que Juan Pablo Letelier era miembro y que distribuyó panfletos con el rostro de Orlando en ellos y las palabras: "Chile necesita justicia", se sintió en la necesidad de asegurar a los militares que su campaña iba dirigida contra Contreras, no contra las Fuerzas Armadas como un todo.[14] Hubo informes acerca de dirigentes políticos de la Concertación, la alianza política gobernante en el país, en que se amenazaba a la Corte con represalias si Contreras y Espinoza no cumplían condena. La Corte pospuso su veredicto hasta que el clima de tensión cedió.[15]

Pinochet contribuyó, por cierto, a aumentar la tensión. A fines de abril, una reunión de tres horas de los generales del Ejército concluyó con los encargados de todas las unidades recibiendo la orden de regresar a sus guarniciones y permanecer alerta contra cualesquiera "sorpresas desagradables". Al preguntársele qué significaba eso,

Pinochet respondió socarronamente a la prensa: "Averígüenlo ustedes". Extraoficialmente se supo que la movilización era una respuesta a lo de "Chile necesita justicia", que, pese a las garantías aludidas, generó temor entre los militares. "Sí, hay preocupación. (...) Todos somos una institución", declaró un general respecto al Ejército. "Un hombre que está en retiro no está fuera de la institución".[16] Un político de derecha prometió que el Ejército se defendería si era atacado.

Hasta cierto punto, el temor estaba garantizado en las filas de la derecha, porque Contreras sería ciertamente la primera ficha del dominó en caer. Como explicó Sergio Bitar desde la izquierda, "tuvimos que crear un relato que decía: las instituciones son una cosa, los criminales otra..., separando a las personas de las instituciones. Sabemos que eso no era cierto, ¡pero necesitábamos de alguna lógica para llevar a cabo nuestras políticas!".[17]

La persistente defensa de Manuel Contreras en público pareció darle un giro a la opinión pública. Una encuesta de abril reflejó que el porcentaje de chilenos que consideraba culpable a Contreras había caído de vuelta al 55 por ciento, desde el 71 por ciento de 1993.[18]

Con los rumores circulantes de que los cinco jueces de la Corte Suprema habían llegado a una decisión unánime, los generales volvieron a reunirse el 22 de mayo para esta vez comprometerse a aceptar el veredicto.[19] Tres días después, hubo una alarma de bomba en la Corte Suprema. Muchos, incluyendo al arzobispo de Santiago, sintieron la necesidad de brindar seguridades al público.[20]

Ante las risitas nerviosas de los periodistas, el presidente Frei respondió bromeando:

—Yo creo que la casa está en perfecto orden. No hay ningún problema. (...) ¿Por qué? ¿Hay algún problema?

Cuando la prensa insistió en que hablara en serio, el presidente se sintió obligado:

—El país tiene madurez y creo que vamos a asimilar está decisión como corresponde a una democracia madura.

—¿Y el Ejército también?

—Creo que todas las instituciones del país la tienen.[21]

El hijo de Contreras, Mamito, declaró que él bien podía sacrificarse junto a su padre para evitar que fuera arrestado.[22] Fabiola Letelier calificó su declaración como "una provocación y un llamado a la violencia".[23] Ciertamente, tales dichos parecieron agitar el ambiente dentro de la comunidad que rodeaba la estancia del Viejo Roble, el rancho de Contreras en el sur. En los días previos al veredicto, diecisiete camiones conducidos por agricultores se hicieron presentes en las puertas del recinto en muestra de solidaridad con Contreras. En las cercanías, el Ejército envió entre ochenta y ciento cincuenta soldados de las fuerzas especiales, comandados por dos generales, junto con dos helicópteros y al menos tres carros blindados.[24] La misión apuntaba, al parecer, a evitar la "humillación gratuita" de Contreras. La encabezaba el brigadier general Eugenio Videla, que se dirigió a la granja de Contreras para establecer una negociación.

—General —le dijo el propio Videla a Contreras—, por instrucciones del ministro y de mi general Pinochet, he venido a proponerle que se vaya usted a Isla de Pascua o Chaitén.

La elección era desoladora: o bien a miles de kilómetros de las costas chilenas o en un municipio ínfimo aún más al sur.

—No voy a huir como un culpable, y no iré a ninguna cárcel —replicó Contreras.[25]

El día que la Corte Suprema anunció su veredicto en Santiago, el edificio del tribunal estaba a su vez bajo excepcionales medidas de seguridad. La policía instaló una doble barrera de contención alrededor del palacio y de otros varios edificios militares cercanos. Buses cargados de fuerzas especiales de Carabineros llegaron para patrullar dentro y fuera del tribunal.[26]

Al mediodía del 30 de mayo, más de doscientas personas se hallaban reunidas en la segunda planta del Palacio de Tribunales. La mayoría eran abogados o activistas en derechos humanos, a los que se sumaron docenas de reporteros, incluidos algunos de España, Argentina, Finlandia y otros países. Todos en compás de espera. "La inquietud se respiraba en el ambiente", observó un periodista chileno.[27] En varias ocasiones llegó el aviso de que el tribunal estaba por hacer su anuncio, pero cada vez otro aviso informaba a los allí reunidos que la fotocopiadora del tribunal se había fundido y el anuncio se retrasaría.

Finalmente, a las 18:15 horas, Carlos Meneses, el secretario de la Corte Suprema, caminó hacia el bosque de micrófonos de radios y canales televisivos transmitiendo en vivo. Las cámaras disparaban sus flashes con furia, cegando momentáneamente a Meneses. Cuando este comenzó a hablar, se hizo un hondo silencio entre la multitud. "La Cuarta Sala de la Corte Suprema ha dictado sentencia de segunda instancia y ha confirmado el fallo de primer grado emitido por el ministro Bañados". Meneses agregó que la Corte había ratificado de manera unánime las sentencias de siete y seis años para los acusados: había elegido la opción uno. Con las palabras de Meneses, la multitud irrumpió en una ovación ensordecedora. Dos décadas de espera acababan de terminar. La gente se abrazaba y, con lágrimas corriendo por sus mejillas, cantó el himno nacional.[28]

En el exterior del tribunal, donde miles de personas se habían dado cita, manifestantes encapuchados dieron rienda suelta a su ira reprimida contra la policía, arrojándoles piedras y cócteles molotov e hiriendo a doce oficiales de Carabineros. Estos, a su vez, dispararon gases lacrimógenos y detuvieron a cuarenta y cuatro manifestantes. Dos horas después, el presidente Frei apareció sentado ante su escritorio del Palacio de La Moneda y, con la bandera chilena a un costado, hizo un discurso televisado a todo Chile para pedir a los chilenos que "reciban esta decisión con tranquilidad y espíritu sereno".[29]

A Fabiola Letelier, los restantes abogados, Isabel Morel, Juan Pablo y su hermano José Letelier —ahora un arquitecto del Ministerio de Planificación Nacional— les fue comunicado simultáneamente el veredicto en una dependencia anexa. Todos se abrazaron y dejaron que la alegría y el alivio los inundara. Isabel Morel, vestida entera de negro, cogió a sus dos hijos de la mano y juntos salieron a enfrentar a los medios de comunicación. Juan Pablo actuó esta vez como portavoz de la familia. "La Corte Suprema ha tenido coraje de administrar justicia", dijo. "Esta es una batalla no solo de nuestra familia, sino que de todos los chilenos".[30] José reiteró que, "si las Fuerzas Armadas se sienten agraviadas, es su problema; no ha habido intención de dañarlas. (...) Hoy hemos compartido una gran alegría porque este es uno de los pocos hechos que han llegado a juicio".[31] Su madre dio gracias a Dios por todos quienes habían permanecido a su lado desde el 21 de septiembre de 1976. Apretando sus brazos, habló de la fuerza de sus hijos a través de todo el calvario. Décadas después, ella recordaba ese día como "bello. La gente estaba tan contenta. Todo el mundo estaba tan contento. Creo que abracé a un millar de personas".[32]

Fabiola Letelier resultó en esta ocasión la más emotiva de la familia, lo que era poco habitual en ella. "En estos momentos tengo un sentimiento de profunda alegría, porque creo que por primera vez en Chile hemos conseguido una sentencia justa", dijo a los periodistas con la voz entrecortada.[33] Muchos otros se alegraron ante la habilidad de las nuevas instituciones democráticas chilenas para pasar una prueba mayor. "Este día es más feliz que ese otro día en que la democracia retornó a Chile", declaró la presidenta de la Agrupación de Familiares de Detenidos Desaparecidos.

La embajada de Estados Unidos en Santiago había permanecido deliberadamente en silencio durante el juicio, deseosa de no contaminarlo, pero al atardecer del 30 de mayo emitió al fin una nota de felicitaciones al gobierno chileno: "Nos complace que la justicia haya prevalecido".[34] Desde Estados Unidos, Michael Moffitt calificó la decisión como satisfactoria, pero no ideal. Sam Buffone y Eugene Propper evaluaron ambos las sentencias como inusualmente cortas; en Estados Unidos, estimó Propper, los acusados hubiesen recibido cada uno entre veinte años de cárcel a prisión perpetua.[35]

Los sectores conservadores, que lamentaron la decisión, lo veían como un ataque a todo el personal uniformado. Las propias Fuerzas Armadas mantuvieron un silencio inquietante, sin emitir declaración alguna. Una de las hijas de Pinochet, Lucía, declaró que la institución del Ejército estaba "dolida, molesta, enojada. [Mi padre] piensa que el Ejército salvó a este país, lo arregló y después lo entregó, dócil y voluntariamente", sin derramamiento de sangre, "a los civiles, a los políticos e incluso a los peores enemigos de antes. Pero como el enemigo parece no apreciar esos valores morales, en vez de sopesar las cosas, juzga a uno de sus generales de ese Ejército y a un brigadier activo".[36]

Los chilenos moderados, entretanto, celebraban la integridad del sistema democrático, evidente en la independencia de los tribunales y la separación de poderes. Muchos parecían también ansiosos de avanzar, de enterrar con el veredicto del caso Letelier cualquier sugerencia de que el gobierno de Pinochet como un todo, las Fuerzas Armadas o el propio exdictador fuesen a la vez culpables. El editorial de *La Tercera* a propósito del veredicto se tituló "Cerrando viejas heridas", y hablaba del alivio que suponía que la Corte Suprema hubiera negado de manera explícita la participación de "las más altas autoridades de gobierno"en el crimen.[37]

Espinoza redactó una declaración pública en la cual reiteraba su inocencia y el honor que representaba haber servido al "glorioso

Ejército de Chile, vencedor y jamás vencido", aunque a la vez anunciaba su voluntad de acatar el veredicto.[38]

El mismo día en que este se anunció, mientras la muchedumbre reunida fuera del tribunal celebraba, Sergio Miranda, el abogado de Contreras, se aproximó a los periodistas con el rostro contraído, incapaz de disimular su descontento. "No sé cuál será la reacción del general", dijo a la prensa, "pero no creo que aplauda".[39]

Contreras hizo que su reacción se conociera en una entrevista televisiva realizada desde Viejo Roble al atardecer del día en que se dio a conocer el fallo. El asunto no partió bien, con el general calificando a los gobernantes civiles y electos del país como "escoria marxista (...) que opera sin piedad para destruir a las Fuerzas Armadas".[40]

—¿Esperaba usted este fallo?

—Con este tipo de ministros, sí.

—Pero usted siempre dijo que creía en la justicia chilena y no en la norteamericana. ¿Sigue sosteniendo eso?

—No, ahora no creo en la justicia chilena, no en quienes acaban de emitir este fallo.

—Entonces, ¿quién mató a Letelier? ¿La CIA?

—Absolutamente, fue la CIA.

—¿Está pensando en fugarse?

Un general "no huye frente a una batalla", señaló. Y, puesto que no era un cobarde, tampoco consideraría nunca el suicidio.

—¿Irá a la cárcel?

—Yo no voy a ir a ninguna cárcel —reiteró—, mientras no haya una justicia real.

Y reclamó su derecho incluso a otro juicio más.[41]

La actitud desafiante de Contreras, aun ante la venerable Corte Suprema, hizo ahora rechinar los dientes de manera explícita al sistema. Un ministro del gobierno calificó su declaración como "un acto de arrogancia". El partido de derecha Renovación Nacional juzgó su "tenor" como "simplemente inaceptable", y los democratacristianos coincidieron.[42] Cuando el ministro del Interior amenazó con emplear la fuerza para encerrar a Contreras, el general respondió: "Él puede decir lo que quiera. Mis camaradas de armas me apoyan absolutamente". Al preguntársele quiénes eran esos camaradas, replicó: "Todo un ejército".

"Haré uso de todo lo que sea necesario desde el punto de vista legal", dijo, antes de añadir: "... o de otro tipo".[43]

Contreras había recibido la orden de comenzar a cumplir su sentencia dentro de cuarenta y ocho horas. "Al momento en que vengan por mí, decidiré lo que sea necesario", declaró el general. "Yo soy un ganador y no me gusta perder".[44]

El propio Ejército chileno mantenía al país en un estado de nervios. El 1 de junio, dos días después del veredicto, veintisiete generales se reunieron a puertas cerradas.

Cuando uno de ellos abandonó la reunión, se le preguntó:

—General, ¿la institución está molesta?

—¿Qué cree usted? —fue su respuesta.

—¿Se analizó el fallo, general? —preguntó alguien más.

—Por supuesto. ¡Nosotros no analizamos partidos de fútbol!

Horas después, Pinochet y su alto mando se reunieron con el ministro de Defensa, Edmundo Pérez Yoma. Cuando Pérez Yoma apareció tras el encuentro, los periodistas apuntaron a él sus cámaras.

—El Ejército acata el fallo —declaró para gran alivio de todos. [45]

¿Eso sería todo? ¿El Ejército no apoyaría a Contreras para que se resistiera a cumplir la orden? Los caricaturistas editoriales parecían creerlo así. Uno de ellos publicó un dibujo de un militar explicando a Contreras sentado en un taburete: "Usted no entendió, general. El Ejército '*acata* el fallo' y no '*ataca* el fallo'". Otra caricatura incluyó una mano uniformada cortando el cordón umbilical a un bebé con el rostro de Contreras.[45]

Con todo, el plazo para la rendición de Contreras se cumplió. Tres días después, Pinochet fue entrevistado en la televisión solo para declarar que "yo le creo a Contreras. Yo siempre le he creído a Contreras".[46] Agregando que su posición era personal, de carácter sentimental, y que la Corte debía ser obedecida. Y, en apariencia, no hubo contacto entre ambos luego del fallo. Pero el desacuerdo del comandante en jefe con la Corte Suprema dejó a muchos preguntándose si el Ejército no se sentiría envalentonado para resistirse al cumplimiento de la sentencia.

Rumores, miedos y retrasos frustraban a los Letelier. Juan Pablo Letelier, criado como católico, señaló que era "capaz de perdonar, si quien me hizo daño se arrepiente y pide perdón. (...) Es muy importante que se acabó el susto". Condenó a Contreras por estar deshonrando el uniforme al negarse a aceptar el fallo.[47]

Aun cuando los Letelier prometían que su afán no era una persecución de las Fuerzas Armadas como un todo, otros admitían las implicaciones más amplias del caso. Un sociólogo dijo que, aunque el caso era legalmente hablando solo contra dos personas, el juicio enfrentó a los civiles contra el régimen militar, especialmente contra sus prácticas terroristas.[48] Las agrupaciones de derechos humanos en Chile, aun no siendo tan poderosas como las de la vecina Argentina y estando enfrentadas a un Ejército más popular entre la población, se sintieron igual revigorizadas por el caso Letelier para presionar a los legisladores a que abolieran la Ley de Amnistía de 1978.[49] Algunos de quienes habían celebrado el veredicto habían exhibido pancartas que decían: "Hoy Contreras, mañana Pinochet".[50] *The Washington Post* escribió que Contreras "representa el declive de una especie alguna vez temida: la del general latinoamericano autoritario". En varios otros países de América del Sur, hacía notar, los "alguna vez mimados" abusadores de los derechos humanos estaban ahora en el punto de mira de la opinión pública y los fiscales civiles.[51]

Por ahora, el objetivo era Contreras. Una semana después del fallo, la Corte Suprema accedió a una de las solicitudes del general. Contabilizando los 472 días que Contreras y Espinoza habían cumplido en el Hospital Militar de Santiago en los años setenta y en 1991, redujo sus respectivas sentencias a seis y cinco años. Los amigos de Contreras diseminados alrededor del Viejo Roble solicitaron a la vez al presidente Frei que indultara al general, pero esa petición no llegó a ningún lado, como tampoco otras apelaciones de Contreras a principios de junio. Una vez más, Contreras alegó que su estado tan deteriorado de salud le impedía cumplir sentencia en ninguna otra prisión que no fuera su muy querido Hospital Militar. Fabiola Letelier lo denunció como un *bluff*. "Todo Chile ha visto al exgeneral Contreras en conferencias de prensa con una actitud desafiante, arrogante; descalificando a las autoridades del Poder Judicial, descalificando a todo el mundo y ha estado allí, coherente en su fanatismo. Él mismo ha dicho que está muy bien".[52] "Ningún chileno cree el cuento de que Contreras está enfermo", coincidió Juan Pablo Letelier.[53]

El domingo 11 de junio de 1995 fue testigo de uno de los eventos más extraños de toda la saga Letelier. A las tres de la madrugada, Contreras, todavía escondido tras los cercos del Viejo Roble y habiendo agotado los recursos legales, recibió una llamada de un capitán de inteligencia de nombre Helmut Schulback.

"En camino hacia usted va la operación militar del año", le advirtió a Contreras. Schulback le explicó que una caravana de autobuses con noventa policías a bordo se dirigía hacia Viejo Roble.

Ya veo, pensó Contreras. *Vienen a darme la baja.*[54] (El juez Bañados negó la existencia de una orden al respecto).[55]

Diciendo que quería evitar una confrontación enfrente de su novia, Nélida Gutiérrez, y sus hijas, Contreras decidió abandonar el rancho. Justo antes de hacerlo, un gran corte de energía dejó todos los celulares cercanos a Fresia sin señal. El hijo de Contreras, interpretando esto en apariencia como una táctica policial, cogió una ametralladora y disparó casi un centenar de ráfagas..., hasta que su hermana le quitó el arma. "Al menos yo esperé ver alguno frente a mí, para poder agarrarlo a balazos, porque entró a mi casa", declaró Contreras hijo.[56] Entretanto, su padre condujo 57 kilómetros hasta un regimiento cercano conocido como Sangra, donde el comandante a cargo dio refugio a Contreras. Al atardecer, al no haber ningún arresto, este regresó a Viejo Roble.

A los dos días —una revista lo designó como el "martes negro"— ocurrió algo aún más extraño. Comenzó a las diez de la noche del día previo, cuando Carlitos, un veinteañero que trabajaba en el rancho de Contreras, caminó hasta el portal de acceso con una sorpresa para los cerca de cien periodistas allí acampados: era un cordero entero sacrificado para ser asado. Mientras los periodistas digerían el producto del asador, en Santiago el ministro de Defensa aseguraba a los líderes de la coalición gubernamental que "todo estaba bajo control" en la transferencia de Contreras a Santiago. Pocas horas después, a la 1:20 de la madrugada, dos de los mejores amigos del general abandonaron el lugar en un vehículo donde iba un hombre con un pasamontaña verde como los del Ejército, sentado en el asiento trasero.[57] A las 2:25, tres jeeps militares con doce boinas negras a bordo ingresaron al complejo de Contreras. A las 3:30, uno de los jeeps abandonó el lugar a través de una de las salidas secretas del complejo, llevando al general y siendo conducido por su yerno. Cinco minutos después, los otros dos jeeps salieron por la entrada principal, escoltando un Subaru rojo en el que iban la novia e hijas de Contreras. Los periodistas apostados afuera de las puertas, ignorantes de la operación distractiva, siguieron al convoy. Por alguna razón, los tres jeeps se encontraron en el camino a la ciudad cercana de Osorno y, una vez llegados a ella, involucraron a los periodistas en una persecución alrededor de la ciudad, tras lo cual volvieron a separarse para perderlos.

El juego del gato y el ratón continuó hasta el aeropuerto de Osorno. Allí, a las nueve de la mañana, un avión Citation 2 para nueve personas y propiedad del Ejército despegó con un personaje importante que se parecía muchísimo a Contreras y se dirigió al aeropuerto de Los Cerrillos en Santiago. Sin que los periodistas lo supieran, unos minutos antes de que el Citation 2 despegara, un helicóptero de combate Hughes 500 perteneciente al Ejército —este sí con el verdadero Contreras a bordo— había abandonado el mismo aeropuerto con destino al Hospital Naval de Talcahuano, cercano a la austral ciudad de Concepción.

Toda la operación —que implicó tres aviones, tres helicópteros y tres señuelos, según la cuenta reseñada— fue una treta coordinada por varias ramas de las Fuerzas Armadas, sin conocimiento ni de la guardia policial alrededor del Viejo Roble ni del gobierno civil. Durante horas, ni el gobierno ni el juez Bañados tenían la menor idea de dónde estaba Contreras. Sin embargo, el contingente policial que vino horas después a "arrestarlo" probablemente lo sabía, puesto que solo llegó un vehículo.[58] Una vez instalado en Talcahuano, los oficiales a cargo de la base impidieron que la policía entregara a Contreras una orden de arresto.[59]

Más tarde, Pinochet explicó la motivación subyacente al operativo del 13 de junio. "Había que sacar al general Contreras y evitarle una humillación. Estábamos con un circo armado y había que evitarlo. Por eso se actuó así. ¡No podemos dejar que un general de la República sea vejado!". Analizando más ampliamente el caso, golpeó la mesa y gritó: "¡Este es un proceso que fue injusto! ¡Se le fabricó un tribunal *ad hoc*, similar al tribunal de Nuremberg!".[60] Pinochet admitió a la vez que la operación apuntaba a retrasar la transferencia a prisión de Contreras.[61] Un cientista político estimaba luego este momento como clave y uno en que la mayoría de los chilenos se preguntó si el Ejército habría de subordinarse verdaderamente a las autoridades civiles.[62]

El "martes negro" puso los nervios de punta al país más que ningún otro evento ese año. El mismo día, el presidente Frei tuvo que asegurar a la ciudadanía que la Constitución sería respetada. Tras los explosivos comentarios de Pinochet, el presidente suspendió un viaje que tenía planificado a Brasil. Un juez de la Corte Suprema amenazó por "desacato" a quienes se opusieran a los fallos de la entidad. El 14 de junio, hubo una fuerte explosión sonora en Santiago y solo un poco después la Fuerza Aérea anunció que la ruptura de la barrera del sonido por un cazabombardero F-5 había sido la causa. Los helicópteros militares sobrevolaban la capital. Un periodista tildó esta sucesión de eventos como "la situación más grave creada desde el comienzo de la transición [a la democracia]".[63]

"Antes de que el general Pinochet hablara, sentíamos que la crisis era manejable", dijo un activista de derechos humanos. "Pero esto se ha transformado ahora en el más serio desafío que el gobierno democrático de Chile ha enfrentado de parte del Ejército". "Este incidente no va a ayudar en nada a nuestra imagen", se lamentó un alto ejecutivo del sector industrial con un ojo puesto en las negociaciones para el ingreso de Chile al Acuerdo de Libre Comercio con Estados Unidos.[64]

Los medios chilenos estaban completamente absorbidos por el drama en curso, dedicándole horas de cobertura y varias páginas diariamente. Un periodista lo designó como "nuestra Guerra del Golfo", la primera guerra cubierta sin interrupciones por los medios globales. "Durante los últimos 30 días, y en especial desde comienzos de junio, no ha habido otra preocupación en el país que el Caso Letelier y las reacciones de los militares condenados".[65]

Obviamente envalentonado por el ejemplo de Contreras, Pedro Espinoza comenzó a hacer declaraciones de que no solo no se sentía bien, como le ocurría al general, sino que también, estando bien o mal, solo cumpliría su sentencia en el Comando de Telecomunicaciones del Ejército. Señaló que era el único lugar "adecuado para un militar, ya que cumple las condiciones de honorabilidad, seguridad y tranquilidad".[66] En ningún caso, replicó Pinochet. El 20 de junio, el Ejército despojó a Espinoza de su rango, y la policía chilena lo arrestó poco después de eso sin que hubiera incidentes. De inmediato, la bolsa chilena reaccionó al alza. "Este es un paso más, pero este caso solo habrá terminado cuando ambos estén en la cárcel", comentó Juan Pablo Letelier.[67]

Todo lo que faltaba era el "gato gordo", como designó un político chileno a Contreras. En el Hospital Naval, los médicos militares se esmeraban en dar con una condición médica que justificara su estadía allí. Aun reacio a rendirse, el hombre de 64 años había sido ya diagnosticado con un cáncer de colon y posible cáncer a los huesos. Era, además, diabético e hipoglicémico, sufría de una hernia que requería de cirugía, de arritmia cardíaca y además de hipertensión arterial, según informó un montón de doctores que en ocasiones se contradecían entre sí.[68] La Corte Suprema ordenó nuevas evaluaciones médicas, que de nuevo demoraron su arresto. El 27 de junio, fue trasladado a otro hospital para las pruebas.

Los exámenes concluyeron el 6 de julio. El cáncer de colon de Contreras no había hecho metástasis, según comprobaron los médicos, y el traslado de un centro de detención a otro no empeoraría su hipertensión o hipoglicemia. La cirugía para resolver la hernia era necesaria, pero podía esperar. Los doctores declararon que era seguro transportar al general a prisión. Pero, por la cirugía que requería, Contreras apeló de nuevo para postergar el traslado, y una Corte de Apelaciones de Concepción estuvo de acuerdo en revisar la solicitud.[69] En julio siguieron más apelaciones. Fue operado a fines de ese mes y entonces volvió a Talcahuano.

Lo grotesco de los retrasos provocados por Contreras tuvo un precio en la opinión pública chilena, el 80 por ciento de esta ahora lo creía responsable del asesinato de Letelier, con 8 por ciento que lo creía inocente y el resto indeciso. Aun así, el 41 por ciento aún dudaba de que fuera a ir a prisión, y 38 por ciento sentía que la democracia en Chile estaba en peligro.[70] No contribuyó al asunto que, a mediados de julio, un grupo de senadores conservadores introdujera una legislación para terminar con las indagaciones legales del asesinato de más de novecientos prisioneros políticos en que la responsabilidad no había sido aún establecida. No lo consiguieron.[71] En contra de ellos, hubo otros legisladores que propusieron otorgar al presidente la facultad de ordenar el retiro de los oficiales de Ejército y despojar al propio Ejército de su capacidad de designar a algunos senadores. El 24 de julio, Pinochet cerró una reunión con el ministro de Defensa, diciendo: "Ministro, usted sabe que nosotros no queremos dar otro golpe de Estado, así que no nos obligue a ello".[72]

Sumando otro elemento de disputa al invierno chileno de 1995, estaba la controversia respecto de dónde podían Espinoza y Contreras cumplir sus sentencias. A principios de los años noventa, surgió la idea de construir una cárcel especial para el personal militar. En 1993, el ministro de Defensa desechó la idea, pero a comienzos de 1995 había ya acumuladas 1.100 demandas legales en contra del personal militar; en enero, irrumpió la noticia de que se construiría una prisión especial.[73]

La localización escogida fue Punta Peuco, a cuarenta kilómetros de Santiago, denominación inspirada en un ave de rapiña chilena, un rapaz que disfruta de la carne aún tibia y fresca.[74] Parecía lo adecuado.

Mucha gente dentro de la izquierda calificó el proyecto, en el mejor de los casos, como un desperdicio de recursos y, en el peor, como un lujo de cinco estrellas que parecía escasamente un castigo y constituiría una burla a la judicatura. La derecha, entretanto, temía que sus amigos dentro del Ejército estuvieran insuficientemente protegidos. Sí, costaría muchísimo, respondía el gobierno, pero no sería administrada por el Ejército, sino por el personal de Gendarmería que administraba todas las cárceles. Las prisiones especiales existían en muchos países, incluidas las destinadas a los militares, y el personal militar, de no estar aislado, podía ser blanco de los presos comunes.[75] El principio relevante era que el Ejército permitiría que dos de sus integrantes fueran confinados en una instalación militar. A medida que se acercaba el veredicto de Contreras y Espinoza, el gobierno apuró la construcción de Punta Peuco, que se abrió cinco días antes de la mudanza de Espinoza a sus instalaciones, el 19 de junio.

La concreción de Punta Peuco vino a justificar en buena medida las aprehensiones de la izquierda. La edificación del complejo costó 2,7 millones de dólares. Su personal de sesenta y un integrantes podía manejar a cien prisioneros, pero durante meses el único fue Espinoza. Gestionar la estadía de Espinoza costaba alrededor de 21.000 dólares al mes, en comparación con los 800 dólares que implicaba un reo común.[76] En el interior, la *suite* de Espinoza era como la de un hotel. Incluía no solo un clóset y baño con ducha individual, sino que también una cama nueva, una mesita de noche, un escritorio, una sala separada del resto para recibir visitas y otro cuarto con diván y televisión.[77] El recluso disfrutaba de tres visitas a la semana, caminatas por el patio, material de lectura y una dieta especial baja en sodio.[78] "Puede sonar extraño, pero es un sitio más bien placentero. Es agradable estar ahí dentro", dijo un político que visitó a Espinoza. "Las ventanas fueron dispuestas de tal modo que uno no ve los barrotes".[79]

Aun así, el Ejército seguía insatisfecho. Un sábado a fines de julio, un millar de oficiales del propio Ejército con sus familias condujeron hasta el exterior de la prisión para realizar un "pícnic" de solidaridad, durante el cual enarbolaron banderas y cantaron la canción nacional.[80] Al cabo de pocas semanas, Pinochet llegó a un trato con el gobierno en virtud del cual oficiales del Ejército serían delegados como guardias de la prisión —rompiendo así la promesa de que Punta Peuco no sería administrada por militares—.[81]

Durante meses, Contreras consiguió retrasar adicionalmente su traslado a Punta Peuco mientras se recuperaba de la cirugía practicada a su hernia. El 10 de octubre, la Corte Suprema resolvió que Contreras debía abandonar el hospital el 23 de octubre. Nueve días después, rechazó su última apelación. Finalmente, el 20 de octubre de 1995, Manuel Contreras, el "Mamo", abandonó el Hospital Naval y se presentó en Punta Peuco. En otro operativo que implicó un helicóptero y luego un convoy, a la 1:40 de la madrugada del 21 de octubre —diecinueve años y un mes después del bombazo en Sheridan Circle— descendió silenciosamente de la furgoneta blanca que lo llevó hasta la prisión. Vestido con chaqueta azul y corbata roja, "se lo veía triste", dijeron los testigos. Aun sin decir palabra, permitió que el médico de la prisión lo examinara y enseguida los guardias lo llevaron caminando hasta su propia *suite*, acompañado de generales uniformados.[82]

"Con esto, se cierra un capítulo", dijo el presidente Eduardo Frei ese día. "La ley ha salido fortalecida, la justicia ha prevalecido y Chile ha ganado".[83] Cuando la revista chilena *Ercilla* publicó luego su retrospectiva anual, rotuló el juicio a Contreras como "el episodio del año".[84]

"Estamos contentos, muy contentos", dijo Juan Pablo Letelier a nombre de su familia. "Han sido muchos años".[85] Su tía Fabiola agregó: "Yo creo que ahora Orlando Letelier descansa verdaderamente en paz".[86]

EPÍLOGO

Autores intelectuales, 1996-2018

En lugar de los seis años a que estaba sentenciado, Manuel Contreras pasaría los veinte años de vida que le quedaban en algún tipo de arresto.

Con seguridad, su estancia obligada en Punta Peuco fue más una sinecura que una condena. Al principio, él y Espinoza no se llevaban bien, con el brigadier considerando a Contreras un traidor por alguna razón que nunca especificó. Una vez que la prisión se hubo llenado de otros reclusos, Contreras les recordó que le debían sus comodidades a él —aun cuando él mismo hubiera entregado información que había hecho posible su procesamiento—. El Ejército, temeroso de que ambos hombres soltaran información sensible respecto de la institución, instaló a cinco oficiales y sesenta y seis suboficiales en el interior del recinto amurallado, excluyendo a los guardias civiles al exterior. A consecuencia de ello, señaló un compañero de prisión, "las fiestas del Mamo Contreras y los cumpleaños de Espinoza eran verdaderos carnavales".[1] Contreras pasaba sus días leyendo y escribiendo sus memorias. Jugaba *pool* y veía televisión. Gozaba de las atenciones de un médico privado y hasta de un chef.

Entretanto, 35.000 chilenos daban testimonio de los crímenes políticos bajo el régimen de Pinochet. El procesamiento de Contreras por el asesinato de Orlando Letelier motivó no solo a los chilenos a perseguir otros casos, sino que también a investigadores de otros países. En 1995, los abogados del diplomático español Carmelo Soria, también asesinado en 1976, acusaron a Contreras y Espinoza de obstruir su investigación, y se valieron de Michael Townley como testigo. Ese mismo año, los italianos condenaron a Contreras *in absentia* a veinte años de cárcel por el intento de asesinato en 1975 contra Bernardo Leighton y su esposa en Roma. A través, en parte, de documentos que salieron a la luz en el caso Letelier en 1995, se logró identificar a uno de los tiradores (Pier Luigi Concutelli) y confirmar que Townley organizó el atentado a partir de una orden de Contreras.[2]

Contreras publicó efectivamente unas memorias, las que sugerían la "niebla propia de la guerra" como defensa por sus crímenes. Hacía un bosquejo de Chile como un Estado de caos antes de 1973, Estado que justificaba sus métodos extremos, y alegaba que el gobierno de Salvador Allende había dado inicio al ciclo de violencia. La mayoría de los observadores manifestaron serias dudas respecto a las evidencias que aportaba.[3]

En 2001, tras seis años en Punta Peuco, fue puesto en arresto domiciliario en casa de una de sus hijas. En 2003, un juez acusó a Contreras por haber orquestado en 1974 el asesinato mediante una bomba de Carlos Prats y su esposa, Sofía Cuthbert, en Buenos Aires, y poco después ese mismo año, en un fallo histórico que vino a desafiar la Ley de Amnistía de 1978, los tribunales lo condenaron a doce años por la desaparición practicada por la Dina, en 1975, de un militante izquierdista, Miguel Ángel Sandoval.[4] A ello se sumaría una condena a cadena perpetua por el asesinato de Prats. A estas alturas, los juristas chilenos argumentaban que los crímenes de lesa humanidad estaban por encima de la Ley de Amnistía y que, por ende, cualquier delito que alcanzara esa categoría, y no solo las desapariciones, sería procesado.[5] La propia Ley de Amnistía quedó, eso sí, en los códigos.[6]

No fue sino hasta 2005 que la policía chilena entregó a Contreras otra orden de detención. Como era predecible para entonces, Contreras no se presentó a las ocho de la mañana a cumplirla. Esta vez, ni Pinochet ni el Ejército lo protegerían con helicópteros y señuelos. En lugar de eso, permaneció él solo en actitud desafiante al interior del hogar de su hija. Un juez lo declaró inmediatamente en desacato. A las 11:00, nueve autos de la policía y veinticinco agentes rodearon la propiedad:

> —No voy a ir a ninguna parte. Si me quieren, ¡tendrán que matarme primero! —amenazó Contreras desde su despacho al agente a cargo.
>
> —No queremos llegar a eso, señor —dijeron los agentes.
>
> —Entonces díganle al juez que no voy a ir.
>
> —No soy un mensajero.
>
> —¡Entonces yo tampoco acepto su mensaje!

En ese punto, Contreras corrió hacia su escritorio y abrió un pequeño cajón para extraer un arma —estando bajo arresto domiciliario, nunca la debió tener—. A ello siguió una gresca, durante la cual el Mamo intentó arrebatar una pistola a uno de los agentes. La policía no tuvo más alternativa que someter al hombre de setenta y seis años contra el suelo y esposarlo.[7] "¡Soy un general! ¡Traidores!", gritó Contreras desde allí. Cuando la policía lo llevó luego ante un juez, los manifestantes allí reunidos lo escupieron y le arrojaron frutas y huevos.[8]

La avalancha de condenas que prontamente enterró a Contreras lo hizo obsesionarse con su situación legal y su legado, concluyendo que nadie conocía la ley mejor que él. Incluso llegó a los golpes con su mejor abogado defensor.[9] Para 2007, los tribunales habían sumado varios fallos —y 129 años más— al destino del Mamo.[10] Una sentencia de quince años en 2008 marcó la centésima condena emanada de los abusos en derechos humanos durante la era Pinochet.[11] En torno a 2011, estaba cumpliendo veintiocho condenas de la Corte Suprema, sumando un total de más de trescientos años, incluidas dos sentencias de por vida. Y seguía envuelto en otros sesenta y nueve casos.[12]

Su nuevo presidio, el Penal Cordillera en Santiago, fue otro escándalo de cinco estrellas para antiguos oficiales del Ejército condenados, el cual superaba incluso las comodidades de Punta Peuco. En su propia cabaña, el Mamo disfrutaba de calefacción, largas visitas, televisión satelital, un bar bien aprovisionado y conexión a internet. El Penal Cordillera contaba a la vez con exuberantes jardines, piscina y canchas de tenis. Al cumplir cuatro años de esa condena, otra evaluación psiquiátrica encontró que el hombre de ahora ochenta años exhibía una memoria inalterada y se mostraba perspicaz e incluso afable.

En 2013, Contreras apareció en *CNN Chile* para negar de manera absoluta que estuviera en la cárcel.

—¿Y qué es esto, si no? —le preguntó el periodista, mirando incrédulo a su alrededor.

—Es un recinto militar.[13]

Y agregó que los guardias de la prisión estaban allí para "llevarle el bastón".[14] En septiembre de ese año —el cuadragésimo aniversario del golpe— el gobierno de Sebastián Piñera, en buena medida para castigar a Contreras por sus adversos comentarios, cerró Cordillera. En un vídeo que todo el mundo pudo ver, Espinoza y Contreras abandonaron el recinto y subieron a una furgoneta que los llevó... de vuelta a Punta Peuco. Contreras caminó allí hasta una celda que ahora olía a humedad y aceite emulsionado. En 2014, el periodista Juan Cristóbal Peña lo visitó en el lugar. "En vez del monstruo despiadado que fue", relató Peña, "tenía enfrente un abuelo desvalido, de ojos nublados, en los huesos, que había colgado sobre la pared un *collage* de fotos en colores de sus nietos. Contreras estaba viejo y enfermo, pero muy lúcido".[15] Ya no era el recluso estrella que alguna vez había sido. Cuando le pidió a un antiguo hombre de la Dina que lo ayudara con un problema eléctrico, el hombre se rehusó diciendo: "Con usted no quiero hablar".

En 2010, tras divorciarse de su esposa, se casó con Nélida, su amante de larga data, pero también se divorció de ella a los pocos años. "Ya era hora", declaró su hijo Manuel. "Mi papá se aburrió de la Nélida".

"Por primera vez en su vida", confidenció el hijo en 2015, "mi papá comienza a tener miedo. Lo veo en sus ojos, en su forma de moverse. Mi papá está viendo que se muere y siente miedo. Miedo a la muerte, al dolor, a lo desconocido".[16]

Alrededor de las 22:30 del 7 de agosto de 2015, Juan Manuel Guillermo Contreras Sepúlveda, después de pasar hospitalizado cerca de un año por problemas renales, murió en el Hospital Militar de Santiago. A sus 86 años, estaba cumpliendo cincuenta y ocho sentencias por un total de 526 años, con cincuenta y seis casos pendientes.[17]

Fuera del hospital, docenas de manifestantes celebraron la muerte del hombre responsable de más de la mitad de los asesinatos, desapariciones y torturas bajo Pinochet. Nunca admitió ante nadie esas atrocidades. Los manifestantes gritaban "¡Asesino!", agitaban banderas chilenas y brindaban con champán en vasos de plástico. "Estoy verdaderamente feliz", dijo uno, "pero es una emoción contradictoria porque el asesino murió por enfermedad, cuando debió haber sufrido mucho más, igual que tantos camaradas sufrieron por su culpa".[18] "¡Feliz viaje al infierno, asesino hijo de puta!", se leía en una de las pancartas.[19] Alguna gente de derecha ofreció discretamente sus condolencias a su familia, y unos pocos incluso las tuitearon.[20]

Como siempre menos dramática, la historia de Espinoza siguió de cerca a la de Contreras. Fue enjuiciado y a menudo condenado por varios otros secuestros/desapariciones, además del caso Prats y varias ejecuciones como miembro de la Caravana de la Muerte. Pasó años en Punta Peuco y Cordillera. Un tribunal de París lo condenó a la vez *in absentia* a cadena perpetua por el asesinato de cuatro ciudadanos franceses. En 2015, recibió siete años por el asesinato de Charles Horman y Frank Teruggi, dos ciudadanos estadounidenses eliminados en la represión posterior al golpe. El caso Horman inspiró la película *Missing*.[21]

Tras cumplir una sentencia reducida de siete meses en una cárcel de Estados Unidos por haber participado en la vigilancia de Orlando Letelier, Armando Fernández vivió durante la década siguiente una existencia de clase media en un condominio de Kendall, un suburbio de Miami. Viviendo en los Estados Unidos bajo el estatus de inmigración especial, creó una empresa de importación-exportación llamada Fervic Corp (cuyo funcionamiento nunca se pudo comprobar), y supuestamente reparaba automóviles como complemento. Vivía discretamente, jamás perturbando a sus vecinos con algo más que un *buenos días* o *buenas tardes*.*

En marzo de 1999, un secretario judicial apareció en el condominio de Fernández al alba. Se le notificó que había una demanda en su contra en un tribunal federal de Miami. En 1973, decían los documentos, siendo parte de la Caravana de la Muerte, había participado en la tortura de Winston Cabello, un joven economista de izquierda. Atado en la parte trasera de un camión del Ejército, Cabello fue apuñalado varias veces y arrojado a una fosa común con otras doce personas. Y ahora cuatro miembros de la familia Cabello, apoyados por el Centro de Justicia y Responsabilidad, buscaban castigo y compensación por daños en una demanda civil. "Durante veinticinco años mi familia ha esperado que se imponga la justicia", explicó Zita Cabello-Barrueto, hermana de Cabello. Fernández insistió en su inocencia.

En julio de ese mismo año, la Corte Suprema de Chile falló que la Ley de Amnistía de 1978 no se aplicaba a casos de personas desaparecidas. Un juez chileno, Juan Guzmán, aprovechó la oportunidad para acusar a treinta oficiales chilenos, incluyendo, en septiembre de 1999, la acusación a Armando Fernández por diecinueve cargos de secuestro —ninguno de ellos relacionado con Cabello—.

---

* En español en el original (N. del T.).

Al mes siguiente, la Corte Suprema de Chile aprobó la solicitud de Guzmán para extraditar a Fernández desde Estados Unidos a Chile. La aprobación estableció así otro precedente legal relacionado con el caso Letelier: los Estados Unidos habían solicitado su extradición en los años ochenta (la que fue rechazada), definiendo, hasta donde es posible afirmarlo, la primera ocasión en que un sospechoso fue sujeto de peticiones de extradición de ida y vuelta entre dos países.[22]

El cambio de milenio sorprendió así a Fernández enfrentado a un juicio civil en Estados Unidos y un potencial juicio criminal en Chile. En este último caso, el trato que hizo con Washington en 1987 —para evitar su extradición a Chile— funcionó. Las leyes criminales de Estados Unidos no permiten, además, el procesamiento por ejecuciones extrajudiciales en el extranjero o torturas ocurridas en el extranjero antes de 1994.

Aun así, el juicio civil en Miami siguió adelante, el primero realizado en los Estados Unidos por una violación cometida en Chile a los derechos humanos.[23] En la sala del tribunal, Fernández, entonces de 53 años —más grueso, con menos pelo y usando lentes para la presbicia— explicó que él era "solo un joven teniente" en 1973 y negó saber de ningún delito cometido por la Caravana de la Muerte. Sí admitió haber estado en Copiapó el día que tuvo lugar el asesinato y haber escuchado la orden de que se subiera a trece prisioneros a un camión.[24]

En medio de sus deliberaciones, el jurado se tomó un receso para preguntar al equipo de abogados de la acusación en cuánto evaluaban los daños estimados por la muerte de Cabello. Los abogados, entusiasmados y ahora confiados en su victoria, respondieron: "No hay una cifra, sírvanse del sentido común". El 5 de octubre de 2003, el jurado encontró a Fernández responsable de crímenes contra la humanidad, asesinato extrajudicial, torturas y trato cruel, inhumano y degradante de Cabello. Le impuso cuatro millones de dólares en daños. Esa noche, la familia Cabello bailó la cueca en un restaurante de Miami.[25] En 2005, una corte de apelaciones confirmó el veredicto.[26]

Para 2018, el gobierno chileno solicitaba de manera ritual a Washington la extradición de Fernández —que vivía bajo un nombre supuesto— a raíz de algún otro caso de asesinato. Y cada año el gobierno de Estados Unidos se rehusaba a concederla.[27]

Los otros crímenes de Michael Townley cuando estaba al servicio de la Dina lo persiguieron durante décadas. En 1983, un juez argentino buscó obtener su extradición por el asesinato en 1974 de Carlos Prats y su esposa, y el Departamento de Justicia, argumentando la existencia de una laguna en el acuerdo de culpabilidad, cooperó en la presentación del caso ante un tribunal federal de Washington D.C.[28] Un magistrado federal, sin embargo, desechó la solicitud solo meses antes de que Townley obtuviera la libertad bajo palabra.[29] En 1986, la policía de Estocolmo preguntó sobre el testimonio aparente de Townley en 1979, en que señalaba que Chile le había dado órdenes de asesinar a Olof Palme, el primer ministro sueco y colaborador de Orlando Letelier ultimado a tiros a comienzos de 1986.[30] El caso sigue sin resolverse hasta hoy. En 1995, Townley testificó en Roma en el caso Leighton y de nuevo en las décadas del 2000 y 2010. En 2018, seguía estando bajo protección de testigos.

A Mariana Callejas de Townley, batallando por hacerse una vida como escritora en Chile, le fue denegada en 1988 una visa de inmigración a Estados Unidos y hasta la opción de unirse a su esposo en el programa de protección a testigos.[31] "Siento que mi futuro como escritora ha concluido en Chile por razones políticas", escribió ella en aquella época. "Pero mientras estaba en Estados Unidos exploré en el campo literario y siento que tengo un futuro como escritora allí, donde hay libertad de escribir sobre cualquier tema".[32] En 1989, voló a Nevada y obtuvo el divorcio de Michael Townley. También se sumó a las protestas asociadas al plebiscito del "NO" contra Pinochet. En sus memorias de 1995, confesaba su orgullo de no haberse cambiado nunca el nombre u ocultado lo que había hecho para la Dina.[33] En 2008, un juez chileno sentenció a Callejas a dos condenas, con un total de veinte años de cárcel, por el asesinato de Prats y su esposa; según Contreras y Townley, fue Callejas quien primero presionó, sin éxito, el botón para detonar esa bomba.[34] Un tribunal de apelaciones confirmó el fallo en 2009, pero en 2010 la Corte Suprema rebajó la sentencia a cinco años. En 2015, ella y otros catorce agentes de la Dina fueron acusados del asesinato de Carmelo Soria, y la corte determinó finalmente que Soria fue torturado y asesinado en su casa de Lo Curro. En agosto de 2016, a los 84 años, asolada por la demencia, falleció en un hogar de ancianos en Santiago.

Los cubanoamericanos que ayudaron a Townley a asesinar a Orlando Letelier y Ronni Moffitt florecieron en sus comunidades enclavadas en Estados Unidos. Una porción cada vez menor, pero aún poderosa, de los cubanos en Florida siguió ofreciendo amparo a los terroristas, pese las leyes contraterroristas aprobadas en los años noventa. Guillermo e Ignacio Novo y sus colaboradores en el tema Letelier-Moffitt trabajaron juntos de nuevo, pero eran ahora financiados por la Fundación Nacional Cubanoamericana y el empresario de Miami Jorge Mas Canosa, para quien Guillermo Novo hacía de guardaespaldas. En 1995, según lo revelaron documentos del gobierno estadounidense, Guillermo embarcó explosivos a Cuba a la par que administraba abiertamente una tienda de muebles en Miami.[35] Incluso algunos individuos dentro del gobierno federal toleraban de manera implícita las actividades ilegales. "Doy la bienvenida a cualquier oportunidad de contar con alguien que asesine a Castro", dijo la representante Ileana Ros-Lehtinen, republicana de Florida, antes de presidir el Comité de Asuntos Exteriores de la Cámara desde 2011 hasta 2013. Ella misma había hecho gestiones y presión para la liberación de José Dionisio Suárez y Virgilio Paz.[36]

Paz cumplió siete años de prisión y Suárez fue liberado bajo palabra después de ocho años, pero ambos siguieron detenidos por el Servicio de Inmigración y Naturalización en virtud de una ley que sometía a no ciudadanos condenados por delitos violentos a deportación inmediata. La Fundación Nacional Cubanoamericana acudió al rescate de Paz, arguyendo que la deportación a Cuba lo condenaría a torturas en las cárceles de Castro, violando así la Convención de la ONU contra la Tortura. El gobernador de Florida, Jeb Bush, hizo también presión ante su hermano, el presidente George W. Bush, para que liberara a Paz y Suárez, que estaba en idéntico apuro. En 2001, la Corte Suprema que elevó a Bush a la presidencia falló que el Servicio de Inmigración y Naturalización no podía retener indefinidamente a esos detenidos, y Paz y Suárez salieron en libertad en agosto de ese año.[37]

Paz calificó el bombazo al automóvil de Letelier y Moffitt como "un grave error humano", sin admitir para nada su culpa. "En esa época yo tenía 23 o 24 años, era un joven lleno de ideas. Desafortunadamente, me vi envuelto en eso". Manifestó su arrepentimiento por la muerte de Ronni Moffitt y señaló que, de poder hablar con Isabel Morel de Letelier, "le diría que su esposo fue un soldado de su causa".[38] Aclarando que su cliente no estaba admitiendo ninguna culpa, el abogado de Paz agregó: "Lo lamenta en un sentido humanitario. De la misma forma que lo lamentamos por la madre Teresa o Mahatma Gandhi". En 2015, en Facebook, Paz confirmó que "renunciar o perder nuestra juventud y familias y causar sufrimientos a nuestros seres amados" era algo que "valía la pena hacer".[39] En sendas entrevistas en los decenios del 2000 y 2010, la mayoría de los cubanoamericanos involucrados en el atentado a Letelier confirmó su implicación, aunque discrepaban todos ellos en simples detalles.[40]

"Este es un día fantástico porque voy a abrazar a mi esposa e hijos", dijo el Suárez de 62 años tras su liberación.[41] Prometió que escribiría un libro, pero o bien nunca lo hizo o el libro no fue publicado.[42] En lugar de ello, creó una empresa de pintura de hogares en Miami y expuso sus propias pinturas al óleo y acrílico en 2007.[43] A partir de 2016, tanto Paz como Suárez aún vivían en Florida. Alvin Ross, cuya condena fue revocada a comienzos de los ochenta, vivía calladamente en Union City, Nueva Jersey.

En el año 2000 en Panamá, Guillermo Novo, a medio camino en la sesentena, fue arrestado junto con el terrorista condenado Luis Posada Carriles y otros dos sujetos, en una trama para asesinar a Fidel Castro con 15 kilos de explosivos con sus huellas digitales impresas en ellos. Ignacio Novo murió en 2004, mientras su hermano Guillermo estaba en prisión: "Uno de los momentos más difíciles de mi vida".[44] Ese año, los cuatro conspiradores de Panamá fueron declarados culpables, pero inmediatamente perdonados por Mireya Moscoso,[45] la saliente presidenta panameña. Los funcionarios de la administración de George W. Bush negaron toda colusión con el perdonazo, pero muchos sospecharon que políticos cubanoamericanos como Ros-Lehtinen jugaron un papel en el asunto, y la Casa Blanca declinó condenar las acciones de los individuos involucrados.[46] En mayo de 2004, cuando Bush dio un discurso en Miami, Paz y Suárez estaban allí aplaudiéndolo con entusiasmo.[47]

Carter Cornick, el agente del FBI, se retiró en 1988 y, en torno a 1990, había fundado Counter Terrorism Consultants, Inc. (Contraterrorismo Consultores, S.A.) con Robert Scherrer, Eugene Propper y Larry Barcella,[48] concediendo ocasionales entrevistas en torno al caso Letelier.

Se retiró del FBI en 1988 afectado de esclerosis múltiple, e Isabel Morel y el Instituto de Estudios Políticos lo galardonaron con el Premio de Reconocimiento Especial Letelier-Moffitt.[49] En su discurso de aceptación, insinuó que otras agencias federales tuvieron conocimiento anticipado del bombazo contra Letelier: "Lamento que el FBI no hiciera nada, pero nadie nos lo dijo... Podrían haberlo hecho... Deberían haberlo hecho... Fue solo pura incompetencia".[50]

Larry Barcella se unió a un estudio jurídico y murió en 2010 de cáncer a la vejiga.[51]

Augusto Pinochet cumplió ochenta años justo después de que Manuel Contreras ingresara a Punta Peuco. Un poco más adelante, le fue instalado un marcapasos y debió comenzar a utilizar audífonos. Con dificultades respiratorias y afectado de una cojera, se retiró como comandante en jefe el 11 de marzo de 1998 para asumir el cargo de senador vitalicio, creado en la Constitución de 1980. Asumió ese rol con la objeción del 60 por ciento de los chilenos y una querella presentada por la dirigenta comunista Gladys Marín, a raíz de la desaparición de su esposo y otros cuatro militantes de ese partido en 1976, a la que se unirían varias otras querellas por violaciones a los derechos humanos. "¡Gracias! ¡Gracias, mi país! He sido vuestro soldado y eso me hace feliz", dijo Pinochet con voz ronca, mientras miles de personas protestaban arrojando piedras a un contingente policial que respondía con gases lacrimógenos y camiones lanzaguas.[52]

El semirretiro del antiguo dictador no sería tan pacífico como él lo imaginaba. El 16 de octubre de 1998, se hallaba descansando en una habitación particular de la London Clinic, sometido a tratamiento médico en la capital del Reino Unido, cuando justo antes de las 23:00 horas el sargento David Jones, de Scotland Yard, arribó al lugar con un pequeño grupo de funcionarios que lo pusieron bajo arresto. Un capitán del Ejército chileno a cargo de la guardia de Pinochet se interpuso entre ellos.

—Debe usted abandonar de inmediato el lugar —le advirtió Jones.

—No puedo abandonar a mi general —dijo el capitán—. Soy un oficial del Ejército chileno y solo obedezco órdenes de mis superiores.

—Puede usted abandonar el lugar por las buenas o la fuerza —dijo Jones. Y, cuando uno de los guardias de Pinochet hurgó en su bolsillo, la policía británica quedó alerta, visto que ninguno de sus efectivos estaba armado. Pero el guardia simplemente extrajo un teléfono móvil, y todos los guardias del detenido fueron conducidos fuera del edificio.[53]

La detención de Pinochet, ordenada por el juez español Baltasar Garzón, impactó a todos los observadores atentos a Chile en todo el mundo. "Cuando leí de ello", dijo Murray Karpen, el padre de Ronni, "me dije: 'Dios existe'".[54] Francisco Letelier, al igual que su madre, apreciaron el panorama más amplio. "Hay algunos, como yo mismo, a quienes no les preocupa tanto si Pinochet va o no a la cárcel —después de todo, ya tiene 82 años—. Más importante es que todos nosotros, la sociedad mundial, reconozcamos que un hombre como Pinochet es alguien que debe ser sometido a la justicia y la investigación. Más importante es que el mundo conozca la verdad".[55]

En noviembre de 1998, el más alto tribunal de Gran Bretaña rechazó la petición de inmunidad de Pinochet, autorizando a que la solicitud de extradición desde España siguiera adelante.[56] Muchos, incluidos algunos miembros del Congreso, el Instituto de Estudios Políticos y Larry Barcella desde el Departamento de Justicia estadounidense, urgieron públicamente a los departamentos de Estado y Justicia para que pusiera a disposición de Garzón toda la documentación relevante de que disponían, y que pidieran la extradición del mismo Pinochet para acusarlo por el asesinato de Letelier y Moffitt.[57]

Eso dio inicio a un proyecto mayor de desclasificación de archivos por parte de Estados Unidos, algunas de cuyas partes reforzaron el alegato de que Pinochet era el autor intelectual del asesinato de Letelier. En el curso de los años, casi todos los implicados en el caso estimaban que Pinochet no solo sabía de la conspiración, sino que además la había ordenado, y que Contreras era la clave para probarlo. "¿Pinochet ignorante de todo? Eso es inconcebible", dijo Cornick. "Él lo sabía. Tenía que saberlo, pero sin una confesión o testimonio de Contreras no podemos acusarlo". "No tengo dudas", coincidió Robert Scherrer, el colega de Cornick. "El problema es que no podemos probarlo..., a menos que Contreras lo implique".[58]

En un intento de aminorar su sentencia, Contreras hizo efectivamente una declaración jurada, en febrero de 1998, donde afirmaba que "solo él [Pinochet], como suprema autoridad de la Dina, tenía la facultad de ordenar las misiones que fueron ejecutadas. (...) Siempre en mi condición de delegado del presidente, llevé a cabo estrictamente lo que me fue ordenado".[59] El hijo de Contreras declaró que su padre se sentía "abandonado por sus pares y todos los empresarios que se enriquecieron gracias al régimen militar y que ahora pretendían no conocerlo".[60] Cuando se le solicitó directamente una respuesta, Pinochet se vio relajado. "Es muy difícil responder a esta pregunta porque hay muchas cosas que le ordené que hiciera, pero ¿qué cosas? Yo debía ejercer el poder, pero no podría decir nunca que yo dirigía en realidad la Dina".[61]

En diciembre, Garzón acusó a Pinochet "por los delitos de genocidio, terrorismo y tortura", nombrando a más de 2.500 víctimas, incluidos Letelier y Moffitt. Pinochet pasaría dieciséis meses en Gran Bretaña mientras sus abogados argumentaban que ya estaba senil para enfrentar un juicio.[62] Fabiola Letelier había ya asistido a esa jugarreta antes, con Contreras, y tampoco ahora la creyó: "Un día está caminando por su jardín en Inglaterra y al siguiente está deprimido en silla de ruedas".[63]

Pero funcionó. En marzo del 2000, el ministro británico del Interior, Jack Straw, resolvió que Pinochet "no sería en el presente mentalmente capaz de participar de manera significativa en un juicio".[64] Straw lo liberó. Veinticuatro horas después, estaba de vuelta en Chile.

En los días siguientes, el Departamento de Justicia de Estados Unidos reabrió una investigación judicial apuntada a procesar a Pinochet. Los funcionarios dijeron a Isabel Morel que estaban trabajando "fuertemente" en el caso. La posibilidad de lograr que Chile extraditara a Pinochet era remota, eso lo admitían todos, así que el objetivo era distinto. "Hay que enviar un mensaje de las investigaciones [terroristas] en curso, sin importar cuán atrás se remonten", dijo un funcionario de contraterrorismo del FBI.[65] Los funcionarios del Departamento de Justicia obtuvieron de hecho autorización de Santiago para interrogar a cuarenta y dos testigos locales.[66] La desclasificación de archivos reveló a su vez que Pinochet le pidió a Paraguay los pasaportes falsos para Michael Townley y Fernández.[67] Isabel Morel agradeció a la fiscal general Janet Reno por la investigación, la que sugería la existencia de una orden de Pinochet a Manuel Contreras para asesinar a su esposo, pero nunca apareció ningún documento al respecto. Y la nueva administración Bush descartó el seguimiento del asunto.[68]

Sintiéndose alentados por el efecto de la detención de Pinochet en Londres, los jueces chilenos lanzaron una avalancha de investigaciones. Un año después de ser detenido el anciano, otros veinticinco oficiales fueron acusados de asesinato, torturas y secuestro, incluyendo a Armando Fernández.[69]

El gobierno de Ricardo Lagos creó una segunda comisión de verdad, y el documento resultante, el llamado Informe Valech del 2003-2004, fue más abarcador en sus hallazgos que el Informe Rettig, pues se abocó a documentar los casos de abusos y torturas durante la dictadura chilena. A fines de 2004, las víctimas se hicieron acreedoras a una pensión mensual de 220 dólares por parte del Estado chileno. Bajo la primera administración Michelle Bachelet, que vino a continuación, el Poder Ejecutivo dio apoyo a los procesos judiciales.[70] Para entonces, el juez Juan Guzmán y otros habían presentado cargos contra 160 oficiales en 365 casos.[71] En la década de 2010, escribió un académico, "Chile había reunido uno de los registros más activos y completos de todo el continente, y tal vez del mundo, en relación con las responsabilidades judiciales".[72]

Igual de serio fue el escándalo dado a conocer en una investigación desarrollada el 2004 por el Senado de Estados Unidos en relación con el financiamiento terrorista. Motivada por los atentados del 11 de septiembre de 2001, ella descubrió valores secretos de entre ocho y dieciséis millones de dólares guardados en cuentas bancarias que Pinochet poseía en el Banco Riggs de Washington D.C. Incitado por la revelación, un organismo legal chileno descubrió a la par una serie de cuentas secretas abiertas por Pinochet, miembros de su familia y sus colaboradores. Dicha evidencia de codicia personal fue un golpe certero para esos partidarios de Pinochet que siempre lo habían considerado implacable, pero aun así un patriota desinteresado.[73] Fue el escándalo Riggs el que volvió a la opinión pública chilena en contra del antiguo dictador.[74] Puesto que él mismo no había declarado nunca otra suma que los 40.000 dólares anuales de su salario, muchos llegaron a la obvia conclusión de que o bien había saqueado el erario público o había aceptado sobornos.[75]

De nuevo a fines de 2004, Contreras implicó indirectamente a Pinochet en el asesinato de Letelier al decir: "El general Pinochet necesita asumir su responsabilidad". Como solía ocurrir, muchos creyeron que se disponía a develar el infame alijo de documentos presuntamente en el extranjero que habrían de incriminar a su antiguo jefe, pero Contreras nunca lo hizo.

En el 2000, los tribunales chilenos despojaron a Pinochet de su inmunidad senatorial y enseguida lo acusaron de 177 cargos de tortura, asesinato y otros crímenes. Así dieron comienzo a varios años de apariciones suyas en los tribunales. Ante un juez que llegó al Club Militar en Lo Curro, en noviembre de 2005, los dos antiguos colaboradores se enzarzaron por entonces en una pelea a gritos:

> Pinochet: ¡Usted era el líder de la Dina, general! ¡Eso debiera quedar claro de una vez!
> Contreras: Sí, general, pero era usted el que daba todas las órdenes... ¡Eso debiera quedar también claro!

Durante dos horas y veinte minutos, ambos se atacaron de esta forma, desesperados por eludir su responsabilidad en acciones que tan orgullosamente habían pregonado por décadas. Contreras dijo luego al tribunal: "El presidente sabía exactamente lo que [la] Dina y su director ejecutivo hacían o no".[76]

La confrontación demostró, primero, que los alegatos de Pinochet en Londres acerca de su presunta senilidad eran una mentira y, segundo, que Contreras no poseía documentos que implicaran a Pinochet en ningún crimen. En mayo de 2005, Contreras se limitó a entregar una hoja electrónica detallada, de 32 páginas, con los secuestros, asesinatos y fosas comunes de 580 personas desaparecidas bajo Pinochet. Y agregó: "El presidente de Chile organizó y dirigió personalmente las acciones" de aquellos que mataron a Orlando Letelier. No presentó ninguna evidencia, pero con esa declaración estableció finalmente una conexión directa entre Pinochet y los asesinatos de Letelier y Moffitt.[77]

Al año siguiente, Contreras implicó a Pinochet y su hijo en un plan de fabricación y contrabando de cocaína supervisado por Eugenio Berríos,[78] pero nada de ello terminaría con el envío de Pinochet a prisión, y no contribuía al asunto el hecho de que Contreras fuese un reconocido embustero cuyas acusaciones eran imprecisas y cuestionadas por los investigadores. El 10 de diciembre de 2006, Pinochet murió en el Hospital Militar de Santiago antes de que hubiera surgido ningún veredicto en su contra. Tenía 91 años. Al preguntársele qué sintió ante la muerte de su antiguo jefe, Contreras respondió: "Nada".[79]

Isabel Morel sí sintió algo. "No estaba feliz. Estaba horrorizada de que hubiera muerto sin ser condenado. (...) Espero que sea recordado [por lo que fue]: un cobarde, un criminal y un ladrón".[80] Un colega estadounidense de ella agregó que, aun cuando nunca fue a la cárcel, Pinochet "murió ciertamente sumido en la ignominia, [y] el dedo de Contreras apuntándolo contribuyó a eso".[81]

En su lecho de muerte, Pinochet emitió una declaración en que iba incluida la frase: "Asumo la responsabilidad política de todo lo que se hizo".[82] Aun así, nunca admitió su culpa o se disculpó por ninguno de sus crímenes, incluyendo el peor asesinato propiciado por otro Estado en la historia de los Estados Unidos. Los tribunales chilenos se rehusaron a proseguir el caso en su contra, y la administración Bush sacó a Pinochet de su investigación largo tiempo paralizada.[83] "Es muy fácil decir que uno fue el autor intelectual de un crimen", se burló alguna vez el propio dictador en alusión al asesinato de Letelier. "Pero ¿probarlo? Eso no es tan fácil".[84]

Saul Landau, un amigo cercano de la familia Letelier, que escribió sobre el caso por décadas, murió en septiembre de 2013, dos días antes del cuadragésimo aniversario del golpe de Estado en Chile. El abogado Sam Buffone, que trabajó gratuitamente para los Letelier durante años, falleció en abril de 2015.

Los Karpen permanecieron en buena medida lejos de las candilejas, pero continuaron de luto por su hija y hermana. En 2002, Murray Karpen, el padre ahora retirado, escribió a *The Washington Post* para manifestar su desagrado ante las vacilaciones de Estados Unidos a la hora de acusar a Pinochet.[85] Su hermano Michael Karpen hizo algo similar.[86] Murray falleció en 2009. En junio de 2012, un tribunal de apelaciones de Chile ordenó al gobierno abrir una investigación por separado del asesinato de Ronni Moffitt. El caso seguía abierto en 2018.[87]

Michael Moffitt vivió una vida discreta en el mundo de las finanzas, especializándose en el tema de la inversión responsable. En los años noventa, se mantuvo alejado del caso Letelier.[88]

De los dos hijos de Letelier que se establecieron en Estados Unidos, Francisco siguió siendo el más abiertamente político, escribiendo columnas de opinión o cartas abiertas a los medios.[89] Y se desarrolló como artista plástico y muralista antes de establecerse en Venice, California, en 1997. Gran parte de su producción artística giraba en torno a temas de derechos humanos y de justicia social. Por esa época, vivía en la misma propiedad que su hermano Cristián.[90] En 2016, coincidiendo con el cuadragésimo aniversario de lo de Sheridan Circle, Francisco dirigió la realización de un mural en el jardín de las esculturas de la American University en Washington D.C., donde su padre había enseñado. Él incluía no solo a Letelier y Moffitt, sino que también a otros activistas a quienes ellos inspiraron. "Este proyecto celebra la forma en que la tragedia fue transformada en un legado de activismo, de casos emblemáticos en el área de la justicia global y de un empeño continuo de forjar un mundo en que la justicia y la cooperación internacional sean reales y sentidas".[91]

En Chile, José Letelier se trasladó a la remota Isla de Pascua, empleado en el sector de obras públicas hasta cuando menos 2017. Ese mismo año, Fabiola Letelier, cerca ya de los noventa años, continuaba trabajando en casos de derechos humanos, incluidos aquellos de exiliados que presentaban demandas colectivas pidiendo reparaciones.[92] Juan Pablo Letelier fue diputado por cuatro períodos consecutivos. El presidente Bill Clinton, en una visita a Chile en 1998, se paró a estrecharle la mano antes de pronunciar un discurso ante el Congreso.[93] En mayo de 2003, Juan Pablo fue acusado de soborno en relación con un servicio de revisión técnica de camiones, pero el tribunal lo sobreseyó; Isabel Morel, además de varios ciudadanos chilenos reunidos en los pasillos juraron que las acusaciones eran espurias. En 2005, obtuvo un escaño senatorial (fue reelecto una vez) y se volvió un número puesto en la política chilena, redactando una significativa legislación laboral y medioambiental.[94]

Todos los hermanos Letelier, excepto José, se juntaron en Washington en febrero de 2018 para descubrir una estatua de su padre junto a la residencia del embajador chileno, cerca del lugar en que fue asesinado más de cuarenta y un años antes. "Somos ahora todos mayores que él cuando murió", observó Francisco, añadiendo que el martirio de su padre dejaba un mensaje claro: "Un mundo mejor es posible".[95]

Isabel Morel siguió viviendo en Santiago, retirada pero aún haciendo arte en su propio horno y dedicada a la compra y venta de bienes raíces. Ya no vivía con Miguel Sayago, pero ambos continuaron siendo buenos amigos. Al adentrarse en los ochenta años, tuvo un accidente que le dañó el cerebelo y perdió la visión de un ojo. A pesar de sufrir cierto grado de vértigo, en 2017 continuaba lúcida y era todavía una ávida lectora.

El legado histórico del caso Letelier es un reto en sí mismo, en virtud de cómo se cruza de hecho con muchos temas destacados del último siglo y, sin la menor duda, se erige como uno de los asesinatos más relevantes del período de la Guerra Fría. Ciertamente, él aportó esperanzas respecto de que la gente común y corriente —sobrevivientes del terror, familiares sumidos en la congoja, investigadores, abogados, diplomáticos y sus aliados de organizaciones no gubernamentales— podía obtener verdadera justicia contra los tiranos y terroristas, incluso cuando sus gobiernos eran menos que afines a sus peticiones. Los agentes del FBI y el Departamento de Justicia y diplomáticos de nivel intermedio se sintieron crecientemente frustrados ante la falta de voluntad de los sucesivos ocupantes de la Casa Blanca para confrontar a Pinochet, un aliado de la Guerra Fría. Comprometidos con cumplir de verdad con su trabajo, esos funcionarios terminaron aliándose con variados activistas y especialmente con Isabel Morel, que se constituyó en una fuerza significativa para enrostrarlos.

El impacto más concreto del caso Letelier ocurrió, sin embargo, en el procesamiento a los violadores de derechos humanos en América Latina. "Lo que Estados Unidos hizo al investigar este caso ha tenido un enorme, enorme impacto en América Latina", señaló el periodista John Dinges en 2016. "El inicio en el develamiento de todos estos crímenes contra los derechos humanos..., de la Operación Cóndor, de los manejos internos de los servicios de seguridad, todo eso partió con la investigación del FBI. Fue la primera intromisión en los manejos subrepticios de estas fuerzas de inteligencia".[96]

En Chile, la búsqueda de justicia por el caso Letelier trajo consigo la disolución de la Dina y eventualmente le limó los colmillos a la Ley de Amnistía. Obligó al gobierno de Ronald Reagan y al Congreso estadounidense a "certificar" los avances en derechos humanos de Pinochet, ejerciendo cruciales presiones diplomáticas y financieras sobre su régimen. La celebridad del caso desafió al sistema judicial y le dobló la mano, inspirando a otros a impulsar sus propios casos y propiciar múltiples confesiones.[97] Como bien sugirió la académica

Cath Collins, incluso las debilidades del caso revelaron fortalezas: siendo él una excepción a la Ley de Amnistía, puso en evidencia la arbitrariedad de ese decreto y, al dejar expuesta la deferencia que los civiles tenían para con los militares, hizo erizarse los pelos de los demócratas chilenos.[98] Manuel Contreras y Pedro Espinoza fueron los primeros oficiales del Ejército del régimen de Pinochet en ir a la cárcel y estuvieron entre los primeros violadores de derechos humanos en América Latina, o en cualquier latitud, que fueron a prisión. El caso gatilló un movimiento que ha lidiado con más de mil casos de violaciones a los derechos humanos solo en Chile.

Además de todos los precedentes legales establecidos por el caso, su impacto fue a la vez político y psicológico. Como explicó el embajador chileno Juan Gabriel Valdés, el caso "generó la idea de que los derechos humanos eran (...) un área de la política internacional (...) y que había que tener eso en cuenta; no era un tema que pudiera tomarse a la ligera". Los soldados de la Guerra Fría no podrían ya desestimar las alusiones a los derechos humanos como propaganda soviética. "El Ejército debía decir ahora explícitamente: 'Nosotros respetamos los derechos humanos'". El caso cambió a su vez la percepción que la izquierda chilena tenía de Estados Unidos bajo el presidente Jimmy Carter. Ahora Washington podía ser percibido como un "enemigo" de Pinochet.[99]

En Estados Unidos, Isabel Morel veía como la consecuencia más importante del caso la concesión anual del Premio Letelier-Moffitt de derechos humanos, una ocasión para dar a conocer a mucha gente a los principales adalides de los derechos humanos en el mundo.[100] Su hijo Francisco coincidía, agregando que el premio dio alas a todos los que lo obtuvieron y ayudó a forjar una comunidad de gente afín.[101]

La parte de la historia que toca a Estados Unidos demostró a su vez la fuerza transnacional de los derechos humanos. La demanda civil contra Chile representó el primer caso de muerte por negligencia alguna vez presentado en Estados Unidos contra un país extranjero, y ella culminó en una forma exitosa de compensación. En 2017, el Centro de Justicia y Responsabilidad estimó que más de un millar de abusadores en derechos humanos se habían trasladado a Estados Unidos. En junio de 2016, el jurado de un juicio en Orlando, Florida, encontró culpable a un antiguo teniente del Ejército chileno por el papel jugado en la tortura y asesinato del cantautor Víctor Jara.

Desde 1980, los abogados de derechos humanos se valieron del *Alien Tort Statute* (*Estatuto de reclamación por agravios contra extranjeros*) de 1789, entre otras leyes, para fijar responsabilidades. El Centro de Derechos Constitucionales fue el primero en argumentar que el estatuto, pensado originalmente para aplicarlo a países extranjeros en casos de piratería, agresión a diplomáticos y deudas, podía también vincularse a casos de atentados a principios comunes del derecho internacional en el área de los derechos humanos, como es el tema de la tortura. En 1984, un tribunal de Estados Unidos falló que, "con miras a establecer la responsabilidad civil, el torturador se ha convertido —como el pirata y el tratante de esclavos antes que él— en *hostis humanis generis*, un enemigo de toda la humanidad".[102]

En el área del terrorismo, el caso Letelier arrasó el muro que la comunidad de inteligencia de Estados Unidos había erigido entre los eventos locales e internacionales. "El FBI no tenía clave alguna respecto a la forma de investigar el terrorismo antes de este caso. En realidad, nunca lo había hecho", recordaba Eugene Propper respecto a su indagación del tema Letelier. Para el caso, tampoco lo había hecho ninguna otra agencia en Washington, incluida la CIA. Carter Cornick concuerda: "Este fue el primer caso de terrorismo internacional, de terrorismo de Estado en Washington. Me vi involucrado en una especialidad que no existía a mediados de los setenta. El terrorismo era una prioridad de Categoría 3 en el FBI. (...) Fue la primera vez que estábamos lidiando con un gobierno extranjero como sospechoso".[103] El contraterrorismo estaba auténticamente en pañales. Por ejemplo, el escuadrón antiexplosivos de Cornick se había formado recién en 1976. Y el asesinato de Letelier fue el último gran caso del FBI en no ser computadorizado.[104]

"Desde un principio, nos dijeron que este caso no se iba a resolver por todas las implicaciones internacionales que traía consigo", prosiguió Cornick. "Había demasiadas novedades en él, pero fue a través de este caso que establecimos la política del gobierno estadounidense respecto al terrorismo. Pienso que el caso sentó un precedente para otros casos similares".[105] Al sobrevenir en medio de una oleada de actos de terrorismo internacional cometidos en los Estados Unidos, ya fuera por secuestradores palestinos o atentados con bombas de cubanoamericanos, el caso Letelier borró las demarcaciones entre el terrorismo doméstico e internacional. Los setenta fueron a su vez una década en que las policías secretas, como la SAVAK de

Irán, la KCIA de Corea del Sur y la Dina cometían "ataques directos contra ciudadanos exiliados" en Estados Unidos. Esto iba mucho más allá de la práctica habitual de muchos países de tener "agentes en los Estados Unidos con fines de inteligencia". Irán y Corea del Sur hasta admitían que espiaban a sus propios conciudadanos en Estados Unidos.[106] El caso Letelier y otros hicieron trizas la ilusión del gobierno estadounidense de vivir en un espléndido aislamiento del terrorismo, y obligó a sus organismos de seguridad a trabajar mancomunados.

Al combinar los avances en derechos humanos y el contraterrorismo, el caso generó algunas primicias adicionales: el primer trato de no extradición habiendo un tratado de extradición de Estados Unidos con otro país, los primeros cargos alguna vez formulados dentro del sistema legal estadounidense contra terroristas cubanoamericanos, la primera condena de un militar chileno en tribunales de Estados Unidos y la primera emisión televisada y en vivo de los procedimientos de un tribunal chileno. En los tribunales civiles, el caso se convirtió en la primera demanda, al amparo de la Ley de Inmunidades de la Soberanía Extranjera, que trató con actos de terrorismo y condujo a mejoras en el procesamiento civil del terrorismo de Estado en tribunales de Estados Unidos. Ello marcó la primera vez que un tribunal estadounidense estableció una compensación civil a un acto de terrorismo internacional. En 1996, condujo a una ley que despojaba a un Estado extranjero de inmunidad cuando se perseguían daños y perjuicios por actos terroristas específicos, incluido "el asesinato".[107]

Como concluyó el político chileno Sergio Bitar décadas después, el caso Letelier demostró que era posible, en principio, cometer un asesinato bajo un manto de silencio, "pero que él mismo al final estallaba", implicando que la verdad emergería tarde o temprano y las instituciones internacionales exigirían responsabilidades a los criminales de cada país.[108]

"Visto en retrospectiva, el asesinato de Letelier fue una de las cosas más estúpidas que un gobierno ha hecho alguna vez", señaló el diplomático estadounidense Robert Steven,[109] lo que es absolutamente cierto. Pinochet, Contreras y Townley no entendieron las implicancias que tendría un atentado con bomba al vehículo de un antiguo embajador y una ciudadana de Estados Unidos en el corazón de Washington. Tomó décadas conseguirlo, pero al final su monstruoso gesto les salió por la culata, contribuyendo en no escasa medida a poner fin a sus sueños ideológicos, su gobierno y, en el caso de los últimos dos, su libertad personal. Todo ello fruto de la acción desarrollada por unos simples investigadores y activistas, movilizados por el espíritu de lucha de una solitaria mujer viuda.

AGRADECIMIENTOS

Muchos colegas, archivistas y otras personas se han hecho acreedores de mi gratitud por la ayuda brindada en la elaboración de esta crónica exhaustiva de lo que fue la búsqueda de justicia en el caso Letelier. En primer lugar, cabe mencionar a Isabel Morel de Letelier y dos de sus hijos, quienes aceptaron ser entrevistados en un tema que les resultaba sin duda doloroso, incluso luego de transcurridos cuarenta años del hecho. En rigor, todos quienes accedieron a ser entrevistados, cuyos nombres aparecen en la bibliografía, fueron tremendamente generosos con su tiempo.

La verdadera cacería emprendida en variados archivos, a la búsqueda de documentos relevantes, resultó algo más ardua de lo que había imaginado en principio y agradezco a su vez a muchos por haber delineado una cartografía útil para mi propósito. En el Archivo de Seguridad Nacional de Washington D.C., Peter Kornbluh fue una fuente temprana y esencial en todo lo relativo al tema Letelier, y Mary Curry contribuyó pacientemente a proveer los archivos requeridos. Agradezco a Paul Adler por haberme advertido que existían los archivos del Instituto de Estudios Políticos, adscrito a la Sociedad Histórica de Wisconsin, donde Paul Hedges, Simone Munson, Lisa Saywell y Amy Sloper dieron muestras de un consumado profesionalismo. Fiona Dove me acogió en el Instituto Transnacional de Ámsterdam, y en el Instituto Internacional de Historia Social de esa misma ciudad encontré unas cuantas pepitas de oro (de nuevo, gracias a Paul Adler por brindarme ese rastro). Kathryn Bondy, del Departamento de Estado, facilitó muchísimo mi acceso a los nuevos documentos desclasificados en 2015 y 2016. En Santiago de Chile, Miriam del Carmen Guzmán Morales, Emilia Beniscelli Troncoso y Óscar Álvarez Santos fueron más allá de lo imaginable en su esfuerzo de desenterrar los archivos personales y fotografías de la familia Letelier.

Mucha gente en la Universidad de Oklahoma resultó crucial por su apoyo a mi investigación, incluyendo al director del Departamento de Estudios Internacionales y de Área, Mitchell Smith, a su asistente Rhonda Hill, a la bibliotecaria Karen Rupp-Serrano y especialmente a las asistentes de investigación Chelsea Burris y Lilli Kiehl (ahora apellidada Lebeau). Cabe dejar constancia, a la vez, del período sabático que el departamento me otorgó en 2015 para acelerar mi investigación.

Evan McCormick fue un auténtico salvavidas al facilitarme un manojo de iluminadores documentos archivados en el Ministerio de Relaciones Exteriores de Chile. Infinidad de colegas y amigos me ayudaron a procesar las ideas y mis muchos hallazgos. Gracias por ello a Mary Dudziak, Claudio Fuentes, Greg Grandin, Julie Greene, Meredith Hindley, Elizabeth Cobbs Hoffman, Margaret Power, Jeremi Suri, Vanessa Walker y, en mi nuevo hogar académico de la Universidad de Temple, a Bryant Simon.

He de agradecer, además, dentro de las Ediciones Universidad de Carolina del Norte, a Chuck Green por su fe en este libro, a Greg Weeks y un anónimo revisor por sus lecturas tan agudas y a la vez alentadoras, y a todo el personal partícipe en la producción. Como con muchos de mis libros, Heather Dubnick realizó una obra magistral con el índice de contenidos.

Finalmente, vaya todo mi amor para mis hijos, Luc y Nico, por ser tan pacientes cuando papá andaba viajando por motivos laborales, y para Cindy, por contener mis ansiedades respecto a este libro.

Dedico esta obra a mi mentor, Michael H. Hunt, quien falleció en abril de 2018. Aun siento su influencia en todos mis proyectos y habré de echarlo entrañablemente de menos.

NOTAS

Significado de abreviaturas

AA	Archivo de la Administración, Santiago
ADST	Sociedad de estudios y formación diplomática
CIA	Agencia Central de Inteligencia
Cubillos	Documentación de Hernán Cubillos Sallato
CV	Curriculum vitae
DNSA	Archivo Digital de Seguridad Nacional, Chile y Estados Unidos: Política de EE.UU. hacia las democracias, dictaduras y en derechos humanos, 1970-1990

Archivo Nacional de Seguridad, Washington D.C.

DOS 2015	Departamento de Estado, desclasificación adicional: Proyecto de desclasificación sobre Chile, 2015
DOS 2016	Departamento de Estado, desclasificación adicional: Proyecto de desclasificación sobre Chile, 2016
FBI	Agencia Federal de Investigación
FOIA	Ley de Libertad de Información
Hoover	Archivos de la Hoover Institution, Stanford, California
IISH	Instituto Internacional de Historia Social, Ámsterdam
IPS	Archivos del Instituto de Estudios Políticos
LC	Colección Letelier
LP	Documentación de George W. Landau
NSA	Archivo de Seguridad Nacional, Washington D.C.
NYT	*The New York Times*
OL	Fondo Orlando Letelier
TI	Archivos del Instituto Transnacional
TNI	Instituto Transnacional, Ámsterdam
WHS	Sociedad Histórica de Wisconsin, Madison, Wisconsin

INTRODUCCIÓN

1. Orlando Letelier, citado por Elizabeth Subercaseaux, "Isabel, te tengo una sorpresa", *Caras* (Santiago), (c. mayo), 1990, p. 6. (La traducción de todas estas citas es mía).
2. Martin Walker, "The Fight for Bread and Roses", *The Guardian*, 3 de marzo. 1981.
3. Isabel Morel, entrevista con el autor.
4. Michael Moffitt, citado en Alexander Cockburn y James Ridgeway, "Why Chile's Secret Police Killed Orlando Letelier", *Village Voice*, 4 de octubre, 1976, p. 11.
5. Oficina en terreno del FBI en Newark, memorándum al director, 23 de septiembre, 1976, documentos sobre Letelier generados por el FBI (FOIA), volumen 1, casillero 1, LC, NSA.
6. Declaración jurada de Michael Moffitt, 16 de julio, 1991, DOS 2015.
7. Michael Moffitt, citado en Eugenio Gutiérrez, "Michael Moffitt:'No olvidaré ese horror'", *Caras* (Santiago), (c. mayo), 1990, p. 8.
8. Dinges y Landau, *Assassination*, p. 209. (Hay versión en español: Asesinato en Washington, Editorial Planeta, Santiago, 1982).
9. Branch y Propper, *Labyrinth*, p. 18. (Hay versión en español: *Laberinto*, Javier Vergara Editor. Buenos Aires, 1984).
10. Declaración jurada de Michael Moffitt.
11. Oficial Walter Johnson, citado en Dinges y Landau, *Assassination*, p. 209.
12. Branch y Propper, *Labyrinth*, p. 18.
13. Departamento de Recursos Humanos del Distrito de Columbia, certificado de muerte, 24 de septiembre, 1976, IPS, WHS.
14. Freed y Landis, *Death in Washington*, p. 10.
15. Declaración jurada de Michael Moffitt.
16. Dinges y Landau, *Assassination*, pp. 211 y 212.
17. Citado en Subercaseaux, "Isabel", p. 6.
18. Dinges y Landau, *Assassination*, p. 212.
19. Isabel Morel, entrevista de J. Teunissen y A. Steenhuis, 2 de febrero, 1977, audio grabado 1534A/303, IPS, WHS.
20. Citado en Subercaseaux, "Isabel", p. 6.
21. Isabel Morel, entrevista con el autor.
22. Citado en Varas y Orrego, *El caso Letelier*, p. 19.
23. Citas fusionadas de Isabel Morel, entrevista del autor; Subercaseaux, "Isabel", p. 6, y Dinges y Landau, *Assassination*, pp. 212 y 213.
24. Isabel Morel, entrevista con el autor.
25. Declaración jurada de Isabel Morel, 2 de agosto, 1991, DOS 2015.
26. Citado en Rodríguez, *El asesinato*, p. 22.
27. Isabel Morel, entrevista con el autor.

28. Declaración jurada de Michael Moffitt.
29. Citado en Raquel Correa, "Juan Pablo Letelier:'Ahora estoy en paz'", *El Mercurio*, 4 de junio, 1995, p. D2.
30. Entrevista a Francisco Letelier.
31. Entrevista a Cristián Letelier.
32. Isabel Morel, entrevista con el autor.
33. Citado en Correa, "Ahora".
34. Kornbluh, *Pinochet File*, p. 341. (Hay una versión reciente en español, actualizada por el autor: *Pinochet desclasificado*, Editorial Catalonia, Santiago, 2023).

CAPÍTULO 1

1. Dinges y Landau, *Assassination*, p. 28.
2. Del Solar, *Orlando Letelier*, p. 2.
3. Declaración jurada de Isabel Morel, 2 de agosto, 1991, DOS 2015.
4. Isabel Morel, entrevista de J. Teunissen y A. Steenhuis, 2 de febrero, 1977, grabación de audio 1534A/303, IPS, WHS.
5. Entrevista a Francisco Letelier.
6. Entrevista a Isabel Morel, IPS, WHS.
7. Entrevista a Cristián Letelier.
8. Entrevista a Isabel Morel, IPS, WHS.
9. Entrevista a Cristián Letelier.
10. Entrevista a Francisco Letelier.
11. Entrevista a Isabel Morel, IPS, WHS.
12. Isabel Morel, entrevista del autor.
13. Entrevista a Francisco Letelier.
14. Entrevista a Isabel Morel, IPS, WHS.
15. Del Solar, *Orlando Letelier*, pp. 1 y 2.
16. Entrevista a Francisco Letelier.
17. Del Solar, *Orlando Letelier*, p. 5.
18. Isabel Morel, entrevista del autor.
19. Citado en Del Solar, *Orlando Letelier*, p. 8.
20. Dinges y Landau, *Assassination*, p. 30.
21. Entrevista a Isabel Morel, IPS, WHS.
22. Del Solar, *Orlando Letelier*, p. 9.
23. Isabel Morel, entrevista del autor.
24. "Tiempos turbulentos", *La Nación* (Santiago), informe especial, junio, 1995, p. 15.
25. Entrevista a Isabel Morel, IPS, WHS.
26. Isabel Morel, entrevista del autor.

27. Declaración jurada de Isabel Morel.
28. Entrevista a Francisco Letelier.
29. Entrevista a Isabel Morel, IPS, WHS.
30. Citado en Luis Ulibarri, "Orlando Letelier: Al servicio de la vida misma", *Revista Paloma* (Chile), 3 de septiembre, 1973, reproducido en *The Clinic*, 11 de septiembre, 2013, www.theclinic.cl/2013/09/11/orlando-letelier-al-servicio-de-la-vida-misma.
31. Isabel Morel, entrevista del autor.
32. Entrevista a Isabel Morel, IPS, WHS; Currículum Vitae de Isabel Morel hasta 1986, archivo 34, casillero 46, IPS, WHS.
33. Ulibarri, "Orlando Letelier".
34. Isabel Morel, CV.
35. Entrevista a Isabel Morel, IPS, WHS.
36. Isabel Morel, entrevista del autor.
37. Entrevista a Isabel Morel, IPS, WHS.
38. Javier Urrutia, citado en Del Solar, *Orlando Letelier*, p. 14.
39. CIA, esbozo biográfico de Orlando Letelier, *circa* enero de 1971, DNSA.
40. Del Solar, *Orlando Letelier*, pp. 14 y 34.
41. CIA, esbozo.
42. "Orlando Letelier" (editorial), *Washington Post*, 22 de septiembre, 1976, p. A16.
43. Entrevista a Isabel Morel, IPS, WHS.
44. Declaración jurada de Isabel Morel.
45. Entrevista a Cristián Letelier.
46. Citas tomadas de Raquel Correa, "Ahora", y "Tiempos turbulentos", p. 20.
47. Isabel Morel, citada en James Gordon, evaluación psiquiátrica de Isabel Morel Letelier, 2 de agosto, 1991, DOS 2015.
48. Evaluación de Gordon; *véase también* declaración jurada de Isabel Morel.
49. Entrevista a Isabel Morel, IPS, WHS.
50. Isabel Morel, CV.
51. Dinges y Landau, *Assassination*, p. 37.
52. Del Solar, *Orlando Letelier*, p. 35; *véanse también* pp. 33-37.
53. Citado en Correa, "Ahora".
54. Dinges y Landau, *Assassination*, p. 27.
55. Citado en Elizabeth Subercaseaux, "Isabel", p. 6.
56. Declaración jurada de Juan Pablo Letelier, 2 de agosto, 1991, DOS 2015.
57. Isabel Morel, entrevista del autor.
58. Evaluación de Gordon.
59. Orlando Letelier, citado en el esbozo de la CIA.
60. Cristián Letelier; Tom Hayden, "An Exiled Son of Santiago", *Nation*, 4 de abril, 2005, www.thenation.com/article/exiled-son-santiago/.

61. Harmer, *Allende's Chile*, pp. 78, 176.
62. CIA, esbozo.
63. Embajador Orlando Letelier, informe de presentación de credenciales de Orlando Letelier al presidente Nixon, 2 de marzo, 1971, y memorando del Consejo de Seguridad Nacional acerca del diálogo, Washington, D.C., 23 de marzo, 1971, ambos en DNSA; Harmer, *Allende's Chile*, p. 121.
64. Entrevista al embajador John Hugh Crimmins, ADST.
65. Dinges, *The Condor Years*, p. 176 (Hay versión en español: *Los años del cóndor*, Editorial Debate, Barcelona, 2021).
66. Tad Szulc, "U.S. Seeks to Keep Cubans Isolated", *NYT*, 20 de diciembre, 1970, p. 23.
67. Benjamin Welles, "'We Don't Have Any Friends Anyway': Loans", *NYT*, 15 de agosto, 1971, p. E6.
68. Harmer, *Allende's Chile*, p. 181.
69. Dinges y Landau, *Assassination*, p. 50.
70. FBI, Washington, D.C., oficina en terreno al director, 3 de noviembre, 1976, documentos sobre Letelier generados por el FBI (FOIA), volumen 5, casillero 1, LC, NSA; Michael C. Jensen, "Chilean Break-Ins Puzzle Watergate Investigators", *NYT*, 29 de mayo, 1973, p. 17.
71. Entrevista a Juan Gabriel Valdés; transcripción de la entrevista, Nueva York, 7 de febrero, 1975, archivo de la CIA, casillero con Series A-C, Carpetas temáticas, OL, AA.
72. Del Solar, *Orlando Letelier*, p. 26.
73. Letelier, citado en Ulibarri, "Orlando Letelier", p. 7.
74. Hayden, "An Exiled Son".
75. Del Solar, *Orlando Letelier*, p. 40.

CAPÍTULO 2

1. Childress, *Augusto Pinochet's Chile*, p. 30.
2. Entrevista del FBI a Eduardo Frei, 20 de diciembre, 1976, documentos sobre Letelier generados por el FBI (FOIA), volumen 20, casillero 2, LC, NSA.
3. Para ahondar en el tema del fascismo en América Latina, véase Briones, *Ideología*, p. 78; Dos Santos, *Socialismo o fascismo*, p. 23, y Viñas, *Qué es el fascismo*, p. 13. Para saber más de los nazis en Chile, véase Mount, *Chile and the Nazis*.
4. Viñas, *Qué es el fascismo*, p. 13.
5. "Nazi Party in Chile Revived; Top Leader Stresses Anti-Semitism", Jewish Telegraphic Agency, 12 de septiembre, 1963, www.jta.org/1963/09/12/archive/nazi-party-in-chile-revived-top-leader-stresses-anti-semitism.

6. Etchepare y Stewart, "Nazism in Chile", p. 579.
7. Raúl Morales Álvarez, citado en Salazar, *Contreras*, p. 19.
8. Etchepare y Stewart, "Nazism in Chile", pp. 585, 589.
9. Talbot, *Devil's Chessboard*, p. 106.
10. Franz Pfeiffer Richter, citado en "Nazi Party in Chile Revived".
11. "Partido Nacional Socialista Obrero de Chile", *Wikipedia*, es.wikipedia.org/wiki/Partido_Nacional_Socialista_Obrero_de_Chile (consultada el 27 de noviembre, 2018); Etchepare y Stewart, "Nazism in Chile", p. 594.
12. Eva Vergara, "Victims of Chile Colony Hope German Documents Bring Justice", Associated Press, 28 de abril, 2016, bigstory.ap.org/urn:publicid:ap.org:59dd7a22c8594co79ae5160d64eodaca.
13. *Informe de la Comisión Nacional de Verdad y Reconciliación* (Informe Rettig), pp. 639-642; Sebastián Rotella, "Siege May Force Colony to Yield Its Secrets", *Los Angeles Times*, 25 de junio, 1997, articles.latimes.com/1997-06-25/news/mn-6655_1_secret-police/2.
14. Etchepare y Stewart, "Nazism in Chile", p. 579.
15. Salazar, *Contreras*, p. 20.
16. Madrastra de Contreras, citada en Peña, "Manuel Contreras", pp. 17 y 18; "Juan Cristóbal Peña desentraña vida de'El Mamo' marcada por su infancia, Pinochet, Dios y la Dina", *El Mostrador* (Santiago), 8 de agosto, 2015. www.elmostrador.cl/noticias/pais/2015/08/08/juan-cristobal-pena-desentrana-vida-del-mamo-marcada-por-su-infancia-pinochet-dios-y-la-dina/.
17. "El retador incorregible", *Qué Pasa*, 3 de junio, 1995, p. 24.
18. Peña, "Manuel Contreras", p. 24.
19. Vial, *Pinochet*, pp. 233-234.
20. Pilar Molina Armas, "¡Ay de los vencidos!", *El Mercurio*, 4 de junio, 1995, p. D8.
21. Peña, "Manuel Contreras", p. 22.
22. Citado en "La hora de Contreras", *Qué Pasa*, 27 de febrero, 1993, p. 11.
23. Entrevista a Sergio Bitar.
24. Citado en Peña, "Manuel Contreras", p. 26.
25. Salazar, *Contreras*, p. 27.
26. Molina, "¡Ay de los vencidos!", D8; "Aficionado a novelas de acción", *La Tercera* (Santiago), 1 de junio, 1995, p. 11.
27. Citado en Dinges, *The Condor Years*, p. 27.
28. Citado en F. P., "El militar, el hombre", *Ercilla*, 26 de mayo, 1995, p. 29.
29. Vial, *Pinochet*, p. 234.
30. Citado en Tina Rosenberg, "Force is Forever", *The New York Times Sunday Magazine*, 24 de septiembre, 1995, pp. 44-45.
31. Alejandro Barros Amengal, citado en Salazar, *Contreras*, p. 23.
32. Molina, "¡Ay de los vencidos!", D8.

33. F. P., "El militar".
34. Citado en "Perfil psicológico del general Contreras", *La Tercera* (Santiago), 2 de junio, 1995, p. 9.
35. Citado en "Juan Cristóbal Peña desentraña".

CAPÍTULO 3

1. Kornbluh, *Pinochet File*, p. 341.
2. Malcolm Coad, "General Whom the Roman Gods Protect", *The Guardian*, 29 de enero, 1990.
3. Transcripción de programa televisivo, "Word in Action: The Dina", WNET New York, 9 de enero, 1977, documentos en torno a Letelier (FOIA) generados por el FBI, volumen 22, casillero 2, LC, NSA.
4. Dinges y Landau, *Assassination*, p. 59.
5. Saul Landau, introducción al folleto TNI/IPS, sin fecha, casillero 249, TI, IISH.
6. Isabel Morel, entrevista del autor.
7. Joshua Parlow, "Behind the Sunglasses", *The Washington Post*, 19 de octubre, 2008, p. BW02.
8. Francisco Letelier, "Victims of Pinochet Are Still Hoping for Justice", *The Irish Times*, 13 de diciembre, 2004, p. 14.
9. Entrevista a Cristián Letelier.
10. Coad, "General".
11. Childress, *Augusto Pinochet's Chile*, pp. 22-24 y 28.
12. Transcripción de las calificaciones de Isabel Morel, Colegio Argentino del Sagrado Corazón, Santiago, 25 de noviembre, 1940, archivo N° 1, casillero de Objetos personales de Isabel M., OL, AA.
13. Childress, *Augusto Pinochet's Chile*, p. 28.
14. O'Shaughnessy, *The Politics of Torture*, pp. 9-12, citas en p. 64.
15. Pinochet, citado en Malcolm Coad, "Obituary: General Augusto Pinochet", *The Guardian*, 11 de diciembre, 2006, p. 30; Childress, *Augusto Pinochet's Chile*, pp. 28-29.
16. Monte Reel y J.Y. Smith, "A Chilean Dictator's Black Legacy", *The Washington Post*, 11 de diciembre, 2006, p. A01.
17. Coad, "General".
18. Citado en Laurie Goering, "The Sins of the Father; Son of Chile's Secret Police Chief Releasing August Book", *The Hamilton Spectator*, 15 de mayo, 1993, p. A11.
19. Pilar Molina Armas, "¡Ay de los vencidos!", *El Mercurio*, 4 de junio, 1995, p. D8.
20. "Manuel Contreras, Head of Chile's Spy Agency under Pinochet, Dies Aged 86", *The Guardian*, 8 de agosto, 2015.

21. Oyarzún, *Augusto Pinochet*, p. 241; Contreras, *La verdad histórica*, p. 11.
22. Steve J. Stern, enviado a Collins *et al.*, *The Politics of Memory*, p. XI.
23. Childress, *Augusto Pinochet's Chile*, p. 65.
24. Dinges, *The Condor Years*, pp. 44-45.
25. Salazar, *Contreras*, p. 24.
26. Goering, "The Sins of the Father", A11.
27. Peña, "Manuel Contreras", p. 32.
28. Vial, *Pinochet*, p. 254.
29. Dinges y Landau, *Assassination*, pp. 133-134.
30. Dinges, *The Condor Years*, p. 65; Dinges y Landau, *Assassination*, p. 132.
31. Pascale Bonnefoy, "Manuel Contreras, Chilean Spy Chief Under Pinochet, Dies at 86", *NYT*, 9 de agosto, 2015, p. 21.
32. Salazar, *Contreras*, pp. 55, 126.
33. Ibid, p. 126.
34. Peña, "Manuel Contreras", p. 32.
35. Sebastian Rotella, "Siege May Force".
36. Goering, "The Sins of the Father", A11; "Juan Cristóbal Peña desentraña".
37. Salazar, *Contreras*, p. 123.
38. Douglas Grant Mine, "The Assassin Next Door", *Miami New Times*, 18 de noviembre, 1999. www.miaminewtimes.com/news/the-assassin-nex-door-6357449; memorándum de Barnes al secretario de Estado, Santiago, 12 de marzo, 1987, DNSA.
39. Mine, "The Assassin Next Door".
40. McSherry, *Predatory States*, p. 154.
41. Memorándum de Schultz al consulado norteamericano en Río de Janeiro, Washington, D.C., 22 de enero, 1987, DOS 2015; McSherry, *Predatory States*, p. 154.
42. Citado en Jorge Escalante, "Missing: Espinoza, González y el misterioso gringo Davis", *El Mostrador* (Santiago), 3 de febrero, 2015; www.elmostrador.cl/noticias/pais/2015/02/03/ missing-espinoza-gonzález-y-el-misterioso-gringo-davis/.
43. "La ficha de Espinoza", *Qué Pasa*, 3 de junio, 1995, p. 26.
44. Dinges y Landau, *Assassination*, pp. 62-63.
45. Isabel Morel, entrevista del autor.
46. Dinges y Landau, *Assassination*, p. 63; Isabel Morel, entrevista del autor.
47. Saul Landau, "Two Deaths in the Morning", *Mother Jones*, diciembre, 1976, p. 19.
48. Orlando Letelier, citado en Tad Szulc, "A Very Quiet Horror", *Playboy*, febrero, 1977, p. 114.
49. Orlando Letelier, citado en Landau, "Two Deaths in the Morning", p. 20; testimonio de Isabel Morel, 13 de mayo, 1981, archivo Isabel Crim. Case Testimony, casillero 18, LC, NSA.

50. Juan Pablo Letelier, "English Project: Autobiography", (c. 1976), archivo 1, casillero 45, IPS, WHS.
51. Dinges y Landau, *Assassination*, p. 69.
52. Letelier, "English Project".
53. Francisco Letelier, "Now the World Will Know the Truth", *Los Angeles Times*, 21 de octubre, 1998, articles.latimes.com/1998/21/local/me-34692.
54. "Entrevista con Isabel Letelier", *Areíto*, volumen 3. Nos 2-3 (finales de 1976), p. 12, archivo Publicaciones, casillero Temas varios subfondos Isabel M. OL, AA.
55. Parafraseado de Letelier, "English Project".
56. Orlando a Isabel, 12 de septiembre, 1973, archivo Letelier, Orlando (recibido de parte de OL), casillero Correspondencia entre Isabel y Orlando, Subfondo Isabel Morel de Letelier, OL, AA.
57. Isabel Morel, entrevista del autor.
58. Dinges y Landau, *Assassination*, pp. 74 y 75.
59. "U.S. Tried to Hide Truth in Death of Envoy, Widow Says", *Grand Rapids Press*, 10 de febrero, 1978, p. 1.
60. Testimonio de Isabel Morel.
61. Letelier, "English Project".
62. James Gordon, evaluación psiquiátrica de Isabel Morel Letelier, 2 de agosto, 1991, DOS 2015.
63. Isabel Morel, citada en Martin Walker, "The Fight for Bread and Roses".
64. Isabel Morel, citada en "U.S. Tried to Hide", p. 1.
65. Juan Pablo Letelier, citado en Raquel Correa, "Ahora estoy en paz", p. D2.
66. Letelier, "English Project".
67. Francisco Letelier, citado en Tom Hayden, "An Exiled Son".
68. Testimonio de Isabel Morel. Un periódico de Washington, D.C., analizaba su paradero quince días después del golpe, así que Isabel debía conocerlo para entonces: Jeremiah O'Leary, "Chile Coup Divides Families", *The Washington Star-News*, 26 de septiembre, 1973.
69. Marvine Howe, "Top Allende Men Reported on Isle: Writer Says They Are Held in'Concentration Camp'", *NYT*, 27 de febrero, 1974, p. 7.
70. Orlando Letelier, citado en Szulc, "A Very Quiet Horror", p. 182.
71. Citado en Freed y Landis, *Death in Washington*, p. 116.
72. Orlando Letelier, citado en Szulc, "A Very Quiet Horror", p. 182.
73. Dinges y Landau, *Assassination*, p. 77.
74. Isabel Morel, entrevista del autor. Una nota de su médico al gobierno chileno está en carta de Kanoff, Washington, D.C., 21 de noviembre, 1973, archivo Estado de salud, casillero Series D-E, Carpetas temáticas, OL, AA.
75. Un ejemplo de ello es Orlando Letelier, Isla Dawson, 18 de noviembre, 1973, archivo Letelier, Orlando (recibido de parte de OL), casillero Correspondencia

entre Isabel y Orlando, Subfondo Isabel Morel de Letelier, no numerado, OL, AA.

76. Entrevista a Sergio Bitar; Orlando a Cristián, José Ignacio, Francisco y Juan Pablo, Isla Dawson, 22 de diciembre, 1973, archivo Letelier, Cristián, casillero 5, Correspondencia entre Orlando Letelier y terceros, OL, AA.
77. Bitar, *Dawson*, p. 82.
78. Landau, "Two Deaths", p. 20.
79. Isabel Morel, entrevista del autor.
80. Orlando Letelier, citado en Szulc, "A Very Quiet Horror", p. 184.
81. Testimonio de Isabel Morel.
82. Dinges y Landau, *Assassination*, p. 78.
83. FBI Washington, D.C., oficina en terreno al director, 3 de noviembre, 1976, documentos sobre Letelier generados por el FBI (FOIA), volumen 5, casillero 1, LC, NSA.
84. Orlando a Isabel, Punta Arenas, 24 de enero, 1974, archivo Letelier, Orlando (recibido de parte de OL), casillero Correspondencia entre Isabel y Orlando, Subfondo Isabel Morel de Letelier, no numerada, OL, AA.
85. Isabel Morel, citada en Elizabeth Subercaseaux, "Isabel", p. 6.
86. Correa, "Ahora", D2.
87. Isabel a Orlando, Santiago, 11 de diciembre, 1973, archivo Enviados a Orlando, casillero Correspondencia entre Isabel y Orlando, Subfondo Isabel Morel de Letelier, no numerada, OL, AA.
88. Orlando Letelier, citado en Szulc, "A Very Quiet Horror", p. 184.
89. Orlando a Isabel, Isla Dawson, 27 de octubre, 1973, archivo Letelier, Orlando (recibido de parte de OL), casillero Correspondencia entre Isabel y Orlando, Subfondo Isabel Morel de Letelier; Isabel a Maruja (hermana de Orlando), Santiago, 4 de diciembre, 1973, archivo Maruja, casillero Correspondencia entre Isabel Morel y terceros; Isabel *et al.*, carta a la Junta de Gobierno, Santiago, 13 de diciembre, 1973, archivo de esposas de detenidos a junta militar, casillero Temas varios subfondos Isabel M.; Fabiola Letelier a Orlando, Santiago, 20 de diciembre, 1973, archivo Letelier del Solar, Fabiola, casillero 5, Correspondencia entre Orlando Letelier y terceros; Frances Heacock Smith, carta abierta, Washington, D.C., 19 de agosto, 1974, archivo National Committee to Defend Letelier, casillero 1 Organizaciones, Carpetas temáticas, todo ello en OL, AA.
90. Testimonio de Isabel Morel.
91. Isabel a Orlando, Santiago, 11 de noviembre, 1973, archivo Enviados a Orlando, casillero Correspondencia entre Isabel y Orlando, Subfondo Isabel Morel de Letelier, no numerada, OL, AA.

92. Holton a Abourezk, Washington, D.C., 23 de mayo, 1974, documentos sobre Letelier (FOIA) generados por el Departamento de Estado, 6 de febrero, 1980, volumen 1, casillero 8, LC, NSA.
93. Entrevista a Robert Steven.
94. David Popper, embajador de Estados Unidos en Chile, al secretario de Estado, 2 de agosto, 1974, DNSA.
95. Dinges y Landau, *Assassination*, pp. 80 y 81.
96. Orlando Letelier, citado en Szulc, "A Very Quiet Horror", p. 186.
97. Juan Pablo Letelier, citado en Correa, "Ahora", p. D2.
98. Francisco Letelier, "Now the World".
99. Manuel Trucco, citado en Cornick a Propper, 8 de octubre, 1976, documentos sobre Letelier generados por el FBI (FOIA), volumen 11, casillero 2, LC, NSA.
100. Lewis H. Dinguid, "Chilean Ex-Leaders May Be Freed", *The Washington Post*, 16 de agosto, 1974, A20.
101. Memorándum de la CIA, 13 de septiembre, 1974, y CIA al director, 16 de septiembre, 1976, ambos en DNSA.
102. Eugenio Gutiérrez, "Diego Arria: 'El general Pinochet me dijo que Letelier era muy peligroso'", *La Época*, 7 de mayo, 1987, p. 9.
103. Landau, parafraseo de Pinochet, en Saul Landau e Isabel Morel, Meaning of the Letelier-Moffitt assassination, 22 de septiembre, 1992, grabación de audio, 1531ª/393, IPS, WHS.
104. Arria, citado en Gutiérrez, "Diego Arria", p. 9.
105. Pinochet, citado en Del Solar, *Orlando Letelier*, p. 58.
106. "Nada sabía de mi libertad: Letelier", *La Segunda* (Santiago), 11 de septiembre, 1974.
107. Szulc, "A Very Quiet Horror", p.186; Patricio Carvajal Prado, salvoconducto, Santiago, 10 de septiembre, 1974, archivo Visas, casillero Series S-V, Carpetas temáticas, OL, AA.
108. Michael Moffitt, citado en Kenneth Bredemeier, "Court Told Letelier Spoke of 'Enemies'", *The Washington Post*, 17 de enero, 1979, p. A5.
109. Bitar, *Dawson*, pp. 204 y 205.
110. Dinges y Landau, *Assassination*, p. 84.

CAPÍTULO 4

1. Dinges y Landau, *Assassination*, pp. 158-160.
2. Dinges, *The Condor Years*, pp. 132 y 139; Callejas, *Siembra vientos*, p. 105.
3. Kornbluh, *Pinochet File*.
4. Manuel Contreras, citado en Dinges, *The Condor Years*, p. 12.

5. McSherry, "Tracking the Origins of a State Terror Network". Múltiples autores creen que Contreras le escribió a Pinochet solicitándole 600.000 dólares para "neutralizar" a los opositores en el extranjero, pero Andrew y Mitrojin, en *World Was Going Our Way*, pp. 87-88, plantean que esta "misiva" fue una falsificación de la KGB.
6. Dinges, *The Condor Years*, p. 133.
7. Weld, "The Spanish Civil War".
8. Citado en Dinges, *The Condor Years*, p. 120.
9. George Landner Jr., "FBI Bugging of Chilean Offices Told", *The Washington Post*, 12 de noviembre, 1976, p. A1.
10. Dinges, *The Condor Years*, pp. 5, 13, 123.
11. Contreras a la Corte Suprema, Chile, 23 de diciembre, 1997, archivo Contreras: Apelación de Sentencia, casillero 28, LC, NSA; Laurie Goering, "The Sins of the Father", p. A11.
12. Christopher Marquis, "C.I.A. Says Chilean General in '76 Bombing Was Informer", *NYT*, 19 de septiembre, 2000, p. A6; Kornbluh, *Pinochet File*, p. 216.
13. Kornbluh, *Pinochet File*, p. 216.
14. Dinges, *The Condor Years*, p. 103.
15. Entrevista a Hewson Ryan, ADST.
16. Kissinger (borrador de Philip Habib) a embajadas en Buenos Aires, Santiago, La Paz, Brasilia y Asunción, 16 de agosto, 1976 (enviado el 23 de agosto), archivo de George W. Landau sobre el Caso Letelier (Chile) (1 de 12), 1976-2006, casillero 3, LP, Hoover.
17. Citado en "Kissinger Blocked Demarche on International Assassinations to Condor States", States News Service, 10 de abril, 2010.
18. Dinges y Landau, *Assassination*, p. 92.
19. Testimonio de Townley, p.1584, caso criminal N° 78-367, 18 de enero, 1979, Washington, D.C., casillero 25, LC, NSA.
20. Michael Townley, citado en Branch y Propper, *Labyrinth*, p. 506.
21. Larry Jackson, "Chile: On Exporting Political Murder" (carta al editor), *NYT*, 7 de mayo, 1978, p. E22.
22. Citado en John Dinges y Kenneth Bredemeier, "The Assassin", *The Washington Post*, 22 de enero, 1979, p. E22.
23. Rosalind Andrews (oficial de libertad vigilada), informe posterior a la sentencia contra Michael Townley, 29 de mayo, 1979, DNSA.
24. Freed y Landis, *Death in Washington*, p. 27.
25. Dinges y Bredemier, "The Assassin", p. A1.
26. "Townley Profile", sin fecha, archivo 59, casillero 38, IPS, WHS.
27. "Appearance by Townley before Attorney General Héctor Orozco and Chief Clerk Jaime Vergara", casillero 11, LC. NSA.

28. Callejas, *Siembra vientos*, pp. 151 y 152.
29. Mariana Callejas, citada en Cecilia Domeyko, "La última versión de Mariana Callejas", *Hoy*, 7-13 de marzo, 1979, p. 8.
30. Enrique Lafourcade, citado en Jack Chang, "Downstairs from Her Glittering Chilean Salon, There Was a Torture Chamber", McClatchyde.com, 3 de agosto, 2008, www.mccathyde.com/news/nation-world/world/article24494053.html.
31. Callejas, *Siembra vientos*, pp. 18 y 29.
32. Branch y Propper, *Labyrinth*, p. 484.
33. Domeyko, "La última versión", p. 8; Dinges y Landau, *Assassination*, p. 95.
34. Branch y Propper, *Labyrinth*, p. 485.
35. Callejas, *Siembra vientos*, p. 127.
36. Branch y Propper, *Labyrinth*, pp. 485-487.
37. Jeremiah O'Leary, "Townley's Wife Knew of Plot to Kill Letelier", *The Washington Star*, 11 de junio, 1978, p. A1.
38. Mariana Callejas, citada en Dinges y Landau, *Assassination*, p. 95.
39. Branch y Propper, *Labyrinth*, pp. 488 y 489.
40. Dinges y Bredemier, "The Assassin", p. E22.
41. Mariana Callejas, citada en Domeyko, "La última versión", p. 8.
42. Callejas, *Siembra vientos*, p. 65.
43. Citada en Branch y Propper, *Labyrinth*, p. 493.
44. Testimonio de Mariana Callejas ante el gran jurado federal, Washington, D.C., 6 de junio, 1978, archivo de pruebas N° 1, casillero 12 de Letelier/Moffitt, LC, NSA.
45. "Townley Profile".
46. Michael Townley, "'Distortion' on Chile" (carta al editor), *The Guardian*, 13 de abril, 1980.
47. Branch y Propper, *Labyrinth*, p. 496.
48. *BBC*, "Inside Story: Assassin: The Pursuit of Michael Townley", 1992, LP, Hoover.
49. Citado en Callejas, *Siembra vientos*, p. 30.
50. Dinges y Landau, *Assassination*, p. 103; David Burnham, "C.I.A. Had Contact with American in Letelier Case", *NYT*, 11 de enero, 1979, p. A10.
51. Fuente de la CIA, citada en "Periscope", *Newsweek*, 20 de marzo, 1978.
52. John Tipton, citado en Dinges y Landau, *Assassination*, p. 109.
53. Citas de Landau al secretario de Estado, Santiago, 8 de marzo, 1978, DNSA.
54. Transcripción de procedimientos, *United States of America v. Guillermo Novo Sampol, Alvin Ross Díaz and Ignacio Novo Sampol*, caso penal N° 78-367, 18 de enero, 1979, Washington, D.C., casillero 25, LC, NSA, 1958.
55. Jaime Eyzaguirre, citado en Pollack, *The New Right*, p. 32; Díaz, *Patria y Libertad*, pp. 100, 101 y 116; Weld, "The Spanish Civil War".
56. Pablo Rodríguez, citado en Pollack, *The New Right*, p. 38; Díaz, *Patria y Libertad*, p. 101.

57. Patricia Verdugo, "Pablo Rodríguez,'el jefe'", *Hoy*, 4-10 de abril, 1979, pp. 21 y 22; Freed y Landis, *Death in Washington*, p. 55; Salazar, *Roberto Thieme*, p. 75.
58. Salazar, *Roberto Thieme*, pp. 21, 23, 114 y 118.
59. Hernán Millas, "Qué se hizo Patria y Libertad", *Hoy*, 4-10 de abril, 1979, pp. 20 y 21; Salazar, *Roberto Thieme*, p. 80; Fuentes, *Memorias secretas*, pp. 80, 81 y 104.
60. Dinges y Landau, *Assassination*, p. 103.
61. Unidad Popular, citado en Millas, "Qué se hizo", p. 20.
62. Dinges y Landau, *Assassination*, p. 41.
63. Fuentes, *Memorias secretas*, p. 338.
64. Dinges y Landau, *Assassination*, p. 109; Díaz, *Patria y Libertad*, pp. 31 y 36.
65. Pablo Rodríguez, citado en Díaz, *Patria y Libertad*, p. 41, véase también p. 65.
66. John Dinges, "Figure Sought in Letelier Case Called U.S. Citizen", *The Washington Post*, 6 de marzo, 1977, p. A1.
67. Salvador Allende, citado en Millas, "Qué se hizo", p. 21.
68. Callejas, *Siembra vientos*, p. 37.
69. Michael Townley, citado en Dinges y Landau, *Assassination*, p. 106.
70. Mariana Callejas, citada en Fuentes, *Memorias secretas*, pp. 146 y 147.
71. Branch y Propper, *Labyrinth*, pp. 494 y 496.
72. Roberto Thieme, citado en Fuentes, *Memorias secretas*, p.153; véanse también pp. 147 y 153.
73. Citado en Fuentes, *Memorias secretas*, p. 153; Branch y Propper, *Labyrinth*, p. 496.
74. Callejas, *Siembra vientos*, p. 46.
75. Citado en Fuentes, *Memorias secretas*, p. 163; *BBC*, "Inside Story".
76. Citas tomadas de Fuentes, *Memorias secretas*, pp. 166-168 y 154.
77. Kornbluh, *Pinochet File*, p. 168; Dinges y Landau, *Assassination*, p. 113; Citas de Landau al secretario de Estado.
78. Callejas, *Siembra vientos*, p. 52; Dinges y Landau, *Assassination*, p. 115; Branch y Propper, *Labyrinth*, pp. 499 y 500.
79. Callejas, *Siembra vientos*, p. 56.
80. Branch y Propper, *Labyrinth*, p. 501.
81. Dinges, "Figure Sought".
82. Jeremiah O'Leary, "Assassin's Wife to Go to Chile", *The Washington Star*, 22 de febrero, 1979.
83. Callejas, *Siembra vientos*, p. 16.
84. Freed y Landis, *Death in Washington*, p. 99.
85. Dinges y Landau, *Assassination*, pp. 103 y 104.
86. Townley a un abogado, 4 de abril, 1973, citado en Fuentes, *Memorias secretas*, p. 246.
87. Branch y Propper, *Labyrinth*, p. 501.

88. Informe de Andrews posterior a la sentencia; Dinges, *The Condor Years*, pp. 75 y 76; Dinges y Landau, *Assassination*, p. 130.
89. Mariana Callejas, citada en Dinges y Landau, *Assassination*, p. 130.
90. Varas y Orrego, *El caso Letelier*, p. 38.
91. O'Leary, "Townley's Wife", p. A1.
92. "Secuestro de un diplomático", *La Nación* (Santiago), informe especial, junio, 1995, p. 12.
93. Mariana Callejas, citada en Chang, "Downstairs".
94. Pía Barros, citada en Chang, "Downstairs".
95. Citado en "Secuestro", p. 13.
96. Cockerell a Propper, Londres, 14 de junio, 1978, volumen sin clasificar, casillero 8, LC, NSA; véase también Callejas ante el gran jurado federal.
97. Callejas, *Siembra vientos*, p. 122.
98. Cockerell a Propper.
99. Callejas, *Siembra vientos*, pp. 122 y 123.
100. "La muerte emprende viaje", *La Nación* (Santiago), informe especial, junio, 1995, p. 18.
101. Callejas, *Siembra vientos*, p. 123.
102. Dinges y Landau, *Assassination*, p. 141.
103. Kenneth Bredemeier, "Agent Details Letelier's Death", *The Washington Post*, 19 de enero, 1979, p. A1; McSherry, *Predatory States*, p. 141.
104. John Dinges, "Chile's Global Hit Men", *Nation*, 2 de junio, 1979, p. 1.
105. Carter Cornick, citado en Karen De Young *et al.*, "'This Was Not an Accident, This Was a Bomb'", *The Washington Post*, 20 de septiembre, 2016, www.washingtonpost.com/sf/national/2016/09/20/this-was-not-an-accident-this-was-a-bomb/?utm_term=.57984422ebde.
106. Callejas, *Siembra vientos*, p. 12.

CAPÍTULO 5

1. Cmiel, "The Emergence of Human Rights", p. 1.233.
2. Keys, *Reclaiming American Virtue*. Véase también Renouard, *Human Rights*, pp. 6 y 7. Para una visión admirablemente transnacional y detallada del movimiento más amplio de los derechos humanos en el mundo, véase Kelly, *Sovereign Emergencies*.
3. Schoultz, *Human Rights*, p. 75.
4. Cmiel, "The Emergence of Human Rights", p. 1.246.
5. Sikkink, *Mixed Signals*, pp. 57 y 58.
6. Cmiel, "The Emergence of Human Rights", p. 1.235.

7. Patrick Symmes, "The Man Who Would Not Disappear", *Washington City Paper,* 22 de septiembre, 1995, www.washingtoncitypaper.com/news/article/ 13006608/ the-man-who-would-not-disappear.
8. Delia Vergara, "Kennedy habla de Chile", *Hoy,* 22-26 de noviembre, 1978, p. 12.
9. Cabildero y Kissinger, citado en Schoultz, *Human Rights,* pp. 93 y 111.
10. Cmiel, "The Emergence of Human Rights", p. 1234.
11. Renouard, *Human Rights,* p. 88.
12. Schoultz, *Human Rights,* pp. X, 19, 20 y 90.
13. Volk, "The Politics of Memory", pp. 18-22.
14. Schoultz, *Human Rights,* p. 84.
15. Kathleen Teltsh, "Torture in Chile Said to Continue", *NYT,* 11 de septiembre, 1974, p. 15.
16. Schoultz, *Human Rights,* pp. 129-130.
17. William D. Rogers, citado en Kornbluh, *Pinochet File,* p. 227.
18. Schoultz, *Human Rights,* p. 198; Kornbluh, *Pinochet File,* p. 223.
19. Vergara, "Kennedy habla", p. 12.
20. John Davis Lodge, citado en Schoultz, *Human Rights,* p. 57; véanse también pp. 52-57.
21. Kornbluh, *Pinochet File,* pp. 224 y 225.
22. Orlando Letelier, *Groener Amsterdammer* (Ámsterdam), entrevista, 3 de marzo, 1976, traducido y citado en comunicación de oficial en terreno del FBI en Washington, D.C., al director, 3 de noviembre, 1976, documentos respecto a Letelier (FOIA) generados por el FBI, volumen 5, casillero 1, LC, NSA.
23. Donna Packer, citada en Beverly Fisher, memorial de Ronni Moffitt, 26 de septiembre, 1976, archivo 12, casillero 96, IPS, WHS.
24. Declaración jurada de Hilda Karpen, 25 de julio, 1991, DOS 2015.
25. Oficial en terreno de la oficina del FBI en Newark al director, 21 de octubre, 1976, documentos en torno a Letelier (FOIA) generados por el FBI, volumen 3, casillero 1, LC, NSA.
26. Michael Karpen, "Ronni Karpen Moffitt: Superniña", Senado de Estados Unidos, 99° Congreso y sesión, *Congressional Record* 132, N° 144 (17 de octubre, 1986): S17140-41.
27. Beverly Fisher, "Tribute to Ronni Karpen Moffitt for Dupont Circle Rally", Washington, D.C., 22 de septiembre, 1976, archivo 12, casillero 96, IPS, WHS.
28. Oficial de Baltimore del FBI al director, 30 de noviembre y 27 de octubre, 1976, documentos en torno a Letelier (FOIA) generados por el FBI, volumen 3, casillero 1, LC, NSA.
29. Karpen, "Ronni Karpen Moffitt".

30. Memorial Fisher; oficina del FBI en Alexandria al director, 28 de octubre, 1976, documentos en torno a Letelier (FOIA) generados por el FBI, volumen 3, casillero 1, LC, NSA.
31. Memorial Fisher; Branch y Propper, *Labyrinth*, p. 86.
32. Richard Prince, "Second Victim of Blast Was 'Warm, Vital and Active'", *The Washington Post*, 22 de septiembre, 1976, p. A9.
33. Declaración jurada de Hilda Karpen.
34. Volante con el que se invitaba a "The Letelier Seminars", agosto, 1979, casillero 178, TI, HSH.
35. Joshua Muravchik, "The Think Tank of the Left", *NYT*, 26 de abril, 1981, SM19.
36. Fisher, "Tribute"; Memorial Fisher.
37. Dinges y Landau, *Assassination*, p. 208.
38. Declaración jurada de Michael Moffitt, 16 de julio, 1991, DOS 2015.
39. Informe de la oficina del FBI en Albany, 5 de octubre, 1976, documentos en torno a Letelier (FOIA) generados por el FBI, volumen 3, casillero 1, LC, NSA.
40. Declaración jurada de Moffitt.
41. Frase de Michael Moffitt, 22 de septiembre, 1976, casillero 277, TI, IISH.
42. Ensayo en borrador de Michael Moffitt, 20 de mayo, 1976, casillero 277, TI, IISH.
43. Laurie Ann-Kaye, parafraseada en comunicación del oficial en terreno de la oficina del FBI en Washington, D.C., al director, 28 de septiembre, 1976, documentos en torno a Letelier (FOIA) generados por el FBI, volumen 1, casillero 1, LC, NSA.
44. Anónimo, citado en Cornick a Propper, 8 de octubre, 1976, documentos en torno a Letelier (FOIA) generados por el FBI, volumen 2, casillero 2, LC, NSA.
45. Declaración jurada de Moffitt.
46. Michael Moffitt, alocución en St. Mark's Cathedral, Washington, D.C., 26 de diciembre, 1976, reproducido en *Monthly Review*, 1 de diciembre, 1976, reproducido en www.tni.org/es/node/13701.
47. Declaración jurada de Moffitt.
48. Frase de Moffitt.
49. Letelier había sostenido discusiones en torno a la posibilidad de enseñar en la Universidad de California, Berkeley, y la Universidad Estatal de Nueva York-Buffalo. Barnet a Letelier, 11 de octubre, 1974, archivo 12, casillero 13, IPS, WHS; Patricio Carvajal Prado, salvoconducto, Santiago, 10 de septiembre, 1974, archivo de visas, casillero de Series S-V, carpetas temáticas, y Letelier a Alegría, Caracas, 22 de octubre, 1974, archivo Alegría, Fernando, casillero 1, Correspondencia entre Orlando Letelier y terceros, ambos en OL, AA.
50. Juan Pablo Letelier, citado en Raquel Correa, "Ahora".
51. Citado en Dinges y Landau, *Assassination*, p. 8.

52. Raskin y Barnet a la Junta Planificadora del TNI, Washington, D.C., (c. 4) de noviembre, 1974, archivo Barnet, Richard S., casillero 2, Correspondencia entre Orlando Letelier y terceros, ambos en OL, AA.
53. Declaración jurada de Moffitt.
54. Orlando Letelier, "The Chicago Boys in Chile: Economic 'Freedom's' Awful Toll", *Nation*, 28 de agosto, 1976, pp. 137-142. Véase también Letelier, *Chile*.
55. Discurso de Isabel Morel, Chicago, 10 de septiembre, 1977, archivo 37, casillero 52, IPS, WHS.
56. Tom Wicker, "Propping Up Chile", *NYT*, 23 de mayo, 1976, p. E17.
57. Declaración jurada de Isabel Morel, 2 de agosto, 1991, DOS 2015.
58. Saul Landau y Ralph Stavins, "The Meaning of the Letelier Assassination", diciembre, 1976, documentos sobre Letelier generados por el FBI (FOIA), Serie Gruesa – Parte 2, casillero 7, LC, NSA.
59. George McGovern, citado en David Burnham, "McGovern Testifies about Meetings with Letelier", *NYT*, 17 de enero, 1979, p. A7; Free y Landis, *Death in Washington*, p. 12; Rodríguez, *El asesinato*, p. 37.
60. "El intenso exilio de Letelier", *La Nación* (Santiago), informe especial, junio, 1995, p. 29.
61. Saul Landau, "Two Deaths in the Morning", p. 21.
62. Joe Eldridge, citado en Jack Anderson y Les Whitten, "Two Chilean Exiles' Lives in Danger", *The Washington Post*, 7 de octubre, 1976, p. E25.
63. Entrevista a Sergio Bitar.
64. Entrevista a Juan Gabriel Valdés.
65. Cavallo te al., *La historia oculta*, p. 113.
66. Isabel Morel, citada en "El intenso exilio", p. 28.
67. Dinges y Landau, *Assassination*, p. 86.
68. Branch y Propper, *Labyrinth*, p. 86; Washington, D.C., oficina en terreno al director del FBI, 26 de septiembre, 1976, documentos en torno a Letelier (FOIA) generados por el FBI, volumen 1, casillero 1, LC, NSA; "El intenso exilio", p. 27; Gallagher a Deegan, y Washington, D.C., oficial en terreno a director del FBI, 30 de septiembre, 1976, documentos en torno a Letelier (FOIA) generados por el FBI, volumen 1, casillero 1, LC, NSA. Los testimonios difieren en cuanto al hecho de si Pérez-Soto era la tía o sobrina de la esposa de Arria.
69. Orlando Letelier, citado en comunicación de oficial en terreno del FBI en Washington, D.C., al director, 9 de diciembre, 1976, documentos en torno a Letelier (FOIA) generados por el FBI, volumen 14, casillero 2, LC, NSA.
70. Citado en Dinges y Landau, *Assassination*, p. 86.
71. Branch y Propper, *Labyrinth*, p. 85.
72. Declaración jurada de Isabel Morel.

73. Comunicación de oficial en terreno del FBI en Washington, D.C., al director, 9 de diciembre, 1976.
74. Michael Moffitt, citado en comunicación de oficial en terreno del FBI en Washington, D.C., al director, 30 de septiembre, 1976.
75. Entrevista a Francisco Letelier.
76. Comunicación de oficial en terreno del FBI en Washington, D.C., al director, 2 de octubre, 1976, documentos en torno a Letelier (FOIA) generados por el FBI, volumen 1, casillero 1, LC, NSA.
77. Orlando Letelier, citado en Dinges y Landau, *Assassination*, p. 90.
78. Sin embargo, Beverly Ann Leigner alegaba haber sido la amante de Orlando Letelier durante dieciséis años, hasta su asesinato, y que Isabel sabía de ello: oficial en terreno de la oficina del FBI en San Francisco al director, 20 de noviembre, 1976, documentos en torno a Letelier (FOIA) generados por el FBI, volumen 7, casillero 1, LC, NSA. Isabel Morel, citada en Dinges y Landau, *Assassination*, p. 90. Véase también oficial en terreno del FBI en Washington, D.C., al director, 26 de septiembre, 1976; "El intenso exilio", pp. 27 y 29, y Cornick a Propper.
79. Orlando Letelier, citado en comunicación de oficial en terreno del FBI en Washington, D.C., al director, 9 de diciembre, 1976.
80. Orlando Letelier, citado en Landau, "Two Deaths", p. 21.
81. Declaración jurada de Juan Pablo Letelier, 2 de agosto, 1991, DOS 2015.

CAPÍTULO 6

1. Che Guevara, citado en Saul Landau, "Guillermo Novo and Me", *Counterpunch*, 19 de septiembre, 2003. www.counterpunch.org/2003/09/19/guillermo-novo-and-me/; Antonio de la Cova, comunicación vía correo electrónico con el autor, 13 de diciembre, 2018.
2. Memorándum del agente especial a cargo en la oficina del FBI de Miami al director, 3 de febrero, 1977, documentos sobre Letelier generados por el FBI (FOIA), volumen 21, casillero 2, LC, NSA.
3. Frank O'Connor y Stanley Ross, citados en Peter Kihss, "Three Castro Foes Arrested in Firing of Bazooka at U.N.", *NYT*, 23 de diciembre, 1964, p. 8.
4. Ignacio Novo, citado en Bernardo de la Maza, "Cubanos en el exilio hablan para *Qué Pasa*", *Qué Pasa*, 20 de marzo, 1978, p. 13.
5. Philip Walsh, citado en Kihss, "Three Castro Foes", p. 8.
6. Agente especial del FBI en Miami al director.
7. Timothy Robinson, "Arrest of Missing Parole Is Ordered", *The Washington Post*, 7 de junio, 1977, p. C3.
8. Didion, *Vintage*, p. 34.

9. Manuel Hevia Frasquieri, "Guillermo Novo Sampol: ¡Yo no soy un terrorista!", *La Jiribilla*, 12-22 de abril, 2005. www.latinamericanstudies.org/belligerence/bill.htm.
10. Oficina del FBI en Miami al director, 5 de julio, 1979, documentos sobre Letelier generados por el FBI (FOIA), volumen 94, casillero 7, LC, NSA.
11. Cita tomada de Tracey Eaton, "Guillermo Novo: Feedom Fighter or Lawbreaker?", *Along the Malecón*, 24 de junio, 2010, alongthemalecon.blogspot.com/2010/06/Guillermo-novo-freedom-fighter-or.html; comunicación de la oficina del FBI en Washington, D.C., al director, 1 de diciembre, 1978, documentos sobre Letelier generados por el FBI (FOIA), volumen 78, casillero 6, LC, NSA; "Cuban Freedom Fighter Will Appeal Sentence", *Jersey Journal*, 27 de septiembre, 1969; "The Defendants", *The Washington Post*, 15 de febrero, 1979, p. A2; Hevia, "Guillermo Novo Sampol".
12. Kihss, "Three Castro Foes", p. 8.
13. Guillermo Novo, entrevista de De la Cova, 1 de enero, 2005, http://www.latinamericanstudies.org/ audio/Novo-Sampol-Guillermo-1-1-2005, mp3; "Gráficas de los últimos acontecimientos", *Bohemia*, 8 de junio, 1952, pp.68-69, http://www.latinamericanstudies.org/1952/Bohemia-6-8-1952-68.pdf; Zach Dorfman, "Codename: CHILBOM", *Atavist Magazine* 59 (2016), magazine.atavist.com/codename-chilbom.
14. Eaton, "Guillermo Novo".
15. Blake Fleetwood, "I Am Going to Declare War", *New Times*, 13 de mayo, 1977, p. 53.
16. Guillermo Novo, citado en Eaton, "Guillermo Novo".
17. Landau, "Guillermo Novo and me".
18. Jefe de operaciones, División América Latina, memorándum al director de la CIA, 23 de agosto, 1978, DNSA.
19. Robin Herman, "'Highest Priority' Given by U.S. to Capture of Anti-Castro-Group", *NYT*, 3 de marzo, 1980, p. A1; Dinges y Landau, *Assassination*, p. 346.
20. "The Defendants", p. 21. José Suárez, entrevista de De la Cova, 19 de diciembre, 2005, http://www.latinamericanstudies.org/audio/Suarez-Jose-Dionisio-12-19-2005, mp3; Encinosa, *Unvanquished*, p. 123.
21. Encinosa, *Unvanquished*, p. 123.
22. Jeff Stein, "Inside Omega 7", *Village Voice*, 10 de marzo, 1980, p. 11.
23. Citas en informe del FBI, 28 de julio, 1978, documentos sobre Letelier generados por el FBI (FOIA), volumen 70, casillero 6, y comunicación del oficial en terreno del FBI de Nueva York al director, 8 de junio, 1978, documentos sobre Letelier generados por el FBI (FOIA), volumen 61, casillero 5, LC, NSA; De la Maza, "Cubanos", p. 12.

24. Informe del FBI, 28 de julio, 1978; Salazar, *Contreras*, p. 99; Dinges y Landau, *Assassination*, p. 240.
25. Dinges y Landau, *Assassination*, pp. 232 y 243.
26. Informe del FBI, 8 de agosto, 1978, documentos sobre Letelier generados por el FBI (FOIA), volumen 70, casillero 6, LC, NSA.
27. Guillermo Novo, carta abierta, "Sobre nuestra razón de ser", 1977, latinamericanstudies.org.
28. Dinges y Landau, *Assassination*, p. 346.
29. Declaración de Ricardo Cañete, archivo de Extradición/Juicio, casillero 21, LC, NSA.
30. Méndez, *Los cuervos*, p. 90.
31. Didion, *Vintage*, pp. 32-33.
32. Comunicación de la oficina del FBI en terreno al director, 2 de diciembre, 1976, archivo de documentos sobre Letelier generados por el FBI (FOIA), casillero 19, LC, NSA.
33. John Kennedy, citado en Didion, *Vintage*, p. 41.
34. Taylor Branch y George Crile III, "The Kennedy Vendetta: How the CIA Waged a Silent War against Cuba", *Harper's*, agosto, 1975, p. 51.
35. Fleetwood, "I Am Going", p. 46.
36. Kami, "Diplomacy and Human Migration", cap. 2.
37. Méndez, *Los años del terror*, pp. 46 y 48.
38. González-Pando, *The Cuban Americans*, p. 55.
39. "Legacy of Terror", *NYT*, 16 de julio, 1978, p. SM8.
40. Orlando Bosch, citado en Fleetwood, "I Am Going", p. 46.
41. José Miró Cardona, citado en Kami, "Diplomacy and Human Migration", cap. 2, p. 1.
42. Citado en Norman Kempster, "Intrigue Grows in Murder of Chilean", *Los Angeles Times*, 3 de noviembre, 1976, p. A8.
43. Anthony Boadle, "Bay of Pigs Fiasco Spawned Anti-Castro Plotters", *CNN*, 17 de abril, 2001, www.latinamericanstudies.org/bay-of-pigs/plotters.htm.
44. Transcripción de programa televisivo, "World in Action – the Dina", WNET Nueva York, 19 de enero, 1977, documentos sobre Letelier generados por el FBI (FOIA), volumen 22, casillero 2, LC, NSA.
45. Saul Landau, "The Letelier-Moffitt Trial", 24 de enero, 1979, archivo del Juicio Letelier, casillero 21, LC, NSA.
46. Orlando Bosch, citado en Méndez, *Los cuervos*, p. 81.
47. Ignacio Novo, citado en De la Maza, "Cubanos", p. 15; véase también Encinosa, *Unvanquished*, pp. 113-114.

48. Juan de Onís, "Anti-Castro Extremists Tolerated, If Not Encouraged, by Some Latin American Nations", *NYT*, 15 de noviembre, 1975, p. 10; Méndez, *Los cuervos*, p. 90.
49. De Onís, "Anti-Castro Extremists", p. 10.
50. Citado en Méndez, *Bajo las alas*, pp. 77.
51. Citado en entrevista de noviembre de 1976 en Miami, comunicación del oficial en terreno del FBI en Washington, D.C., 1 de diciembre, 1978.
52. Méndez, *Bajo las alas*, p. 72.
53. Dorfman, "Codename: CHILBOM".
54. Citado en Pierce, "Miami's Municipal Diplomacy", p. 220.
55. Méndez, *Los años del terror*, p. 3.
56. Oficina del FBI en Miami al director del FBI, 2 de diciembre, 1976.
57. Ignacio Novo, citado en De la Maza, "Cubanos", p. 15.
58. Ignacio Novo, citado en comunicación de oficial en terreno del FBI en Washington, D.C., al director, 1 de diciembre, 1978.
59. "Legacy of Terror".
60. Dorfman, "Codename: CHILBOM".
61. Citado en "Legacy of Terror".
62. Citado en comunicación de oficina del FBI en Miami al director, 5 de julio, 1979; entrevista de De la Cova a Novo.
63. "Legacy of Terror".
64. David Vidal, "Bombings Revealed Split among Cubans in Jersey", *NYT*, 2 de abril, 1979, B1; Prieto, *The Cubans of Union City*, pp. 18 y 19.
65. Carole Feldman, "Little Havana on the Hudson a Mixed City", *Hudson Dispatch* (Union City, N.J.), 16 de febrero, 1977, p. 32.
66. Jeff Stein, "An Army in Exile", *New York*, 10 de septiembre, 1979, p. 45; conversación de (¿Saul Landau?) con Larry Wack, 24 de mayo, 1979, archivo 1, casillero 44, IPS, WHS; David Vidal, "In Union City, the Memories of the Bay of Pigs Don't Die", *NYT*, 2 de diciembre, 1979, p. E9; Prieto, *The Cubans of Union City*, p. 25.
67. Antonio de la Cova, comunicación vía correo electrónico con el autor, 13 de diciembre, 2018; Vidal, "In Union City", p. E9.
68. Larry Wack, citado en conversación de (¿Saul Landau?) con Larry Wack.
69. Stein, "An Army in Exile", p. 45.
70. Ignacio Novo, citado en De la Maza, "Cubanos", p. 15.
71. Notas de entrevista de (¿Saul Landau?), sin fecha, archivo 1, casillero 44, IPS, WHS.
72. Luis Fernández, citado en Feldman, "Little Havana", p. 32.
73. José D. Suárez, "La Bandera de la Dignidad", *El Caimán* (Nueva Jersey), enero, 1975, p. 1.
74. Notas de entrevista a (¿Saul Landau?).

75. Documento del FBI, 29 de octubre, 1993, disponible en cuban-exile.com/doc_001-025/doc0011.html.
76. Alvin Ross, citado en Herman, "'Highest Priority'", p. A1.
77. Stein, "An Army in Exile", p. 46.
78. Julia Valdivia, citada en Stein, "Inside Omega 7", p. 13.
79. McSherry, *Predatory States*, p. 160.
80. Dinges y Landau, *Assassination*, p. 117.
81. Jon Nordheimer, "Letelier Inquiry Sees Chilean Link to Cuban Exiles", *NYT*, 17 de abril, 1978, p. A7.
82. Por ejemplo, Méndez, *Bajo las alas*, p. 4.
83. Felipe Rivero, citado en Méndez, *Bajo las alas*, pp. 8 y 9.
84. Declaración de Townley, archivo Letelier/Civil – Materiales obtenidos de Saul Landau – 16 de marzo, 1979, casillero 14, LC, NSA.
85. Méndez, *Bajo las alas*, p. 15.
86. Orlando Bosch, citado en Fleetwood, "I Am Going", p. 48.
87. Declaración de Townley.
88. Transcripción de procedimientos, caso criminal N° 78-367, 18 de enero, 1979, Washington, D.C., casillero 25, LC, NSA, 1599.
89. Declaración de Townley.
90. Citado en Dinges y Landau, *Assassination*, pp. 239 y 240.
91. Declaración de Townley.
92. Informe del FBI, 24 de abril, 1978, documentos sobre Letelier generados por el FBI (FOIA), volumen 87, casillero 7, LC, NSA.
93. Citado en informe del FBI, 24 de noviembre, 1979, documentos sobre Letelier generados por el FBI (FOIA), Serie Voluminosa – Segunda Parte, casillero 7, LC, NSA.
94. Declaración de Townley.
95. Transcripción de procedimientos, 1604.
96. Informe del FBI, 24 de abril, 1978.
97. Cockerell a Propper, Londres, 14 de junio, 1978, volumen sin clasificar, casillero 8, LC, NSA.
98. Dinges y Landau, *Assassination*, pp. 99 y 100.
99. De la Maza, "Cubanos", p. 8.
100. Mariana Callejas, citada en "La muerte emprende viaje", *La Nación* (Santiago), informe especial, junio, 1995, p. 18.
101. Stein, "An Army in Exile", p. 44.

CAPÍTULO 7

1. David Popper, embajador de Estados Unidos en Chile, al secretario de Estado, Santiago, 21 de febrero, 1975, DOS 2015.
2. Cornick a Propper, 8 de octubre, 1976, documentos sobre Letelier generados por el FBI (FOIA), volumen 11, casillero 2, LC, NSA.
3. Elizabeth Subercaseaux, "Isabel", p. 6; Freed y Landis, *Death in Washington*, p. 83; Dinges y Landau, *Assassination*, p. 170.
4. Saul Landau e Isabel Morel, Significado del asesinato de Letelier y Moffitt, 22 de septiembre, 1992, grabación de audio, 1531A/393, IPS, WHS.
5. Oliver a Paz Cohen, París, 21 de junio, 1977, archivo 34, casillero 38, IPS, WHS.
6. Orlando Bosch, citado en Blake Fleetwood, "I Am Going", p. 53.
7. Méndez, *Los cuervos*, p. 106.
8. Fleetwood, "I Am Going", p. 51.
9. Citado en McSherry, *Predatory States*, p. 158.
10. McSherry, *Predatory States*, p. 158.
11. Orlando Bosch, citado en Fleetwood, "I Am Going", p. 53. El académico Antonio de la Cova, que entrevistó a varios miembros del MNC, lo contradecía y afirmaba que "lo de Letelier nunca se discutió en Bonao". De la Cova, comunicación por correo electrónico con el autor, 13 de diciembre, 2018.
12. Contreras a un general brasileño, Santiago, 28 de agosto, 1975, citado en comunicación de la oficina en terreno (Cornick) del FBI en Washington, D.C. al director, 15 de febrero, 1978, documentos sobre Letelier generados por el FBI (FOIA), volumen 44, casillero 4, LC, NSA.
13. Declaración de Townley, archivo Letelier/Civil – Materiales tomados de Saul Landau – 16 de marzo, 1979, casillero 14, LC, NSA.
14. Citado en Dinges y Landau, *Assassination*, pp. 176, 179 y 180.
15. Salazar, *Contreras*, p. 129.
16. Pedro Espinoza, citado en Dinges y Landau, *Assassination*, p. 182.
17. Declaración de Townley.
18. Branch y Propper, *Labyrinth*, pp. 539 y 540.
19. Mariana Callejas, citada en Dinges y Landau, *Assassination*, p. 183.
20. Stern, *Reckoning with Pinochet*, p. 139.
21. Pía Díaz, "35% de pasaportes dados entre 1975-1977 eran falsos", *La Época*, 5 de julio, 1990, p. 15.
22. George Landau, citado en Dinges y Landau, *Assassination*, p. 317.
23. Entrevista a George Landau, ADST.
24. Elizabeth Subercaseaux, "Contreras va a declarar, qué duda cabe", *Caras* (Santiago), (c. mayo), 1990, p. 5; Dinges y Landau, *Assassination*, p. 309.
25. Dinges y Landau, *Assassination*, p. 311; McSherry, *Predatory States*, p. 157.

26. McNeil a Vaky, 14 de agosto, 1978, DNSA.
27. Dinges y Landau, *Assassination*, p. 311.
28. Declaración personal de Lagos, marzo, 1988, DOS 2015.
29. "Mónica Lagos antes de caer en manos de la Dina", *La Época*, 21 de abril, 1990, p. 15.
30. Todo citado en declaración personal de Lagos, marzo, 1988, DOS 2015.
31. Dinges y Landau, *Assassination*, pp. 199, 202.
32. Declaración personal de Lagos.
33. Dinges y Landau, *Assassination*, p. 203.
34. Declaración personal de Lagos.
35. David Shribman, "Plot to Kill Letelier Said to Involve Nerve Gas", *NYT*, 13 de diciembre, 1981.
36. Declaración de Townley.
37. Branch y Propper, *Labyrinth*, p. 546.
38. Dinges y Landau, *Assassination*, p. 21.
39. Ercilla, *Caso Letelier*, pp. 33 y 34; nota de la oficina en terreno del FBI en Washington, D. C. al director, 19 de octubre, 1976, documentos sobre Letelier generados por el FBI (FOIA), volumen 14, casillero 2, LC, NSA.
40. Citado en Dinges y Landau, *Assassination*, p. 11.
41. Cornick a Propper.
42. Isabel Morel, citada en Subercaseaux, "Isabel", p. 6.
43. Joy Billington, "His Widow Does Not Doubt the He Died for A Cause", *The Washington Star*, 22 de septiembre, 1976, reproducido en www.tni.org/es/node/6407; Branch y Propper, *Labyrinth*, p. 550.
44. Mine, "The Assassin Next Door"; nota de Barnes al secretario de Estado, Santiago, 12 de marzo, 1987, DNSA.
45. Freed y Landis, *Death in Washington*, p. 10.
46. Orlando Letelier, "A Testament", *NYT*, 27 de septiembre, 1976, p. 31.
47. Lillian Montecino, citada en Stephen J. Lynton y Ronald Kessler, "Chilean Bomb Victim Told FBI of Threats to Life, Friends Say", *The Washington Post*, 23 de septiembre, 1976, p. A1.
48. Cornick a Propper.
49. Citado en Lynton y Kessler, "Chilean Bomb Victim", p. A1.
50. Citado en comunicación de la oficina en terreno del FBI en Nueva York al director, 9 y 19 de febrero, 1977, ambas en documentos sobre Letelier generados por el FBI (FOIA), volumen 20, casillero 2, LC, NSA.
51. Freed y Landis, *Death in Washington*, p. 14.
52. Ernest Volkmar y John Cummings, "The Assassination of Orlando Letelier", *Penthouse*, julio, 1978, pp. 52-59 y 114-117.
53. Entrevista a Juan Gabriel Valdés.

54. David Burnham, "Mail Sent to Letelier Was Tampered with, Widow says in Court", *NYT*, 8 de febrero, 1979, p. A7; Cornick a Propper.
55. Isabel Morel, entrevista de J. Teunissen y A. Steenhuis, 2 de febrero, 1977, grabación de audio 1534/303, IPS, WHS.
56. Citado en nota de la oficina en terreno del FBI en Washington, D.C., al director, 28 de septiembre, 1976, documentos sobre Letelier generados por el FBI (FOIA), volumen 1, casillero 1, LC, NSA.
57. Lynton y Kessler, "Chilean Bomb Victim", p. A1.
58. Del Solar, *Orlando Letelier*, p. 30.
59. Citado en Lynton y Kessler, "Chilean Bomb Victim", p. A1.
60. Cornick a Propper.
61. Entrevista a Isabel Morel, IPS, WHS.
62. Cornick a Propper.
63. Orlando Letelier, citado en "El intenso exilio de Letelier", *La Nación* (Santiago), informe especial, junio, 1995, p. 30.
64. Dinges y Landau, *Assassination*, p. 12. Entre los cubanos que estuvieron en la reunión, pero no participaron más adelante, estaba el médico de Newark Juan B. Pulido, quien nunca fue acusado: Timothy S. Robinson: "FBI Describes Bomb Killing of Letelier", *The Washington Post*, 3 de junio, 1978, p. A1.
65. Citado en Branch y Propper, *Labyrinth*, pp. 553-554.
66. Dinges y Landau, *Assassination*, p. 16; Robinson, "FBI", p. A1.
67. Antonio de la Cova, comunicación vía correo electrónico con el autor, 13 de diciembre, 2018.
68. Dinges y Landau, *Assassination*, p. 17.
69. Testimonio de Townley, (c. 25) de abril, 1978, DNSA.
70. Dinges y Landau, *Assassination*, p. 18; Saul Landau, "Two Deaths in the Morning", p. 22.
71. Declaración de Townley.
72. Branch y Propper, *Labyrinth*, p. 563.
73. Bredemier, "Agent Details", p. A1.
74. Branch y Propper, *Labyrinth*, p. 565.
75. Dinges y Landau, *Assassination*, p. 19.
76. Rosalind Andrews (oficial de libertad condicional), informe posterior a condena de Michael Townley, 29 de mayo, 1979, DNSA.
77. Dinges y Landau, *Assassination*, p. 22.
78. Declaración de Townley.
79. Dinges y Landau, *Assassination*, p. 24.
80. Orlando Letelier, citado en Varas y Orrego, *El caso Letelier*, p. 17.
81. Sin autor, *Caso Letelier*, Editorial Ercilla,1991, pp. 43 y 44; Mine, "The Assassin Next Door"; Branch y Propper, *Labyrinth*, p. 570.

82. Declaración personal de Lagos.
83. Dinges y Landau, *Assassination*, p. 221.
84. Mariana Callejas, citado en Cockerell a Propper, Londres, 14 de junio, 1978, volumen sin clasificar, casillero 8, LC, NSA.
85. Declaración de Townley.

CAPÍTULO 8

1. David Binder, "Opponent of Chilean Junta Slain in Washington by Bomb in His Auto", *NYT*, 22 de septiembre, 1976, p. 1.
2. "Terror en Washington" (editorial), *NYT*, 22 de septiembre, 1976, p. 33.
3. Jeremiah O'Leary, "Left is Also Suspect in Slaying of Letelier", *The Washington Star*, 8 de octubre, 1977, p. A1.
4. Nota de la Agencia de Inteligencia de Defensa, 28 de septiembre, 1976, archivo 11, casillero 24, IPS, WHS.
5. Stephen J. Lynton y Ronald Kessler, "Chilean Bomb Victim Told FBI of Threats to Life, Friends Say", *The Washington Post*, 23 de septiembre, 1976, p. A1.
6. Citado en Zach Dorfman, "Codename: CHILBOM".
7. "Murder Mystery", *Newsweek*, 11 de octubre, 1976.
8. Memorándum, 8 de octubre, 1976, archivo 30, casillero 38, IPS, WHS. El activista Tom Hayden acusó a George Bush, director de la CIA, de autorizar una campaña de desinformación para inculpar a sectores izquierdistas del asesinato de Letelier: Tom Hayden, "An Exiled Son".
9. David Binder, "Cuban Exiles Are Reported Linked to Slaying of Chilean in Washington", *NYT*, 12 de octubre, 1976.
10. Earl Silbert, citado en Dinges y Landau, *Assassination*, p. 217.
11. Branch and Propper, *Labyrinth*, pp. 38-39, 55-57 y 79. Dinges y Landau, *Assassination*, p. 229.
12. Eugene Propper, citado en Dorfman, "Codename: CHILBOM".
13. Taylor Branch, "The Letelier Investigation: The Venezuelan Connection", *NYT*, 16 de julio, 1978; Branch y Propper, *Labyrinth*, p. 57; Timothy S. Robinson, "The Letelier Prosecutor: An Unlikely Celebrity in Santiago", *The Washington Post*, 3 de agosto, 1978, p. A14.
14. Philip Taubman, "Perils of Being the Prosecution Team", *NYT*, 28 de febrero, 1983.
15. Dinges y Landau, *Assassination*, pp. 197 y 254; Branch and Propper, *Labyrinth*, p. 92.
16. Branch, "The Letelier Investigation".
17. Isabel Morel, entrevista del autor.

18. Dinges y Landau, *Assassination*, p. 237; Mary McGrory, "A G-Man the Left Can Love", *The Washington Post*, 24 de septiembre, 1989, p. B1.
19. McGrory, "A G-Man", p. B1; Dinges, *The Condor Years*, p. 90.
20. Isabel Morel, entrevista del autor.
21. Branch and Propper, *Labyrinth*, p. 77.
22. Buenos Aires al director del FBI, 28 de septiembre, 1976, notas y memos de Branneman sobre Letelier (FOIA), casillero 20, LC, NSA.
23. McNamara al secretario de Estado, Ciudad de Quebec, 27 de septiembre, 1976, DNSA.
24. Dorfman, "Codename: CHILBOM".
25. Dinges y Landau, *Assassination*, p. 242.
26. Nota del asistente especial del director de la Central de Inteligencia al director de la Central de Inteligencia, 23 de septiembre, 1976. DNSA.
27. Joanne Omang, "Terrorist Plot by Rightist Cuban Exiles Seen", *The Washington Post*, 3 de noviembre, 1976, p. A17.
28. "'The Bus Has Left with the Dogs': How They Blew Up the Cuban Plane", *New Times*, 13 de mayo, 1977, p. 52.
29. Phillips, "Terrorism and Security in the Caribbean", pp. 209-219; FBI de Caracas al director, 7 de octubre, 1976, DNSA; Freed y Landis, *Death in Washington*, p. 19.
30. Omang, "Terrorist Plot", p. A17.
31. FBI en Caracas al director.
32. Dinges y Landau, *Assassination*, p. 271.
33. Norman Kempster, "Chilean Exile's Murder: Tale of Intrigue", *Los Angeles Times*, 12 de junio, 1977, p. A1.
34. Blake Fleetwood, "I Am Going", p. 45.
35. "Declaración preparada del señor Blake Fleetwood, periodista independiente", 15 de noviembre, 2007, ante el Comité de Asuntos Exteriores del Congreso de los Estados Unidos, Congreso 110°, primera sesión, *"Diplomatic Assurances" on Torture: A Case Study of Why Some Are Accepted and Others Rejected*, Serie N° 110-138 (Washington: GPO, 2008), p. 16.
36. Scherrer al director, Buenos Aires, 16 de diciembre, 1976, documentos generados por el FBI, desclasificaciones adicionales, casillero 10, LC, NSA.
37. "Declaración del señor Blake Fleetwood", p. 15.
38. Buenos Aires al director del FBI, 1 de octubre, 1976, notas y memos de Branneman sobre Letelier (FOIA), casillero 20, LC, NSA.
39. Binder, "Cuban Exiles".
40. Orlando Bosch, citado en FBI en Caracas al director, 22 de octubre, 1976, DNSA.
41. Oficina del FBI en Newark a Propper, 15 de noviembre, 1976, documentos sobre Letelier generados por el FBI (FOIA), volumen 8, casillero 1, LC, NSA.

42. Dinges y Landau, *Assassination*, p. 253; Oficina en terreno del FBI en Miami al director, 1 de noviembre, 1976, documentos sobre Letelier generados por el FBI (FOIA), volumen 5, casillero 1, LC, NSA.
43. Branch y Propper, *Labyrinth*, p. 111.
44. Oficina en terreno del FBI en Baltimore al director, 5 de octubre, 1976, documentos sobre Letelier generados por el FBI (FOIA), volumen 1, casillero 1, LC, NSA.
45. Branch y Propper, *Labyrinth*, pp. 92-97 y 120; Dinges y Landau, *Assassination*, p. 253; Norman Kempster, "Intrigue Grows in Murder of Chilean", pp. A1 y A8.
46. Corte Distrital de EE.UU., Washington, D.C., 7 de febrero, 1977, DNSA.
47. Kempster, "Chilean Exiles's Murder", *Los Angeles Times*, 12 de junio, 1977 p. A1; "Cuban Exile Jailed for Refusing to Testify in Murder of Letelier", *NYT*, 21 de abril, 1977, p. 7; Timothy Robinson y Stephen J. Lynton, "Evidence Links Letelier Death to Anti-Castro Unit", *The Washington Post*, 1 de febrero, 1977, pp. A1 y A8; oficina en terreno del FBI en Washington, D.C., al director, 1 de febrero, 1977, documentos generados por el FBI, desclasificaciones adicionales, casillero 10, LC, NSA; Jack Anderson y Les Whitten, "Ten Key Suspects in Letelier Killing", *The Washington Post*, 27 de marzo, 1977, p. B11.
48. Kempster, "Chilean Exiles's Murder", p. A1.
49. Agente especial del FBI a cargo en Miami al director, 3 de febrero, 1977, documentos sobre Letelier generados por el FBI (FOIA), volumen 21, casillero 2, LC, NSA.
50. Dinges y Landau, *Assassination*, pp. 213 y 221.
51. Timothy Robinson, "Arrest of Missing Parole is Ordered", *The Washington Post*, 7 de junio, 1977, p. C3.
52. Branch, "The Letelier Investigation".
53. Manuel Contreras, citado en Dinges y Landau, *Assassination*, pp. 168 y 277.
54. Bob Woodward, "Ex-CIA Aide, Three Cuban Exiles Focus of Letelier Inquiry", *The Washington Post*, 12 de abril, 1977, p. A1.
55. Citado en Jeremiah O'Leary, "Chilean Exile's Murder: Many Mysteries, Many Clues", *The Washington Star*, 1 de abril, 1977, p. E16. Véase también Anthony Marro, "Letelier's Murder Still Baffles U.S.", *NYT*, 13 de abril, 1977, p. 4.
56. Oficina en terreno del FBI en Nueva York al director, 11 de mayo, 1977, documentos sobre Letelier generados por el FBI (FOIA), volumen 27, casillero 3, LC, NSA.
57. Oficina en terreno del FBI en Nueva York al director, 9 de mayo, 1977, documentos sobre Letelier generados por el FBI (FOIA), volumen 27, casillero 3, LC, NSA.
58. Oficina en terreno del FBI en Nueva York al director, 11 de mayo, 1977.
59. Citado en Dinges y Landau, *Assassination*, pp. 254, 289-292 y 294; oficina en terreno del FBI en Newark al director, 8 de julio, 1977, documentos sobre Letelier generados por el FBI (FOIA), volumen 32, casillero 3, LC, NSA.

60. Declaración de Ricardo Cañete, archivo Extradición/Juicio, casillero 21, LC, NSA.
61. Citado en "Resumen de CHILBOM", 18 de julio, 1977, y oficina en terreno del FBI en Washington, D.C., al director, 12 de julio, 1977, ambos documentos sobre Letelier generados por el FBI (FOIA), volumen 32, casillero 3, LC, NSA.
62. Dinges y Landau, *Assassination*, pp. 275 y 296-300.
63. "EE.UU. pidió a Pinochet que investigara a agentes anticastristas del régimen", *ABC* (España), 5 de agosto, 2012, www.abc.es/20120805/internacional/abci-eeuu-pinochet-investigara-anticastristas-201208041342.html.
64. Propper a Pastor, 31 de agosto, 1977, DNSA.
65. Informe de la oficina en terreno del FBI en Newark, 13 de febrero, 1978, documentos sobre Letelier generados por el FBI (FOIA), volumen 42, casillero 4, LC, NSA; Jack Anderson y Les Whitten, "Tracking the Killers of Letelier", *The Washington Post*, 8 de septiembre, 1977, p. DC11.
66. Declaración de Townley, archivo Letelier/Civil – Materiales provenientes de Saul Landau – 16 de marzo, 1979, casillero 14, LC, NSA.

CAPÍTULO 9

1. Jimmy Carter, citado en Freed y Landis, *Death in Washington*, p. 171.
2. Renouard, *Human Rights*, p. 94.
3. Entrevista a Robert Steven, ADST.
4. Citado en entrevista al embajador Thomas Boyatt, ADST.
5. Dinges y Landau, *Assassination*, p. 278.
6. David Binder, "Opponent of Chilean Junta Slain in Washington by Bomb in His Auto", *NYT*, 22 de septiembre, 1976, p. 1; Branch y Propper, *Labyrinth*, p. 84.
7. Citado en Dinges, *The Condor Years*, p. 192.
8. Robert Steven, citado en Zach Dorfman, "Codename: CHILBOM".
9. Dinges, *The Condor Years*, p. 192.
10. Entrevista a John Bushnell, ADST.
11. Entrevista a Robert Steven, ADST.
12. Entrevista a Charles Grover, ADST.
13. Cavallo te al., *La historia oculta*, p. 132.
14. Cornick a Propper, 8 de octubre, 1976, documentos sobre Letelier generados por el FBI (FOIA), volumen 11, casillero 2, LC, NSA.
15. Citado en "Es irresponsable culpar a Chile del atentado contra Orlando Letelier", *La Tercera*, 23 de septiembre, 1976, p. 19.
16. "El brazo terrorista" (editorial), *La Tercera*, 22 de septiembre, 1976, p. 3.
17. Manuel Trucco, citado en comunicación de Robinson a la delegación de Estados Unidos, Washington, D.C.

18. Peña, "Manuel Contreras", p. 33.
19. Stedman al embajador de Estados Unidos en Venezuela, Washington, D.C., 25 de julio, 1977, DOS 2016.
20. Vial, *Pinochet*, p. 250; Stephen J. Lynton y Timothy S. Robinson, "Letelier's Friends Keep Working", *The Washington Post*, 21 de septiembre, 1977, p. A11.
21. Citado en Dinges y Landau, *Assassination*, p. 341.
22. Citado en John Dinges, "Chile's Murder, Inc.", *Inquiry*, 8-22 de enero, 1979, p. 18.
23. Dinges y Landau, *Assassination*, p. 341.
24. Michael Moffitt, citado en Jeffrey Stein, "The Letelier-Moffitt Mystery", *Progressive*, noviembre, 1977.
25. Entrevista a Robert Steven, ADST.
26. Daniel Patrick Moynihan, "On U.S. Support for the World-Bank Loan to Chile", *NYT*, 4 de enero, 1977, p. L27.
27. Embajador de Estados Unidos en Chile David Popper al secretario de Estado, Santiago, 23 de septiembre, 1976, DNSA.
28. Dinges y Landau, *Assassination*, p. 198; Juan de Onís, "Chilean Court Investigates Death of Diplomat Tied to Letelier Case", *NYT*, 8 de marzo, 1978, p. A7.
29. Sección política a Landau, (c. 17) de marzo, 1978, DNSA.
30. William R. Long y Roberto Brauning, "Caso Letelier amenaza a ex jefe policial chileno", *Miami Herald*, 15 de mayo, 1978.
31. Sección política a Landau; John Dinges, "Pinochet against the Wall in Letelier Investigation", Latinamerica Press, 16 de marzo, 1978, p. 7.
32. Esta historia me fue contada de oídas.
33. Saul Landau, "Letelier Probe Threatens Pinochet Rule", *In These Times*, 19-25 de abril, 1978, reproducido en www.tnu.org/es/node/11719.
34. C. M., "Extrañas muertes", *Ercilla*, 26 de mayo, 1995, p. 22.
35. Dominique Dhombres, "L'enquête sur l'assassinat d'Orlando Letelier met en évidence les responsabilités des dirigeants chiliens", *Le Monde* (París), 28 de abril, 1978, p. 4.
36. Sección política a Landau.
37. Autor anónimo, nota de la CIA, 23 de febrero, 1978, DNSA.
38. Judith Miller, "U.S. Granting 38 Million Credit to Chilean Farmers: Amnesty Decision Is Quoted", *NYT*, 5 de mayo, 1978, p. A7.
39. "To Keep the Pressure on Chile" (editorial), *NYT*, 13 de mayo, 1978, p. 22.
40. Memorándum de la oficina en terreno del FBI en Washington, D.C., al director, 8 de febrero, 1978, documentos sobre Letelier generados por el FBI (FOIA), volumen 42, casillero 4, LC, NSA.
41. Taylor Branch, "The Letelier Investigation; The Venezuelan Connection", *NYT*, 16 de julio, 1978, p. SM7.
42. Stern, *Battling for Hearts and Minds*, p. 145.

43. Timothy S. Robinson, "U.S. Asks Chile to Produce Two for Probe of Slayings", *The Washington Post*, 22 de febrero, 1978, p. A1; "Two Named in Killing of Former Envoy to U.S. Cannot Be Found in Chile", *NYT*, 26 de febrero, 1978, p. 13.

CAPÍTULO 10

1. Kornbluh, *Pinochet File*, p. 344.
2. "Pistas en las calles de Union City", *La Nación* (Santiago), informe especial, junio, 1995, p. 39; Isabel Morel, entrevista del autor.
3. Entrevista a Francisco Letelier.
4. "Pistas en las calles", p. 39.
5. Chile Legislative Center, volante, 22 de septiembre, 1976, originales de Binder-Letelier-Moffitt Investigation U.S. and Foreign Press, casillero 23, LC, NSA.
6. "Murder: Made in D.C." (editorial), *The Daily World*, 23 de septiembre, 1976.
7. Landau, "Two Deaths", p. 23.
8. Dinges y Landau, *Assassination*, p. 224.
9. Freed y Landis, *Death in Washington*, p. 18; Tim Wheeler, "Five Thousand in D.C. March Mourn Letelier", *The Daily World*, 28 de septiembre, 1976, p. 1; Alexander Cockburn y James Ridgeway, "Why Chile's Secret Police Killed Orlando Letelier", *Village Voice*, 4 de octubre, 1976, p. 11; Landau, "Two Deaths", p. 23; anuncio de la procesión fúnebre, 26 de septiembre, 1976, casillero 171, TI, IISH.
10. Wheeler, "Five Thousand", p. 1.
11. "Pistas en las calles", p. 39.
12. "Twenty-Five Hundred Honor Murdered Chilean", *NYT*, 27 de septiembre, 1976, p. 12; Wheeler, "Five Thousand", p. 12.
13. Wheeler, "Five Thousand", p. 1.
14. George McGovern, citado en Del Solar, *Orlando Letelier*, p. 55.
15. Michael Moffitt, discurso en el servicio fúnebre, 26 de septiembre, 1976, archivo 7, casillero 48, IPS, WHS.
16. Dinges y Landau, *Assassination*, p. 226.
17. Scranton al secretario de Estado, misión de Estados Unidos ante las Naciones Unidas, 23 de septiembre, 1976, y McNamara al secretario de Estado, Ciudad de Quebec, 27 de septiembre, 1976, ambos en DNSA.
18. "Ecumenical Service for Letelier, Slain Chilean, Is Set for Sunday", *NYT*, 8 de octubre, 1976, p. 94. Las organizaciones fueron el Ecumenical Committee of Concern for Chile, el Council on Hemispheric Affairs, el National Coordinating Center in Solidarity with Chile y Chile Democrático.
19. Memorándum de conversación de Heck, 6 de octubre, 1976, DNSA.
20. Isabel Morel, citada en Joy Billington, "His Widow".

21. Entrevista a Juan Gabriel Valdés. Este último fue quien hizo la llamada a Venezuela.
22. Isabel Morel, entrevista del autor.
23. "Letelier is Buried in Caracas", *NYT*, 30 de septiembre, 1976, p. 5; Elizabeth Subercaseaux, "Isabel", p. 7.
24. Isabel Morel, citada en Joy Billington, "Letelier's Widow Convinced the Truth Is Emerging", *The Washington Star*, 24 de octubre, 1976, p. C2.
25. Saul Landau, citado en Tom Hayden, "An Exiled Son".
26. Branch y Propper, *Labyrinth*, p. 34. Un ejemplo de los mensajes de condolencias es el de Schneider a Barnet y Raskin, 22 de septiembre, 1976, archivo 12, casillero 13, IPS, WHS.
27. Dinges y Landau, *Assassination*, p. 219. Véase también Patrick Symmes, "The Man Who Would Not Disappear", *Washington City Paper*, 22 de septiembre, 1995, washingtoncitypaper.com/news/article/13006608/the-man-who-would-not-disappear.
28. Dinges y Landau, *Assassination*, p. 218.
29. Branch y Propper, *Labyrinth*, pp. 34, 35 y 47-49.
30. Citado en Hayden, "An Exiled Son".
31. Carter Cornick, citado en Symmes, "The Man who".
32. Citado en Dinges y Landau, *Assassination*, pp. 219 y 220.
33. Branch y Propper, *Labyrinth*, pp. 34, 35 y 47-49.
34. Reunión de (¿Saul Landau?) con Juan Gabriel (¿Valdés?), 20 de mayo, 1977, archivo 37, casillero 38, IPS, WHS.
35. "The Karpens", (c. agosto), 1991, DOS 2015.
36. Declaración jurada de Hilda Karpen, 25 de julio, 1991, DOS 2015.
37. Paul Loeb, "Death: Bringing It All Back Home", *San José Mercury News*, 27 de septiembre, 1987, casillero 348, TI, IISH.
38. "Ronni Moffitt Killed by An Assassin's Bomb", *Washington Jewish Week*, 30 de septiembre, 1976.
39. "The Karpens".
40. Declaración jurada de Hilda Karpen.
41. Rosalind Andrews [oficial de libertad condicional], informe sobre Michael Townley posterior a sentencia, 29 de mayo, 1979, DNSA.
42. Declaración jurada de Hilda Karpen.
43. Cornick a Propper, 8 de octubre, 1976, documentos sobre Letelier generados por el FBI (FOIA), volumen 11, casillero 2, LC, NSA.
44. Declaración jurada de Michael Moffitt, 16 de julio, 1991, DOS 2015.
45. Michael Moffitt, citado en Dinges y Landau, *Assassination*; véase también p. 272.
46. Letelier y Moffitt, *International Economic Order*.
47. Isabel Morel, citada en Dinges y Landau, *Assassination*, p. 270.

48. Billington, "His Widow".
49. Isabel Morel, citada en Terrence Downs, "City of Exiles: Those Who Can't Go Home Again", *The Washington Post Magazine*, 23 de julio, 1989, p. 12.
50. Citada en James Gordon, evaluación psiquiátrica de Isabel Morel Letelier, 2 de agosto, 1991, DOS 2015.
51. Isabel Morel, citada en Subercaseaux, "Isabel", p. 7.
52. Evaluación de Gordon.
53. Isabel Morel, citada en Subercaseaux, "Isabel", p. 7.
54. Declaración jurada de Isabel Morel, 2 de agosto, 1991, DOS 2015.
55. Evaluación de Gordon.
56. Letelier, "I Think I Have Struggled", p. 51.
57. Declaración jurada de Isabel Morel.
58. Citado en Dinges y Landau, *Assassination*, p. 227.
59. Evaluación de Gordon.
60. Stephen J. Lynton y Timothy S. Robinson, "Letelier's Friends Keep Working", *The Washington Post*, 21 de septiembre, 1977, p. A11.
61. Saul Landau, citado en Hayden, "An Exiled Son".
62. Evaluación de Gordon.
63. Entrevista a Francisco Letelier.
64. Entrevista a Cristián Letelier.
65. Declaración jurada de Christian [Cristián] Letelier, 25 de julio, 1991, DOS 2015.
66. Declaración jurada de José I. O. Letelier, 26 de julio, 1991, DOS 2015.
67. Declaración jurada de Francisco Letelier, 22 de julio, 1991, DOS 2015.
68. Entrevista a Francisco Letelier.
69. Declaración jurada de Francisco Letelier.
70. David Montgomery, "A Car Bomb Killed Orlando Letelier on Embassy Row 40 Years Ago. A Mural by His Son Marks the Tragedy and the Progress It Inspired", *The Washington Post*, 18 de septiembre, 2016, www.washingtonpost.com/news/arts-and-entertainment/wp/2016/09/18/a-car-bomb-killed-orlando-letelier-on-embassy-row-40-years-ago-a-mural-by-his-son-marks-the-tragedy-and-the-progress-it-inspired/?postshare=3681474227603641&tid=ss_mail.
71. Declaración jurada de Francisco Letelier.
72. Hayden "An Exiled Son".
73. Declaración jurada de Juan Pablo Letelier, 2 de agosto, 1991, DOS 2015.
74. Declaración jurada de Francisco Letelier.
75. Isabel Morel, citada en Christy Macy, "Award Brings Home Human Rights", *In These Times*, 4-10 de octubre, 1978, p. 6.
76. Declaración jurada de Isabel Morel.
77. Borosage a Seely, 8 de febrero, 1978, Washington, D.C., archivo 11, casillero 24, IPS, WHS.

78. Entrevista a Francisco Letelier; Isabel Morel, entrevista del autor.
79. Isabel Morel, entrevista del autor.
80. CV de Isabel Morel hasta 1986, archivo 34, casillero 46, IPS, WHS; Isabel Morel y Michael Moffitt, "Human Rights, Economic Aid and Private Banks: The Case of Chile", abril, 1978, casillero 170, TI, IISG (International Institute of Social Studies).
81. Entrevista a Francisco Letelier.
82. David Binder, "Exile Is Often Worse than Going Home", *NYT*, 30 de julio, 1978, p. E2.
83. Isabel Morel, citada en Downs, "City of Exiles", p. 12.
84. Discurso de Isabel Morel, Comisión de Derechos Humanos de la ONU, diciembre, 1976, archivo 37, casillero 52, IPS, WHS.
85. Isabel Morel a Jimmy Carter, Washington, D.C., 17 de junio, 1977, archivo Letelier-Moffitt, Misc., 1977-1979, casillero 28, LC. NSA.
86. Isabel Morel, entrevista del autor.
87. Michael Moffitt, Isabel Morel y Martha Graff a la junta directiva, Washington, D.C., 21 de octubre, 1977, archivo 18, IPS, WHS; Isabel Morel, entrevista del autor.
88. Informe de Saul Landau, junio, 1977, casillero 303, IISG.
89. Dinges y Landau, *Assassination*, p. 273.
90. Institute for Policy Studios, "The Investigation of the Assassination of Orlando Letelier and Ronni Karpen Moffitt: Incompetency and Cover-Up", (c. julio), 1977, archivo Letelier/Civil – Antecedentes del estudio del IPS sobre encubrimiento, casillero 14, LC, NSA.
91. Oficina en terreno del FBI en Washington, D.C., al director, 18 de enero, 1978, documentos sobre Letelier generados por el FBI (FOIA), volumen 41, casillero 4, LC, NSA.
92. Declaración jurada de Isabel Morel.
93. Evaluación de Gordon.
94. Rowland Evans y Robert Novak, "Contents of Chilean's Briefcase", *The Washington Post*, sin fecha (posterior al 18 de febrero, 1977), sin número de página. Véase también Kempster, "Chilean Exiles's Murder", p. A1.
95. Jack Anderson y Les Whitten, "Letelier's'Havana Connection'", *The Washington Post*, 20 de diciembre, 1976, p. C7.
96. Citado en Freed y Landis, *Death in Washington*, p. 156.
97. "Action on the Letelier-Moffitt Assassinations" (folleto), (c. septiembre), 1977, archivo 46, casillero 38, IPS, WHS.
98. Citada en "U.S. Tried to Hide Truth in Death of Envoy, Widow Says", *Grand Rapids Press*, 10 de febrero, 1978, p. 1.

99. Timothy S. Robinson y Stephen J. Lynton, "Evidence Links Letelier Death to Anti-Castro Unit", *The Washington Post*, 1 de febrero, 1977, pp. A1 y A8.
100. "Cover-Up Grows: Press Slanders Letelier", *Chile Newsletter*, junio/julio, 1977, p. 2; Freed y Landis, *Death in Washington*, p. 152.
101. Rowland Evans y Robert Novak, "Letelier's Political Fund", *The Washington Post*, 16 de febrero, 1977, p. A21. Véase también Rowland Evans y Robert Novak, "Letelier Letters Show 'Liberals' Being Used", *Baltimore Evening Sun*, 16 de febrero, 1977.
102. Jeffrey Hart, "Letelier Led Double Life", *Baltimore News-American*, 19 de abril, 1977.
103. "Cover-up Grows".
104. Ronald Reagan, transcripción de programa radial, "Letelier II", archivo de transcripciones de 1978 (2/2), casillero 2, Comentario radial de Ronald Reagan, Hoover.
105. Lee Lescaze, "Letelier Briefcase Opened to Press", *The Washington Post*, 17 de febrero, 1977, p. A3.
106. Saul Landau, "'A Campaign to Smear Letelier'", *The Washington Post*, 18 de febrero, 1977, p. A19. Véase también Saul Landau, "Letelier Probe Threatens Pinochet Rule", *In These Times*, 19-25 de abril, 1978, reproducido en www.tni.org/es/node/11719.
107. Isabel Morel, "Letelier's Widow Speaks for Him" (carta al editor), *The Washington Star*, 23 de abril, 1977. Véase también Beatriz Allende, "Letelier: What 'Strange Double Life'?", *The Washington Post*, 30 de abril, 1977, p. A12.
108. Eugene Propper, citado en Landau, "Two Deaths", p. 23.
109. Carter Cornick, citado en Dinges y Landau, *Assassination*, p. 233.
110. Nota de conversación entre Isabel Morel y Eugene Propper, 21 de octubre, 1976, casillero 305, TI, IISH.
111. Isabel Morel, citada en Billington, "Letelier's Widow", p. C2.
112. Branch y Propper, *Labyrinth*, p. 210.
113. Nota de conversación entre Isabel Morel y Eugene Propper.
114. Eugene Propper, citado en Dinges y Landau, *Assassination*, p. 271.
115. Thornburgh a Bell, Washington, D.C., 3 de febrero, 1977, y Bell a Isabel Morel, Washington, D.C., (c. febrero), 1977, ambos en archivo de George Landau sobre el Caso Letelier (Chile) (2 de 2) 1976-2006, casillero 3, LP, Hoover.
116. Griffin Bell, citado en Branch y Propper, *Labyrinth*, p. 210.
117. Isabel Morel y Michael Moffitt, 26 de agosto, 1977, DNSA.
118. Brzezinski a Carter, (c. 26) de agosto, 1977, DNSA.
119. Memorándum manuscrito y atribuido a Pastor a Brzezinski, 20 de septiembre, 1977, DNSA.

120. Brzezinski a Isabel Morel y Michael Moffitt, Washington, D.C., 11 de octubre, 1977. DNSA.
121. Isabel Morel, entrevista del autor.
122. Saul Landau, "Report on the Murder Investigation", Institute for Policy Studies, 19 de septiembre, 1977, documentos sobre Letelier generados por el FBI (FOIA), volumen 39, casillero 3, LC, NSA.
123. "Action on the Letelier-Moffitt Assassinations".
124. Discurso de Isabel Morel, Universidad DePaul, 10 de septiembre, 1977, archivo 37, casillero 52, IPS, WHS.
125. Michael Moffitt e Isabel Morel a Harman, 14 de septiembre, 1977, Washington, D.C., archivo 14, casillero 45, IPS, WHS. Véase también "Action on the Letelier-Moffitt Assassinations".
126. Saul Landau y Susan Berner, "To All Members of the Transnational Institute", 28 de octubre, 1976, casillero 45, Correspondencia de la junta planificadora en 1976, TI, IISH.
127. Moffitt y Letelier, y Graff a la junta directiva.
128. Isabel Morel, citada en David Moberg, "'I've Had No Time to Be a Sad Widow'", *In These Times*, 21 de septiembre, 1977, p. 9.
129. Citado en Symmes, "The Man who".
130. Timothy S. Robinson, "Eight Indicted in Letelier Slaying", *The Washington Post*, 2 de agosto, 1978, p. A1.
131. Ingram a Moore, 3 de marzo, 1978, documento sobre Letelier (FOIA) generado por el FBI, volumen 44, casillero 4, LC, NSA.
132. Isabel Morel, citada en "La veuve d'Orlando Letelier: 'Gare à l'amnistie de Pinochet'", *Le Matin* (París), 27 de abril, 1978. Véase también Nicholas M. Horrock, "U.S. Said to Weigh Move Against Chile over Murder Case", *NYT*, 4 de marzo, 1978, p. 45.

CAPÍTULO 11

1. Dinges y Landau, *Assassination*, p. 322.
2. Entrevista a Robert Steven, ADST.
3. "A Chilean Paper Says Suspect in Killing of Ex-Allende Aide is North American", *NYT*, 6 de marzo, 1978, p. A10.
4. Citado en Branch y Propper, *Labyrinth*, p. 424.
5. Jeremiah O'Leary, "Letelier Suspect is U.S. Citizen, Pro-Junta Chilean Paper Says", *The Washington Star*, 6 de marzo, 1978.

6. Cornick al director del FBI, 12 de marzo, 1978, documentos sobre Letelier generados por el FBI (FOIA), volumen 44, casillero 4, LC, NSA; Zach Dorfman, "Codename: CHILBOM".
7. Jeremiah O'Leary, "Letelier Slaying Suspect Identified by Woman in U.S. as Her Brother", *The Washington Star*, 13 de marzo, 1978.
8. Cornick al director del FBI.
9. Dinges y Landau, *Assassination*, p. 329.
10. "Pursuing the Letelier Killers", *NYT*, 11 de marzo, 1978, p. 22.
11. Jeremiah O'Leary, "Chilean Slaying Suspect American, Marine Says", *The Washington Star*, 8 de marzo, 1978.
12. "Chile Paid Cuban Exiles $1 Million to Murder Letelier, Magazine Says", *The Washington Star*, 9 de marzo, 1978.
13. Augusto Pinochet, citado en comunicación de la embajada estadounidense en Santiago al secretario de Estado, 10 de marzo, 1978, documentos sobre Letelier (FOIA) generados por el Departamento de Estado, 6 de febrero, 1980, volumen 1, casillero 8, LC, NSA.
14. Kornbluh, *Pinochet File*, p. 397; Landau al secretario de Estado, 11 de marzo, 1978, DNSA.
15. Callejas, *Siembra vientos*, p. 12.
16. Manuel Contreras, citado en Dinges y Landau, *Assassination*, p. 324.
17. Declaración de Townley, archivo Letelier/Civil – Materiales provenientes de Saul Landau – 16 de marzo, 1979, casillero 14, LC, NSA.
18. Michael Townley, citado en Dinges y Landau, *Assassination*, p. 324.
19. Declaración de Townley.
20. Dinges y Landau, *Assassination*, p. 324.
21. Declaración de Townley.
22. Citado en Callejas, *Siembra vientos*, pp. 20-21.
23. Dinges y Landau, *Assassination*, p. 325.
24. "'Mi marido no ha salido de Chile, está en el sur'", *La Tercera*, 9 de marzo, 1978, p. 2.
25. Mariana Callejas, citada en "Michael no se ha fugado y declarará ante la Justicia", *La Tercera*, 25 de marzo, 1978, p. 9.
26. Nicholas M. Horrock, "F.B.I. Said to Link Townley and Cubans in Chilean's Killing", *NYT*, 20 de abril, 1978.
27. Branch y Propper, *Labyrinth*, p. 434.
28. George Landau, citado en Dinges y Landau, *Assassination*, p. 333.
29. Terence Todman a Warren Christopher, 6 de abril, 1978, DNSA.
30. Branch y Propper, *Labyrinth*, p. 460. Véase también informe de la CIA no firmado, 23 de marzo, 1978, DNSA.
31. CIA, "Latin America Weekly Review", 23 de marzo, 1978, DNSA.

32. Citado en Kornbluh, *Pinochet File*, p. 172.
33. Informe no firmado de la CIA, 23 de marzo, 1978, DNSA.
34. Mena a Pinochet, 23 de marzo, 1978, DOS 2015.
35. Dinges y Landau, *Assassination*, p. 334.
36. George Landau, citado en Branch y Propper, *Labyrinth*, p. 462; John Dinges, "U.S. Chileans Agree on Access in Letelier Case", *The Washington Post*, 24 de marzo, 1978; Dinges y Landau, *Assassination*, pp. 335-336.
37. "Maratónica declaración de Townley ante fiscal militar", *La Tercera*, 30 de marzo, 1978, p. 5.
38. Redacción del autor, comunicación al FBI, 31 de marzo, 1978, documentos sobre Letelier generados por el FBI (FOIA), volumen 47, casillero 4, LC, NSA.
39. Todman a Christopher; embajada de Estados Unidos en Santiago al director del FBI, 4 de abril, 1978, documentos sobre Letelier generados por el FBI (FOIA), volumen 48, casillero 4, LC, NSA.
40. Entrevista a George Landau, ADST.
41. Juan de Onís, "Two in Chile Said to Deny Slaying Link", *NYT*, 5 de abril, 1978, p. A10.
42. Augusto Pinochet, citado en Juan de Onís, "Chile Pledges Cooperation with U.S. Inquiry into Letelier's Slaying", *NYT*, 6 de abril, 1978, p. A11.
43. Augusto Pinochet, citado en Cavallo te al., *La historia oculta*, p. 172.
44. Dinges y Landau, *Assassination*, p. 337.
45. Citado en Callejas, *Siembra vientos*, p. 117; Cavallo te al., *La historia oculta*, p. 173.
46. Citado en Dinges y Landau, *Assassination*, pp. 340, 341.
47. Mignosa a Moore, Washington, D.C., 10 de abril, 1978, documentos sobre Letelier generados por el FBI (FOIA), volumen 49, casillero 4, LC, NSA.
48. "New Evidence Links Cubans to Letelier", *NYT*, 16 de abril, 1978, p. 9; oficina en terreno del FBI en Newark al director, 19 de abril, 1978, documentos sobre Letelier generados por el FBI (FOIA), volumen 51, casillero 4, e informe del FBI, 25 de abril, 1978, documentos sobre Letelier generados por el FBI (FOIA), volumen 57, casillero 5, LC, NSA.
49. Redacción del autor, informe de detención del FBI, 26 de abril, 1978, documentos sobre Letelier generados por el FBI (FOIA), volumen 57, casillero 5, LC, NSA; Branch y Propper, *Labyrinth*, pp. 519-520, 525-531.
50. "Two Connected to Letelier Arrested by Miami F.B.I.", *NYT*, 16 de abril, 1978, p. 8.
51. Carter Cornick, citado en Branch y Propper, *Labyrinth*, pp. 532 y 533.
52. Oficina en terreno del FBI en Washington, D.C., al director, 15 de abril, 1978, documentos sobre Letelier generados por el FBI (FOIA), volumen 51, casillero 4, LC, NSA.
53. Citado en Callejas, *Siembra vientos*, p. 133.

54. Carter Cornick, citado en Zach Dorfman, "Codename: CHILBOM".
55. Nicholas M. Horrock, "American Charged in Letelier Slaying", *NYT*, 27 de abril, 1978, p. NJ23.
56. Carter Cornick, citado en "La Dina financió a Suárez", *La Nación* (Santiago), 22 de abril, 1990, pp. 15 y 16.
57. "Carta de Townley al 'Estimado Don Manuel'", *El Mercurio*, 4 de junio, 1995, p. D4; Townley a Pinochet, julio, 1978, DNSA.
58. Declaración pública de Michael Townley, reproducida en Vance al embajador de Estados Unidos en Santiago, 27 de abril, 1978, documentos generados por el Departamento de Estado, desclasificaciones adicionales, casillero 10, LC, NSA; véase también oficina en terreno del FBI en Washington, D.C., al director, 14 de abril, 1978, documentos sobre Letelier generados por el FBI (FOIA), volumen 50, casillero 4, LC, NSA.
59. Mignosa a Moore, 4 de mayo, 1978, documentos sobre Letelier generados por el FBI (FOIA), volumen 59, casillero 5, y oficina en terreno del FBI en Nueva York al director, 1 de mayo, 1978, documentos sobre Letelier generados por el FBI (FOIA), volumen 53, casillero 4, LC, NSA.
60. Citado en Timothy S. Robinson, "Three More Linked to Letelier Plot", *The Washington Post*, 6 de mayo, 1978, p. A1; oficina en terreno del FBI en Newark al director, 5 de mayo, 1978, documentos sobre Letelier generados por el FBI (FOIA), volumen 54, casillero 5, LC, NSA.
61. "F.B.I. Offers Reward for Two Cubans Wanted in Murder of Letelier", *NYT*, 5 de julio, 1976, p. A4.
62. Director del FBI al fiscal general adjunto, 7 de diciembre, 1978, documentos sobre Letelier generados por el FBI (FOIA), volumen 57, casillero 5, LC, NSA.
63. Informe del FBI, 21 de abril, 1978, documentos sobre Letelier generados por el FBI (FOIA), volumen 57, casillero 5, LC, NSA.
64. Oficina en terreno del FBI en Washington al director, 16 de abril, 1978, documentos sobre Letelier generados por el FBI (FOIA), volumen 68, casillero 5, LC, NSA.
65. Director del FBI a oficina en terreno en Washington, D.C., acusación, 1 de agosto, 1978, documentos sobre Letelier generados por el FBI (FOIA), volumen 68, casillero 5, LC, NSA.
66. Méndez, *Los cuervos*, p. 46.
67. Michael Moffitt, citado en Nicholas Horrock, "Seven Indicted in U.S. Murder of Chilean Aide", *NYT*, 2 de agosto, 1978, pp. A1 y A4.
68. William F. Buckley Jr., "How Chile's Pinochet Regime Might Atone for the Murders", *The Washington Star*, 6 de agosto, 1978, p. D4.
69. Lawrence Meyer, "Some Letelier Witnesses Given Federal Protection", *The Washington Post*, 18 de octubre, 1978, p. A12.

70. Fabiola Letelier, citada en Héctor Olave Vallejos, "Cubanos anticastristas dicen que fueron traicionados por la CIA, EE.UU. y Chile", *La Tercera*, 10 de enero, 1979, p. 14 y 15.
71. David Burnham, "Three Cuban Exiles Go on Trial in the Murder of a Former Chilean Envoy: Chileans Are Indicted", *NYT*, 10 de enero, 1979, P. A6.
72. Héctor Olave Vallejos, "Perros rastrean bombas en la sala del caso Letelier", *La Tercera*, 9 de enero, 1979, p. 2; "Defensa pidió cambio de Tribunal acusó a FBI en el 'caso Letelier'", *La Tercera*, 10 de enero, 1979, p. 14; Kenneth Bredemeier, "Tight Security Set for Trial of Three in Murder of Chilean Here", *The Washington Post*, 7 de enero, 1979, p. A18.
73. David Burnham, "Old Conflicts Are Bared at the Letelier Slaying Trial: A Clash of Ideologies", *NYT*, 29 de enero, 1979, p. A10.
74. Citado en Olave, "Cubanos anticastristas, pp. 14 y 15.
75. Citado en Jeff Stein, "An Army in Exile", *New York*, 10 de septiembre, 1979, p. 46.
76. Héctor Olave Vallejos, "Ignacio Novo Sampol: Le vamos a ganar. Todo es falso. Todo es mentira", *La Tercera*, 10 de enero, 1979, p. 15; Dinges y Landau, *Assassination*, p. 347.
77. Freed y Landis, *Death in Washington*, p. 24.
78. Burnham, "Three Cuban Exiles", p. A6.
79. Héctor Olave Vallejos, "Con lupa seleccionan a los miembros del 'Gran Jurado'", *La Tercera*, 13 de enero, 1979, pp. 4 y 5; Héctor Olave Vallejos, "Desde Watergate nunca demoró tanto selección de un jurado", *La Tercera*, 14 de enero, 1979, p. 7; Abraham Santibáñez, "Primera semana del juicio", *Hoy*, 17-23 de enero, 1979, pp. 12 y 13.
80. David Burnham, "American Testifies Chilean Officer Instructed Him to Murder Letelier", *NYT*, p. A3; Héctor Olave Vallejos, "Película de terror repitió Michael Townley en la Corte", *La Tercera*, 19 de enero, 1979, p. 2; Saul Landau, "The Letelier-Moffitt Trial", 24 de enero, 1979, archivo Juicio Letelier, casillero 21, LC, NSA.
81. Dinges y Landau, *Assassination*, pp. 350, 351 y 368-369.
82. Branch y Propper, *Labyrinth*, p. 588.
83. Héctor Olave Vallejos, "Revelan presunto acuerdo en la entrega de Townley a EE.UU.", *La Tercera*, 25 de enero, 1979, p. 5
84. Bredemeier, "Agent Details", p. A1.
85. Michael Townley, citado en David Burnham, "American Testifies He Has No Regrets about Assassinating Letelier", *NYT*, 23 de enero, 1979, p. A10.
86. Michael Townley, citado en Kenneth Bredemeier, "Townley Says He Acted As 'Soldier', Has No Regrets About Killing Letelier", *The Washington Post*, 23 de enero, 1979, p. A5.
87. Michael Townley, citado en Kenneth Bredemeier, "Townley Sentenced to Terms of Deal", *The Washington Post*, 12 de mayo, 1979, p. A4.

88. Kenneth Bredemeier, "Letelier Trial Told Exile Boasted He Made Bomb", *The Washington Post*, 31 de enero, 1979, p. A4.
89. Transcripción de procedimientos, caso criminal N° 78-367, 1-2 de febrero, 1979, Washington, D.C., casillero 24, LC, NSA, 3813.
90. Héctor Olave Vallejos, "Fiscal alteró sus planes: No llamará a declarar a Mariana Callejas", *La Tercera*, 30 de enero, 1979, p. 2.
91. Alvin Ross, citado en transcripción de procedimientos, caso criminal N° 78-367, 5-6 de febrero, 1979, Washington, D.C., casillero 24, LC, NSA, 4375.
92. Oficina en terreno del FBI en Washington, D.C., al director, 6 de febrero, 1979, documentos sobre Letelier generados por el FBI (FOIA), volumen 85, casillero 6, LC, NSA.
93. Director del FBI a Scherrer, Washington, D.C., documentos sobre Letelier generados por el FBI (FOIA), volumen 83, casillero 6, LC, NSA.
94. Reproducido en oficina en terreno del FBI en Washington, D.C., al director, 15 de agosto de 1978, documentos sobre Letelier generados por el FBI (FOIA), volumen 70, casillero 6, LC, NSA.
95. Citado en Branch y Propper, *Labyrinth*, p. 582.
96. Saul Landau, "The Letelier-Moffitt Trial", 24 de enero, 1979, archivo Juicio Letelier, casillero 21, LC, NSA.
97. Oficina en terreno del FBI en Washington, D.C., al director, 9 de febrero, 1979, archivo de documentos sobre Letelier generados por el FBI (FOIA), casillero 19, LC, NSA; David Burnham, "Chile Tape Barred in Letelier Case", *NYT*, 10 de febrero, 1979, p. 5.
98. Citado en Kenneth Bredemeier, "Cuban Exiles Guilty in Letelier Death", *The Washington Post*, 15 de febrero, 1979, p. A1.
99. Transcripción de procedimientos, caso criminal N° 78-367, 14 de febrero, 1979, Washington, D.C., casillero 25, LC, NSA, 3813.
100. Citado en Freed y Landis, *Death in Washington*, p. 26.
101. Citado en director del FBI a Scherrer, 15 de febrero, 1979, documentos sobre Letelier generados por el FBI (FOIA), volumen 85, casillero 6, LC, NSA. Véase también David Burnham, "Two Cubans Guilty in Bomb Killing of Chilean Exile", *NYT*, 15 de febrero, 1979, p. A1.
102. Declaración de Guillermo Novo ante el juez Parker, Washington, D.C., 23 de marzo, 1979, latinamericanstudies.org; transcripción de procedimientos, caso criminal N° 78-367, 23 de marzo, 1979, Washington, D.C., casillero 24, LC, NSA, pp. 16-18 y 21.
103. Transcripción de procedimientos, caso criminal N° 78-367, 23 de marzo, 1979, Washington, D.C., casillero 24, LC, NSA, pp. 52, 66, 69 y 75; "Two Sentenced to Life for Murder of Letelier", *NYT*, 24 de marzo, 1979, p. A4.

104. Peter Kihss, "Two Castro Foes Are Sought in Bombing", *NYT*, 27 de marzo, 1979, p. B7.
105. Walter Waggoner, "Anti-Castro Cubans in Jersey Say Official Ignore Terrorists' Threats", *NYT*, 28 de marzo, 1979, archivo 1, casillero 43, IPS, WHS; "Omega 7 Uses Bombs for a Cause", *NYT*, 2 de abril, 1979, p. B4.
106. Citado en David Vidal, "Bombings Revealed Split Among Cuban in Jersey", *NYT*, 2 de abril, 1979, p. B1.
107. Les Ledbetter, "Explosion Damages Cuban Mission to U.N.; Three Persons Hurt Slightly", *NYT*, 28 de octubre, 1979, p. 1.
108. Robert D. McFaden, "Cuban Refugee Leader Slain in Union City", *NYT*, 26 de noviembre, 1979, p. E9.
109. David Vidal, "In Union City, the Memories of the Bay of Pigs Don't Die", *NYT*, 2 de diciembre, 1979, p. E9.
110. David A. Andelman, "Police Got Warning of Bomb at Mission", *NYT*, 9 de diciembre, 1979, p. 31; Robert McG. Thomas Jr., "Bomb Damages Russian Mission on East 67th St.", *NYT*, 12 de diciembre, 1979, p. A1; Jeff Stein, "Inside Omega 7", *Village Voice*, 10 de marzo, 1980, p. 13.
111. Citado en Robin Herman, "'Highest Priority' Given by U.S. to Capture of Anti-Castro Group", *NYT*, 3 de marzo, 1980, p. A1.
112. Elizabeth Schneider para la Unión de Libertades Cívicas de Nueva Jersey y el Consejo de Iglesias de Nueva Jersey, "The Basis of and Need of Coordinated Federal and State Legislative Investigations and Prosecution of Cuban Exile Terrorists; A Factual and Legal Memorandum", (c. 1980), sin casillero indicado, LC, NSA.

CAPÍTULO 12

1. John Dinges y Kenneth Bredemeier, "The Assassin", *The Washington Post*, 12 de enero, 1979, p. A1.
2. Declaración jurada de Michael Townley, 27 de julio, 1981, DNSA.
3. Jeremiah O'Leary, "Townley's Wife Knew of Plot to Kill Letelier", *The Washington Star*, 11 de junio, 1978, p. A1; Townley a Etchepare, Washington, D.C., 24 de junio y 20 de noviembre, 1978, ambos en DNSA; Patrick E. Tyler, "Letters Say Aided Letelier Murder Figure", *The Washington Post*, 23 de febrero, 1981, p. A1; Townley a Mena, 2 de octubre, 1979, DNSA.
4. Callejas, *Siembra vientos*, p. 129; Townley a Pantoja, Washington, D.C., (c. 24) de julio, 1978, DNSA.
5. Rosalind Andrews [oficial de libertad bajo palabra], informe sobre Michael Townley posterior a la sentencia, 29 de mayo, 1979, DNSA.

6. Callejas, *Siembra vientos*, pp. 137 y 146.
7. Townley a Etchepare, 29 de mayo, 1979, DNSA.
8. Callejas, *Siembra vientos*, pp. 146, 147 y 149.
9. Townley a Etchepare, 11 de junio, 1979, Investigación de caso Letelier, casillero 16, LC, NSA.
10. Callejas, *Siembra vientos*, p. 142.
11. Mariana Callejas, citada en Mauricio Carvallo, "Mariana Callejas y su 'larga noche'", *Hoy*, 8-14 de abril, 1981, p. 11.
12. Mariana Callejas, citada en Jeremiah O'Leary, "Assassin's Wife to Go to Chile", *The Washington Star*, 22 de febrero, 1979; y en Cecilia Domeyko, "La última versión de Mariana Callejas", *Hoy*, 7-13 de marzo, 1979, p. 9.
13. Notas de reunión, 8 de junio, 1982, archivo Investigación Letelier-Moffitt Prensa chilena (fotocopias), casillero 21, LC, NSA.
14. Comunicado de prensa del IPS, Washington, D.C., 28 de julio, 1983, archivo sin clasificar, casillero 21, LC, NSA.
15. Callejas, *Siembra vientos*, pp. 150 y 158.
16. David Binder, "Exile Is Often Worse than Going Home", *NYT*, 30 de julio, 1978. P. E2.
17. Isabel Morel, carta a Sam (¿Buffone?), 5 de diciembre, 1978, archivo 16, casillero 45, IPS, WHS.
18. Citada en "Llegó viuda de Letelier", *El Mercurio*, 25 de noviembre, 1978, p. C1.
19. Citada en *La Tercera de la Hora*, 25 de noviembre, 1978, p. 32.
20. "Isabel Morel Viuda de Letelier: 'Esta semana quedará presentado recurso ante los tribunales'", *El Mercurio*, 28 de noviembre, 1978; M. Angélica Bulnes, "Isabel de Letelier: 'Orlando encabezaba la resistencia chilena'", *Qué Pasa*, 30 de noviembre-6 de diciembre, 1978, pp. 16 y 17.
21. Letelier a (¿Buffone?).
22. Citado en comunicación de Landau al secretario de Estado, Santiago, 29 de noviembre, 1978, volumen sin clasificar, casillero 8, LC, NSA.
23. Oficina en terreno del FBI en Washington, D.C., al director, 30 de noviembre, 1978, documentos sobre Letelier generados por el FBI (FOIA), volumen 78, casillero 6, LC, NSA.
24. Landau al secretario de Estado.
25. Oficina en terreno del FBI en Washington, D.C., al director.
26. "Caso Orlando Letelier: En la Corte Suprema recurso de reclamación", *El Mercurio*, 1 de diciembre, 1978.
27. Isabel Morel a Sam (¿Buffone?).
28. Oficina en terreno del FBI en Washington, D.C., al director.
29. Declaración jurada de Michael Moffitt, 16 de julio, 1991, DOS 2015; informe de Andrews posterior a la sentencia.

30. Declaración jurada de Moffitt.
31. Borosage a todos los empleados del IPS, 15 de febrero, 1979, Washington, D.C., archivo 11, casillero 24, IPS, WHS.
32. Declaración jurada de Isabel Morel, 2 de agosto, 1991, DOS 2015.
33. James Gordon, evaluación psiquiátrica de Isabel Morel Letelier, 2 de agosto, 1991, DOS 2015.
34. Isabel Morel, "The Revival of 'Old Lies' about Orlando Letelier" (carta al editor), *NYT*, 8 de noviembre, 1980, p. 22.
35. Citado en "Letelier Monument", *Human Events*, 3 de octubre, 1981, archivo 11, casillero 24, IPS, WHS. Véase también Kornbluh a Bob, Sauls, John, Michael, Isabel, 21 de octubre, 1980, Washington, D.C., archivo 11, casillero 24, IPS, WHS.
36. Isabel Morel a Anita, 30 de octubre, 1980, archivo 21, casillero 45, IPS, WHS.
37. Tigar a Turner, sin fecha, archivo 4, casillero 53, IPS, WHS.
38. Stephen Labaton, "For Defense Lawyer in Bomb Case, Latest in a Line of Unpopular Clients", *NYT*, 9 de junio, 1995, p. B9.
39. Patrick Symmes, "The Man Who".
40. Citados en Jeremiah O'Leary, "Two Families Sue Chile for Damages in Letelier Case", *The Washington Star*, 8 de agosto, 1978.
41. Isabel Morel, citada en "Margarita Isabel de Letelier", *El Socialista* (Madrid), 12 de noviembre, 1978.
42. Sam Buffone, citado en Symmes, "The Man who".
43. Megan McDonough, "Samuel J. Buffone, D.C. Lawyer in Major Cases, Dies at 68", *The Washington Post*, 11 de abril, 2015, www.washingtonpost.com/local/obituaries/samuel-j-buffone-dc-lawyer-in-major-cases-dies-at-68/2015/04/11/985911a0-de33-11e4-21b8-2ed88bc190d2_story.html?utm_term=.198f5e9a3aac.
44. "Letelier, Moffitt Survivors File Suit Here Against Chile", *The Washington Post*, 9 de agosto, 1978, p. A19.
45. Hansell a (¿Christopher?). 16 de agosto, 1978, volumen sin clasificar, casillero 11, LC, NSA.
46. Landau al secretario de Estado, Santiago, 16 de octubre, 1978, volumen sin clasificar, casillero 8, LC, NSA.
47. Bernabei a Callejas, Washington, D.C., 9 de octubre, 1979, archivo sin clasificar, casillero 21, LC, NSA.
48. Joyce Green, citada en Isabel Morel a Wexler, 9 de junio, 1980, archivo 21, casillero 45, IPS, WHS.
49. Joyce Green, citada en Laura A. Kiernan, "Judge Says Chile Can Be Sued for Bombing Death Damages", *The Washington Post*, 12 de marzo, 1980, p. B5.
50. Michael Moffitt, citado en Letelier/Moffitt staff to All Institute People, Washington, D.C., 12 de marzo, 1980, archivo 4, casillero 53, IPS, WHS.
51. Isabel Morel a Wexler, 9 de junio, 1980, archivo 21, casillero 45, IPS, WHS.

52. "Se inició demanda por caso Letelier", *El Mercurio*, 21 de junio, 1980, p. A16.
53. Isabel Morel, entrevista del autor.
54. L/M Fund to Key Contacts, Washington, D.C., 5 de noviembre, 1980, archivo 4, casillero 53, IPS, WHS.
55. "Survivors in Letelier Case Are Awarded $5 Million", *NYT*, 5 de noviembre, 1980, p. A14.
56. L/M Fund to Key Contacts, Washington, D.C., 5 de noviembre, 1980, archivo 4, casillero 53, IPS, WHS.
57. Michael Moffitt, citado en Laura A. Kiernan, "Bomb Blast Victim's Kin Awarded $ 4 Million", *The Washington Post*, 6 de noviembre, 1980, p. A4.
58. L/M Fund to Key Contacts.
59. Michael Tigar, citado en Kiernan, "Bomb Blast", p. A4.
60. Testimonio de Townley, (c. 25) de abril, 1978, DNSA.
61. Landau al secretario de Estado, Santiago, 27 de julio, 1978, DNSA.
62. U.S. Congress, House Committee on Government Operations, "Alleged Violations of U.S. Aviation Laws and Regulations by LAN Chile Airlines", 96° Congreso, segunda sesión, informe N° 96-1157 (8 de julio, 1980): pp. 1-13; Jack Anderson, "Chilean Airline Tied to Smuggling", *The Washington Post*, 27 de septiembre, 1979, p. D37; Burton a Pearce, Washington, D.C., 30 de noviembre, 1979; Rauh y Barcella a Robinson, Washington, D.C., 30 de noviembre, 1979, informe del FBI, "Líneas Aéreas Nacional Chilena", 25 de enero, 1980, y Lally a Achenbach, 30 de mayo, 1980, todo en DNSA.
63. Burton a Bond, Washington, D.C., 14 de noviembre, 1979, DNSA.
64. "LAN desmiente", *Las Últimas Noticias* (Santiago), 20 de junio, 1980, p. 16; "LAN no ha transportado materiales explosivos", *El Mercurio*, 20 de junio, 1980.
65. "¿Nuevas represalias?", *Hoy*, 28 de mayo-3 de junio, 1980, pp. 9-12.
66. Patricia Verdugo, "En pistas chilenas", *Hoy*, 28 de mayo-3 de junio, 1980, pp. 12-13.
67. Congreso de EE.UU., "Alleged Violations", p. 8.
68. Lally al subdirector de operaciones de la CIA, 21 de julio, 1980, DNSA; Achenbach a Lally, 9 de septiembre, 1980, DNSA; Cohen a Lally, 22 de septiembre, 1980, DNSA.
69. Lally a Burton, (c. 10) de marzo, 1981, en Congreso de EE.UU., "Alleged Violations", p. 8; Wallig y Williams al director, Bureau of Compliance and Consumer Protection [Agencia de Cumplimiento y Protección del Consumidor], 21 de mayo, 1981, DNSA.
70. Blank, 20 de marzo, 1981, DNSA.
71. Atwood a Burton, (c. 21) de enero, 1981, DNSA.
72. Martin Walker, "The Fight for Bread and Roses".

73. Scott Armstrong, "Chilean Plane Leaves, Defying Letelier Judgment", *The Washington Post*, 19 de marzo, 1981, p. A1.
74. Tamar Lewin, "U.S. Judge Threatens Chilean Airline", *NYT*, 20 de diciembre, 1983, p. D4.
75. "Chile Airline Compliance Set", *NYT*, 24 de diciembre, 1983, p. 40.
76. Isabel Morel, citada en Domeyko, "Buscando en LAN", *Hoy*, 17-23 de enero, 1984, sin número de página.
77. Privitera a Borosage, 30 de abril, 1984, Washington, D.C., archivo 10, casillero 24, IPS, WHS.
78. Corte de Apelaciones de Estados Unidos dentro del Segundo Circuito, 20 de noviembre, 1984, archivo 9, casilla 53, IPS, WHS.
79. Privitera a Moffitt y Letelier, 4 de febrero, 1985, Washington, D.C., archivo 10, casillero 24, IPS, WHS:
80. Nota de Privitera, Washington, D.C., 20 de junio, 1985, archivo 10, casillero 24, IPS, WHS.
81. Entrevista a Francisco Letelier.
82. Parlamentario Howard Berman, citado en Congreso de EE.UU., Congreso 100, segunda sesión, *Congressional Record* 134, N° 117 (8 de agosto, 1988): H6484; Buffone y Privitera, "Chronology of Events: Letelier-Moffitt Assassination, 1976-Auguso 1990", agosto, 1990, DNSA.
83. "U.S. Court Upsets Conviction of Three in Letelier Slaying", *NYT*, 16 de septiembre, 1980, p. A9.
84. "Justice and the Letelier Bombers" (editorial), *NYT*, 30 de septiembre, 1980, p. A26.
85. Larry Barcella, citado en Laura A. Kiernan, "Letelier Convictions Overturned by Court", *The Washington Post*, 16 de septiembre, 1980, p. A1.
86. Laura Kiernan, "Two Letelier Case Figures Ordered Free on Bond", *The Washington Post*, 9 de abril, 1981, p. A2.
87. Transcripción de procedimientos, caso criminal N° 78-367, 13 de mayo, 1981, Washington, D.C., casillero 26, LC, NSA.
88. Laura Kiernan, "Townley Repeats Story of Letelier Slaying in Retrial", *The Washington Post*, 15 de mayo, 1981, p. A17.
89. Lawrence Dubin, citado en Laura Kiernan, "New Tactics Led to Acquital in Letelier Case", *The Washington Post*, 1 de junio, 1981, p. B1.
90. Laura Kiernan, "Townley Admits Lying to Chilean Questioners", *The Washington Post*, 17 de mayo, 1981, p. A10.
91. Paul Goldberger, citado en Buffone y Privitera, "Chronology".
92. Paul Goldberger, citado en Laura Kiernan, "Two Acquitted in Letelier Murder Case", *The Washington Post*, 31 de mayo, 1981, p. A1.
93. Kiernan, "New Tactics", p. B1.

94. Saul Landau, "Guillermo Novo and Me", *Counterpunch*, 19 de septiembre, 2003, www.counterpunch.org/2003/09/19/guillermo-novo-and-me/.
95. "U.S. Judge Jails Cuban Exile for Perjury in Letelier Case", *NYT*, 27 de junio, 1981, p. 5.
96. "Affidavit of Alvin Ross Diaz", octubre, 1981, y "Affidavit of Guillermo Novo Sampol", 8 de octubre, 1981, ambas en investigación de caso Letelier, casillero 16, LC, NSA.
97. "Supplemental Affidavit of Alvin Ross Diaz", 5 de noviembre, 1981, Investigación de caso Letelier, casillero 16, LC, NSA.
98. "Released by Mixup, Convict Back in Jail", *Ottawa Citizen*, 22 de octubre, 1981, p. 52.
99. Isabel Morel, citada en Kiernan, "Two Acquitted", p. A1.
100. Letelier a Baez, 1 de junio, 1981, archivo 23, casillero 45, IPS, WHS.

CAPÍTULO 13

1. Citado en "La Hora de Contreras", *Qué Pasa*, 27 de febrero, 1992, p. 10; "Aficionado a novelas", *La Tercera* (Santiago), 1 de junio, 1995, p. 11.
2. Memorándum de Landau a Vance sobre conversación con Cubillos, 26 de abril, 1979, archivo George W. Landau The Letelier Case (Chile) (1 de 2) 1976-2206, casillero 3, LP, Hoover.
3. Citada en Juan de Onís, "U.S. Agents Expect Indictment of Three Chilean Officers in Letelier Case", *NYT*, 23 de mayo, 1978, p. A3.
4. Salazar, *Contreras*, p. 8.
5. Entrevista a Charles Gillespie, ADST.
6. Landau al secretario de Estado, 23 de febrero, 1978, DOS 2015.
7. Citado en Charles A. Krause, "Chile Arrests Three Named in Letelier Indictment", *The Washington Post*, 2 de agosto, 1978, p. A10.
8. Landau al secretario de Estado, Santiago, 18 de abril, 1978, volumen sin clasificar, casillero 8, LC, NSA.
9. De Onís, "U.S. Agents", p. A3.
10. Citado en transcripción de entrevista con Fernández, adjunta a Shultz al cónsul estadounidense en Río, Washington, D.C., 22 de enero, 1987, DOS 2015.
11. Armando Fernández, citado en George Lardner, Jr., "Pinochet Linked to Murder Cover-Up", *The Washington Post*, 5 de febrero, 1987, p. A12.
12. Citado en transcripción de entrevista con Fernández, adjunta a comunicación de Shultz dirigida al cónsul estadounidense en Río.
13. Citado en Kornbluh, *Pinochet File*, p. 400.

14. Barnes a la embajada de EE.UU. en Buenos Aires, Santiago, 15 de enero, 1987, DOS 2015.
15. Comunicado de prensa de DiGenova, 4 de febrero, 1987, DNSA. Véase también la transcripción de los procedimientos de la corte, caso criminal N° 78-0367, Washington, D.C., 4 de febrero, 1987, DNSA.
16. Citado en transcripción de entrevista con Fernández, adjunta a comunicación de Shultz dirigida al cónsul estadounidense en Río.
17. Citado en Cavallo te al., *La historia oculta*, p. 133.
18. Vaky a (Christopher), Washington, D.C., 14 de agosto, 1978, DOS 2016.
19. CIA, "Pinochet's Role in the Letelier Assassination and Subsequent Coverup", 1 de mayo, 1987, DOS 2016.
20. Informe de la CIA sin firma, 24 de mayo, 1978, DNSA; Shirley Christian, sin título, *NYT*, 14 de agosto, 1978; Landau al secretario de Estado, Santiago, 13 de noviembre, 1978, volumen sin clasificar, casillero 8, LC, NSA; informe del Departamento de Defensa, (c. 10) de enero, 1989, DNSA.
21. CIA, "Pinochet's Role".
22. Cavallo te al., *La historia oculta*, p. 251.
23. Larry Barcella, citado en Carla Hall, "Life after Letelier", *The Washington Post*, 21 de septiembre, 1981, p. B1.
24. Timothy S. Robinson, "The Letelier Prosecutor: An Unlikely Celebrity in Santiago", *The Washington Post*, 3 de agosto, 1978; "La visita de Propper y el FBI" (editorial), *La Tercera*, 25 de mayo, 1978, p. 3.
25. Juan de Onís, "Chilean Right Voices Bitterness at U.S., *NYT*, 30 de mayo, 1978, p. A10.
26. Branch y Propper, *Labyrinth*, p. 576.
27. Luis Cordero B., "Contra el imperialismo norteamericano", *La Tercera*, 26 de mayo, 1978, p. 3.
28. Pablo Rodríguez Grez, "Ofensiva contra Chile", *La Tercera*, 29 de mayo, 1978, p. 3.
29. Hernán Millas, "Esquina peligrosa", *Hoy*, 31 de mayo-6 de junio, 1978, pp. 10 y 11. Véase también Charles A. Krause y Timothy Robinson, "Chile Told Three Key Agents Face Charges in Letelier Slaying", *The Washington Post*, 9 de junio, 1978, p. A1.
30. Pastor a Brzezinski, 28 de junio, 1978, DNSA.
31. Bushnell a (Christopher), 21 de junio, 1978, DOS 2015.
32. George Landau, citado en Kornbluh, *Pinochet File*, p. 398.
33. Citado en Branch y Propper, *Labyrinth*, pp. 576 y 577.
34. Entrevista a George Landau, ADST.
35. Citado en John M. Goshko y Timothy S. Robinson, "Envoy to Chile Recalled over Letelier Probe", *The Washington Post*, 24 de junio, 1978, p. A1.
36. Bushnell a Christopher, 27 de junio, 1978, DNSA.

37. Goshko y Robinson, "Envoy to Chile", p. A1.
38. Vance a Carter, 30 de junio, 1978, DNSA.
39. Juan de Onís, "Paraguayan Links Chilean General to Letelier Case", *NYT,* 20 de julio, 1978, p. A3.
40. Director del FBI a la oficina en terreno en Washington, D.C., 22 de febrero, 1979, documentos generados por el FBI, desclasificaciones adicionales, casillero 10, LC, DNSA.
41. Comunicado de prensa de DiGenova.
42. Grover al secretario de Estado, Santiago, 24 de agosto, 1978, DNSA.
43. Christopher a la embajada de EE.UU. en Chile, Washington, D.C., 24 de agosto, 1978, DNSA.
44. Sergio Miranda Carrington, citado en "La esperanza de Contreras", *Qué Pasa,* 11 de septiembre, 1993, p. 24.
45. Krause, "Chile Arrests Three", p. A10.
46. Sergio Miranda Carrington, citado en "La esperanza de", p. 24.
47. Citado en Branch y Propper, *Labyrinth.*
48. Francis McNeil, citado en Kornbluh, *Pinochet File,* p. 403.
49. Nena Terrell, "Pinochet Stalked by Domestic Foes, U.S. Investigators", *In These Times,* 13-19 de septiembre, 1978, p. 9.
50. Salazar, *Contreras,* p. 138.
51. Cavallo te al., *La historia oculta,* pp. 206 y 252.
52. Ibid, p. 173.
53. Michael Moffitt, citado en Shirley Christian, "Chile Orders Three Held for Letelier Killing", *Asheville Times,* 2 de agosto, 1978, p. 25.
54. Citado en Saul Landau, "Letelier Probe Threatens Pinochet Rule", *In These Times,* 19-25 de abril, 1978, reproducido en www.tni.org/es/node/11719.
55. Discurso de Isabel Morel, septiembre, 1978, archivo 36, casillero 52, IPS, WHS.
56. Landau al secretario de Estado, 2 de agosto, 1978, volumen sin clasificar, casillero 8, LC, NSA.
57. Stern, *Battling for Hearts and Minds,* p. 146.
58. Citado en comunicación de Landau al secretario de Estado, Santiago, 3 de agosto, 1978, volumen sin clasificar, casillero 8, LC, NSA.
59. Informe de la CIA, 17 de agosto, 1978, DNSA.
60. CIA, "Pinochet's Role".
61. John Dinges, "Chile's Murder, Inc."*Inquiry,* 8-22 agosto, 1979, p. 20.
62. "Judge Closes Hearings on Chilean Extradition", *The Washington Post,* 24 de septiembre, 1978, p. A30.
63. Charles A. Krause, "U.S. Shows Unease over Chile's Handling of Letelier Case", *The Washington Post,* 28 de septiembre, 1978, p. A21.

64. John Dinges, "Chief Defendant in Letelier Slaying Obtains U.S. Evidence Given Chile", *Sacramento Bee*, 12 de octubre, 1978.
65. Landau al secretario de Estado, Santiago, 11 de octubre, 1978, DOS 2015.
66. Comunicado de prensa de DiGenova.
67. Landau al secretario de Estado, Santiago, 18 de octubre, 1978, volumen sin clasificar, casillero 8, LC, NSA.
68. Testimonio de Espinoza a Bórquez, 19 de octubre, 1978, y testimonio de Contreras a Bórquez, 24 de octubre, 1978, ambos reenviados por el Departamento de Estado, casillero 10, LC, NSA.
69. Landau al secretario de Estado, Santiago, 24 de octubre, 1978, volumen sin clasificar, casillero 8, LC, NSA.
70. Citado en Landau al secretario de Estado, Santiago, 25 de octubre, 1978, volumen sin clasificar, casillero 8, LC, NSA.
71. Branch y Propper, *Labyrinth*, p. 586.
72. Director del FBI a oficina en terreno en Washington, D.C., 22 de febrero, 1979, documentos generados por el FBI, desclasificaciones adicionales, casillero 10, LC, NSA.
73. Landau al secretario de Estado, Santiago, 8 de enero, 1979, volumen sin clasificar, casillero 8, LC, NSA; Juan de Onís, "U.S. Gives Chile New Evidence in Seeking Extraditions of Three in Slaying", *NYT*, 9 de enero, 1979, p. A4.
74. Eugene Propper, citado en Kenneth Bredemeier, "Cuban Exiles Guilty in Letelier Death", *The Washington Post*, 15 de febrero, 1979, p. A1.
75. Charles A. Krause, "Letelier Veredict, Amply Covered in Chile, Has Little Impact", *The Washington Post*, 15 de febrero, 1979, p. A1.
76. Landau al secretario de Estado, Santiago, 30 de abril, 1979, DOS 2015.
77. Charles A. Krause, "Chilean Minister Says Extradition Unlikely for Three Secret Agents", *The Washington Post*, 9 de febrero, 1979, p. A12.
78. Grover al secretario de Estado, Santiago, 3 de abril, 1979, DOS 2015.
79. Timothy S. Robinson, "Extradition Deal for Chilean Bomb-Murder Suspect Said Rejected by the U.S.", *The Washington Post*, 23 de octubre, 1979, p. A12.
80. Citado en "No conceder la extradición no significa que sea inocente", *La Tercera*, 8 de mayo, 1987, p. 6
81. Landau al secretario de Estado, Santiago, 14 de mayo, 1979, DOS 2015.
82. Manuel Contreras, citado en "La justicia chilena es profesional y da confianza", *La Tercera*, 15 de mayo, 1979, p. 4
83. Alfredo Etcheberry, citado en "Estoy desilusionado, pero no desalentado", *La Tercera*, 15 de mayo, 1979, p. 5; Charles A. Krause, "Chilean Judge Bars Extradition in Letelier Case", *The Washington Post*, 15 de mayo, 1979.
84. "U.S. Recalling Envoy over Chile's Refusal to Extradite Three: A Diplomatic Warning Four Men Convicted", *NYT*, 16 de mayo, 1979, p. A8.

85. Documento sin título del Departamento de Estado, 21 de mayo, 1979, DOS 2015.
86. Juan de Onís, "Chile Bans an Opposition Magazine: Minister Ratifies Edict Extradition Decision Criticized", *NYT*, 26 de junio, 1979, p. A12.
87. Israel Bórquez, citado en "Chilean Aide Ridicules Letelier Jury", *The Washington Star*, 28 de mayo, 1979, p. A4.
88. Comunicado de prensa de Isabel Morel, Washington, D.C., (c. 29) de mayo, 1979, archivo 18, casillero 48, IPS, WHS.
89. Propper a Isabel Morel, Washington, D.C., 27 de julio, 1979, archivo sin clasificar, casillero 21, LC, NSA.
90. Landau al secretario de Estado, Santiago, 13 de julio, 1979, volumen sin clasificar, casillero 11, LC. NSA.
91. Alfredo Etcheberry, citado en Juan de Onís, "U.S. Completes Appeal in Chile for the Extradition of Three in Killing", *NYT*, 25 de julio, 1979, p. A3.
92. CIA, "Pinochet's Role".
93. Landau al secretario de Estado, Santiago, 1 de octubre, 1979, documentos generados por el Departamento de Estado, desclasificaciones adicionales, casillero 10, LC, NSA.
94. Alfredo Etcheberry, citado en Charles A. Krause, "Chile's High Court Rejects U.S. Plea in Letelier Case", *The Washington Post*, 2 de octubre, 1979, p. A1.
95. Larry Barcella, citado en María Cristina Jurado, "El pueblo norteamericano se siente desilusionado", *Las Últimas Noticias* (Santiago), 2 de octubre, 1979.
96. Augusto Pinochet, citado en Juan de Onís, "Top Chilean Court Won't Yield 3 Army Officers Wanted by U.S.", *NYT*, 2 de octubre, 1979, p. A4.
97. Cubillos a Digen-Diplan, Naciones Unidas, 3 de octubre, 1979, archivo de memorándums, correspondencia y recortes, 1978-1979, casillero 19, Cubillos, Hoover.
98. Cubillos al ministro en funciones, Naciones Unidas, 3 de octubre, 1979, archivo de memorándums, correspondencia y recortes, 1978-1979, casillero 19, Cubillos, Hoover.
99. William R. Long y Roberto Brauning, "Caso Letelier amenaza a ex jefe policial chileno", *Miami Herald*, 15 de mayo, 1978; Cavallo te al., *La Historia Oculta*, p. 206.

CAPÍTULO 14

1. Entrevista a Charles Grover, ADST.
2. Karen de Young y John Dinges, "Chile Takes Steps to Liberalize Rule", *The Washington Post*, 17 de abril, 1978, p. A1.

3. Citado en Charles A. Krause, "Dramatic Political Change Caused by Pressures on Chile", *The Washington Post*, 11 de junio, 1978, p. A31.
4. Memorándum sin firmar de la CIA, 17 de abril, 1978, DNSA.
5. Citado en informe de la CIA, "Chile: Implications of the Letelier Case", mayo, 1978, DNSA; informe de la CIA, 17 de agosto, 1978, DNSA.
6. Juan de Onís, "Pinochet's Tightening Grip", *NYT*, 29 de julio, 1978, p. 5.
7. Jeremiah O'Leary, "Fall of Pinochet Seen as Key Chile Generals Desert Junta Regime", *The Washington Star*, 26 de julio, 1978, p. A1.
8. Sala de situación a Brzezinski, 24 de julio, 1978, DNSA.
9. CIA, informe de área, 25 de julio, 1978, DNSA.
10. John B. Oakes, "Pinochet in No Rush", *NYT*, 3 de mayo, 1979, p. A23.
11. Augusto Pinochet, citado en Juan de Onís, "Pinochet, Marking Six Years in Power, Rejects Calls for Civil Rule in Chile", *NYT*, 12 de septiembre, 1979, p. A12.
12. Citado en Congreso de Estados Unidos, 95° Congreso, 2a sesión, *Congressional Record* 124, parte 18 (2 de agosto, 1978): 23915.
13. John M. Goshko, "Halt in Armas for Chile is Passed and Reversed", *The Washington Post*, 3 de agosto, 1978, p. A1.
14. Ralph Cox, citado en Juan de Onís, "Chile Attracts U.S. Business", *NYT*, 4 de octubre, 1979, p. A7.
15. Robert Steven, citado en Morley y McGillion, *Reagan and Pinochet*, p. 11.
16. Kennedy y Church, Washington, D.C., 14 de mayo, 1979, DNSA.
17. Tom Harkin, "Extradite", *NYT*, 28 de junio, 1979, p. A19.
18. Los ejemplos incluyen comunicación del National Chile Center a los Chile Committees y contactos claves, y del Chile Legislative Center a los Chile Committees y contactos claves, ambas del 4 de junio, 1979, archivo L/M case – Memos de extradición, declaraciones, etc., casillero 21, LC, NSA.
19. Stuart Auerbach y Charles A. Krause, "U.S. Ambassador to Chile Recalled in Protest Move", *The Washington Post*, 16 de mayo, 1979, p. A22.
20. Christopher a Carter, 2 de octubre, 1979, DNSA.
21. Citado en "U.S. Assails Chile Court's Refusal to Extradite Three in Letelier Case: Accused of Planning Murder", *NYT*, 28 de octubre, 1979, p. A4.
22. Derian a Vance, 12 de octubre, 1979; véase también Pastor a Brzezinski, 11 de octubre, 1979, ambos en DNSA.
23. Comunicado de prensa del Departamento de Estado, 30 de noviembre, 1979, DNSA. Véase también Brzezinski a Vance, Washington, D.C., 27 de noviembre, 1979, y Vance a Carter, Washington, D.C., 19 de octubre, 1979, ambos en DNSA.
24. Comunicado de prensa de Tom Harkin, Washington, D.C., 30 de noviembre, 1979, DNSA.
25. Edward Kennedy, citado en Edward C. Burks, "Kennedy Assails Carter's Actions on Chile as Weak: 'An Act of Terrorism'", *NYT*, 1 de diciembre, 1979, p. 39.

26. "Chile soportará estas presiones porque está políticamente firme y militarmente seguro", *La Tercera,* 1 de diciembre, 1979, p. 5.
27. Nota de Landau sobre conversación con Cubillos, a Vance, 26 de abril, 1979, archivo George W. Landau The Letelier Case (Chile) (1 de 2), 1976-2006, casillero 3, LP, Hoover.
28. Citado en Charles A. Krause, "U.S. Bluff in Letelier Case Bolsters Pinochet in Chile", *The Washington Post,* 2 de enero, 1980, p. A1.
29. Landau a Vance, 18 de maro, 1980, DNSA.
30. Entrevista a George Landau, ADST.
31. Juan de Onís, "U.S. Envoy Resumes His Duties in Chile", *NYT,* 6 de diciembre, 1979, p. A13; comunicación del secretario de Estado a las embajadas de EE.UU. en todo el mundo, 15 de abril, 1980, DNSA.
32. George Landau, citado en Morley y McGillion, *Reagan and Pinochet,* p. 12.
33. Reimpresión de programa radial de Reagan, "Letelier II", archivo Transcripciones 1978 (2/2), casillero 2, Comentario radial de Ronald Reagan, Hoover; citado en Anthony Lewis, "The Real Reagan", *NYT,* 24 de octubre, 1983, p. A19.
34. "Triunfo de Reagan es favorable para Chile", *La Tercera,* 6 de noviembre, 1980, p. 4.
35. Kornbluh, *Pinochet File,* p. 409.
36. Jeane Kirkpatrick, citada en "La 'tía Jeane' y Chile", *Hoy,* 2-8 de septiembre, 1981, sin N° de página.
37. Barbara Crosette, "Senate Approves '82 Foreign Assistance Bill, 40-33", *NYT,* 23 de octubre, 1981, p. A9.
38. John M. Goshko, "Administration Reviews Plan to Renew Chile Aid", *The Washington Post,* 5 de marzo, 1982.
39. Ted Kennedy, citado en Edward Schumacher, "Chile Votes on Charter That Tightens Pinochet's Grip", *NYT,* 11 de septiembre, 1980, p. A2.
40. Edward Schumacher, "Chilean Leader, Winner of Vote, Attacks the U.S.", *NYT,* 13 de septiembre, 1980, p. 2.
41. Pollack, *The New Right,* p. 78.
42. Oppenheim, *Politics in Chile,* p. 120.
43. Dodson a Clift, Washington, D.C., 23 de octubre, 1980, DNSA.
44. Ronald Reagan, citado en Peter R. Kornbluh, "So, Chile's Two Murders Are Now Forgiven?", *NYT,* 3 de marzo, 1981, p. A19.
45. Alexander Haig, citado en Morley y McGillion, *Reagan and Pinochet,* p. 41.
46. Theberge al secretario de Estado, 16 de marzo, 1982, DOS 2015.
47. Mary McGrory, "The Ghost Who Haunts Our Chile Policy", *The Washington Post,* 28 de marzo, 1982, p. C1.
48. Larry Barcella, citado en Kornbluh, *Pinochet File,* p. 411.
49. Elliott Abrams, citado en Morley y McGillion, *Reagan and Pinochet,* pp. 96 y 97.

50. Steven citando a Abrams, citado en Zach Dorfman, "Codename: CHILBOM".
51. Consejo de Seguridad Nacional, minuta reunión 18 de noviembre de 1986. Disponible en: http://www.thereaganfiles.com/19861118-nsc-139-chile.pdf.
52. George Shultz, citado en Kornbluh, *Pinochet File*, p. 419.
53. Isabel Morel, citada en David Shipler, "Chilean Exiles Hurt and Angry", *NYT*, 18 de julio, 1986, p. A8.
54. Phyllis Oakley, citada en "U.S. Accuses Chile of Inaction", *NYT*, 3 de julio, 1987, p. A4.
55. "The Right Message on Chile" (editorial), *NYT*, 2 de agosto, 1986, p. 22; declaración de Kennedy, 10 de marzo, 1986, DNSA.
56. Betsey Barnes, "About My Husband and the General, Part I", *American Diplomacy*, marzo, 2015, www.unc.edu/depts/diplomat/item/2015/0106/fs/barnes_husband_p1.html.
57. Naftali, *Blind Spot*, pp. 14-101, cita en p. 97.
58. Abrams a embajador de EE.UU. en Santiago, Washington, D.C., 5 de febrero, 1988, DNSA.
59. Dirección de Inteligencia de la CIA, "Pinochet's Role in the Letelier Assassination and Subsequent Coverup", 1 de mayo, 1987, nsarchive.gwu.edu/ NSAEBB/NSAEBB560-CIA-report-concludes-Pinochet-behind-Letelier-Moffitt-bombing-in-1976-and-calls-it-act-of-state-terrorism/Document%201&20-%20CIA%20assesment.pdf.
60. Shultz a Reagan, Washington, D.C., 6 de octubre, 1987, nsarchive.gwu.edu/NSAEBB/NSAEBB532-The-Letelier-Moffitt-Assassination-Papers/letelierdocument.pdf.
61. Baker al embajador de EE.UU. en Santiago, Washington, D.C., 28 de febrero, 1990, DNSA.

CAPÍTULO 15

1. Citado en George Lardner Jr., "Bomb Suspect Returned to Clear Name", *The Washington Post*, 6 de febrero, 1987, p. A1, y "Las revelaciones de Fernández Larios", *Hoy*, 9-15 de febrero, 1987, pp. 13 y 14.
2. Citado en transcripción de entrevista con Fernández, adjunta a comunicación de Shultz al cónsul estadounidense en Río, Washington, D.C., 22 de enero, 1987, DOS 2015.
3. "El excapitán nació en Washington, Estados Unidos", *La Tercera*, 6 de febrero, 1987, p. 8.
4. "El último bar de un hombre rudo", *La Época*, 6 de mayo, 1987, p. 9.
5. Entrevista a Francisco Letelier.

6. Entrevista a Fiona Dove.
7. Letelier, "I Think I Have Struggled", p. 52.
8. Entrevista a Francisco Letelier.
9. Letelier, "I Think I Have Struggled", pp. 51-55.
10. "The 'Evenhanded' Test in Chile, *NYT*, 26 de septiembre, 1981, p. 22.
11. Isabel Morel, citada en Raymond Bonner, "Exile of Lawyer Tied to End of Latelier Case", *NYT*, 24 de septiembre, 1981, p. A12.
12. Citado en "Letelier Case Reversal", *The Washington Post*, 16 de enero, 1982, p. D1.
13. "Escarban la verdad en el caso Letelier", *Las Últimas Noticias* (Santiago), 16 de enero, 1982, p. 14.
14. Senado de EE.UU., 99°. Congreso, 1a sesión, *Congressional Record*, 131, parte 17 (12 de septiembre, 1985): 23647.
15. Theberge al secretario de Estado, Santiago, 12 de junio, 1983, DOS 2015.
16. Armando Fernández, citado en John Dinges y Saul Landau, "Derailing Pinochet", *Nation*, 7 de marzo, 1987, p. 280.
17. Armando Fernández, citado en "Las revelaciones", p. 14.
18. Armando Fernández, citado en Lardner, "Bomb Suspect", p. A1.
19. Dorfman, "Codename: CHILBOM".
20. Entrevista a George Jones, ADST.
21. Citado en Durkee a Abrams, 14 de abril, 1986; Abrams a Armacost, Washington, D.C., 5 de junio, 1986, ambos en DOS 2015.
22. Entrevista a George Jones, ADST.
23. Telegrama de Barnes al secretario de Estado, Santiago, 10 de noviembre, 1986, DOS 2015.
24. Dorfman, "Codename: CHILBOM".
25. Departamento de Estado, "Results of Interview with Indicted Letelier Conspirator", 26 de enero, 1987, DNSA.
26. Barnes a la embajada de EE.UU. en Buenos Aires, Santiago, 15 de enero, 1987, DOS 2015.
27. Departamento de Estado, "Results of Interview".
28. Barnes al secretario de Estado, 17 de enero, 1987, DOS 2015.
29. Telegrama de Barnes al secretario de Estado, Santiago, 23 de diciembre, 1986, y Armacost a la embajada de EE.UU. en Santiago, 10 de enero, 1987, ambos en DOS 2015; entrevista a George Jones, ADST.
30. Barnes al secretario de Estado, 17 de enero, 1987.
31. Armando Fernández, citado en Lardner, "Bomb Suspect", p. A1.
32. Armando Fernández, citado en Dinges y Landau, "Derailing Pinochet", p. 280; entrevista a Isabel Morel.
33. Entrevista a George Jones, ADST.
34. Barnes al secretario de Estado, 17 de enero, 1987.

35. John Dinges y Saul Landau, "The Letelier Case Continues", (c. febrero), 1987, archivo 21, casillero 39, IPS, WHS.
36. Armando Fernández, citado en Lardner, "Bomb Suspect", p. A1; "Fernández viajó en avión del FBI", *La Época*, 6 de febrero, 1987, p. 1; "El excapitán", p. 8.
37. Armando Fernández, citado en Philip Shenon, "Chilean, in Remorse, Admits Role in Letelier Slaying in '76", *NYT*, 5 de febrero, 1987, p. A1; Lardner, "Bomb Suspect", p. A1.
38. Armando Fernández, citado en Lardner, "Bomb Suspect", p. A1.
39. "El excapitán", p. 8.
40. Dinges y Landau, "Derailing Pinochet", p. 280.
41. Isabel Morel, citada en entrevista a Juan Gabriel Valdés.
42. Isabel Morel, entrevista del autor.
43. Armando Fernández, citado en Nancy Lewis, "Chilean Given Up to 7 Years in Letelier Slaying", *The Washington Post*, 7 de mayo, 1987, p. A19.
44. Armando Fernández, citado en "Juez Parker: 'Fernández no pudo demostrar evidencia creíble", *La Tercera*, 7 de mayo, 1987, p. 5.
45. "No respetaron ninguno de los acuerdos con Fernández Larios", *La Tercera*, 9 de mayo, 1987; Patricia Escalona, "Abogado: Fernández Larios fue amenazado de muerte", *La Tercera*, 10 de mayo, 1987, p. 7; "Chilean Imprisoned in Killing of Letelier is Set Free by Judge", *NYT*, 11 de septiembre, 1987, p. A6; Mine, "The Assassin Next Door"; memorándum de Barnes al secretario de Estado, Santiago, 12 de marzo, 1987, DNSA.
46. Isabel Morel, citada en "Quedó libre el exmayor Armando Fernández Larios", *La Tercera*, 11 de septiembre, 1987, p. 16.
47. Isabel Morel, citada en George Lardner Jr., "Pinochet Linked to Murder Cover-Up", *The Washington Post*, 5 de febrero, 1987, p. A12. Véase también Patricia Escalona, "Fernández Larios condenado a una pena mínima de 27 meses de cárcel", *La Tercera*, 7 de mayo, 1987, p. 4.
48. Isabel Morel, citada en "Habla viuda del excanciller", *La Tercera*, 6 de febrero, 1987, p. 7.
49. Citado en "Ministro García: 'Imagen de Chile es distorsionada'", *La Tercera*, 6 de febrero, 1987, p. 7.
50. Augusto Pinochet, citado en "Pinochet Calls Army Officer a Deserter after Testimony", *The Globe and Mail*, 11 de febrero, 1987.
51. Errázuriz al ministro de Relaciones Exteriores en funciones, cable secreto 196-206, Washington, D.C., 13 de febrero, 1987, Archivo General Histórico, Ministerio de Relaciones Exteriores, Santiago.
52. Dirección de Inteligencia de la CIA, "Chile: Pinochet and the Military [Redacted]", abril, 1987, DNSA.
53. Gelbard a Barnes, 13 de marzo, 1987, DOS 2015.

54. Barnes al secretario de Estado, 22 de mayo, 1987, DOS 2015; John M. Goshko, "U.S. Asks Chile to Arrest and Expel Two Officers Wanted in Letelier Murder", *The Washington Post*, 27 de mayo, 1987, p. A16.
55. William Clairborne, "Chilean Sought by U.S. Was Serving in Africa", *The Washington Post*, 18 de diciembre, 1987, p. A36.
56. "Chile no aceptó expulsar a EE.UU. a Gral. Contreras y Pedro Espinoza", *La Tercera*, 18 de junio, 1987, p. 7.
57. Juan Pablo Letelier, citado en Jones al secretario de Estado, Santiago, 10 de julio, 1987, DOS 2015.
58. Bradley Graham, "U.S. Hope of Exposing Letelier's Killers Dims", *The Washington Post*, 7 de mayo, 1987, p. A17.
59. Citado en Shirley Christian, "Chilean Official Links a General, Long Suspect, to Letelier Killing", *NYT*, 26 de enero, 1989, p. A1.
60. José Miguel Barros, citado en "Exembajador Barros ratificó el contenido del exhorto acusador", *La Tercera*, 28 de enero, 1987, p. 4.
61. Buffone y Privitera, "Chronology of Events: Letelier-Moffitt Assassination, 1976-August 1990", Agosto, 1990, DNSA.
62. Fabiola Letelier, citada en Greg San Miguel, "Arrest a U.S.-Chilean Dilemma", *The Sidney Morning Herald*, 16 de junio, 1989, p. 9.
63. James F. Smith, "U.S., Slain Chilean's Kin Launch Initiatives: Chile Pressured to Reopen Letelier Case", *Los Angeles Times*, 14 de mayo, 1989, p. A12.
64. Nancy Lewis, "Letelier Case Suspect Pleads Not Guilty", *The Washington Post*, 19 de abril, 1990, p. A24.
65. Elizabeth Góngora, citada en Bill McAllister, "Suspect Arrested in Letelier Slaying", *The Washington Post*, 12 de abril, 1990, p. A4; "Cayó cubano buscado por muerte de Letelier", *La Tercera*, 12 de abril, 1990, p. 5.
66. "Diez cargos contra el cubano Suárez", *La Tercera*, 19 de abril, 1990, p. 5.
67. "Detención permitirá reabrir investigación", *La Tercera*, 12 de abril, 1990, p. 4.
68. Isabel Morel, citada en "Viuda del ex canciller: 'El caso no está cerrado'", *La Tercera*, 13 de abril, 1990, p. 7.
69. Isabel Morel, citada en "Viuda del ex canciller: Crimen se aclarará", *La Tercera*, 14 de abril, 1990, p. 7 y en "Suárez es cerebro de peligrosa banda terrorista internacional", *La Época*, 14 de abril, 1990, p. 4.
70. "Diez cargos", p. 5.
71. Kaye Fair, "Bombing Suspect's Wife Says He's Innocent", UPI, 2 de mayo, 1990.
72. Pía Díaz, "Dionisio Suárez solicitó urgente ayuda económica para afrontar gastos del juicio, *La Época*, 17 de abril, 1990, p. 4.
73. Autor desconocido (¿Landau?), notas sobre audiencia previa al juicio, 14 de mayo, 1990, archivo L-M Suárez, casillero 28, LC, NSA; Martin McReynolds,

"Long-Dormant Letelier Case Suddenly Revived", *Miami Herald*, 30 de mayo, 1990, p. 4A; Dorfman, "Codename: CHILBOM".

74. Pía Díaz, "Elizabeth Góngora: 'Los mismos que le pidieron ayuda ahora le dan la espalda'", *La Época*, 14 de abril, 1990, p. 16.
75. Paul Goldberger, citado en Tracy Thompson, "Suspect Pleads Guilty in Car Bombing Plot", *The Washington Post*, 11 de septiembre, 1990, p. A4.
76. Sharon LaFraniere, "Suspect in '76 Bombing Is Arrested by FBI in Florida", *The Washington Post*, 24 de abril, 1990, p. A2.
77. Lawrie Mifflin, "Officials Try to Save TV Crime Show", *NYT*, 7 de septiembre, 1996, p. 8.
78. Sam Buffone, citado en Patrick Symmes, "The Man Who Would Not Disappear", *Washington City Paper*, 22 de septiembre, 1995, www.washingtoncitypaper.com/news/article/13006608/the-man-who-would-not-disappear.
79. Entrevista a Francisco Letelier.
80. "Suspect in Envoy's 76 Death Held", *Chicago Tribune*, 24 de abril, 1991, p. NW6.
81. Sherry Owens y Clint Johnson, citados en Tim Golden, "Cuban Exile Is Arrested in Florida in 1976 Slaying of Chilean Envoy", *NYT*, 24 de abril, 1991, p. A1.
82. Citado en Zach Dorfman, "Codename: CHILBOM".
83. Citado en "Estudian acciones en asesinato de Letelier", *La Tercera*, 15 de abril, 1991, p. 8.
84. William Gavin, citado en "Suspect in Envoy's '76 Death", p. NW6.
85. "Transfer for Bomb Suspect", *NYT*, 28 de abril, 1991, p. 26; "Suspect in '76 Killing of Envoy Denies Guilt", *NYT*, 3 de mayo, 1991, p. A32; Tracy Thompson, "Man Implicated in Letelier Murder Pleads Guilty", *The Washington Post*, 31 de julio, 1991, p. A22.
86. Citado en "Twelve-Year Term for Assassin of Chilean Envoy", *NYT*, 13 de septiembre, 1991, p. 16. Véase también "Doce años de cárcel para el cubano Virgilio Paz", *La Tercera*, 13 de septiembre, 1991, p. 11.
87. Juan Pablo Letelier, citado en "'Principal fugitivo sigue en libertad'", *La Tercera*, 24 de abril, 1991, p. 11.
88. Michael Moffitt, citado en Robert Pear, "Cuban Exile Pleads Guilty in the 1976 Bomb Slaying of Chilean Ambassador", *NYT*, 31 de julio, 1991, p. A14.

CAPÍTULO 16

1. Isabel Morel, citada en Martin Walker, "The Fight for Bread and Roses"; Representante George Miller, citado en Carla Hall, "Life after Letelier", *The Washington Post*, 21 de septiembre, 1981, p. B1.

2. Isabel Morel, citada en Rosa Cisneros, "Está probado que la CIA mató a Letelier", *El Diario* (Lima), 11 de julio, 1982, p. 4.
3. Citado en Joshua Muravchik, "The Think Tank of the Left", *NYT*, 26 de abril, 1981, p. SM19.
4. Saul Landau, citado en Hall, "Life after Letelier".
5. Isabel Morel, citada en Barbara Gamarekian, "Chilean's Widow Pursues His Cause", *NYT*, 11 de marzo 11, 1982, p. B12.
6. Isabel Morel, citada en Hall, "Life after Letelier".
7. Juan Pablo Letelier, citado en Suzanne R. Spring, "Pablo Letelier, Twenty, Carries No Hate, But Will Join Fight", *The Washington Post*, 6 de julio, 1981, p. B1.
8. Juan Pablo Letelier a "Galo", Washington, D.C., (c. septiembre), 1980, archivo 72, casillero 47, IPS, WHS.
9. Juan Pablo Letelier, citado en Spring, "Pablo Letelier", p. B1.
10. Isabel Morel a fuente no revelada, fines de abril, 1981, archivo 72, casillero 47, IPS, WHS.
11. Isabel Morel, citada en Hall, "Life after Letelier".
12. "Autorizado regreso del jet set de exiliados", *La Tercera*, 22 de junio, 1983, p. 1.
13. Isabel Morel, citada en Odette Magnet, "Isabel Margarita Morel: 'Con la justicia no se transa'", *Hoy*, 20–26 de julio, 1983, p. 19.
14. Isabel Morel a Wexler, 26 de septiembre, 1983, archivo 28, casillero 45, IPS, WHS.
15. Isabel Morel e informe Borosage, 1985, casillero 251, TI, IISH.
16. Juan Pablo Letelier a Loveluck, abril, 1983, archivo 72, casillero 47, IPS, WHS.
17. Isabel Morel a Wexler, 26 de septiembre, 1983, archivo 28, casillero 45, IPS, WHS.
18. Stephen Kinzer, "Chilean Lawyer Says He'll Press the Letelier Case", *NYT*, 17 de septiembre, 1983, p. 2.
19. "Hijo del ex canciller asesinado: 'Aquí hay un problema jurídico y político'", *La Tercera*, 6 de febrero, 1987, p. 7.
20. "Familia de Letelier pedirá reabrir el proceso en Chile", *La Tercera*, 7 de febrero, 1987, p. 4; Shirley Christian, "Hopes Rise for Chilean Trial in Letelier Case", *NYT*, 26 de marzo, 1987, p. A6.
21. Declaración jurada de Juan Pablo Letelier, 2 de agosto, 1991, DOS 2015.
22. Shirley Christian, "Why the Laughter in Chile? Because Democracy is 'Fun'". *NYT*, 18 de diciembre, 1989, p. A12.
23. Isabel Morel, entrevista del autor.
24. Paul Knox, "Report Condemns Junta's Atrocities", *The Globe and Mail*, 5 de marzo, 1991.
25. Soderberg a Kennedy, 5 de marzo, 1991, DNSA.
26. Entrevista a Charles Gillespie, ADST.
27. Murray Karpen, citado en Olson a Kozak y Verville, 17 de septiembre, 1986, DOS 2015.

28. Declaración jurada de Michael Moffitt, 16 de julio, 1991, DOS 2015.
29. Citado en Olson a Kozak y Verville, 17 de septiembre, 1986, DOS 2015.
30. Secretario de Estado a embajada de EE.UU. en Santiago, Washington, D.C., 30 de julio, 1987, DNSA.
31. Colson a Sofaer, Washington, D.C., 16 de mayo, 1988, DOS 2015.
32. Michael Kozak, citado en Kornbluh, *Pinochet File*, p. 465.
33. Patrick Symmes, "The Man Who Would Not Disappear," *Washington City Paper*, 22 de septiembre, 1995, www.washingtoncitypaper.com/news/article/13006608/the-man-who-would-not-disappear; Robert Pear, "U.S. Bills Chile in Killing of Letelier", *NYT*, 15 de octubre, 1988.
34. Soderberg a Kennedy, 31 de enero, 1990, DNSA.
35. Mónica González, "EE.UU. insiste en indemnización para familias de las víctimas", *La Nación* (Santiago), 20 de abril, 1990, p. 6; Robert Pear, "Chile Agrees to Pay Reparations to U.S. in Slaying of Envoy", *NYT*, 13 de mayo, 1990, p. 1.
36. Memorándum de acuerdo EE.UU.-Chile, 2 de marzo, 1990, archivo Letelier Claim, 1/12/89 Dip. Note, casillero 131, Abraham D. Sofaer Papers, Hoover; Soderberg a Kennedy, 2 de mayo, 1990, DNSA.
37. Sam Buffone, citado en Anne Kornhauser, "Isabel Letelier's Quest for Justice", *Legal Times*, 11 de junio, 1990.
38. Citado en Pear, "Chile Agrees", p. 1.
39. Juan Pablo Letelier, citado en Paul Knox, "Chile Nears Action on 1976 Killing", *The Globe and Mail*, 12 de septiembre, 1990.
40. Departamento de Estado, citado en Kornbluh, *Pinochet File*, p. 466; Peay a Williamson, Washington, D.C., 27 de septiembre, 1990, DNSA.
41. K. L. Stevens, "Kennedy-Harkin Amendment Sanctions—Justification for Presidential Certification", 30 de octubre, 1990, DNSA; Gillespie a secretario de Estado y la Casa Blanca, 21 de noviembre, 1990, DNSA.
42. Claudia Riquelme, "Un millón 600 mil dólares para Isabel Morel e hijos", *La Tercera*, 13 de enero, 1992, p. 7.
43. Ted Kennedy, citado en Barbara Crossette, "$2.6 Million Awarded Families in Letelier Case", *NYT*, 13 de enero, 1992, p. A11
44. Entrevista a Charles Gillespie, ADST; comunicado de embajada de Chile, 10 de abril, 1992, DNSA.
45. Juan Pablo Letelier, citado en Patricia Andrade, "Lo que nos importa es justicia", *La Tercera*, 14 de enero, 1992, p. 6.
46. Fabiola Letelier, citada en "Compensación fue un arreglo", *La Tercera*, 15 de enero, 1992, p. 5.
47. Citado en Kornhauser, "Isabel Letelier's Quest for Justice".
48. Declaración jurada de José I. O. Letelier, 26 de julio, 1991, DOS 2015.
49. "Rehabilitan nacionalidad a Letelier", *La Tercera*, 13 de mayo, 1990, p. 6.

50. "Todo listo para funerales de Orlando Letelier", *La Tercera*, 1 de noviembre, 1992, p. 12; "Masivo funeral de Letelier", *La Tercera*, 5 de noviembre, 1992, p. 6; Malcolm Coad, "Letelier's Body Comes Home to Rest as Chile Awaits Murder Inquiry Result", *The Guardian*, 5 de noviembre, 1991, p. 10.
51. Citado en José Ale, "Lápida de mármol negro identifica tumba definitiva", *La Tercera*, 3 de noviembre, 1992, p. 8.

CAPÍTULO 17

1. Manuel Contreras, citado en "Contreras rompió su silencio", *Ercilla*, 27 de marzo, 1991, p. 5; "El 'efecto Contreras'", *Ercilla*, 3 de abril, 1991, p. 10.
2. Manuel Contreras, citado en "Contreras rompió", p. 5.
3. "Showdown in Chile", *Journal of Commerce*, 22 de junio, 1995, p. 6A.
4. Cath Collins, "The Politics of Prosecutions" en Collins et al., *The Politics of Memory*, p. 65.
5. Manuel Contreras hijo y Contreras, citado en Peña, "Manuel Contreras", pp. 20, 22 y 41; Salazar, *Contreras*, p. 141.
6. Manuel Contreras, citado en Molina, "¡Ay de los vencidos!", p. D10.
7. Citado en Salazar, *Contreras*, p. 145.
8. Molina, "¡Ay de los vencidos!", p. D10; William R. Long, "Hated Symbol of Chilean Repression Prospers", *Los Angeles Times*, 23 de junio, 1991, VYA8; Jaime Valdés Concha, "El sur: Último refugio de la Dina", *La Nación* (Santiago), 29 de septiembre, 1991, pp. 2 y 3; "La Ira de Contreras", *Qué Pasa*, 21 de agosto, 1993, p. 21; Katherine Ellison, "Pinochet Henchman Vows He'll Avoid Jail", *Toronto Star*, 2 de enero, 1994, p. E8.
9. "Showdown in Chile", p. 6A.
10. Katherine Hite, Cath Collins y Alfredo Joignant, "The Politics of Memory in Chile", p. 8, y Collins, "Politics of Prosecutions", p. 69, ambos en Collins et al., *The Politics of Memory*.
11. Pollack, *The New Right*, p. 144.
12. Augusto Pinochet, citado en Greathead, "The Long Road to Justice: A Report on the Letelier-Moffitt Case", septiembre, 1991, archivo Letelier-Moffitt (1991), casillero 28, LC, NSA.
13. Gabriel Escobar, "In Chile, Army Bows to Civil Justice", *The Washington Post*, 1 de junio, 1995, p. A16.
14. Rosenberg, "Force Is Forever", pp. 44-46 y 49.
15. Oppenheim, *Politics in Chile*, p. 221; entrevista a Claudio Fuentes.
16. Unión Demócrata Independiente, citado en Pollack, *The New Right*, p. 145.
17. *Informe de la Comisión Nacional de Verdad y Reconciliación* (Informe Rettig), p. 802.

18. Pollack, *The New Right*, p. 144.
19. Oppenheim, *Politics in Chile*, p. 218.
20. Landau a Barcella, 12 de febrero, 1980, DOS 2015.
21. Transcripción de entrevista a Armando Fernández, adjunta a comunicación de Shultz al cónsul norteamericano en Río, Washington, D.C., 22 de enero, 1987, DOS 2015.
22. Scherrer a Ingram, 23 de mayo, 1978, documentos generados por el FBI sobre Letelier (FOIA), volumen 57, casillero 5, LC, NSA.
23. Oficina en terreno del FBI en Washington, D.C., al director, 27 de julio, 1978, documentos generados por el FBI sobre Letelier (FOIA), volumen 67, casillero 5, LC, NSA.
24. "Nadie sabe quién es Liliana Walker Martínez", *La Tercera*, 3 de agosto, 1978, p. 4.
25. Landau al secretario de Estado, 4 de agosto, 1978, DNSA; oficina en terreno del FBI en Washington, D.C., al director, 9 de agosto, 1978, DNSA; Grover al secretario de Estado, Santiago, 24 de agosto, 1978, DNSA; Grover al secretario de Estado, Santiago, 9 de marzo, 1979, volumen sin clasificar, casillero 11, LC, NSA; Crigler al embajador de EE.UU. en Santiago, Bogotá, 8 de septiembre, 1980, DOS 2015; Vance a embajador de EE.UU. en Caracas, Washington, D.C., 29 de enero, 1979, DNSA.
26. Gillespie al secretario de Estado, Santiago, 29 de marzo, 1989, DOS 2015.
27. "Liliana Walker: ¿Un misterio aclarado?", *La Tercera*, 19 de abril, 1990, p. 5.
28. Mariana Callejas, citada en "Mariana Callejas: 'Demanda judicial de esposa de Letelier es primer paso político", *La Tercera*, 10 de agosto, 1978, p. 5.
29. "Existen casi cincuenta identidades de la mujer", *La Tercera*, 19 de abril, 1990, p. 7.
30. Landau a Barcella, 17 de septiembre, 1980, DOS 2015.
31. Barnes al secretario de Estado, 15 de junio, 1988, DOS 2015.
32. Buffone y Privitera, "Chronology of Events: Letelier-Moffitt Assassination, 1976–August 1990", agosto, 1990, DNSA.
33. Mónica Lagos, citada en "Exagente acusa a jefes de la Dina", *La Época*, 20 de abril, 1990, p. 1.
34. Declaración personal de Lagos, marzo, 1988, DOS 2015.
35. Mónica Lagos, citada en Manuel Salazar, "Mónica Lagos narra toda su pesadilla", *La Época*, 20 de abril, 1990, p. 16.
36. Declaración personal de Lagos.
37. "Familia Lagos-Aguirre está de nuevo en casa", *La Época*, 20 de abril, 1990, p. 17.
38. "Diario íntimo de 'Liliana' sería una bomba de tiempo", *La Tercera*, 19 de abril, 1990, p. 5.
39. "El padre de la joven pidió comprensión", *La Tercera*, 20 de abril, 1990, p. 4.
40. Declaración personal de Lagos.

41. "Yo soy Liliana Walker", *La Época*, 17 de abril, 1990, pp. 1 y 15.
42. "El hallazgo de Liliana Walker Martínez", *La Época*, 30 de abril, 1990, p. 13.
43. Citado en Salazar, *Contreras*, pp. 150-152.
44. Mónica Lagos, citada en "Exagente acusa", p. 1.
45. Armando Fernández, citado en "Liliana Walker: ¿Un misterio aclarado?", p. 5.
46. "Protección policial para Luisa Mónica Lagos", *La Tercera*, 20 de abril, 1990, p. 4; "Existen casi cincuenta", p. 7.
47. Isabel Morel, citada en McReynolds, "Long-Dormant Letelier Case Suddenly Revived", *Miami Herald*, 30 de mayo, 1990, p. 4A.
48. "Fabiola Letelier prepara escritos para solicitar reapertura del caso", *La Tercera*, 20 de abril, 1990, p. 6.
49. Isabel Morel, citada en "Ya era hora que se activara esta causa", *La Tercera*, 25 de abril, 1990, p. 5.
50. Fabiola Letelier, citada en "Familia Letelier quiere llevar a los responsables a proceso", *La Tercera*, 26 de abril, 1990, p. 5.
51. "Con custodia permanente día y noche está la exagente Dina", *La Tercera*, 30 de abril, 1990, p. 4; Shirley Christian, "Obstacles Delay Chilean Inquiry into '76 Slaying", *NYT*, 31 de mayo, 1990, p. A5.
52. "Nuestra protesta", *La Época*, 4 de mayo, 1990, p. 1.
53. "'Se intenta ocultar misión que realizó Liliana Walker'", *La Tercera*, 30 de mayo, 1990, p. 6.
54. Christian, "Obstacles Delay", p. A5.
55. "Pedirán que Corte Suprema nombre ministro en visita", *La Tercera*, 31 de mayo, 1990, p. 10.
56. Fabiola Letelier, citada en "Rechazan petición de ministro", *La Tercera*, 6 de junio, 1990, p. 13; "Chilean High Court Rejects Inquiry into Envoy's Killing", *NYT*, 6 de junio, 1990.
57. Buffone a Arena, Washington, D.C., 23 de abril, 1991, archivo Letelier-Moffitt (1991), casillero 28, LC, NSA; Weeks, *The Military and Politics*, p. 79.
58. Carta de la Cámara de Representantes a Bush, junio, 1991, DNSA.
59. Greathead, "The Long Road to Justice: A Report on the Letelier-Moffitt Case", septiembre, 1991, archivo Letelier-Moffitt (1991), casillero 28, LC, NSA.
60. Robert Pear, "Cuban Exile Pleads Guilty in the 1976 Bomb Slaying of Chilean Ambassador", *NYT*, 31 de julio, 1991, p. A14.
61. Citado en Patricia Bravo, "Ministro Bañados: Un juez silencioso", *La Tercera*, 31 de mayo, 1995, p. 37.
62. Citado en Greathead, "Long Road to Justice".
63. Alejandra Matus, "Ministro Bañados reabrió proceso por crimen de Orlando Letelier", *La Época*, 1 de agosto, 1991, p. 17.
64. Manuel Contreras, citado en Molina, "¡Ay de los vencidos!", p. D10.

65. "Así lo notificaron", *La Tercera*, 24 de septiembre, 1991, p. 4.
66. Fabiola Letelier, citada en Malcolm Coad, "Chilean Reopens Case of Exile's Murder", *The Guardian*, 2 de agosto, 1991.
67. Isabel Morel, entrevista del autor.
68. Manuel Contreras hijo, citado en "Hijo de'Mamo'acusa de persecución política", *La Tercera*, 24 de septiembre, 1991, p. 7.
69. Patricia Andrade, "Contreras se negó a ratificar declaración", *La Tercera*, 25 de septiembre, 1991, p. 8.
70. Juan Pablo Letelier, citado en Raquel Correa, "Ahora estoy en paz", p. D2.
71. Juan Pablo y Fabiola Letelier, citado en "Juan P. Letelier:'Se rompe mito Contreras'", *La Tercera*, 24 de septiembre, 1991, p. 7.
72. Sergio Baeza, citado en Nathaniel C. Nash, "Letelier Case at Critical Stage as Chile's Top Court Takes Over", *NYT*, 8 de noviembre, 1991, p. A11.
73. Fabiola Letelier, citada en Sara Isaac, "Old Murder Case Tests Chile Justice", *Orlando Sentinel*, 10 de noviembre, 1991, articles.orlandosentinel.com/1991-11-10/news/9111100168_1_letelier-espinoza-contreras.
74. Jaime Castillo, "Emoción familiar", *La Nación* (Santiago), 19 de noviembre, 1991, p. 7.
75. Irene Strodthoff, "Michael Moffitt:'EE.UU. debe pedir plena justicia'", *La Tercera*, 20 de noviembre, 1991, p. 6.
76. Adolfo Bañados, citado en José Ale, "Confirman encargatorias de reo a Contreras y Espinoza", *La Tercera*, 9 de noviembre, 1991, p. 6.
77. Jaime Castillo, "General Contreras no pudo ser prontuariado", *La Nación* (Santiago), 28 de noviembre, 1991, p. 3.
78. Jaime Castillo, "Segunda negativa de Contreras al fichaje", *La Nación* (Santiago), 29 de noviembre, 1991, p. 3.
79. "Protección policial para abogados de Contreras", *La Tercera*, 11 de enero, 1992, p. 4.
80. Malcolm Coad, "Chile Wants to Question Bush over Letelier Killing", *The Guardian*, 29 de enero, 1992, p. 8; F. P., "Pasaportes a un homicidio", *Ercilla*, 26 de mayo, 1995, pp. 20-22.
81. José Ale, "Bajo fuerte seguridad, parten interrogatorios en caso Letelier", *La Tercera*, 18 de febrero, 1993, p. 4.
82. Fabiola Letelier, citada en José Ale, "¡Amenazado de muerte el general (r) Contreras!", *La Tercera*, 20 de febrero, 1993, p. 9.
83. Manuel Contreras, citado en "No me arrepiento de nada", *La Tercera*, 26 de febrero, 1993, p. 4.
84. "Contreras daba las órdenes", *La Tercera*, 4 de febrero, 1993, pp. 4 y 5.
85. Manuel Contreras, citado en María Eugenia Oyarzún, "General Pinochet jamás me dio orden de asesinar a nadie", *La Tercera*, 22 de agosto, 1993, pp. 6-8.

86. Citado en William R. Long, "Missing Chilean Scientist Raises Ghost of Military Rule", *Los Angeles Times*, 19 de junio, 1993, p. VYA1.
87. Nathaniel C. Nash, "Spy Network Inflaming Uruguay-Chile Tension", *NYT*, 20 de julio, 1993, p. A7; Long, "Missing Chilean Scientist", p. VYA1.
88. Citado en Nash, "Spy Network", p. A7.
89. Long, "Missing Chilean Scientist", p. VYA1.
90. Fabiola Letelier, citada en Nash, "Spy Network", p. A7.
91. Fabiola Letelier, citada en Long, "Missing Chilean Scientist", p. VYA1.
92. "Chile: condenan a los asesinos del 'químico' de Pinochet", *El Comercio*, 12 de agosto, 2015, https://elcomercio.pe/mundo/latinoamerica/chile-condenan-asesinos-quimico-pinochet-194154.
93. Huneeus, *Chile, un país dividido*, p. 185.
94. Fabiola Letelier, citada en Nathaniel C. Nash, "Chile Refuses to Forget Crimes of Past", *NYT*, 26 de septiembre, 1993, p. E3.
95. Alejandra Matus, "Contreras y Espinoza, culpables de homicidio", *La Época*, 13 de noviembre, 1993, p. 12.
96. Fabiola Letelier, citada en Don Podesta, "Two Generals Convicted in Killing of Letelier", *The Washington Post*, 13 de noviembre, 1993, p. A19.
97. Malcolm Coad, "Eyewitness: Terror Chief Scorns Risk of Serving Time", *The Guardian*, 18 de noviembre, 1993, p. 15.
98. Manuel Contreras, citado en William R. Long, "Jail Sentences May Not Spell End of Chile's Letelier Case", *Los Angeles Times*, 19 de noviembre, 1993, p. A1.

CAPÍTULO 18

1. "Caso Letelier: Ampliado el período de relación privada", *El Mercurio*, 12 de enero, 1995, p. C9.
2. "Comienzan hoy en C. Suprema alegatos por el caso Letelier", *El Mercurio*, 25 de enero, 1995, pp. C1 y C6.
3. "El historial de los jueces de Contreras", *Qué Pasa*, 11 de febrero, 1995, pp. 14-17.
4. E. G., "Año nuevo en caso Letelier", *Ercilla*, 6 de enero, 1995, pp. 14 y 15.
5. Citado en "Querellante solicita nueva suspensión de Caso Letelier", *El Mercurio*, 5 de enero, 1995, p. C1.
6. "TVN y Chilevisión transmitirán en directo alegatos del caso Letelier", *El Mercurio*, 24 de enero, 1995, p. C11.
7. Entrevista a Peter Kornbluh.
8. "Caso Letelier: Comenzó la relación pública", *El Mercurio*, 24 de enero, 1995, p. C5.
9. E. G., "Alegatos en vivo", *Ercilla*, 27 de enero, 1995, p. 16.

10. Ibid, p. 18.
11. Juan Bustos, citado en "Los alegatos del Caso Letelier", *La Nación* (Santiago), 26-28 de enero, 1995.
12. Citado en Jorge Piña y Eugenio González, "Fallo 'a presión'", *Ercilla*, 28 de abril, 1995, p. 16.
13. Soledad Alvear, citada en "Aburto rechaza presiones a la Corte Suprema", *El Mercurio*, 28 de abril, 1995, pp. A1 y A16.
14. "PS: Campaña no se debe estimar ataque a FF.AA.", *El Mercurio*, 28 de abril, 1995, p. C2.
15. "Horas difíciles", *El Mercurio*, 30 de abril, 1995, pp. D1 y D4.
16. Citado en "Comandantes militares regresaron a unidades para mantener normalidad", *El Mercurio*, 28 de abril, 1995, p. C3.
17. Entrevista a Sergio Bitar.
18. Huneeus, *Chile, un país dividido*, p. 185.
19. Raúl Rojas, "Ejército acatará la sentencia", *La Tercera*, 25 de mayo, 1995, p. 5.
20. "Cardenal reiteró llamado a acatar fallo", *El Mercurio*, 28 de mayo, 1995, p. C1.
21. Eduardo Frei, citado en María José Errázuriz, "Frei estima que situación del país es de total orden", *El Mercurio*, 25 de mayo, 1995, pp. C1 y C4.
22. "Cardenal reiteró", p. C1.
23. Fabiola Letelier, citada en José Ale, "'Sus palabras son muy graves y constituyen una provocación y un llamado a la violencia", *La Tercera*, 29 de mayo, 1995, p. 6.
24. Natalia Pinilla y Hernán García, "Comandos en fundo de Contreras", *La Tercera*, 29 de mayo, 1995, p. 4; "Grupo especial castrense viajó a fundo de Contreras", *El Mercurio*, 29 de mayo, 1995, p. A1.
25. Citado en O'Shaughnessy, *The Politics of Torture*, p. 153.
26. "C. Suprema da a conocer fallo en caso Letelier", *El Mercurio*, 30 de mayo, 1995, p. A1.
27. Alexandra Gallegos, "Y punto final", *Ercilla*, 2 de junio, 1995, p. 10.
28. Citado en José Ale, "Cuarta Sala confirmó el dictamen", *La Tercera*, 31 de mayo, 1995, p. 18.
29. Eduardo Frei, citado en Gabriel Escobar, "Chilean Court Upholds Key Convictions; Generals in Letelier Case Now Face Prison Terms", *The Washington Post*, 31 de mayo, 1995, p. A21.
30. Juan Pablo Letelier, citado en Pamela Gutiérrez y Paola Sais, "La emoción de una familia", *La Tercera*, 31 de mayo, 1995, p. 22.
31. José Letelier, citado en Gabriel Escobar, "In Chile, Army Bows to Civil Justice", *The Washington Post*, 1 de junio, 1995, p. A16.
32. Isabel Morel de Letelier, entrevista del autor.
33. Fabiola Letelier, citada en Gallegos, "Y punto final", p. 11.

34. Citado en Calvin Sims, "Two in Chile Get Jail Terms in U.S. Killing", *NYT*, 31 de mayo, 1995, p. A13.
35. "Suprema ratificó condena contra Gral. (r) Contreras", *El Mercurio*, 31 de mayo, 1995, pp. A1 y A11; "Ahora tengo una tristeza perfecta", *La Tercera*, 1 de junio, 1995, p. 15.
36. Lucía Pinochet, citada en "'Le hieren lo que más quiere'", *La Tercera*, 2 de junio, 1995, p. 4.
37. "Cerrando viejas heridas" (editorial), *La Tercera*, 1 de junio, 1995, p. 3.
38. Citado en Eugenio González Z., "La obstinación de Contreras", *Ercilla*, 2 de junio, 1995, p. 15.
39. Sergio Miranda, citado en Gallegos, "Y punto final", p. 11.
40. Manuel Contreras, citado en Escobar, "Chilean Court", p. A21.
41. Citado en "No voy a ir a ninguna cárcel", *El Mercurio*, 31 de mayo, 1995, pp. A1 y A11; "Gobierno hará cumplir fallo en caso Letelier", *El Mercurio*, 1 de junio, 1995, p. A1.
42. Citado en "Gobierno no descarta que se utilice la fuerza", *El Mercurio*, 1 de junio, 1995, p. C3; "Allamand: 'Fallo de la Suprema debe ser acatado en plenitud'", *El Mercurio*, 1 de junio, 1995, p. C4. Véase también "Según dirigentes, Contreras debe acatar la sentencia", *El Mercurio*, 1 de junio, 1995, p. C4.
43. Manuel Contreras, citado en Eduardo Roseel y Samuel Mena, "Contreras quema todos sus cartuchos", *La Tercera*, 1 de junio, 1995, p. 4.
44. Manuel Contreras, citado en Calvin Sims, "Chilean Vows to Avoid Prison in Letelier Case", *NYT*, 1 de junio, 1995, p. A9.
45. Caricatura editorial, *El Mercurio*, 3 de junio, 1995, p. A3; De la Barra, caricatura editorial, *La Tercera*, 3 de junio, 1995, p. 4.
46. Augusto Pinochet, citado en Salazar, *Contreras*, p. 10.
47. Juan Pablo Letelier, citado en Raquel Correa, "Ahora estoy en paz", p. D2.
48. Rodolfo Arenas R. y Patricia Bravo, "Caso Letelier: Para los historiadores del futuro", *La Tercera*, 4 de junio, 1995, pp. 8 y 9.
49. Calvin Sims, "Justice Sought for Killings by Chile Army", *NYT*, 4 de junio, 1995, p. 9.
50. Noll Scott, "Court Upholds Sentence on Chilean Torture Chief", *The Guardian Weekly*, 11 de junio, 1995, p. 3.
51. Gabriel Escobar, "Chilean Vigil for Arrest of an Ex-General", *The Washington Post*, 13 de junio, 1995, p. A16.
52. Fabiola Letelier, citada en "Fabiola Letelier pide igualdad ante la ley,"La Tercera, 10 de junio, 1995, p. 7.
53. Juan Pablo Letelier, citado en "'Ningún chileno cree que está enfermo'", *La Tercera*, 14 de junio, 1995, p. 14.

54. Estas palabras querían decir típicamente "a despedirme de las filas", pero visto que Contreras ya estaba retirado, puede haber querido decir "a arrestarme" o "matarme". Apelación de Contreras a Corte Suprema de Chile, 23 de diciembre, 1997, archivo Contreras: Apelación de Sentencia, casillero 28, LC, NSA. Véase también "Salí del fundo para evitar enfrentamiento", *La Tercera*, 12 de junio, 1995, p. 6.
55. Raúl Rojas, "La trastienda del 'cúmplase'", *La Tercera*, 13 de junio, 1995, p. 18.
56. Manuel Contreras hijo, citado en "Hubo más de 100 disparos", *La Tercera*, 12 de junio, 1995, p. 7.
57. "El martes negro del gobierno", *Qué Pasa*, 17 de junio, 1995, pp. 16-20; Eduardo Sepúlveda, "Adiós a Fresia", *El Mercurio*, 18 de junio, 1995, p. D1; Salazar, *Contreras*, p. 11.
58. "El martes negro", pp. 16-20; John Kavanagh, "Army Flexes Muscles on Sentence for Murder of Key Pinochet Associate", *The Irish Times*, 17 de junio, 1995, p. 9.
59. Gabriel Escobar, "Chile's Civilian Rule Continues Six-Day Standoff with Pinochet-Led Military", *The Washington Post*, 19 de junio, 1995, p. A12.
60. Augusto Pinochet, citado en María Eugenia Oyarzún, "Pinochet: 'Proceso fue injusto'", *La Tercera*, 15 de junio, 1995, p. 4; "Pinochet Calls Court 'Unjust'", *NYT*, 16 de junio, 1995, p. A11.
61. Mauricio Carvallo, "Los días nerviosos", *El Mercurio*, 18 de junio, 1995, p. D2.
62. Entrevista a Claudio Fuentes.
63. Carvallo, "Los días nerviosos", p. D2.
64. Citado en Jonathan Friedland, "Pinochet's Comments Start Alarm Bells Ringing in Chile", *The Globe and Mail*, 20 de junio, 1995.
65. Paul Walder, "Nuestra Guerra del Golfo", *Hoy*, 19-25 de junio, 1995, p. 18.
66. Pedro Espinoza, citado en "Espinoza decidió no ir a la cárcel", *La Tercera*, 19 de junio, 1995, p. 4.
67. Juan Pablo Letelier, citado en "Chilean Officer Reports to Prison", *St. Petersburg Times*, 21 de junio, 1995, p. 2A.
68. "Primeros informes médicos establecen posibilidad de intervención a Contreras", *El Mercurio*, 22 de junio, 1995, p. C14.
69. "Postergan traslado final de General (r) Contreras", *El Mercurio*, 8 de julio, 1995, pp. C1 y C12.
70. Huneeus, *Chile, un país dividido*, pp. 185 y 187.
71. Esther Schrader, "Demon Lurks in Chile: The Once-Brutal Military Remains a Powerful Influence", *San José Mercury News*, 22 de agosto, 1995, p. 1A; Stern, *Reckoning with Pinochet*, p. 155.
72. Augusto Pinochet, citado en Tina Rosenberg, "Force Is Forever", pp. 44-46 y 49.
73. "Construirán cárcel especial para militares", *El Mercurio*, 6 de enero, 1995, pp. A1 y A16.

74. Roberto Muñoz Barra, "Punta Peuco", *La Tercera*, 21 de junio, 1995, p. 3.
75. "Encontradas reacciones por cárcel especial", *El Mercurio*, 6 de enero, 1995, p. A16; "Recintos para militares hay en todo el mundo", *El Mercurio*, 7 de enero, 1995, pp. A1 y A16.
76. Eduardo Gallardo, "General in Solitary as Chile Debates Imprisoning Pinochet's Henchmen", *Los Angeles Times*, 17 de septiembre, 1995.
77. Paulina Calleja N., "Así es la celda que ocupa el ex brigadier Espinoza", *La Tercera*, 21 de junio, 1995, p. 7.
78. "Gendarmería garantiza seguridad de presidio", *El Mercurio*, 21 de junio, 1995, p. C2.
79. Rodrigo Eitel, citado en Eduardo Gallardo, "Latin America Keeping General in New Jail Costly Business for Chileans", *The Globe and Mail*, 22 de agosto, 1995.
80. Rosenberg, "Force Is Forever", pp. 44-46 y 49.
81. Weeks, *The Military and Politics*, pp. 105 y 106.
82. Juan Andrés Guzmán, "Primeros minutos de Contreras en prisión", *La Tercera*, 21 de junio, 1995, p. 9. Véase también "El ultimo operativo", *Qué Pasa*, 28 de octubre, 1995, pp. 21 y 22.
83. Eduardo Frei, citado en William R. Long, "Chile Jails Former Chief of Secret Police", *Los Angeles Times*, 22 de octubre, 1995, p. A8.
84. "El episodio del año", *Ercilla*, 1 de enero, 1996, p. 21.
85. Citado en María Cristina Prudant, "'Nos sentimos contentos y en paz'", *La Tercera*, 22 de junio, 1995, p. 6.
86. Juan Pablo y Fabiola Letelier, citados en José Ale, "Abogados: Alegría y desencanto", *La Tercera*, 22 de junio, 1995, p. 14.

EPÍLOGO

1. Citado en Verónica Torres, "Punta Peuco IV: Las historias no contadas de familiares y presos", *CIPER*, 5 de febrero, 2012, ciperchile.cl/2012/05/02/punta-peuco-iv-las-historias-no-contadas-de-familiares-y-presos/.
2. Eugenio González Z., "Más sobresaltos para Contreras", *Ercilla*, 12 de mayo, 1995, pp. 18 y 19; E. G., "Disparos en Roma llegan a Chile", *Ercilla*, 17 de febrero, 1995, pp. 18 y 19; Kevin G. Hall, "Top Pinochet General Held, May Be Extradited to Italy", *Contra Costa Times*, 15 de marzo, 2000, p. A14.
3. Stern, *Reckoning with Pinochet*, p. 256.
4. "No Amnesty for Ex-Spy Chief", *Toronto Star*, 18 de noviembre, 2004, p. A15; Kornbluh, *Pinochet File*, p. 482.
5. Entrevista a Sergio Bitar; entrevista a Claudio Fuentes.
6. Collins, "Human Rights Trials", p. 75.

7. Citado en "La Dina tras las rejas", *La Nación* (Santiago), 29 de enero, 2005.
8. Dinges, *The Condor Years*, p. 259.
9. "Juan Cristóbal Peña desentraña vida de 'El Mamo' marcada por su infancia, Pinochet, Dios y la Dina", *El Mostrador* (Santiago), 8 de agosto, 2015, www.elmostrador.cl/noticias/pais/2015/08/08/juan-cristobal-pena-desentrana-vida-de-el-mamo-marcada-por-su-infancia-pinochet-dios-y-la-dina/.
10. Stern, *Reckoning with Pinochet*, p. 334.
11. "Chile: Ex-Secret Police Chief Guilty in Disappearance", *The Washington Post*, 18 de abril, 2008, p. A23.
12. "Condenan al 'Mamo' Contreras a otros 15 años de cárcel efectiva", *La Nación* (Santiago), 7 de octubre, 2011; Claudio Leiva Cortés, "General (r) Contreras está sentenciado a 239 años de cárcel", *La Nación* (Santiago), 23 de marzo, 2011.
13. Citado en Peña, "Manuel Contreras", p. 47.
14. Manuel Contreras, citado en Luis Andres Henao, "Led Pinochet's Secret Police in Chile", *The Washington Post*, 9 de agosto, 2015, p. C08.
15. "Juan Cristóbal Peña desentraña".
16. Manuel Contreras hijo, citado en Peña, "Manuel Contreras", pp. 53-55; "La boda más glamorosa el año: Mamo Contreras se casó con su ex secretaria de la Dina", *The Clinic*, 8 de septiembre, 2010, www.theclinic.cl/2010/09/08/la-boda-mas-glamorosa-el-ano-mamo-contreras-se-caso-con-la-que-era-su-secretaria-en-la-dina/.
17. Bonnefoy, "Manuel Contreras", p. 21.
18. Citado en "Chile Ex-Spymaster, Manuel Contreras, Dies at 86", *BBC*, 8 de agosto, 2015.
19. "Chile Celebrates Death of Ex-Spy Chief Manuel Contreras", *Latin Correspondent*, 10 de Agosto, 2015.
20. "Hijo de Manuel Contreras: 'Mi padre se fue protegido por su ejército'", *Soy Chile*, 14 de agosto, 2015, www.soychile.cl/Santiago/Sociedad/2015/08/14/340243/Hijo-de-Manuel-Contreras-Mi-padre-se-fue-protegido-por-su-Ejercito.aspx; "Chileans Cheer, Lament Death of Pinochet's Hated Secret Police Boss Manuel Contreras", *ABC Australia*, 8 de agosto, 2015, www.abc.net.au/news/2015-08-09/chileans-cheer-lament-death-of-secret-police-chief-contreras/6683548.
21. Pascale Bonnefoy, "Two Sentenced in Murders in Chile Coup", *NYT*, 28 de enero, 2015, p. A8.
22. Mine, "The Assassin Next Door"; memorándum de Barnes al secretario de Estado, Santiago, 12 de marzo, 1987, DNSA.
23. "Fernández Larios enfrenta impasible el juicio", *La Nación* (Santiago), 24 de septiembre, 2003.
24. "Fernández Larios: 'Fui solo un joven teniente'", *La Nación* (Santiago), 4 de octubre, 2003.

25. "Fernández Larios condenado en EE.UU.", *La Nación* (Santiago), 16 de octubre, 2003.
26. Centro de Justicia y Responsabilidades, "Cabello v. Fernandez Larios", sin fecha, www.cja.org/section.php?id=32 (acceso el 27 de noviembre, 2018).
27. Entrevista a Juan Gabriel Valdés.
28. "Argentina Seeking Murderer of Letelier in Another Killing", *NYT*, 19 de abril, 1983, p. A10; Stuart Taylor Jr., "Justice Dept. Aids Argentina in Bid to Extradite Assassin", *NYT*, 19 de mayo, 1983.
29. "U.S. Won't Extradite Figure in Letelier Case", *NYT*, 26 de julio, 1983, p. A11.
30. Joseph Lelyvelds, "Swedes Seek Palme Case Clue in '76 Assassination in U.S.", *NYT*, 9 de junio, 1986, p. A10.
31. Barnes al secretario de Estado, Santiago, 24 de junio, 1988, DOS 2015.
32. Mariana Callejas a Barnes, Santiago, 12 de septiembre, 1988, DOS 2015.
33. Callejas, *Siembra vientos*, pp. 159 y 168.
34. Jack Chang, "Downstairs from Her Glittering Chilean Salon, There Was a Torture Chamber", McClatchydc.com, 3 de agosto, 2008, www.mcclatchydc.com/news/nation-world/world/article24494053.html.
35. Manuel Hevia Frasquieri, "Guillermo Novo Sampol: ¡Yo no soy un terrorista!" *La Jiribilla*, 12-22 de abril, 2005, www.latinamericanstudies.org/belligerence/bill.htm.
36. Ileana Ros-Lehtinen, citada en Tristram Korten y Kirk Nielsen, "The Coddled 'Terrorists' of South Florida", *Salon.com*, 14 de enero, 2008, www.salon.com/2008/01/14/cuba_2/.
37. Dorfman, "Codename: CHILBOM".
38. Virgilio Paz, citado en Alex Vega, "Cuban Exile Apologizes for '76 Car Bombing", *Miami Herald Tribune*, 2 de agosto, 2001, p. 6B.
39. Citado en Zach Dorfman, "Codename: CHILBOM".
40. Véanse las entrevistas a Guillermo Novo, José Suárez y Virgilio Paz en latinamericanstudies.org.
41. José Suárez, citado en "INS Frees Second Cuban Exile Convicted in Fatal 1976 D.C. Bombing", *Naples Daily News*, 16 de agosto, 2001, www.latinamericanstudies.org/belligerence/dionisio-free.htm.
42. "Conspirator in '76 Letelier Assassination Released", *The Washington Post*, 16 de agosto, 2001, p. A13; "INS Frees 2nd Cuban Exile".
43. Janine Zeitlin, "Cuban Painters and Fugitives", *Miami New Times*, 1 de noviembre, 2007, www.miaminewtimes.com/news/cuban-painters-and-fugitives-6333356.
44. Guillermo Novo, citado en Tracey Eaton, "Guillermo Novo: Freedom Fighter or Lawbreaker?" *Along the Malecón*, 24 de junio, 2010, alongthemalecon.blogspot.com/2010/06/guillermo-novo-freedom-fighter-or.html.
45. McSherry, *Predatory States*, p. 161.

46. Glenn Kessler, "U.S. Denies Role in Cuban Exiles' Pardon; Panama Frees Four Convicted in Plot to Kill Castro", *The Washington Post*, 27 de agosto, 2004, p. A18.
47. Méndez, *Bajo las alas*, p. 106.
48. "'La Dina financió a Suárez'", *La Nación* (Santiago), 22 de abril, 1990, p. 14.
49. Mary McGrory, "A G-Man the Left Can Love", *The Washington Post*, 24 de septiembre, 1989, p. B1.
50. Robert Scherrer, citado en Adela Gooch, "Ex-Agent Vows Justice in Letelier Case", *The Washington Post*, 26 de septiembre, 1989, p. A16.
51. Dennis Hevesi, "E. Lawrence Barcella, Prosecutor of Terrorism Cases, Dies at 65", *NYT*, 17 de noviembre, 2010, www.nytimes.com/2010/11/18/us/18barcella.html.
52. Augusto Pinochet, citado en Katherine Ellison, "Pinochet Ends Rule over Chilean Army", *The Philadelphia Inquirer*, 11 de marzo, 1998, p. A02; Linda Diebel, "Clinging to Power", *Toronto Star*, 10 de febrero, 1998, p. A16.
53. Citado en Dinges, *The Condor Years*, pp. 35 y 36.
54. Murray Karpen, citado en David Adams, "For Pinochet's Victims, Closure Far from Certain", *St. Petersburg Times*, 21 de octubre, 1998, p. 1A.
55. Francisco Letelier, "Now the World Will Know the Truth", *Los Angeles Times*, 21 de octubre, 1998, articles.latimes.com/1998/oct/21/local/me-34692.
56. Katherine Ellison, "Pinochet Continues to Polarize Chile", *The Gazette* (Montreal), 26 de noviembre, 1998, p. B1.
57. E. Lawrence Barcella Jr., "A Look at... Pursuing Pinochet; The Case We Made, 22 Years Ago", *The Washington Post*, 6 de diciembre, 1998, p. C03; George Miller, "U.S. Should Investigate Gen. Pinochet's Role in U.S. Assassination", Congreso de EE.UU., 105° Cong., 2a sesión, Archivo del Congreso 144, parte 7 (22 de mayo, 1998): 10720.
58. Citado en Saul Landau, introducción al folleto TNI/IPS, sin fecha, casillero 249, TI, IISH. Véase también "'La Dina financió a Suárez'", p. 14; y discurso de Isabel Morel, Argelia, enero, 1978, archivo 37, casillero 52, IPS, WHS.
59. Citado en Barcella, "A Look At", p. C03.
60. Manuel Contreras hijo, citado en Eduardo Olivares, "Ally Accuses Pinochet in Murder Case", *The Guardian Weekly*, 15 de marzo, 1998, p. 13.
61. Augusto Pinochet, citado en Dominic Lawson, "An Audience with the General", *The Sydney Morning Herald*, 14 de agosto, 1999, p. 44.
62. Al Goodman, "Judge Lays Out Pinochet Case in Full Detail", *NYT*, 11 de diciembre, 1998, p. A11.
63. Fabiola Letelier, citada en Duncan Campbell, "Coup Ghosts Await Pinochet's Return", *The Observer*, 23 de enero, 2000, p. 23.
64. Citado en Kornbluh, *Pinochet File*, p. 462.

65. Funcionarios y Carey del FBI, citados en Vernon Loeb y David A. Vise, "U.S. Probe of Pinochet Reopened", *The Washington Post,* 23 de marzo, 2000, p. A01.
66. Jan McGirk, "U.S. Pursues Pinochet for Plot to Murder Diplomat", *The Independent* (Londres), 24 de marzo, 2000, p. 17.
67. Vernon Loeb, "Documents Link Chile's Pinochet to Letelier Murder", *The Washington Post,* 14 de noviembre, 2000, p. A16.
68. Vernon Loeb y David A. Vise, "Pinochet Probers Tout New Evidence", *The Washington Post,* 28 de mayo, 2000, p. A01; Larry Rohter, "Chile Seeks U.S. Files on 1976 Assassination", *NYT,* 21 de septiembre, 2006, p. A6; Kevin G. Hall, "Relatives Don't Rest after Death of Pinochet", *Contra Costa Times,* 12 de diciembre, 2006, p. F4.
69. Clifford Kraus, "Chilean Military Faced Reckoning for Its Dark Past", *NYT,* 3 de octubre, 1999.
70. Alexander Wilde, "A Season of Memory: Human Rights in Chile's Long Transition", pp. 34 y 44, y Elizabeth Lira y Brian Loveman, "Torture as Public Policy: 1810-2010", p. 118, ambos en Collins *et al., The Politics of Memory.*
71. Dinges, *The Condor Years,* p. 256.
72. Cath Collins, "The Politics of Prosecutions", en Collins *et al., The Politics of Memory,* p. 61.
73. Carlos Huneeus y Sebastián Ibarra, "The Memory of the Pinochet Regime in Public Opinion", en Collins *et al., The Politics of Memory,* p. 204; Kathleen Day y Pascale Bonnefoy, "New Spotlight on Pinochet", *The Washington Post,* 26 de Agosto, 2004, p. E01; Larry Rohter, "Pinochet Entangled in Web of Inquiries", *NYT,* 7 de febrero, 2005, p. A7.
74. Entrevista a Sarah Anderson, Directora del Programa del IPS.
75. Timothy L. O'Brien y Larry Rohter, "The Pinochet Money Trail", *NYT,* 12 de diciembre, 2004, sec. 3, col. 5, p. 1.
76. Manuel Contreras, citado en "Duelo histórico en Lo Curro", *La Nación* (Santiago), 20 de noviembre, 2005.
77. Manuel Contreras, citado en Héctor Tobar y Eva Vergara, "Chile's Ex-Spy Chief Details 580 Political Killings", *Los Angeles Times,* 14 de mayo, 2005.
78. Larry Rohter, "Former Aide Says Pinochet and a Son Dealt in Drugs", *NYT,* 11 de julio, 2006, p. A3.
79. Manuel Contreras, citado en "La última traición del'Mamo'", *La Nación* (Santiago), 2 de diciembre, 2007.
80. Isabel Morel, citada en Childress, *Augusto Pinochet's Chile,* p. 141.
81. Entrevista a Sarah Anderson.
82. Augusto Pinochet, citado en Monte Reel y J. Y. Smith, "A Chilean Dictator's Dark Legacy", *The Washington Post,* 11 de diciembre, 2006, p. A01.
83. Kevin G. Hall, "Relatives Don't Rest", p. F4.

84. Augusto Pinochet, citado en Lawson, "An Audience with the General", p. 44.
85. Murray Karpen, "A State Terrorist, Still at Large", *The Washington Post*, 12 de enero, 2002, p. A21.
86. Michael A. Karpen, "The Searing Pain of Chile's Past", *NYT*, 15 de enero, 2000, p. A16.
87. "Chile: Court Orders Inquiry into 1976 Killing of American", *NYT*, 20 de junio, 2012, p. A6.
88. Esta historia me fue referida de oídas.
89. Un ejemplo de ello es Francisco Letelier a Obama, 5 de diciembre, 2014, reproducido en "Son of Victim of Terrorism Asks Obama to Free the Cuban 5", *CubaSí*, 3 de diciembre, 2014.
90. Tom Hayden, "An Exiled Son"; Elisa Fernández, "Hay que llevar el arte a los abandonados", *La Nación* (Santiago), 11 de agosto, 2006.
91. David Montgomery, "A Car Bomb Killed Orlando Letelier on Embassy Row 40 Years Ago. A Mural by His Son Marks the Tragedy and the Progress It Inspired", *The Washington Post*, 18 de septiembre, 2016, www.washingtonpost.com/news/arts-and-entertainment/wp/2016/09/18/a-car-bomb-killed-orlando-letelier-on-embassy-row-40-years-ago-a-mural-by-his-son-marks-the-tragedy-and-the-progress-it-inspired/?postshare=3681474227603641andtid=ss_mail.
92. Hayden, "An Exiled Son".
93. Susan Ferriss, "Pinochet Misses Clinton's Address; President Praises Democratic Reforms", *The Atlanta Journal-Constitution*, 18 de abril, 1998, p. 01B.
94. Larry Rohter, "World Briefing: Americas: Chile: Lawmaker Detained", *NYT*, 23 de mayo, 2003, www.nytimes.com/2003/05/23/world/world-briefing-americas-chile-lawmaker-detained.html; entrevista a Francisco Letelier.
95. Francisco Letelier, citado en Michael Laris, "A Chilean and American Monument to Pinochet Bombing Victims Rises in Washington", *The Washington Post*, 25 de febrero, 2018, www.washingtonpost.com/local/a-chilean-and-american-monument-to-pinochet-bombing-victims-rises-in-washington/2018/02/25/145462da-la4c-11e8–9de1–147dd2df3829_story.html?utm_term=.ac93259841db.
96. John Dinges, citado en Zach Dorfman, "Codename: CHILBOM".
97. Collins, "Chile a más de dos décadas", p. 82; Collins, "Human Rights Defense", p. 133.
98. Collins, "Human Rights Trials", p. 74.
99. Entrevista a Juan Gabriel Valdés.
100. Isabel Morel de Letelier, entrevista del autor.
101. Entrevista a Francisco Letelier.
102. Corte de Apelaciones del Segundo Circuito, EE.UU., citado en Doyle, "Creative Justice", p. 12.

103. Eugene Propper y Carter Cornick, citados en De Young *et al.*, "This Was Not an Accident. This Was a Bomb", *The Washington Post,* 20 de septiembre, 2016, www.washingtonpost.com/sf/national/2016/09/20/this-was-not-an-accident-this-was-a-bomb/?utm_term=.57984422ebde.
104. L. Carter Cornick, "Chilbom", *The Grapevine,* agosto, 2016, pp. 11–16, https://cdn.ymaws.com/www.socxfbi.org/resource/resmgr/history_committee_articles/Chilbom.pdf.
105. Carter Cornick, citado en "La Dina financió a Suárez", p. 16.
106. John Hanrahan, "The New Import: Terror", *Chicago Tribune,* 3 de julio, 1977, "Perspective" section, p. 1.
107. Ley contra el terrorismo y pena de muerte efectiva, Pub. L. 104-132, 110 Stat. 1214, sec. 221(a)(1)(A).
108. Entrevista a Sergio Bitar.
109. Entrevista a Robert Steven, ADST.

BIBLIOGRAFÍA

ARCHIVOS

Chile
Archivo Nacional de la Administración, Santiago
Archivo General Histórico, Ministerio de Relaciones Exteriores, Santiago
Fondo Orlando Letelier

Países Bajos
Instituto Internacional de Historia Social, Ámsterdam
Archivos del Instituto Transnacional

Estados Unidos
Archivos de la Hoover Institution, Stanford, California
Comentario radial de Ronald Reagan
Documentación de Abraham D. Sofaer
Documentación de George W. Landau
Documentación de Hernán Cubillos Sallato
Archivo de Seguridad Nacional, Washington D.C.
Colección Letelier
Sociedad Histórica de Wisconsin, Madison, Wisconsin
Archivos del Instituto de Estudios Políticos

COLECCIONES DIGITALES Y ARCHIVOS GUBERNAMENTALES PUBLICADOS

Archivo del Congreso
Departamento de Estado, Desclasificación adicional: Proyecto de desclasificación sobre Chile, 2015
Departamento de Estado, Desclasificación adicional: Proyecto de desclasificación sobre Chile, 2016

Colección del Archivo Digital de Seguridad Nacional, Chile y Estados Unidos: Política de EE.UU. hacia las democracias, dictaduras y en derechos humanos, 1970-1990, Archivo de Seguridad Nacional, Washington D.C.

Latinamericanstudies.org

RELATOS ORALES OBTENIDOS POR EL AUTOR

Anderson, Sarah, Washington D.C., 19 de junio, 2017

Bitar, Sergio, Santiago, Chile, 18 de julio, 2017

Cavanaugh, John, Washington D.C., 19 de junio, 2017

De la Cova, Antonio, comunicación vía correo electrónico, 13 de diciembre, 2018

Dove, Fiona, Ámsterdam, Países Bajos, 17 de enero, 2017

Fuentes, Claudio, Santiago, Chile, 27 de julio, 2017

Kornbluh, Peter, Washington D.C., 22 de septiembre, 2015

Letelier, Cristián, Venice, California, 8 de mayo, 2017

Letelier, Francisco, Venice, California, 8 de mayo, 2017

Morel, Isabel, Santiago, Chile, 19 de julio, 2017

Teunissen, Jan Joost, comunicación vía correo electrónico, 2 de mayo, 2017

Valdés, embajador Juan Gabriel, Washington D.C., 13 de junio, 2017

RELATOS ORALES DE LA SOCIEDAD DE ESTUDIOS Y FORMACIÓN DIPLOMÁTICA

Boyatt, embajador Thomas D., entrevistado por Charles Stuart Kennedy, 8 de marzo, 1990

Bushnell, John, entrevistado por John Harter,19 de diciembre, 1997

Crimmins, embajador John Hugh, entrevistado por Ashley C. Hewitt Jr., 10 de mayo, 1979

Gillespie, embajador Charles Anthony Jr., entrevistado por Charles Stuart Kennedy, 19 de septiembre, 1995

Grover, Charles W., entrevistado por Henry Ryan, 2 de noviembre, 1990

Jones, George F., entrevistado por Charles Stuart Kennedy, 6 de agosto, 1996

Landau, embajador George W., entrevistado por Arthur Day, 11 de marzo, 1991

Ryan, embajador Hewson, entrevistado por Richard Nethercut, 27 de abril, 1988

Steven, Robert, entrevistado por Charles Stuart Kennedy, 3 de agosto, 2001

RELATOS ORALES DE ANTONIO DE LA COVA

Todos los relatos orales disponibles en latinamericanstudies.org.

Novo Sampol, Guillermo, 1 de enero, 2005, 23 de diciembre, 2006 y 11 de julio, 2010

Paz, Virgilio, 28 de diciembre, 2004

Suárez, José Dionisio, 19 de diciembre, 2005 y 26 de diciembre, 2006

MEDIOS DE COMUNICACIÓN

ABC Australia
ABC (España)
Along the Malecón
American Diplomacy
Areíto
Asheville Times
Associated Press
Atavist Magazine
Baltimore Evening Sun
Baltimore News-American
BBC
Bohemia
Caras (Santiago)
Chicago Tribune
Chile Newsletter
CIPER (Centro de Investigación Periodística)
CNN
Contra Costa Times
Counterpunch
CubaSí
El Caimán (Nueva Jersey)
El Comercio
El Diario (Lima)
El Mercurio (Santiago)
El Mostrador (Santiago)
El Socialista (Madrid)
Ercilla (Santiago)
Grand Rapids Press
Harper's
Hoy (Santiago)
Hudson Dispatch (Union City, Nueva Jersey)
Human Events
Inquiry
In These Times
Jersey Journal
Jewish Telegraphic Agency
Journal of Commerce
La Época (Santiago)
La Jiribilla (La Habana)
La Nación (Buenos Aires)
La Nación (Santiago)
La Segunda (Santiago)
La Tercera / La Tercera de la Hora (Santiago)

Las Últimas Noticias (Santiago)
Latin Correspondent
Latinamerica Press (Lima)
Legal Times
Le Matin (París)
Le Monde (París)
Los Angeles Times
McClatchydc.com
Miami Herald / Miami Herald Tribune
Miami New Times
Monthly Review
Mother Jones
Naples Daily News
Nation
Newsweek
New Times
New York
Orlando Sentinel
Ottawa Citizen
Penthouse
Playboy
Progressive
Qué Pasa (Chile)
Revista Paloma (Chile)
Sacramento Bee
Salon.com
San José Mercury News
Soy Chile
States News Service
St. Petersburg Times
The Atlanta Journal-Constitution
The Clinic
The Daily World
The Gazette (Montreal)
The Globe and Mail (Toronto)
The Grapevine
The Guardian (Londres)
The Guardian Weekly
The Hamilton Spectator
The Independent (Londres)
The Irish Times
The New York Times
The New York Times Sunday Magazine
The Observer
The Philadelphia Inquirer
The Sydney Morning Herald
The Washington Post
The Washington Post Magazine
The Washington Star / The Washington Star-News
Toronto Star
UPI
Village Voice
Washington City Paper
Washington Jewish Week

LIBROS, ARTÍCULOS PERIODÍSTICOS Y TESIS

Andrew, Christopher y Vasili Mitrojin. *The World Was Going Our Way: The KGB and the Battle for the Third World*. Nueva York: Basic Books, 2005.
Bitar, Sergio. *Dawson Isla 10*. 13ª ed. Santiago: Pehuén, 2011; ed. orig. 1987.
Branch, Taylor y Eugene M. Propper. *Labyrinth*. Nueva York: Penguin, 1982.
Briones, Álvaro. *Ideología del fascismo dependiente*. México: Editorial Edicol, 1978.

Callejas, Mariana. *Siembra vientos: Memorias*. Santiago: Ediciones ChileAmérica CESOC, 1995.

Cavallo, Ascanio, Manuel Salazar Saldo y Óscar Sepúlveda Pacheco. *La historia oculta del régimen militar: Chile 1973-1988*. Santiago: Grijalbo, 1997.

Childress, Diana. *Augusto Pinochet's Chile*. Minneapolis, Minnesota: Twenty-First Century Books, 2009.

Cmiel, Kenneth. "The Emergence of Human Rights Politics in the United States". *Journal of American History* 86, N° 3 (diciembre, 1999): pp. 1231-1250.

Collins, Cath. "Chile a más de dos décadas de justicia de transición". *Revista de Ciencia Política* 51, N° 2 (2013): pp. 79-113.

———. "Human Rights Defense in and through the Courts in (Post) Pinochet Chile". *Radical History Review* 2016, N° 124 (enero, 2016): pp. 129-140.

———. "Human Rights Trials in Chile during and after the 'Pinochet Years'". *International Journal of Transitional Justice* 4, N° 1 (marzo, 2010): pp. 67-86.

Collins, Cath, Katherine Hite y Alfredo Joignant, comp. *The Politics of Memory in Chile: From Pinochet to Bachelet*. Boulder, Colo.: First Forum Press, 2013.

Comité sobre operaciones gubernamentales, Cámara de Representantes de EE.UU. *Alleged Violations of U.S. Aviation Laws and Regulations by LAN Chile Airlines*. Informe de la Cámara 720. Washington D.C.: Oficina de publicaciones del gobierno de EE.UU., 1980.

Contreras Sepúlveda, Manuel. *La verdad histórica: El ejército guerrillero*. Santiago: Ediciones Encina, 2000.

Del Solar, Edmundo. *Orlando Letelier: Biographical Notes and Comments*. Traducido por Caridad Inda y María del Solar. Nueva York: Vantage Press, 1978.

Díaz Nieva, José. *Patria y Libertad: La vanguardia juvenil contra Allende*. Madrid: Ediciones Barbarroja, 2013.

Didion, Joan. *Vintage Didion*. Nueva York: Vintage Books, 2004.

Dinges, John. *The Condor Years: How Pinochet and His Allies Brought Terrorism to Three Continents*. Nueva York: New Press, 2004.

Dinges, John y Saul Landau. *Assassination on Embassy Row*. Nueva York: Pantheon Books, 1980.

Dos Santos, Theotonio. *Socialismo o fascismo: El nuevo carácter de la dependencia y el dilema latinoamericano*. Santiago: Editorial Edicol, 1978.

Doyle, Kate. "Creative Justice". *NACLA Report on the Americas* 49, N° 1 (2017): pp. 11-14.

Encinosa, Enrique. *Unvanquished: Cuba's Resistance to Fidel Castro*. Los Angeles: Pureplay Press, 2004.

Ercilla. *Caso Letelier: El crimen que estremeció al mundo*. Santiago: Ercilla, 1991.

Etchepare, Jaime Antonio y Hamish I. Stewart. "Nazism in Chile: A Particular Type of Fascism in South America". *Journal of Contemporary History* 30, N° 4 (octubre, 1995): pp. 577-605.

Freed, Donald y Fred Simon Landis. *Death in Washington: The Murder of Orlando Letelier*. Westport, Connecticut: Lawrence Hill, 1980.

Fuentes Wendling, Manuel. *Memorias secretas de Patria y Libertad y algunas confesiones sobre la Guerra Fría en Chile*. Santiago: Editorial Grijalbo, 1999.

González-Pando, Miguel. *The Cuban Americans*. Westport, Connecticut: Greenwood Press, 1998.

Harmer, Tanya. *Allende's Chile and the Inter-American Cold War*. Chapel Hill: University of North Carolina Press, 2011.

Huneeus, Carlos. *Chile, un país dividido: La actualidad del pasado*. Santiago: Catalonia, 2003.

Informe de la Comisión Nacional de Verdad y Reconciliación (Informe Rettig). Notre Dame, Indiana: University of Notre Dame Press, 1993.

Kami, Hideaki. "Diplomacy and Human Migration: A History of U.S. Relations with Cuba during the Late Cold War". Tesis de doctorado, Ohio State University, 2015.

Kelly, Patrick William. *Sovereign Emergencies: Latin America and the Making of Global Human Rights Politics*. Cambridge: Cambridge University Press, 2018.

Keys, Barbara. *Reclaiming American Virtue: The Human Rights Revolution of the 1970s*. Cambridge, Massachusetts: Harvard University Press, 2014.

Kornbluh, Peter. *The Pinochet File: A Declassified Dossier on Atrocity and Accountability*. Nueva York: New Press, 2003.

Letelier, Fabiola. "I Think I Have Struggled in People's Real Interests. So I Am Content, Even If I Don't Live to See the Final Victory". *NACLA Report on the Americas* 20, N° 5 (septiembre-diciembre, 1986): pp. 51-55.

Letelier, Orlando. *Chile: Economic "Freedom" and Political Repression*. Londres: Institute of Race Relations, 1976.

Letelier, Orlando y Michael Moffitt. *The International Economic Order*. Washington D.C.: Instituto Transnacional, 1977.

McSherry, Patrice. *Predatory States: Operation Condor and Covert War in Latin America*. Lanham, Md.: Rowman and Littlefield, 2005.

———."Tracking the Origins of a State Terror Network: Operation Condor." *Latin American Perspectives* 29 (enero, 2002): pp. 38-60.

Méndez, José Luis. *Bajo las alas del CONDOR*. Buenos Aries: Cartago Ediciones, 2006.

———. *Los años del terror (1974-1976): Una historia no revelada*. La Habana: Editorial de Ciencias Sociales, 2006.

———. *Los cuervos del imperio: Terrorismo desde Estados Unidos contra Cuba*. La Habana: Editora Política, 2003.

Morley, Morris H. y Chris McGillion. *Reagan and Pinochet: The Struggle over U.S. Policy toward Chile*. New York: Cambridge University Press, 2015.

Mount, Graeme S. *Chile and the Nazis: From Hitler to Pinochet*. Montreal: Black Rose Books, 2002.

Naftali, Timothy. *Blind Spot: The Secret History of American Counterterrorism*. Nueva York: Basic Books, 2005.

Oppenheim, Lois Hecht. *Politics in Chile: Democracy, Authoritarianism, and the Search for Development*. Boulder, Colorado: Westview Press, 1993.

O'Shaughnessy, Hugh. Pinochet: *The Politics of Torture*. Nueva York: New York University Press, 2000.

Oyarzún, María Eugenia. *Augusto Pinochet: Diálogos con su historia. Conversaciones inéditas*. Santiago: Ediciones Sudamericana, 1999.

Peña, Juan Cristóbal."Manuel Contreras, 'El Mamo'". En *Los malos*, editado por Guerriero, Leila, pp. 17-55. Santiago: Universidad Diego Portales, 2015.

Phillips, Dion E."Terrorism and Security in the Caribbean: The 1976 Cubana Disaster off Barbados". *Studies in Conflict and Terrorism* 14, N° 4 (1991): pp. 209-219.

Pierce, Andrew Bell."Miami's Municipal Diplomacy: Applying an Evaluation Model to the Foreign Affairs Activities of a Transnational City". Tesis de doctorado, Universidad de Miami, 2004.

Pollack, Marcelo. *The New Right in Chile, 1973-97*. Nueva York: St. Martin's Press, 1999.

Prieto, Yolanda. *The Cubans of Union City: Immigrants and Exiles in a New Jersey Community*. Filadelfia: Temple University Press, 2009.

Renouard, Joe. *Human Rights in American Foreign Policy: From the 1960s to the Soviet Collapse*. Filadelfia: University of Pennsylvania Press, 2016.

Rodríguez Castañeda, Rafael. *El asesinato de Orlando Letelier*. México: Proceso, 1979.

Salazar Salvo, Manuel. *Contreras: Historia de un intocable*. Santiago: Grijalbo, 1995.

———. *Roberto Thieme: El rebelde de Patria y Libertad*. Santiago: Editorial Mare Nostrum, 2007.

Schoultz, Lars. *Human Rights and United States Policy toward Latin America*. Princeton, Nueva Jersey: Princeton University Press, 1981.

Sikkink, Kathryn. *Mixed Signals: U.S. Human Rights Policy and Latin America*. Ithaca, Nueva York: Cornell University Press, 2004.

Stern, Steve J. *Battling for Hearts and Minds: Memory Struggles in Pinochet's Chile, 1973-1988*. Durham, Carolina del Norte: Duke University Press, 2006.

———. *Reckoning with Pinochet: The Memory Question in Democratic Chile, 1989-2006*. Durham, Carolina del Norte: Duke University Press, 2010.

Talbot, David. *The Devil's Chessboard: Allen Dulles, the CIA, and the Rise of America's Secret Government*. Nueva York: HarperCollins, 2015.

Varas, Florencia y Claudio Orrego. *El caso Letelier*. Santiago: Editorial Aconcagua Colección Lautaro, 1979.

Vial, Gonzalo. *Pinochet: La biografía*. Santiago: El Mercurio, 2002.

Viñas, David. *Qué es el fascismo en Latinoamérica*. Barcelona: La Gaya Ciencia, 1977.

Volk, Steven S."The Politics of Memory and the Memory of Politics". *NACLA Report on the Americas* 46, N° 3 (2013): pp. 18-22.

Weeks, Greg. *The Military and Politics in Postauthoritarian Chile*. Tuscaloosa: University of Alabama Press, 2003.

Weld, Kirsten."The Spanish Civil War and the Construction of a Counterrevolutionary Historical Consciousness in Pinochet's Chile".

Ponencia presentada en la conferencia de la American Historical Association, Denver, Colorado, 7 de enero, 2017.

ÍNDICE ONOMÁSTICO

M

ANEXO

Fotografías y documentos

Orlando Letelier (1932-1976).

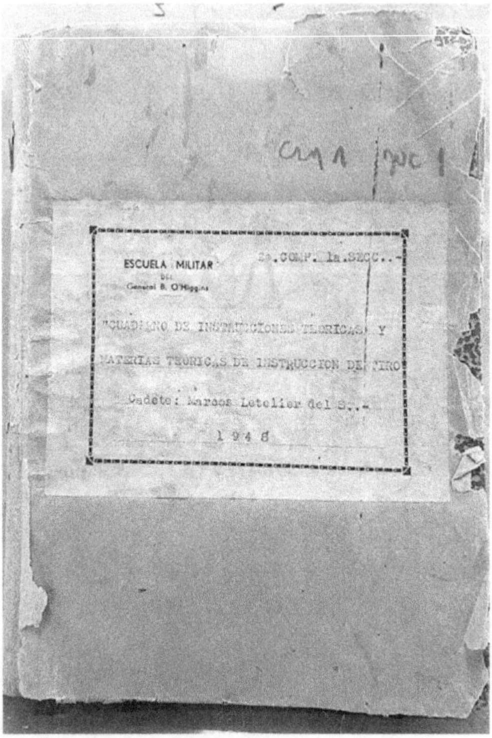

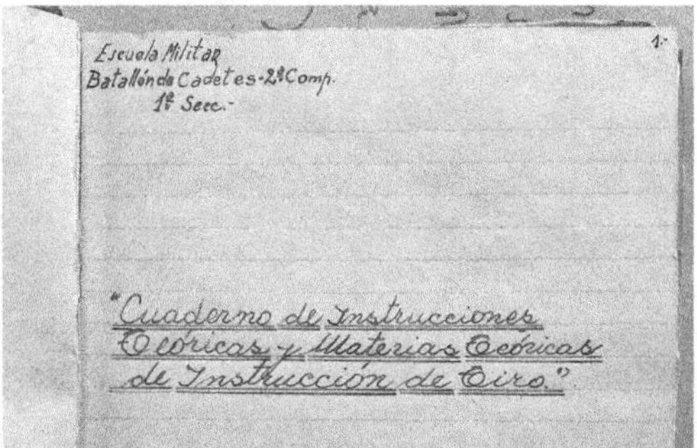

Cuaderno de Orlando Letelier cuando era cadete de la Escuela Militar, 1948.

Orlando Letelier e Isabel Morel (ambos en primer plano) se conocieron cuando estudiaban en la universidad. Una de sus primeras pasiones compartidas fue la música.

Letelier y Morel se casaron en 1955, cuando los dos tenían 23 años.

Orlando Letelier junto a dos amigos. A su derecha el compositor Jaime Atria. La dedicatoria dice: "Orlando: te enviamos tu última pose en Chile en la que demuestras estás *crack*".

El 11 de septiembre de 1973, Orlando Letelier llegó a trabajar al Ministerio de Defensa, cartera que encabezaba. Ahí fue detenido y trasladado a un regimiento en la zona centro-sur de Santiago.

Letelier estuvo en el campo de prisioneros de Isla Dawson, donde también fueron confinados otros ministros y colabores de Allende, tales como Aniceto Rodríguez, Clodomiro Almeyda, Aníbal Palma, Osvaldo Puccio, Carlos "Negro" Jorquera, José Tohá y Miguel Lawner.

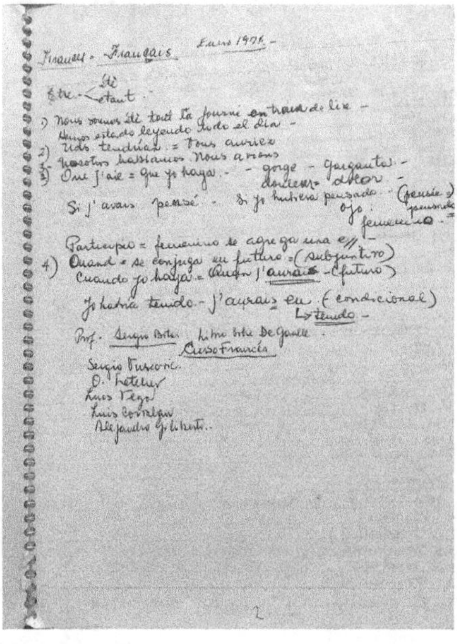

Cuaderno de Orlando Letelier durante su detención en isla Dawson, 1974. Aquí registró sus apuntes del curso de francés que dictaba su compañero de presidio Sergio Bitar. Otros alumnos fueron Sergio Vuskovic, Luis Vega, Luis Corvalán y Alejandro Jiliberto.

El 11 de septiembre de 1974 la Junta Militar chilena autorizó la salida de Orlando Letelier hacia Venezuela, gracias a las gestiones del gobernador de Caracas, Diego Arria. Su mano izquierda se recuperaba de una quebradura que sufrió en Dawson.

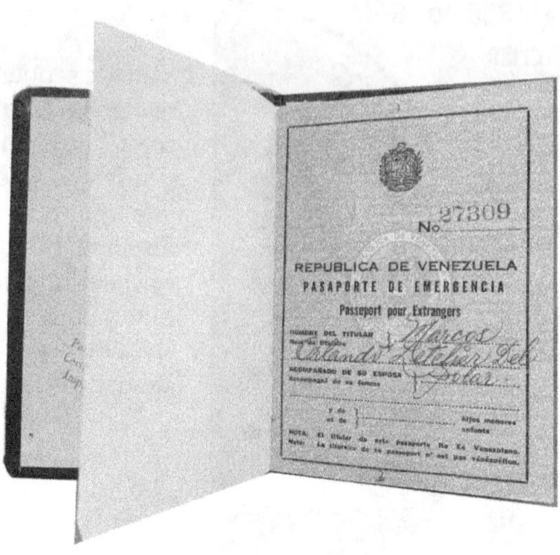

Letelier fue expulsado de Chile y se le prohibió ingresar al país. Salió con un salvoconducto, por lo que Venezuela le entregó un pasaporte de emergencia.

En reunión en Washington. A su izquierda está Juan Somavía; atrás, a la derecha, Fernando Reyes Matta.

El 10 de septiembre de 1976 se realizó un acto de solidaridad con Chile en el Madison Square Garden de Nueva York. Letelier pronunció un apasionado discurso. El agente de la Dina, Michael Townley, estaba en Manhattan y vio el anuncio en la calle, once días antes del atentado en Sheridan Circle.

Institute for Policy Studies
1520 New Hampshire Avenue N.W. Washington, D.C. 20036
1901 Que Street, N.W. Washington, D.C. 20009

(202) ADams 4-9382

Sra. Tencha Allende
Calle Morena 213, Dpto. 201
Colonia del Valle, Mexico D.F.

14 de Mayo, 1975

Mi querida Tencha:

Te incluyo copia de una carta que dirijé a Pedro Vúscovic. Como recordarás, durante tu visita a Washington conversamos sobre el viaje de la Comisión de Derechos Humanos de N.U. a Chile, y tú me contaste lo que ya habías hecho en este sentido, particularmente de tu carta a Felix Ermacora. Como podrás ver, Yo he seguido trabajando en este asunto y he tenido varios contactos con Francesc Vendrell, quien actuará como Secretario de la Comisión. Creo que es útil que tú le hagas ver a los compañeros de Mexico, la importancia que tiene el enviarle oportunamente a Vendrell toda la información de que dispongamos sobre violaciones a los Derechos Humanos en Chile. Debo decirte que Vendrell está en una excelente posición y que puede ser de extraordinária ayuda para nosotros. Obviamente yo ya le he suministrado bastante material, pero pienso que todo lo que se le pueda hacer llegar desde México será muy útil.

He conversado con Vendrell acerca de la posibilidad de que la Comisión, ya sea en su viaje hacia Chile o a su regreso, desde allí, vaya a México donde podría recibir testimonio de un buen número de chilenos que allí se encuentran, y que han sido objeto de violaciones en sus Derechos Humanos, por parte de la Junta. Oportunamente te avisare sobre esta eventual visita, a la que me imagino que el Gobierno Mexicano no pondría objeciones.

Por problemas que me surgieron a último momento

3

Correspondencia privada de Orlando Letelier que da cuenta de su compromiso activo por la defensa de los derechos humanos y recuperación de la democracia en Chile.

Ronni Moffitt (1951-1976).

Michael Moffitt, Isabel Morel y Fabiola Letelier, en el funeral de Orlando Letelier en Washington D.C.

Funeral de Orlando Letelier en Caracas, Venezuela. Aniceto Rodríguez, Anselmo Sule y Jaime Tohá, entre otros, cargan el ataúd.

Michael Moffitt e Isabel Letelier en Sheridan Circle. (Foto: Miguel Sayago).

Eugene Propper, fiscal estadounidense investigando el caso en Chile, 1978.

Robert Scherrer, figura indispensable en la investigación. Trabajó estrechamente con el fiscal Propper.
(Foto: Miguel Sayago).

CONSPIRAC[illegible]O MANUFACTURE UNLAWF[illegible] EXPLOSIVES;
CONSP[illegible]RACY TO MURDER A FOREIG[illegible] OFFICIAL

Entered
NCIC
I. O. 4800
6-1-78

WANTED BY FBI

VIRGILIO PABLO PAZ Y ROMERO

FBI No. 626,118 L9
4 I U 11
1 aUa

ALIASES: Alejandro Bontempi, Virgil Paz, Virgilio Paz, Virgilio P. Paz, Virgilio Pablo Paz, Virgil Romero, Virgilio Romero, Virgilio Paz Romero, Virgilio P. Paz-Romero, "Javier," "Romero"

NCIC: 0409070911AA07AA0410

Photograph taken 1976 — Photograph taken 1977 — Photograph retouched

Virgilio Paz Romero

DESCRIPTION

AGE: 26, born November 20, 1951, Santa Clara, Las Villas, Cuba (not supported by birth records)
HEIGHT: 5'7" to 5'9" — EYES: brown
WEIGHT: 150 to 185 pounds — COMPLEXION: light
BUILD: medium — RACE: white
HAIR: brown — NATIONALITY: Cuban
OCCUPATIONS: clerk, truck driver, used car salesman
REMARKS: may be wearing beard and/or mustache or clean shaven.
SOCIAL SECURITY NUMBERS USED: 140-44-9630; 071-36-2803

CAUTION

VIRGILIO PABLO PAZ ROMERO AND JOSE DIONISIO SUAREZ ESQUIVEL, IDENTIFICATION ORDER NO. 4799, MEMBERS OF A TERRORIST GROUP REPORTEDLY RESPONSIBLE FOR SEVERAL ACTS OF VIOLENCE IN WHICH DEATHS AND INJURIES HAVE OCCURRED, ARE KNOWN TO HAVE BEEN ARMED IN THE PAST AND ARE BEING SOUGHT IN CONNECTION WITH THE BOMBING DEATHS OF A FORMER CHILEAN AMBASSADOR AND FEMALE BUSINESS COLLEAGUE. CONSIDER BOTH ARMED AND DANGEROUS.

A Federal warrant was issued on April 14, 1978, at Newark, New Jersey, charging Romero with unlawful making of destructive devices, unlawful storage of explosives and conspiracy (Title 26, U. S. Code, Sections 5861 (f), 5871, and Title 18, U. S. Code, Sections 371 and 842 (j)). A Federal warrant was also issued on May 4, 1978, at Washington, D. C., charging Romero with conspiracy to murder a foreign official (Title 18, U. S. Code, Section 1117).

IF YOU HAVE INFORMATION CONCERNING THIS PERSON, PLEASE CONTACT YOUR LOCAL FBI OFFICE. TELEPHONE NUMBERS AND ADDRESSES OF ALL FBI OFFICES LISTED ON BACK.

William H Webster
Director
Federal Bureau of Investigation
Washington, D. C. 20535

Identification Order 4800
June 1, 1978

Requerimiento del FBI para localizar a Virgilio Paz Romero. Fue capturado en abril de 1991. Publicado en: https://www.latinamericanstudies.org/virgilio-paz.htm

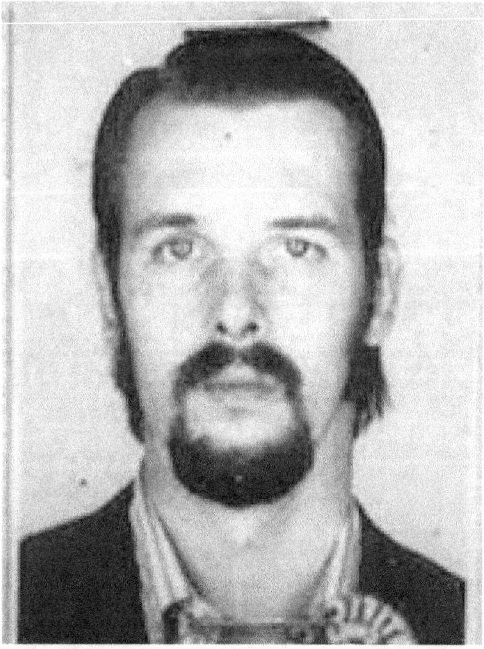

El agente de la Dina, Michael Townley, colocó la bomba que estalló en el automóvil de Orlando Letelier el 21 de septiembre de 1976, quitándole la vida a él y a Ronni Moffitt.

El director de la Dina, Manuel Contreras, y el subdirector, Pedro Espinoza, ambos oficiales del Ejército chileno, ordenaron y coordinaron el atentado. Fueron condenados por la justicia chilena.

Año 4 N° 1.121
Martes 17 de abril de 1990

PRECIO $ 120
REGIONES
I, II, XI y XII $ 140

La Epoca

CONVENIO

PRONOSTICO METEOROLOGICO
NUBLADO A PARCIAL
Mínima: 13°
Máxima: 21°
SANTORAL
Hoy: Leopoldo
Mañana: Wladimir

EXCLUSIVO

"Yo soy Liliana Walker"

Durante casi catorce años se mantuvo en el misterio un personaje que puede resultar clave en la investigación del "caso Letelier": Liliana Walker. La acompañante del ex mayor Armando Fernández Larios, en su viaje a EE.UU. poco antes del crimen perpetrado en Washington en septiembre de 1976, fue descubierta por "La Epoca" tras una investigación periodística prolongada y plena de tensión. Finalmente, accedió a relatar su experiencia como funcionaria de la DINA, su papel en la operación y su pesadilla que se prolonga hasta hoy. Esta fotografía de ella fue tomada en 1976.

Páginas 15, 16 y 17

EN ESTA EDICION

Nuevo asalto sufrió Hospital de la UC — Página 18

Estudian devolver bienes confiscados — Página 14

Capítulo Chileno redactará ley del Ombudsman — Página 8

Vargas Llosa irá a la segunda vuelta — Página 3

Alejandro Foxley: "No vamos a generar un déficit fiscal" — Página 29

UC inicia su etapa copera en Lima — Página 31

Restricción vehicular
HOY: 5-0
MAÑANA: 3-7

Diario *La Época,* 17 de abril de 1990, publica portada con golpe noticioso respecto de la verdadera identidad de la mujer involucrada en los preparativos del atentado. Su testimonio ayudó a reabrir el caso criminal contra el general Manuel Contreras y el brigadier Pedro Espinoza.

C05883532IFIED U.S. Department of State Case No. M-2015-14753 Doc No. C05883532 Date: 10/01/2015

SECRET

10/6/87 KX030a

DENY

THE SECRETARY OF STATE

WASHINGTON

RELEASE IN FULL

RQ

C-, AWG
JUS
CIA

MEMORANDUM FOR THE PRESIDENT

FROM: George P. Shultz

SUBJECT: Pinochet and the Letelier-Moffitt Murders: Implications for US Policy

We are heading into an extremely difficult 12-18 month period with Chile. President Augusto Pinochet is determined to succeed himself as President by whatever means will ensure success. He has ruled out the possibility of a free and open election and instead intends to proceed with a yes/no plebiscite involving a single candidate--himself. The consequences of his staying in office would be highly dangerous for Chile and the region as a whole; inevitably, it would lead to serious polarization of the Chilean population and a significant strengthening of the large (and growing, thanks to Pinochet,) Moscow-dependent communist party. As events develop over the coming months I would like to discuss the overall situation with you.

In the midst of this, I have been particularly struck by a recent report prepared by the CIA analyzing the events surrounding the assassination by car-bombing in Washington in 1976 of Orlando Letelier, a former Chilean Foreign Minister and Ronni Moffitt, an American citizen. The CIA concludes that its review provides "what we regard as convincing evidence that President Pinochet personally ordered his intelligence chief to carry out the murders." It also confirms that "Pinochet decided to stonewall on the US investigation to hide his involvement" and continues to do so, including by considering "even the elimination of his former intelligence chief."

We have long known that the Chilean secret police/intelligence service was behind this brutal act, perhaps the only clear case of state-supported terrorism that has occurred in Washington, D.C. In 1978, the Chilean Government handed over to us one of the responsible people, a dual US-Chilean national. Then, earlier this year, we persuaded another of the indictees, Chilean Major Armando Fernandez, to come to Washington and give himself up, in spite of the Chilean Government's prolonged attempts to prevent him from doing so.

Fernandez provided strong corroborative information concerning the roles of the two previously indicted senior Chilean Army officials who planned the murders (the former head

SECRET

Chile Project (#S199900030)
U.S. Department of State
Release ___ Excise ___ Deny X
Declassify: In Part ___ In Full
Exemption(s) B5, 7A

UNCLASSIFIED U.S. Department of State Case No. M-2015-14753 Doc No. C05883532 Date: 10/01/2015

Memorando secreto (hoy desclasificado) del secretario de Estado, George Shultz, al Presidente de los Estados Unidos, Ronald Reagan, sobre la conclusión de la CIA respecto de que Augusto Pinochet ordenó personalmente el asesinato de Letelier. Shultz le recomendó a Reagan tomar distancia de la dictadura chilena.

C05883532'IED U.S. Department of State Case No. M-2015-14753 Doc No. C05883532 Date: 10/01/2015

[redacted] SECRE

of their secret police and his chief of operations) and significant new information on President Augusto Pinochet's role in organizing a cover-up. Fernandez' revelations have had a significant political impact within Chile and the CIA concludes that Pinochet will be "unable to satisfy the military's concern that Pinochet take effective steps to repair the damage already done to the armed forces' reputation."

While some in the USG had previously believed that Pinochet had ordered the murders, and there were strong signs that he was involved in the cover-up, the CIA has never before drawn and presented its conclusion that such strong evidence exists of his leadership role in this act of terrorism.

It is not clear whether we can or would want to consider indicting Pinochet, even if we had more public sources of evidence. Nevertheless, this is a blatant example of a chief of state's direct involvement in an act of state terrorism, one that is particularly disturbing both because it occurred in our capital and since his government is generally considered to be friendly.

I believe that by their very nature the CIA's conclusions and our own judgments as to Pinochet's direct involvement must affect both our overall policy towards Chile and the general conceptual framework of how we make decisions regarding that country. What we now know about Pinochet's role in these assassinations is of the greatest seriousness and adds further impetus to the need to work toward complete democratization of Chile. I look forward to discussing this further with you.

SECRET

UNCLASSIFIED U.S. Department of State Case No. M-2015-14753 Doc No. C05883532 Date: 10/01/2015

[redacted] SECR T [redacted]

DRAFTER:ARA:RSGelbard
10/6/87 (Wang #14 SEARAPO

CLEARED:P:MArmacost
ARA:EAbrams
L:MKozak
INR:MAbramowitz (subs)
INR:CKamman